图书在版编目（CIP）数据

汪海波文集／汪海波著．—北京：经济管理出版社，2011.2
ISBN 978-7—509—1291-0

Ⅰ．①汪…　Ⅱ．①汪…　Ⅲ．①经济—文集　Ⅳ．①F-53

中国版本图书馆 CIP 数据核字（2011）第 040496 号

出版发行：经济管理出版社
地　　址：北京市海淀区北蜂窝 8 号中雅大厦 11 层
邮　　编：100038
电　　话：（010）51915602
印　　刷：三河市海波印务有限公司
经　　销：新华书店
责任编辑：勇　生
责任印制：黄　铄
责任校对：蒋　方

720mm×1000mm/16　　　　　350.75 印张　5406 千字
2011 年 6 月第 1 版　　　　2011 年 6 月第 1 次印刷
定　价：980.00 元（全　十卷）
书　号：ISBN 978-7-5096-1291-0

汪海波文

第五卷

经济管理

ECONOMY & MANAGEMEN

中国经济学名家文集（多卷本）系列

汪海波文集

第五卷

经济管理出版社
ECONOMY & MANAGEMENT PUBLISHING HOUSE

图书在版编目（CIP）数据

汪海波文集/汪海波著. —北京：经济管理出版社，2011.2
ISBN 978-7-5096-1291-0

Ⅰ. ①汪…　Ⅱ. ①汪…　Ⅲ. ①经济—文集　Ⅳ. ①F-53

中国版本图书馆 CIP 数据核字（2011）第 040496 号

出版发行：经济管理出版社
地　　址：北京市海淀区北蜂窝 8 号中雅大厦 11 层
邮　　编：100038
电　　话：(010) 51915602
印　　刷：三河市海波印务有限公司
经　　销：新华书店
责任编辑：勇　生
责任印制：黄　铄
责任校对：蒋　方

720mm×1000mm/16　　　　350.75 印张　5406 千字
2011 年 6 月第 1 版　　　　2011 年 6 月第 1 次印刷
定　　价：980.00 元（全十卷）
书　　号：ISBN 978-7-5096-1291-0

作者像

目　录

中国现代产业经济史*
(1949.10~2004)

(上)

* 本著由山西经济出版社 2006 年 4 月出版。

序 关于中国现代产业经济史
研究的基本问题

一、撰写中国现代产业经济史的起因

从 1978 年底党的十一届三中全会以来，伴随我国经济和社会各项事业的蓬勃发展，社会科学研究也获得了空前未有的繁荣。各种新中国国民经济史和部门经济史的频频问世，就能从一个侧面说明这一点。

但是，迄今未见中国现代产业经济史的著作出版。然而，部门经济史固然不能涵盖全部第一、二、三次产业，就是国民经济史也没有包括整个第三产业。显然，这种情况不利于对新中国产业经济发展经验的全面总结，不利于作为经济学基础学科的产业经济史学的建立，不利于为决策部门提供更全面的参考，不利于充分满足教学的需要，不利于在经济理论研究、教学乃至发展对外经贸关系方面与国际接轨。正是基于这种考虑，本书拟在这方面做些探索。

二、中国现代产业经济史的研究任务

中国现代产业经济史的研究任务可以简要地概括为：在马克思主义指导下，运用现代经济学关于产业经济的理论，探索和叙述中国现代产业经济发展的历史进程及其规律。

坚持马克思列宁主义的指导。马克思主义特别是其中的哲学解释了人类社会、自然和思维发展的普遍规律。中国现代产业经济史研究，必须以马克思主义为指导思想。当然，马克思主义的应用必须结合实际，并且必须结合实践加以发展；否则，不仅不可能成为实践的指导思想，而且会成为贻害实践的僵化教条。坚持马克思主义为指导思想，就意味着要坚持毛泽东思想、邓小平理论和"三个代表"重要思想为指导。因为它们都是马克思主义普遍真理与中国实践和时代特征相结合的产物，是中国化了的马克思主义。

有分析地运用现代经济学。三次产业的理论是从 20 世纪 30 年代以后逐步建立和发展起来的，其著名代表是英国学者科林·克拉克。他在继承前人研究成果的基础上，于 1940 年出版的《经济进步的条件》一书中，把产业结构分为三大部门。第一部门主要是农业为主，还包括畜牧业、游牧业、狩猎、渔业、林业。第二部门是制造业。对矿业的划分不明确，有时被划为制造业，而有时又被划为第一部门。第三部门为其他各业，称为服务业，包括建筑业、运输业、通信、商业、金融、教育、卫生、文学艺术、科学、行政和国防以及个人服务。他认为，随着人均国民收入水平的提高，劳动力首先从第一产业向第二产业转移，当人均国民收入水平进一步提高时，劳动力便向第三产业转移。因而劳动力在产业间的分布状况是，第一产业减少，第二和第三产业逐步增加。可以认为，这个理论大体上反映了人类社会产业经济的规律，值得借鉴。但克拉克理论只是揭示了产业经济理论的基础性内容，并不是全部内容。在他以后，这方面理论还有很大发展。看来，在马克思主义指导下，有分析地运用现代经济学关于产业经济的理论，是研究中国现代产业经济史的不可缺少的环节。

产业经济涉及的内容。首先，本书对三次产业的划分，是依据国家统计局 2003 年 5 月关于这个问题的规定，即第一产业是指农、林、牧、渔业。第二产业是指采矿业，制造业，电力、燃气及水的生产和供应业，建筑业。第三产业是指除第一、二产业以外的其他行业。第三产业包括：交通运输、仓储和邮电业，信息传输、计算机服务和软件业，批发和零售业，住宿和餐饮业，金融业，房地产业，租赁和商务服务业，科学研究、技术服务和地质勘察业，水利、环境和公共设施管理业，居民服务和其他服务业，教育，卫生、社会保障和社会福利业，文化、体育和娱乐业，公共管理和社会组织，国际组织。在上述三次产业划分基础上，本书对产业经济发展过程的叙述，详简程度不同地涉及支配和影响产业运行的宏观体制、微观机制和产业政策，产业经济总量运行方式、速度和形态，产业总体结构（即第一、二、三产业构成）、部门结构（即第一、二、三产业内部结构）、产业组织和企业规模结构、地区结构和技术结构以及产业经济运行的结果（包括对生态环境和人民生活的影响）等方面。

叙述产业经济发展的历史过程及其发展规律。像任何科学一样，中国现代产业经济史这门史学的任务也在于揭示历史发展的规律。但从史学研究的视角考察，要揭示历史规律，主要的基础性工作是要如实地叙述历史过程的原貌。但也需要客观的、画龙点睛的分析小结。这也是揭示历史规律不可忽视的并且不能由叙述历史过程所能代替的一个重要环节。

三、中国现代产业经济史的研究方法

为了实现上述任务，中国现代产业经济史研究方法必须注意以下几点：第一，坚持实事求是。这是辩证唯物论的基本要求。这样，从史实出发，就成为产业经济史研究工作的基本出发点。如果不从史实出发，而从原则（比如党和政府某些政策）出发，就不可能完成它的使命。

但是，这里所说的史实，必须是经过批判地审查过的，去伪存真的，而不是虚实混杂的；是"从事实的全部总和、从事实的联系去掌握事实"，而不是"片断的和随便排出来的"；[①]是反映客观规律要求的大量事实，而不是个别的偶然现象；是表现本质的典型事实，而不是非本质的现象。

这里所说的史实，是历史过程中的事实。因此，用历史事实叙述这个过程，是包括产业经济史在内的所有史学著作在叙述形式上所必须具有的一个重要特点。这同经济学对问题的分析采取摆脱了具体历史形式的抽象论点，是有重大区别的。

就产业经济史中的重大事件来说，这个历史过程需要包括决策过程、实施过程和实施结果三方面。

在叙述这些历史过程时，势必涉及决策实施过程中的重要人物。这样，对重要人物在这些过程中作用的叙述，就成为产业经济史不可分割

---

① 《列宁全集》第23卷，人民出版社1975年版，第279页。

的重要内容。

与叙述历史过程的特点相联系，产业经济史这门学科在篇章排列顺序上也有它的特点。马克思在论到政治经济学资本主义部分的经济范畴排列次序以及与此直接相联系的分篇时曾经指出："把经济范畴按它们在历史上起决定作用的先后次序来安排是不行的，错误的。它们的次序倒是由它们在现代资产阶级社会中的相互关系决定的。"①与此不同，产业经济史的研究则必须按照历史的发展阶段来分篇。

这样说，并不意味着产业经济史的研究可以不采用逻辑的方法。事实上，经济史对某个历史阶段内各方面经济问题进行分析时，也有一个诸方面先后次序的排列问题。而这诸方面由于均处于同一个历史阶段，这就没有历史发展的先后次序之分；对这诸方面先后次序的安排，就不可能采取历史的方法，而只能依据它们在社会经济中的相互关系来决定。经济史对某个具体经济问题的分析所提出的各种论点的先后次序的排列，也存在这种情况。但是，经济史在这两方面采用的逻辑的方法，与政治经济学仍然不同。后者可以采取抽象的论点形式，而经济史则必须通过历史事实来阐述。就这方面说，可以称为逻辑方法与历史方法的结合。

第二，坚持生产力标准。这是历史唯物主义的基本要求。如果产业经济史的研究不坚持这个标准，而采用别的标准（比如党和政府领导人的某些言论），那么，产业经济发展的历史进程就不可能得到科学说明。

第三，着重注意党和政府在产业经济发展方面的领导作用。因为中国新民主主义社会的建立，从新民主主义社会到社会主义社会的过渡，以及从计划经济体制到社会主义市场经济体制的转变，都是在党和政府的领导下进行的。而且在社会主义市场经济体制已经建立的情况下，由我国国情决定的市场经济，不能是古典的、自由放任的市场经济，也不是一般的、现代的、有国家干预的市场经济，而是特殊的、有国家更多干预的市场经济。当然，这种干预是以市场为基础的，市场是社会生产资源配置的主要方式。这样，如果脱离了党和政府的领导作用，那么，中国现代产业经济发展过程（包括顺利发展过程和遭受严重挫折过程），是不可能得到说明的。正因为这样，本书每篇在叙述新中国各个时期产业

①《马克思恩格斯选集》第 2 卷，人民出版社 1973 年版，第 110 页。

经济发展过程时，都要首先叙述党和国家在这个时期提出的任务以及路线、方针和政策。这绝不是形式主义的做法，绝不是多余的，而是为了真实地再现中国现代产业经济发展的过程。当然，这绝不是说，党和国家提出的任务以及路线、方针和政策，在各个时期和各个方面都是正确的，都起了积极作用。实际上，在某些时期或某些时期的某些方面是有缺陷和错误的，在不同程度上起了消极作用。这是需要依据各个时期产业经济发展的具体情况给予客观评价。但如果脱离了党和政府的领导作用，中国现代产业经济发展的进程是无法得到说明的。[1]

第四，产业经济发展历史过程中数量的关系。历史过程像一切事物一样，都是质和量的统一。因此，如果只注意历史过程质的方面，忽视量的方面，那就不可能全面反映历史过程。这个问题在中国现代产业经济史的研究中显得尤为重要。

为此，本书除了在正文中引用了大量的数据以外，还附了37张有关产业经济全局的、系统的（其中很多都是分析性的）表格。这样做的好处，除了可以弥补正文分析的不足以外，还有助于精简行文，特别是有利于一目了然地观察事物的全貌。

四、中国现代产业经济史的分期

基于各有关问题的重要性的差别，我们在本书中以社会基本经济制度或经济体制的变化作为中国现代产业经济史分期的主要标准，并以正标题表示；在许多时期以社会生产力的变化状况作为第二位标准，并以副标题表示；在个别时期还以政治因素作为次要标准，也以副标题表示。这样，中国现代产业经济史的分期就是：

第一，新民主主义社会的产业经济——经济恢复时期的产业经济（1949年10月~1952年）。

---

[1] 这里需要提到：英国《剑桥中华人民共和国史（1949~1965）》主编费正清和罗德里克·麦克法夸尔在该书的《序》中指出："与帝国时代和民国时代不同，在中国共产党的统治下，生活的任何方面，国家的任何地区都不能不受到中央政府使中国革命化的坚定努力的影响。要考察中国社会的任何方面而不考察共产党变革它的努力的来龙去脉，则是毫无意义的。因此，人们就必然要从北京的党的政治局和政府的国务院的角度着手观察中国。"（英国《剑桥中华人民共和国史（1949~1965）》，上海人民出版社1992年版，第1页）如果把这段文字中的"在中国共产党的统治下"换成"在中国共产党的领导下"，那么，它的基本精神都是可以同意的。可见，尽管这两位史学家和我们的世界观根本不同，但在研究中国社会生活各方面（当然包括产业经济）时必须研究党和政府的作用这一点上，同我们看法是一致的。

第二，从新民主主义社会到社会主义社会的过渡时期的产业经济——社会主义工业化初步基础建立时期的产业经济（1953~1957 年）。

第三，实行计划经济体制时期的产业经济（一）——"大跃进"阶段的产业经济（1958~1960 年）。

第四，实行计划经济体制时期的产业经济（二）——经济调整阶段的产业经济(1961~1965 年)。

第五，实行计划经济体制时期的产业经济（三）——"文化大革命"阶段的产业经济（1966~1976 年 9 月）。

第六，实行计划经济体制时期的产业经济（四）——经济恢复与"洋跃进"阶段的产业经济（1976 年 10 月 ~1978 年）。

第七，市场取向改革起步阶段的产业经济——以实现经济总量翻两番、人民生活达到小康水平为战略目标的社会主义建设新时期的产业经济（一）（1979~1984 年）。

第八，市场取向改革全面展开阶段的产业经济——以实现经济总量翻两番、人民生活达到小康水平为战略目标的社会主义建设新时期的产业经济（二）（1985~1992 年）。

第九，市场取向改革制度初步建立阶段的产业经济——以实现经济总量(或人均国民生产总值)翻两番、人民生活达到小康水平为战略目标的社会主义建设新时期的产业经济（三）（1993~2000 年）。

第十，市场取向改革制度完善阶段的产业经济——以全面建设小康社会为战略目标的社会主义建设新时期的产业经济（四）(2001~2004 年)。

但上述分析只是说明了中国现代产业经济史分期的一般依据，即从总的方面说明了这种划分的首要标准和第二位标准，并未说明各个时期提法的具体根据。这一点正是需要进一步回答的问题。如果再考虑到各个时期的提法在学术界有争论，以及个别时期的特殊因素需要进一步说明，那么逐个地简要地分析各个时期的提法就显得更为必要了。

依据中共中央的有关文件和毛泽东等中共中央领导人的著作，以及实际经济发展状况，我将第一、第二个时期确定为新民主主义社会和从新民主主义社会到社会主义社会的过渡时期。[①] 这是从基本经济制度的变

---

① 详见拙文：《毛泽东〈新民主主义论〉研究——纪念毛泽东诞辰 100 周年》，《经济研究》1993 年第 12 期。

化来说的。从社会生产力的发展来看，第一个时期是经济恢复时期，第二个时期是建立社会主义工业化初步基础时期。这是很明显的。

我国实行的计划经济体制是伴随官僚资本的没收，以及资本主义工商业、个体农业和个体工商业的社会主义改造而逐步地全面建立起来的。一直到1978年，这种体制不仅没有得到根本改革，而且在"大跃进"和"文化大革命"期间还有进一步强化。但从社会生产力的变化和政治因素来看，这个时期却经历了各有特点的四个阶段，即"大跃进"、经济调整、"文化大革命"以及恢复经济和"洋跃进"。所以，我从前一角度将这个时期划分为实行计划经济体制时期（一）、（二）、（三）、（四）；从后一角度将这个时期划分为"大跃进"、经济调整、"文化大革命"时期，以及经济恢复与"洋跃进"。

从1978年底召开的党的十一届三中全会开始，我国即开始步入了市场取向的经济体制改革和社会主义现代化建设新时期。依据改革的进程，我将其划分为四个阶段：市场取向改革的起步阶段（1979~1984年），市场取向改革的全面展开阶段（1985~1992年），市场取向改革制度初步建立阶段（1993~2000年）和市场取向改革制度完善阶段（2001~2004年）。就社会主义现代化建设来说，就是要实现邓小平提出的三步走的经济发展战略目标：第一步在20世纪80年代实现国民生产总值翻一番，基本解决人民生活的温饱问题；第二步在20世纪90年代实现国民生产总值再翻一番，使人民生活达到小康水平；第三步在21世纪中叶使我国达到中等发达国家的水平，使人民过上中等富裕生活。①但鉴于1995年比原定计划提前五年实现了经济总量翻两番的目标，中共中央和八届全国人大四次会议将原定的经济总量翻两番的目标提高为人均国内生产总值翻两番。②后来召开的党的十五大和十六大又进一步把实现社会主义现代化第三步战略目标的部署具体化为两个阶段：21世纪头20年全面建设小康社会，到中叶基本实现现代化。③我在前面对第七、第八、第九、第十时期所做的划分，其依据就在这里。

---

① 《邓小平文选》第3卷，人民出版社1993年版，第79、143页。
② 《关于国民经济和社会发展"九五"计划和2010年远景目标纲要》，人民出版社1996年版，第64页。
③ 《中国共产党第十六次全国代表大会文件汇编》，人民出版社2002年版，第18页。

　　以上就具体划分十个时期的依据分别做了分析。这里还拟就其中某些时期的起点和终点期做一些说明：①当前一般说法都把 1963~1965 年称做经济调整时期。但是，我国经济调整实际上从 1961 年就开始了。所以，把 1961~1965 年称做经济调整时期。②市场取向改革的全面展开阶段是以 1984 年 10 月召开的党的十二届三中全会做出的《关于经济体制改革的决定》为标志。选择 1985 年作为这个阶段的起点，是考虑到这个决定实际发生指导作用的起始时间。③市场取向改革的制度初步建立阶段是以 1992 年 9 月召开的党的十四大首次提出建立社会主义市场经济体制的改革目标为标志的。选择 1993 年作为这个阶段的起点，也是考虑到这个决定实际发生指导作用的起始时间。④按预定计划，无论是社会主义市场经济体制的完善或者是全面建设小康社会，都要到 2020 年才能实现。但本书的叙述只到 2004 年。

　　最后，还有两点虽与中国现代产业经济史历史分期无关，但却是需要说明的问题：第一，适应本书作为简明读本的性格，在叙述历史过程时，都很扼要（其中很多地方，甚至根本没有涉及决策和实施过程，只叙述了实施结果）。第二，本书叙述范围只限于中国大陆，未包括中国香港、中国澳门和中国台湾。

汪海波

2004 年 3 月 20 日

第一篇

新民主主义社会的产业经济
——经济恢复时期的产业经济
(1949 年 10 月~1952 年)

导　言

按照毛泽东的新民主主义理论，随着 1949 年中国新民主主义革命在全国范围的胜利和同年 10 月 1 日中华人民共和国的成立，中国也就由半殖民地半封建社会进入了新民主主义社会。①

在中国民主革命行将在全国取得胜利的时候，1949 年 3 月，中国共产党于河北省平山县西柏坡村举行了第七届中央委员会第二次全体会议。中共中央主席毛泽东代表党中央在全会上做了报告。报告全面地提出了党在民主革命胜利后的路线、方针和政策。党的七届二中全会依据毛泽东报告通过了相应的决议。这个报告和决议连同毛泽东在同年 6 月写的《论人民民主专政》一文，共同构成了同年 9 月中国人民政治协商会议第一届全体会议通过的，并在新中国成立初期曾经起过临时宪法作用的《中国人民政治协商会议共同纲领》（以下简称《共同纲领》）的政策基础。

《共同纲领》的《总纲》部分指出："中华人民共和国必须取消帝国主义国家在中国的一切特权，没收官僚资本归人民的国家所有，有步骤地将封建半封建的土地所有制改变为农民的土地所有制，保护国家的公共财产和合作社的财产，保护工人、农民、小资产阶级和民族资产阶级的经济利益及其私有财产，发展新民主主义的人民经济，稳步地变农业国为工业国。"

《共同纲领》中《经济政策》部分指出："中华人民共和国经济建设的根本方针，是以公私兼顾、劳资两利、城乡互助、内外交流的政策，达

---

① 《毛泽东选集》第 2 卷，人民出版社 1991 年版，第 651、671、672 页。

到发展生产、繁荣经济之目的。国家应在经营范围、原料供给、销售市场、劳动条件、技术设备、财政政策、金融政策等方面，调剂国营经济、合作社经济、农民和手工业者的个体经济、私人资本主义经济和国家资本主义经济，使各种社会经济成分①在国营经济领导之下，分工合作，各得其所，以促进整个社会经济的发展。"

"中央人民政府应争取早日制定恢复和发展全国公私经济各主要部门的总计划"。在关于农业、工业、交通和商业等产业的条文中还明确提出要实行国家统一计划。②

以上各点就是《共同纲领》规定的新民主主义社会的经济纲领以及恢复和发展产业经济的主要任务。

在《共同纲领》指导下，建立社会主义国营经济制度，③实行土地改革，保护和发展个体经济，发展合作社经济，保护并有限制地发展私人资本主义经济，发展国家资本主义经济，以及恢复经济，就成为经济恢复时期产业经济变革和发展的主要内容。本篇依次分别叙述这些历史过程。

①　本书依据《共同纲领》的这个提法，在 1978 年改革以前多用"多种经济成分"概念。改革以后，多用"多种所有制"概念。在本书中，二者是含义相同的。

②　《中国人民政治协商会议文件选集》，中国人民大学出版社 1952 年版，第 37~47 页。

③　1949 年新中国成立以后的一个长时期内，国有经济也就是国营经济，有关历史文件也多用"国营经济"、"国营企业"。但在 1979 年改革开始以后，国有企业所有权与经营权逐渐分离。这样，"国有经济"、"国有企业"不仅在理论上，而且在实践上都是有区别的。所以，本书在 1979 年之前，统称"国营经济"、"国营企业"，1979 年后，统称"国有经济"、"国有企业"（引文除外）。

第一章　建立处于主导地位的
社会主义国营经济

本章所说的社会主义国营经济制度，包括相互联系但又相互区别的三个层次的内容：①作为基本经济制度的社会主义国家所有制。②作为这项基本经济制度运行形态的经济管理体制，即高度集中的计划经济体制。③社会主义国营企业的管理制度。本章将依次叙述这三方面制度的建立过程。

第一节　没收官僚资本主义企业，建立社会主义国营企业

一、没收官僚资本主义企业

官僚资本主义企业在抗日战争胜利以后的半殖民地半封建中国的产业中居于垄断地位。据估算，1946 年，官僚资本主义工业资本约占中国全部工业资本（包括东北地区和台湾省）的 80%以上。[①] 据计算，1947年，官僚资本主义工业企业提供的工业产品占国民党统治区全部工业产品的比重，电为 78%，煤为 80%，石油和有色金属为 100%，钢铁为 98%，机械为 72%，水泥为 67%，烧碱为 65%，硫酸为 80%，盐酸为 45%，化学肥料为 67%，纺锭为 60%，机制纸为 50%，机制糖为 90%，漂白粉为

---

① 陈真编：《中国近代工业史资料》第 4 辑，三联书店 1961 年版，第 56 页。

41%，出口植物油为 70%。①官僚资本还占有全部铁路、公路、航空运输和 44%的轮船吨位；② 在贸易和金融等方面也居垄断地位。

毛泽东说过："新民主主义的革命任务，除了取消帝国主义在中国的特权以外，在国内，就是要消灭地主阶级和官僚资产阶级（大资产阶级）的剥削和压迫，改变买办的封建的生产关系，解放被束缚的生产力。"③

所谓没收官僚资本主义企业，主要是指没收由国民党各级政府（包括中央政府、省政府和县市政府）经营的企业（包括国民党政府在抗日战争以后接收的日、德、意帝国主义在中国的企业）以及由国民党大官僚经营的企业。至于由小官僚和地主经营的企业，以及官僚资本主义企业中的民族资本的股份，都不属没收之列。

没收官僚资本主义企业的工作，是伴随人民解放战争在全国范围内的逐步胜利，依靠人民政权的力量，作为接管城市的重要任务，逐步向新解放的城市铺开的。1946 年解放哈尔滨时，就开始了没收官僚资本主义企业的工作。从 1947 年 7 月人民解放战争由战略防御进入战略反攻开始，到 1948 年底 1949 年初，辽沈、淮海、平津三大战役胜利以后，就基本上没收了长江以北的官僚资本主义的企业。从 1949 年 4 月渡江作战开始至 1949 年底的全国解放，除台湾以外的所有大陆上的官僚资本主义企业均被没收了。

没收官僚资本主义企业的工作，是遵循下列重要指导思想进行的。

1. 把国民党统治区的党组织和在官僚资本主义企业中的广大工人群众作为一支重要的依靠力量。依托他们做好没收前、没收中和没收后的各项工作。

2. 依据马克思主义关于革命就是解放和发展生产力的观点，在没收官僚资本主义企业的过程中，始终把保护社会生产力放在第一位，把没收后恢复和发展生产置于中心位置。

3. 严格地把作为反动国家机器的国民党政府与作为经济组织的企业

---

① 陈真编：《中国近代工业史资料》第 3 辑，三联书店 1961 年版，第 1445~1446 页。

② 中央工商管理局、中国科学院经济研究所资本主义经济改造研究室：《中国资本主义工商业的社会主义改造》，人民出版社 1962 年版，第 11 页。

③《毛泽东选集》第 4 卷，人民出版社 1991 年版，第 1253~1254 页。

从原则上区分开来。依据马克思主义关于打碎旧的国家机器的重要原理，对国民党的政府机构原则上是打乱、解散；一般人员也给饭吃，但绝不是原职原薪。除少数市政公用部门、卫生部门等机关人员外，对行政、司法、军事、警察等军政人员一般不依靠他们来进行工作，更不依靠他们原来的机构。一般的职员经过训练，除少数必要者回本机关外，主要是另行分派工作。有条件地利用旧警察和保甲人员暂时维持秩序，但这并不意味着承认他们在民主政权系统中的合法地位。

但是，作为经济组织的企业则是现代社会生产力的载体。因此，保护企业是保护社会生产力的一项基本要求。这样，对原有的经济组织和企业机构，如铁路、邮政、电信、银行、工厂、矿山等，就不是打乱的办法了，而是原封原样接收下来，以后逐步进行改造。接收原有的经济组织及企业机构后，我们留下来的军代表，仍要依靠原有的机构和人员继续维持工作，不代替他们去指挥管理，只负责监督他们的工作，保证上级命令的执行；原有的管理组织和规章制度，一般也暂不改动。

4. 依据马克思主义关于资本主义企业管理二重性的原理，有分析地对待资本主义企业的管理制度。关于这一点，中共中央在1948年8月23日给东北局的指示中明确提出："现时资本主义的工厂、企业管理制度是资本主义生产长期发展的结果，资本主义不仅为我们准备了科学技术，同时又为我们准备了一套管理制度；资本主义的管理制度，不仅有适应高度剥削需要的一个方面，也还有适应高度技术需要的一个方面。我们的任务是批判地接受资本主义管理制度，发扬其合理性和进步性，去掉其不合理性和反动性。"考虑到当时我们管理企业的经验不多的情况，这个指示还特别指出："当我们还没有能够定出一套更合理更有效的制度来代替旧制度中某些不合理或过了时的东西时，宁肯不轻举妄动，以免影响生产组织，发生无政府状态。"

当然，这绝不是说，可以对资本主义企业的管理制度不进行改革，然而改革必须持谨慎态度。上述的中共中央指示还提出：在我们还没有彻底了解情况准备好改革以前，只要照常生产，一般以维持原状不动为原则。必须经过调查研究，深思熟虑，订出办法和步骤，并经过宣传，群众有了准备，才能开始有计划有步骤地改革，才能避免由于盲目性和急躁性而发生政策性的偏向。

5. 着眼于尽快实现社会安定，为恢复和发展生产创造有利的社会环境。

6. 依据从实际出发的思想原则，认真总结较早解放地区没收工作的经验教训。毛泽东关于"原封原样接收"的思想，是对已接管城市的正反两方面经验的高度概括，特别是吸收了陈云在这方面创造的经验。[①]这一思想，成为全党做好城市接管工作的指导方针。

为了完整地把官僚资本主义企业接收过来，尽量减少接收过程中的损失和破坏，并能在接收之后迅速地恢复生产，依据上述指导思想，在接收中着重地进行了以下几项工作：

1. 依靠国民党统治区的我党组织，发动广大工人群众展开反拆迁、反疏散、反破坏、保护厂矿的斗争，抵制国民党反动派的破坏阴谋，把绝大部分的物资、资料和工程技术人员、管理人员保留下来。

2. 在新解放的城市实行短期军事管理制度，设立军事管制委员会，并强调接管工作由军事管制委员会统一领导与指挥。要严明接管纪律。要普遍深入地对部队、机关、生产单位和群众进行教育。接管工作要由专门承担接收工作的人员负责，而不是由各机关临时抽调来的干部担任。产业机构和工矿企业要整个地接收，而不能分别地多头地接收。

3. 号召所有在官僚资本企业中供职的人员，在人民政府接管以前，均须照旧供职，并负责保护资财、机器、图表、账册、档案等，听候清点和接管。对保护有功者奖，怠工破坏者罚。

4. 为了安定人心，稳定企业秩序，实行"原职、原薪、原制度"的政策，不打碎企业原来的组织机构。原来的（矿）长、工程师及其他职员，愿意继续服务的，只要不是破坏分子，就继续担任原职务。原来的工资标准、工资等级和奖励制度等，暂不取消，不任意改变。企业中原有的各种制度，暂不宣布废除，不任意改革。

由于采取了这些有力的灵活的措施，使得人民政府能够在很短的时间内，顺利地完成了对全部官僚资本主义企业的接收工作，所有企业的资财、机器、图表、账册、档案等，都清点交接清楚，并促进了企业的迅速复工。

---

① 参见《陈云文选》第 1 卷，人民出版社 1995 年版，第 374~379 页。

据统计，到 1949 年，被人民政府没收的官僚资本，在工矿企业方面有：控制全国资源和重工业生产的国民党政府资源委员会所管企业，垄断全国纺织工业的中国纺织建设公司，国民党兵工、军事后勤系统所属企业，国民党政府交通、粮食等部门所属企业，蒋宋孔陈家族和其他大官僚办的企业，"CC"系统的"党营企业"，以及各省地方官僚资本系统所属的企业。共计有工业企业 2858 个，职工 129 万人，其中发电厂 138 个，采煤、采油企业 120 个，铁锰矿 15 个，有色金属矿 83 个，炼钢厂 19 个，金属加工厂 505 个，化学加工厂 107 个，造纸厂 48 个，纺织厂 241 个，食品企业 844 个。

在交通运输方面有：国民党政府交通部、招商局等所属全部交通运输企业。计有铁路 20000 多公里，机车 4000 多台，客车约 4000 辆，货车约 47000 辆，铁路车辆和船舶修造工厂约 30 个，各种船舶 20 多万吨。人民政府还先后没收了政记轮船公司、大陆航运公司和三北公司中官僚资本的股份。此外，被国民党劫持到香港的原中国、中央航空公司的 12 架飞机，由于职工起义，于 1949 年 11 月 9 日投归祖国怀抱。招商局香港分局和在港 13 艘海轮的职工也宣布起义，接受人民政府的领导。

在商业方面有：国民党政府经营的复兴、富华、中国茶叶、中国石油、中国盐业、中国蚕丝、中国植物油料等公司，大官僚经营的浮中、中国进出口、金山、利泰、扬子建业、长江实业公司等十几家垄断性的贸易公司。

在金融方面有：国民党政府的国家银行系统"四行两局一库"（即中央银行、中国银行、交通银行、中国农业银行、中央信托局、邮政储蓄金汇业局及合作金库）和省、地地方银行系统共 2400 多家银行；官商合办的中国通商、中国实业、四明、新华等银行则派员监理，继续营业，其中的官股产权归国家所有；官僚私人资本的山西裕华、亚东商业等银行。[①]

到 1951 年初，又贯彻执行了政务院于同年 1 月 5 日和 2 月 4 日发布的《企业中公股公产清理办法》和《关于没收战犯汉奸、官僚资本家及反革命分子财产的指示》，[②] 对私营企业和公私合营企业中尚未查出的官僚资

---

① 许涤新、吴承明主编：《中国资本主义发展史》第 3 卷，人民出版社 1993 年版，第 703 页。

② 《新华月报》1951 年 2 月号，第 820~821 页。

本（包括国民党政府及其国家经济机关、金融机关，以及官僚资本家在企业中的股份和财产）进行了清理和没收。这就彻底地完成了对官僚资本的没收工作。

没收官僚资本是属于新民主主义革命性质的任务，但没收官僚资本，是把官僚资本主义所有制经济转变为社会主义国家所有制经济，因而同时具有社会主义革命的性质。

通过没收官僚资本主义企业，使得社会主义国营经济掌握了经济命脉，成为国民经济的领导力量，并为国民经济的恢复奠定了最重要的基础。据统计，1949 年，社会主义国营工业产值占全国工业总产值的26.2%，占全国大工业产值的41.3%；国营工业拥有全国电力产量的58%，原煤产量的68%，生铁产量的92%，钢产量的97%，水泥产量的68%，棉纱产量的53%。在金融、铁路、港口、航空等产业，国有经济更是占有绝对优势。此外，数量众多而规模不大的地方国营企业，也主要是通过没收官僚资本和反革命分子的财产建立起来的。据1952年底统计，全国共有地方国营工业企业7000多个，其中80%~90%是当地解放以后接管的中小型企业，3 年内新建的企业不到10%，其余为1950 年"统一财经"至 1952 年"三反"、"五反"期间接收、合并的机关团体生产企业。①

二、清除帝国主义在经济方面的侵略势力

在半殖民地半封建的中国，帝国主义和封建主义是"压迫和阻止中国社会向前发展的主要的东西"，"而以帝国主义的民族压迫为最大的压迫"。因此，中国新民主主义的主要任务"就是对外推翻帝国主义压迫的民族革命和对内推翻封建地主压迫的民主革命，而最主要的任务是推翻帝国主义的民族革命"。②

按照毛泽东对新中国成立前夕国内外形势的分析，我们可以采取和应当采取有步骤地彻底地摧毁帝国主义在中国的控制权的方针。帝国主义者的这种控制权，表现在政治、经济和文化等方面。在国民党政府被打倒的地方，对于剩下的帝国主义的经济事业和文化事业，可以让它们暂时存在，由我们加以监督和管制。对于普通外侨，则保护其合法的利

①《1949~1952 中华人民共和国经济档案资料选编·工业卷》，中国物资出版社 1996 年版，第 177 页。
②《毛泽东选集》第 2 卷，人民出版社 1991 年版，第 633、637 页。

益，不加侵犯。①

解放战争在全国范围内节节胜利的革命形势，使外国资本纷纷撤走在华投资。到全国解放时，外国资本在华企业还余下 1000 多家，其中约有 5/6 是属于英美两国垄断资本的。在外国资本企业中，有些是属于外国一般侨民经营的小企业。对于外国资本经营的企业，就是采取上述的方针。

美国政府于 1950 年 12 月 16 日宣布管制我国在美国辖区内的公私财产，并禁止一切在美国注册的船只开往中国港口，企图继其武装侵略我台湾、轰炸我东北、炮轰我商船之后，进一步掠夺我国人民的财产。鉴于美国政府这种对我国日益加剧的侵略和敌视行动，并为了防止其在我国境内从事经济破坏和危害我国人民利益的活动，中央人民政府政务院于 1950 年 12 月 28 日发布命令：中国境内之美国政府和美国企业的一切财产，应即由当地人民政府加以管制，并进行清查；中国境内所有银行的一切美国公私存款，应即行冻结。②

为了有效地同帝国主义做斗争，对各个帝国主义财产的处理是有区别的，其中对美国是从严的，但一般也不采取无偿没收的方式，而是有分别地采取征用、代管和征购等多种形式。按照党中央 1951 年 5 月 15 日发出的《关于处理美国在华财产的指示》，为了坚决地肃清美帝国主义在华的经济侵略势力，对美国的企业财产的处理原则是：对有关我国主权或与国计民生关系较大者，可予征用；关系较小或性质未便征用者，可予代管；政府认为有需要者，可予征购；对一般企业，可加强管制，促其自行清理结束。在上述四种方式中，应以征用及加强管制为主。对少数在政治上、经济上无大妨碍的美国企业，在上海、天津、广州等地可以保留一些。③比如，美孚石油公司、上海美商电力公司等，就是通过征用转为国营企业的。而开滦煤矿、颐中烟草公司是转让变成国营企业的。

根据中央工商行政管理局的统计资料，从全国解放到 1953 年，外国资本的企业从 1192 个减少到 563 个，职工由 12.6 万人减少到 2.3 万人，资产由 12.1 亿元减少到 4.5 亿元。其中，英国资本的企业由 409 个减少到

① 《毛泽东选集》第 4 卷，人民出版社 1991 年版，第 1434~1435 页。
② 中央人民政府政务院：《关于管制美国财产冻结美国存款的命令》，《新华月报》1951 年 1 月号，第 587 页。
③ 房维中主编：《中华人民共和国经济大事记（1949~1980）》，中国社会科学出版社 1984 年版，第 49 页。

223 个，职工由 10.4 万人减少到 1.5 万人，资产由 6.9 亿元减少到 3.1 亿元；美国资本的企业由 288 个减少到 69 个，职工由 1.4 万人减少到1500人，资产由 3.9 亿元减少到 1600 万元。这样，就基本上清除了帝国主义在我国工业和其他经济领域的侵略势力，并进一步扩大了社会主义国营企业的阵地。

在新中国建立初期，实行对外贸易管制，是清除和抵御帝国主义经济侵略势力、确立和捍卫中国主权的一个重要方面。根据《共同纲领》关于实行对外贸易管制的规定，政务院在这期间制定和推行了一系列重要决定。主要有 1950 年 3 月 7 日政务院《关于关税政策和海关工作的决定》，[①]中华人民共和国 12 月 9 日《中华人民共和国对外贸易管理暂行条例》。[②]这些决定和条例的贯彻执行，使得旧中国长期存在的帝国主义对中国外贸控制权得以完全结束，新中国外贸自主权得以完全确立。

总体来看，社会主义国营企业主要是通过没收官僚资本主义企业而建立的，小部分是由直接没收敌伪工业（包括日、德、意帝国主义在中国的企业、伪满和汪伪政权的企业）而来的。还有一小部分是来自在清除帝国主义经济侵略势力过程中对外国企业的征用和外国企业的转让。

三、 国营经济的其他来源

1. 以解放区公营企业为基础组建国营企业。这一点突出表现在以下两方面：一是金融方面。中国人民银行于 1948 年建立以后，根据"边接管，边建行"的方针，在接管官僚资本银行的同时，迅速建立了各地的人民银行的分支机构。按照行政区划，中国人民银行先后建立起总行、区行、分行、支行四级机构。在大行政区设区行，在省、自治区、直辖市设分行，在县设支行。在城市中，则按城市规模和业务需要设立分行或支行，下设办事处、分理处；在农村的集镇设立营业所。截至 1949 年12 月，中国人民银行建立了华东、中南、西北、西南 4 个区行，40 个省、市分行，1200 多个县（市）支行及办事处。二是贸易方面。新中国成立前，解放区的公营商业迅速发展。例如，华北人民政府兴办的华北贸易总公司于 1949 年 9 月 17 日撤销后，组建了煤建、土产、粮食、百货、花

---

① 《1949~1952 中华人民共和国经济档案资料选编·综合卷》，中国城市经济社会出版社 1990 年版，第683~686 页。

② 《中国工业经济法规汇编（1949~1981）》，第 626 页。

纱布等 11 个全区性的专业贸易公司。新中国成立以后这些公司转为国营贸易公司。这样，国营贸易公司在新中国成立初期就得到迅速发展。到 1951 年初，中央政府共成立了盐业、百货、花纱布、土产、粮食、煤业、猪鬃、蛋品、茶叶、进口、皮毛、油脂、蚕丝、石油、矿产、进出口等 17 个专业公司。加上一揽子公司、零售公司、信托公司，共 5519 处机构，195027 人。①

此外，解放区机关和部队所有企业，也在新中国成立以后收归国家所有。根据《中央一级机关生产（包括政府、军事系统、党群系统）处理方案》，收归国家经营的生产单位共 373 个，职工 2.92 万人，资金总额 105 万亿元（旧币），其中 303 个划归地方经营管理，占总数的 81.2%。②

2. 由苏联移交而来的国营经济。依据 1950 年 2 月 14 日，在莫斯科签订的《中苏友好同盟互助条约》和《关于中国长春铁路、旅顺口及大连的协定》，1950 年苏联政府将大连市苏联方面临时代管或苏联方面租用的财产、苏联经济机关在东北自日本侵略者手中所获得的财产，以及过去北京兵营的全部财产，均无偿地移交给中华人民共和国中央政府。1952 年，苏联又将长春铁路的财产无偿移交给中国政府。③

通过上述各种途径建立起来的国营经济，在生产力方面是先进的，并掌握了国民经济命脉，因而成为国民经济的主导力量。

第二节　统一财政经济工作，建立高度集中的计划经济体制雏形

1950 年 3 月开始实行的统一财政经济工作，不仅对稳定物价、争取国家财政经济状况的好转、恢复国民经济起了关键性的作用，而且是建立高度集中的计划经济体制雏形的首要一环。

1950 年 3 月 3 日中央人民政府政务院做了《关于统一国家财政经济工作的决定》。④这个决定规定的统一管理的主要内容是统一财政收支，重

①《1949~1952 中华人民共和国经济档案资料选编·商业卷》，中国物资出版社 1995 年版，第 115 页。

②国家经贸委编：《中国工业五十年》第 1 部上卷，中国经济出版社 2000 年版，第 725~726 页。

③《1949~1952 中华人民共和国经济档案资料选编·工商体制卷》，中国社会科学出版社 1993 年版，第 132~136 页。

④《新华月报》1950 年 4 月号，第 1393~1395 页。

点在财政收入，即国家的主要收入，如公粮、税收及仓库物资的全部、公营企业的利润和折旧金的一部分，统归国库。没有中央人民政府财政部的支付命令，不能动支。这样，就保证了国家收入的统一使用。在财政支出方面，则规定：军队供给统一于人民解放军总司令部的后勤部，政府机关、学校、团体则规定编制，规定供给标准，编外和编余人员由全国编制委员会统一调配，不经批准，不得自招新的人员。机关、学校和工厂企业，按照工作和生产情况，均须规定工作人员的数量和每个人员的工作额，一切可节省和应该缓办者，统统节省和缓办，反对百废俱兴。要集中财力于军事上消灭残敌，经济上重点恢复。此外，全国国营贸易机构资金、物资的运用调拨，集中于中央人民政府贸易部，一切军政机关、学校、团体和公营企业的现金，除留若干近期使用者外，一律存入国家银行。所有这些，是统一管理的主要内容。当然，统一管理并不否定分散经营。实际上，在统一管理之后，仍然存在分散经营。例如，农业生产，在中央人民政府农业部规定了总的方针之后，必须由地方政府担任具体的组织和领导；国营工厂，一部分完全划归地方政府和军事机关管理，另一部分属于中央人民政府所有的，也暂时委托地方政府或军事机关管理；财政收入上，地方附加粮纯属地方税，仍归地方支配；依据税则、税目、税率，国家规定了征收公粮、税收数字后，地方政府在严遵法令之下，努力工作，严查漏税得来的款项，则以分成办法，大部归地方。但这种分散经营是在统一管理前提下进行的，同过去基本上分散经营是有原则区别的。

　　这个决定首先是依据新中国成立以后经济发展新形势提供的条件而提出的。新中国成立以前解放区的财经工作，从抗日战争开始直至1949年的12年间，都是分散经营的；其中又分两个段落：1937~1948年这11年是一个段落，1949年又是一个段落。1950年初正式开始新的时期。在头11年中，各解放区的财经工作完全分散经营，各有货币，各管收支，统一的方面只有一项，即政策统一（仅仅最后一两年，在各解放区之间才有可能做少数军用品和物资的调拨）。这种完全分散经营的政策，是适应当时解放区被分割的情况的，因此获得了极大成绩。1949年，解放战争的胜利迅速扩大，一年之间，除西藏外，全国大陆全部解放，都成了解放区。为适应这种情况，财经工作统一的范围和程度也随之增加。首先是货币的统一，除东北外，人民币已成为通货。在上海、武汉解放之后，像第一阶段那样仅限于政策上的统一，已经不够。全国各地财经机关一致要求对下列各项问题做出统一的规定、计划和管理。这些项目是：税则、税目、税率；国营工厂的生产计划、原料来源、产品推销；外销物资的采购，外汇使用的分配；内地贸易物资的调拨，物价管理；铁道、轮船的合理使用，邮电的管理等。所有这些，都需要统一，而且都陆续地统一了。但就财经工作的全部来说，基本上仍是分散经营的，因为财政的收入并未规定统一管理的办法，只统一支出，未统一收入。这种情况在当时是不可避免的。一方面，因为解放区的扩大极为迅速，新解放地区的财政收支，又只能由各地接管机关自行处理；另一方面，作为国家财政收入主要部分的秋征公粮，大部分新区只在 1950 年 1~2 月间才收齐，不少地方尚未收齐，新解放区的税收整理也不是很快的。所以 1949 年一年的情况是，继续分散经营，但分散经营中的统一程度迅速提高。1950 年初进入新的时期，公粮大部已征收齐，统一的税则、税目、税率已经公布，因为大陆已解放，税收也比 1949 年多。依据这个新情况，中央人民政府政务院决定：财经工作要从基本上分散经营，前进到基本上统一管理。也就是说，虽然分散经营的成分仍然有，但主要的将是统一管理。这种改变，是适应 1950 年初在地域、交通、物资交流、关内币制等方面已经统一的情况的。

这个决定也是适应当时消除通货膨胀、支援革命战争和恢复国民经济的迫切需要而提出的。如果不实行统一管理，如果国家收入不做统一使用，如果国家支出不按统一制度并遵守节省原则，如果现有资金不加集中使用，则后果必然是加剧通货膨胀，有害于对战争和军政人员的供应，有害于国民经济的恢复和人民生活的改善。[①]

实践已经证明：正是由于这个决定的贯彻执行，才迅速地、有效地制止了当时的通货膨胀，从而有力地支持了革命战争的需要，并为迅速恢复国民经济创造了最基本的条件。

但是，鉴于一年来的实践经验，为了在继续保证国家财政经济工作统一领导、计划和管理的原则下，把财政经济工作中一部分适宜于由地

---

① 《为什么要统一财政经济工作》，《人民日报》1950 年 3 月 10 日社论。

方政府管理的职权交给地方政府，以利于地方政府的因地制宜，又利于国家财政经济工作的统一领导方针的贯彻执行，1951 年 5 月 24 日政务院又颁发了《关于划分中央与地方在财政经济工作上管理职权的决定》。[①] 基于上述原则，这个决定划给地方的职权，大体分为两类：①把一部分国营企业或一部分财经业务全部划给地方管理，如地方工业、地方财政、地方贸易、地方交通事业等。在这些事业上，除保证政策、方针、重要计划、重要制度的全国统一性外，一切经营管理工作与一切政治工作，全部由地方负责。②散在各地的由中央财经部门直接管理的企业单位，其一切政治工作均归大行政区人民政府指定的地方当局领导。这些企业在执行上级交付的任务上，必须受地方当局的监督、指导、协助。这样划分，是适合上述原则的。

做出这种划分，也是基于下述具体情况的考虑：

1. 1950 年是在分散管理的基础上进行统一，1951 年则是在统一的基础上作恰当的划分。一年多来的事实证明，1950 年强调统一是十分必要的，大困难是避免了，国家的财政经济工作已经有了巨大的进步。但在地方工作上，因 1950 年的财政经济统一，确实发生了一些小困难，多少限制了地方工作的积极性。这些小困难，在保证与巩固统一的基础上，是必须恰当地予以解决的。财政三级制的实行，中央工业与地方工业的划分，已经证明是能够解决这些小困难的。

2. 1950 年在统一国家财政经济工作中，由于经验不足，在某些工作上中央是管得多了一些。例如国营贸易工作，没有区别全国性比重较大的业务与地方性比重较大的业务，统由全国的各个专业公司实行垂直的领导。这就使得某些地方性比重较大的业务，特别是在指导土产的产销上，限制了地方"因地制宜"的作用。现在有了一年多的经验，已经可以逐渐区别哪些业务全国性的比重较大，哪些业务地方性的比重较大，因而可以根据不同部门的业务情况，适当地划分中央与地方的管理职责。

3. 对于属于中央集中管理但又散在各地的企业，如中央直接管理的工矿业、铁路、银行、国营贸易公司等，其企业单位的领导管理工作，过去没有明确规定哪些职权是属于中央的，哪些职权是属于地方的，这就

---

① 《中国工业经济法规汇编（1949~1981）》，第 108~109 页。

使得地方当局对在本地区的属于中央直接管理的企业难于插手过问。事实证明，像企业中的政治工作，离开了地方当局的领导，中央各部门是不可能直接管理好的。现在已有需要把散在各地的中央直接管理的企业，明确划分中央与地方在领导、管理、监督、指导、协助等方面的职权。

4. 我国是一个地广人众、交通尚不很发达的国家，解放初却仍处在人民革命大变革时期，许多事情需要由地方管理，但中央财经各部门又必须集中力量于全国财政经济工作的方针、政策、计划的掌握和主要工作的领导。因此，这时提出财政经济各部门根据在业务管理上必须集中和应该分散的不同情况，适当地划分中央与地方的管理职权，是正确的。①

后来的事实证明：上述《关于划分中央与地方在财政经济上的管理职权的决定》，对调动地方政府的积极性，促进国民经济的恢复，起了积极作用。

我们在上面只一般地论述了财政经济工作的高度集中的计划经济体制雏形的形成过程，没有专门叙说作为国营经济主要部分并在国民经济中居于主导地位的工业经济方面的、高度集中的、计划经济体制雏形的形成问题，但在实际上，前一个雏形的形成过程包含了后一个雏形的形成过程。

这个时期工业经济方面的高度集中的计划经济体制的雏形包括两个层次的内容。

第一个层次，是中央人民政府与地方人民政府管理工业权限的划分。在这方面，实行统一领导和分级管理。

1950 年，政务院《关于统一国家财政经济工作的决定》把凡属国家所有的工厂企业分为三种办法管理：一是属于中央人民政府各部直接管理；二是属于中央人民政府所有，暂时委托地方人民政府或军事机关管理；三是划归地方人民政府或军事机关管理。依据各部门或各地区对现有各国营工厂企业的管理责任，承担对这些工厂企业投资。一切公营工厂企业及合作社，均须依照中央人民政府财政部的规定，按时纳税。一切中央人民政府或地方人民政府经管的工厂企业，均须将折旧金和利润的一部分，按期解交中央人民政府财政部或地方人民政府。②

与 1951 年政务院《关于划分中央与地方在财政经济工作上管理职权的

---

① 《论中央与地方财经工作职权的划分》，《人民日报》1951 年 5 月 26 日社论。
② 《新华月报》1950 年 4 月号，第 1394 页。

决定》相适应，1951 年 4 月 6 日政务院还通过了《关于一九五一年国营工业生产建设的决定》。[①]这个决定扩大了地方政府在发展地方工业方面的权力和责任，并就发展地方工业的方针、地方工业的经营方向、范围和资金来源，以及利润使用等一系列重要问题做出了规定。

这个决定指出：国营地方工业在发展国民经济中具有重要作用，必须采取积极发展的方针，鼓励各级地方政府经营工业的积极性。

地方工业的经营方向：①面向农村，解决广大农民缺乏的生活资料与生产资料。②为国家企业加工，成为国家企业得力助手。③主要利用当地的原料。④地方资力与人力能办到的中小型工业，特别是生产民用品的轻工业。

在中央人民政府尚未制定包括地方工业的全盘计划之间，各地方工业的生产与基本建设计划，应逐级审查，由各大行政区财政经济委员会审核决定，其重要者报告政务院财政经济委员会批准；一般的计划，均应报政务院财政经济委员会及中央有关工业部门备案。

地方工业的经营范围：①不在输电网内的独立发电厂。②小型矿山（小矿区）的经营。③制造农具及小五金的铁工厂。④建筑器材工业（如砖瓦窑、锯木厂等）。⑤纺织厂与针织厂。⑥民用被服业。⑦地方需要的食品工业。⑧造纸厂与印刷文具业。⑨制造日用品的化学工业。⑩地方性的公用事业及其他地方需要而中央尚难筹办的轻工业。

地方工业的资金来源：地方工业的发展，应依靠地方自己积累资金进行，中央人民政府财经各部门，在可能条件下，对地方工业进行下列帮助：①国家有余的生产设备，可依据地方的基本计划拨作地方建设工业之用，由地方按年向国家缴纳折旧费，或作为国家对地方工业的投资。②中央各主管工业部对地方工业作技术上的指导与帮助。③贸易部门与银行应在可能范围内对地方工业加以扶植。④地方工业利润在一定时期内解除上解国库的任务，以供地方工业扩大再生产之需要。⑤建立地方工业的领导系统，以加强对地方工业政策方针的领导与经营管理上的帮助。

地方工业的利润使用：为提高地方工业部门改善经营管理的积极性，1951 年、1952 年两年地方管理的各国营工业的超计划利润，由各大行政

①《中国工业经济法规汇编（1949~1981）》，第 7~9 页。

区工业部掌握；其运用范围，由政务院财政经济委员会规定。

后来的事实证明：这个决定在推动地方工业的恢复和发展方面起了重要的促进作用。到 1952 年，地方国营工业的企业数达到 7272 个，占国营企业（包括中央工业和地方工业）总数的 76.4%；职工人数达 887044 人，占总数的 32.7%；总产值达 38.2686 亿元，占总数的 28.4%。[①]

第二个层次，是国家和企业的关系，这是新中国成立初期工业方面开始实行的高度集中的计划经济体制雏形的最基本的内容。其主要特点是：

1. 在财政方面，实行统收统支。国营企业需要的资金（包括固定资产投资和定额流动资金），按所属关系，由中央人民政府或地方政府的预算拨款。超定额的流动资金由中国人民银行贷款。国营企业除了均须依照中央人民政府财政部的规定缴纳税收外，还需依所属关系把折旧金和利润的大部分上缴中央人民政府财政部或地方政府。国营企业只能分别提取计划利润的 2.5%~5%和超计划利润的 12%~20%，作为企业奖励基金。

2. 在物资供应和产品销售方面，开始实行以计划调拨为主的物资供应和产品收购体制。当时由中央人民政府贸易部承担这个物资调拨和产品收购任务。1950 年，对煤炭、钢材、木材、水泥、纯碱、杂铜、机床、麻袋 8 种主要物资实行计划调拨；1951 年，计划调拨的物资增加到 33 种；1952 年，又增加到 55 种。

3. 在劳动方面，开始着手建立集中管理的体制。当时设立了中央和各大行政区、省市的编制委员会，统一管理这方面的工作。规定各部门各企业编外及多余的人员，不得擅自遣散，均由全国各级编制委员会统一调配使用；各部门各企业如需增添人员，在经过适当机关批准之后，必须先向全国编制委员会请求调配，只有在调配不足时，才能另外招收。

4. 在计划方面，开始对国营企业实行直接计划即指令性计划。在国民经济恢复时期，这项任务是由政务院财政经济委员会（以下简称中财委）承担的。其程序是：先由中财委提出年度的国营工业生产控制数字，报中央人民政府政务院批准，并责成中央各工业部和各大行政区工业部，根据此数字，分配给所属企业；然后再由基层企业开始，自下而上地编

---

①《1949~1952 中华人民共和国经济档案资料选编·工商体制卷》，中国社会科学出版社 1993 年版，第 280 页。

制本系统的生产、成本、劳动等项具体计划，逐级审查汇总，由中央各工业部分别审核后，综合送达中财委批准；最后再按系统逐级下达至基层企业贯彻执行。①

在工业方面建立这种高度集中的计划经济体制的雏形是以在国民经济中居于主导地位的社会主义国营工业为基础的，是符合工业生产发展水平低和工业结构较为简单的历史情况的，是适应当时解决财政经济困难的需要的。因此，在它建立以后，对于消除财政赤字，稳定市场，集中财力用于军事上和经济上重点恢复的需要，都起了重要的积极的作用。

当然，即使在国民经济恢复时期，国家对国营企业实行直接计划为主的、主要依靠行政手段的、高度集中的计划经济体制，对企业积极性也有束缚作用。但新中国成立初期，经济战线上面临的主要任务，是制止通货膨胀，稳定市场，以及重点恢复、建设重工业。这都需要国家集中当时还很有限的财力、物力和人力。集中的计划经济体制是适应了这种经济发展要求的，因而积极作用是主要的。而且，由于这个时期党的宏观经济决策正确，党和政府的威信很高，党的作风正派，党的干部队伍比较年轻，官僚主义比较少，党的思想政治工作很有力，广大干部和群众由全国解放而激发的政治热情很高，所以，这种集中的计划经济体制的行政管理，其效率很高，使得这种经济体制的积极作用得到了比较充分的发挥。还要看到：1949~1952年期间，国营工业产值只占工业总产值的26.2%~41.5%，直接计划大体上只是限制在这个范围以内。在此范围以外，政府又很好地运用了价值规律，对私营工业和个体手工业实行了有成效的间接计划和市场调节。同时，这时国营工业的生产社会化还没有后来那样发展，生产结构比较简单，商品经济也不发达；由于美国帝国主义实行的经济封锁，对外贸易又受到很大限制。这一切又大大限制了集中的计划经济体制的消极作用。

总之，新中国成立初期高度集中的计划经济体制雏形的形成，既不是人为的结果，也不是简单地照搬了苏联模式，而主要是当时弥补财政赤字、消除通货膨胀和恢复国民经济的客观要求。

---

① 政务院：《关于一九五一年国营工业生产建设的决定》，《中国工业经济法规汇编（1949~1981）》，第7页。

第三节　实施民主改革和生产改革，建立国营企业管理制度

如前所述，新中国成立后，在没收官僚资本主义企业时实行原职、原薪、原制度的政策。这样，反映官僚资本主义剥削压迫关系以及某些不适应社会化大生产要求的企业管理制度，就被保存下来；大量带有旧社会思想作风的管理人员也会保留下来；甚至还有少数反革命分子会隐藏下来。显然，这些都是束缚社会生产力发展的，必须改变。同时，还要建立适应社会生产力发展和社会主义制度的企业管理制度。在我国，这些都是通过民主改革和生产改革完成的。

一、实施民主改革

在1949年完成了对官僚资本主义企业的没收工作以后，就开始了企业的民主改革。这项改革工作到1952年"三反"（反贪污、反浪费、反官僚主义）运动结束后就基本上完成了。

民主改革的内容包括许多方面，主要是：

1. 国家委派厂长（或经理）。

为了彻底改变官僚资本主义企业的领导机构，由接收时派遣军事代表进行监督和间接管理的办法，进一步发展到由国家委派厂长（或经理）直接管理企业。

2. 开展镇压反革命和"三反"运动。

民主改革的一些重要方面，如清除隐藏的反革命分子，改造旧人员的思想作风，建立社会主义新型的企业领导者、管理人员、工程技术人员和工人群众的关系，是通过镇压反革命、"三反"和知识分子思想改造等运动进行的。

新中国成立以后，经过各种群众运动和行政手段，已在不同的程度上打击了隐藏在企业内部的反革命分子，并在不同的程度上改革了帝国主义和官僚资本原来在企业内部所形成的不合理制度。特别是党中央在1950年10月10日颁发了《关于镇压反革命活动的指示》以后，各地在工厂、矿山中，都进行过镇压反革命运动，残余的反革命势力已经遭受了更多更大的打击。但是，在大部分工厂、矿山中，还没有进行系统的清

理。其中，混有大批的反动党团、反动会道门分子和少数潜伏的逃亡地主、土匪、恶霸、特务、间谍分子；有些过去曾与国民党反动统治者狼狈为奸的封建把头，还未受到应有的惩治或改造；有些反革命分子，甚至混入了党和青年团内，或者把持了工会。他们从各方面进行破坏活动，压制着工人的政治积极性和生产积极性。为此，党中央在1951年11月5日发出《关于清理厂矿交通等企业中的反革命分子和在这些企业中开展民主改革的指示》。①这个指示要求必须用足够的力量发动与依靠工人群众，有领导、有计划、有步骤地争取于1952年底以前，对工厂、矿山和交通企业部门，首先对国营厂矿交通企业内的残余反革命势力，加以系统的清理，并对于国营企业内所遗留的旧制度，进行或者进一步地完成必要的和适当的民主改革。

上述改革取得了巨大的成效。凡坚决进行了镇压反革命和开展民主改革运动的厂矿企业，罪恶重大的、有血债的反革命分子均已受到严重的打击。这样，就纯洁了工人队伍，加强了工人内部的团结，因而政治上和生产上出现了一片新气象。

1952年"三反"运动开始以后，企业的民主改革又结合这个运动进行。为此，党中央在1952年3月20日又发出了《对厂矿企业中民主改革的指示》，②这个指示强调了民主改革的重要性。对留用人员的思想行动及工作，必须经过"三反"运动加以全盘揭发，彻底了解，然后分别处理。只有把那些作恶的留用人员所作所为在工人群众面前搞清楚，国营工矿企业中的民主改革，才算真正完成，社会主义性质企业才能真正掌握在工人阶级手中。"三反"运动在纯洁工人队伍，建立新型的社会主义的关系等方面起了重要作用。

3. 废除带有封建性的、剥削压迫关系的制度。

废除旧社会资本主义企业留下的带有封建性的、剥削压迫关系的制度（如把头制和搜身制等），也是民主改革的一项重要内容。在旧社会的煤矿企业中，由于把头制的存在，工人遭受着封建野蛮的剥削。把头不但毫不注意矿坑的安全设备，而且驱使工人违反技术及安全规程来采掘，

---

① 《1949~1952 中华人民共和国经济档案资料选编·综合卷》，中国城市经济社会出版社1990年版，第237~243页。

② 《1949~1952 中华人民共和国经济档案资料选编·综合卷》，中国城市经济社会出版社1990年版，第243页。

以致时常发生巨大的生命伤害。因此，摧毁此黑暗制度，摆脱封建的桎梏，早就成为广大煤矿工人的迫切要求。为此，燃料工业部在 1950 年初依据全国煤矿工会代表会议的建议，发出了《关于全国各煤矿废除把头制的通令》。① 1950 年初，全国总工会常委扩大会也批准全国纺织工会代表会议通过《关于废除"搜身"制度的决议》并付诸实施。② 这些都大大地激发了工人群众作为社会主义企业主人翁的积极性。

4. 实现管理民主化。

实现工厂管理民主化，在国营企业民主改革中处于极重要的地位。中财委在 1950 年 2 月 28 日发布的《关于国营、公营企业建立工厂管理委员会的指示》③ 中提出：这种改革的中心环节，就是建立工厂管理委员会，实行工厂管理民主化。在尚未建立工厂管理委员会的工厂企业中，应根据1949 年华北人民政府所颁布的《关于在国营、公营企业中建立工厂管理委员会与职工代表会议的实施条例》，④ 立刻开始认真执行。

按照上述条例，凡属国营、公营工厂企业，均应组织管委会，由厂长（或经理）、副厂长（或副经理）、总工程师（或主任工程师）及其他生产负责人和相当于以上数量之工人职员代表组成。厂长、副厂长（或经理、副经理）、总工程师及工会主席为当然委员，其他生产负责人须参加管委会者由厂长报告上级机关决定。工人职员代表由工会召集全体职工大会或职工代表会议选举。管委会是在上级工厂企业管理机关领导下的工厂企业中统一领导的行政组织，管委会的任务是根据上级企业领导机关规定之生产计划及各种指示，结合本厂实际情况，讨论与决定一切有关生产及管理的重大问题，如生产计划、业务经营、管理制度、生产组织、人事任免、工资福利问题等，并定期检查与总结工作。管委会以厂长（或经理）为主席，管委会的决议，以厂长（或经理）的命令颁布实施。

---

① 《中国工业经济法规汇编（1949~1981）》，第 491~492 页。

② 《中华人民共和国工业大事记（1949~1990）》，湖南出版社 1991 年版，第 875 页。

③ 《中国工业经济法规汇编（1949~1981）》，第 489 页。说明：1952 年 9 月 8 日政务院《关于各级政府所经营的企业名称的规定》指示："关于各级政府所经营的企业，目前有称'国营企业'的，有称'公营企业'的，名称殊不一致。为此，政务院特作如下规定：一、凡中央及各大行政区各部门投资经营的企业（包括大行政区委托城市代管的），称'国营企业'。二、凡省以下地方政府投资经营的企业，称'地方国营企业'。"（《新华月报》1952 年第 10 期，第 179 页）

④ 《关于在国营、公营工厂企业中建立工厂管理委员会与工厂职工代表会议的实施条例》（华北人民政府1949 年 8 月 10 日公布），《中国工业经济法规汇编（1949~1981）》，第 487~488 页。

　　凡有职工 200 人以上的国营、公营工厂必须组织工厂职工代表会议。在 200 人以下的工厂中不建立代表会议，但每月须召集全厂职工大会一次或两次，由工会主席召集。工厂职工代表会议有权听取与讨论管委会的报告，检查管委会对于工厂的经营管理及领导作风，对管委会进行批评、提出建议。

　　1951 年 2~3 月间，由中财委召开的全国工业会议就国营企业实行新的领导体制做出了重要决定：在国营工业企业的生产行政管理工作上实行厂长负责制，但实行厂长负责制应同管理民主化结合起来。1951 年 5 月，党中央还就企业领导体制问题批转了《中共中央东北局关于党对国营企业领导的决议》。①这个决议首先强调：党管理工业的基本思想，即在企业中一切工作都必须贯彻依靠工人阶级的思想。这个决议对国营厂矿企业中党的组织、行政组织、工会组织和青年团组织的基本任务做了明确规定，即：均应以提高厂、矿的生产作为自己最高与最基本的任务。这个决议规定了国营厂、矿中的党、行政、工会、青年团的工作分工。①厂、矿中的生产行政工作实行厂长负责制。厂长由国家的经济机关委派，并由国家取得必要的生产资料和资金，实施对生产行政工作的专责管理。厂长领导下的管理委员会，是目前时期实行工人参加生产管理的制度。厂长必须召开管理委员会，讨论有关经济计划及其实现的步骤、管理制度、生产组织、人事任免、工资福利等重大问题，并定期向职工代表会议报告自己的工作。②党是工人阶级组织的最高形式，是独立的政治组织。它对厂、矿中的政治思想领导负有完全的责任，对厂、矿中行政生产工作负有保证和监督的责任。③工会是厂、矿中工人阶级的群众组织。它的主要工作是教育广大职工群众，组织生产竞赛，保护工人阶级的日常利益。④青年团是厂、矿中青年职工的政治的与群众性的组织。它的主要工作是对团员进行毛泽东思想的教育，组织团员与青工的政治文化技术学习，开展体育活动，积极参加生产竞赛。这个决定还规定了厂、矿中的党、行政、工会、青年团的工作方针，即坚持厂长负责制与管理民主化相结合的方针，坚持政治工作与经济工作相结合的方针，坚持在增加生产的基础上，逐步改善工人生活的方针等。这个决定在马克思主

---

　　①《中国工业经济法规汇编（1949~1981）》，第 503~510 页。

义指导下，依据较早解放的东北地区党领导工业的经验，就实行厂长负责制的条件下，如何同管理民主化相结合，如何实现党的政治思想领导和保证、监督作用等重大问题，做出了一系列明确的规定。这虽然是在计划经济体制条件下做出的决定，但相对于尔后实行的企业领导体制来说，是一种较好的体制。

但是，当时主要由于关内企业不具备早解放的东北企业的条件（主要是民主改革已经基本完成，生产改革也有一定基础）。当然，也有认识上的差异。当时共同的基本认识是：东北厂长负责制是好的，将来工厂管理必须实行这种制度。但在条件不具备时，还是以实行军队曾经长期实行的党委领导制为宜。这样，厂长负责制只在东北试行，其他地区实行党委负责制。

总体来说，国营企业的民主改革，在纯洁工人阶级队伍，建立新型的社会主义企业管理制度和人与人之间的关系，提高职工的主人翁地位等方面，都起到了重要作用。

二、实施生产改革

生产改革是在民主改革的基础上进行的。在国民经济恢复时期，多方面地进行了生产改革工作。在1952年"三反"运动结束、基本上完成了民主改革之后，工作重点就由民主改革转到了生产改革。生产改革的时间比民主改革要延续得长一些。

生产改革的主要内容包括以下各点：

1. 建立健全企业管理机构和生产责任制度。建立健全企业管理机构，实行科学的分工，是工业企业进行正常生产和提高生产的基本条件。但新中国成立初期，从官僚资产阶级手中接收过来的国营企业，管理机构很不健全，缺乏科学的分工，很不适合社会主义工业发展的需要。因此，解决这个问题，就成为生产改革中的一项重要工作。比如，中央人民政府纺织工业部在1950年4月曾经做出了《关于公营纺织工厂组织机构的决定》。①该决定对新的纺织工厂组织机构设置的要求及各类管理人员的分工都做了严格规定。

建立生产责任制，不仅因为它是管理工业企业的基本原则，而且因

---

① 《中国工业经济法规汇编（1949~1981）》，第492~494页。

为它是新中国成立初期工业企业管理中最薄弱的环节。当时在工业企业中，相当普遍地不同程度地存在着这样的现象：生产与建设计划不能完成无人负责，原材料供应不及时发生停工待料无人负责，产品质量差无人负责，破坏技术操作规程招致损失无人负责，机器的保护与使用无人负责，生产不能相互配合无人负责，浪费惊人无人负责，等等。在这种情况下，不建立生产责任制，工业的恢复和改造，就无法迈开步。但是，建立生产责任制，绝不是消极的，它是积极地推进工业前进的力量。

建立生产责任制，要求做到人人对生产负责，事事有人负责。为此，需要建立各种生产责任制，特别是建立企业领导者的责任制以及质量责任制和安全责任制。为了保证各种生产责任制的贯彻执行，还需建立健全检查部门和检查制度、奖惩制度。比如，纺织工业部在1950年12月15日做出《关于建立和加强生产责任制的决定》，① 就是适应上述要求做出的。该决定对上述各项责任制度都做了明确规定。

2. 推行经济核算制。

新中国成立初期，周恩来总理提出："现在已不是供给制时代，而是要走上经济核算时代了。"② 在过去长期战争环境形成的供给制，已经不适合恢复和发展工业的需要。在这种情况下，提出实行经济核算制的任务，是很必要的。

在初步建立的计划经济体制下，经济核算制是管理国营企业的基本原则。其目的是在国家计划的集中指导下，发扬各企业的经营积极性与责任心，提高劳动生产率，努力增加产量，提高质量，消灭浪费，降低成本，加速资金的周转与增加国家资金的积累，从而保证工业的扩大再生产与提高劳动者的物质文化生活水平。基于这一点，政务院在1951年4月6日通过了《关于一九五一年国营工业生产建设的决定》③。该决定提出国家对国营企业，经过以下五项方法，实施经济核算的管理：①实行计划管理，即规定企业增加生产（数量、质量与品种）、提高劳动生产率及降低成本的任务，并建立系统的检查制度，促其实现。②确定每个企

---

① 《中国工业经济法规汇编（1949~1981）》，第498~499页。
② 《1949~1952中华人民共和国经济档案资料选编·基础建设投资和建筑业卷》，中国社会科学出版社1989年版，第438页。
③ 《新华月报》1951年5月号，第138页。

业必要的固定资产与流动资金。凡未确定资金的企业，应即认真清理资产，确定资金，其有多余或不足者，由国家统一调配。③实行独立会计制，由中国人民银行集中国营企业的一切信贷，允许各企业有权独立与国家银行发生往来，逐渐发挥银行对企业财务活动的监督作用。责成各企业的领导人，对所管企业的盈亏负完全责任。④在完成国家平衡计划的条件下，企业有权通过合同制自行销售产品与收购原材料。⑤实行工厂奖励基金制。凡已确定资金，并能有计划地进行生产的企业，在经济核算制已奠定初步基础之后，可从超计划利润中提取一定比例（至多不超过30%），充作工厂奖励基金。鉴于我国各地解放时间有早晚的差别以及与此相联系的企业管理基础的差别，该决定对各企业在1951年推行经济核算制方面规定了不同的要求：凡尚未开始实行经济核算制的国营企业，1951年内务必建立经济核算制的初步基础；凡经济核算制已有初步基础的厂矿（如东北），1951年应提高一步。在国民经济恢复时期，该决定及其他相关决定的贯彻，使得许多国营企业的经济核算制初步建立起来。

3. 改革工资制度，贯彻按劳分配原则。

在半殖民地半封建的中国，不仅工资水平极为低下，而且工资制度也混乱不堪。新中国建立初期，对没收过来的企业职工还需要实行原薪制，一般按解放前3个月内每月所得实际工资的平均数领薪。尔后进行的民主改革，废除了把头制等封建性剥削，并对少数极不合理的职工和地区的工资做了调整。但这些并没有从根本上触动旧社会留下的工资制度。面对新中国成立初期通货膨胀的局面，人民政府对职工实行了以实物为基础计算工资的办法。这对于保证职工生活和实现社会稳定起了重要作用，但这同样没有从整体上改变工资制度的混乱局面。

这种混乱状态主要表现为：①工资计算单位不统一。解放初期，全国共有十几种计算单位。②在部门之间，轻工业职工工资高于重工业；在企业内部，辅助工人工资高于主要工人，事务人员工资高于技术人员。③同一产业部门没有统一的工资标准，同级职员的工资差别高达2~3倍。④没有统一的等级制度。企业都是多等级制，有的多到三十几级、五十几级甚至一百几十级；级差很小，有的只有二斤小米。工资制度的这种混乱状态，同社会主义国营经济和恢复国民经济的要求极不适应，必须改革。

根据党中央指示，中华全国总工会和中央人民政府劳动部，为召开全国工资准备会议作准备，在深入广泛调查研究的基础上，起草了《工资条例草案》、《工资条例说明书》、《全国各主要地区"工资分"所含物品牌号及数量表草案》、《各产业工人职员工资等级表草案》等文件。经过这些准备，中财委在1950年8~9月间召开了全国工资准备会议。会议肯定了上述文件所提出的新工资制度，并同意以工资分作为全国统一的工资计算单位。会议还确定了改革工资制度的三项原则：①在可能范围内，把工资制度改得比较合理，打下全国统一的、合理的工资制度的初步基础。②一定要照顾现实，尽可能做到为大多数工人拥护。③要照顾国家财政经济能力，不能过多增加国家负担。

依据上述指示和文件，各大行政区在1951~1952年先后相继进行了一次工资改革。概括起来，这次工资改革的内容，主要有以下四点：①统一以"工资分"为工资的计算单位。每个"工资分"中五种物品的含量为：粮0.8斤（0.4公斤）、白布0.2尺（0.067米）、食油0.05斤（0.025公斤）、盐0.02斤（0.01公斤）、煤2斤（1公斤）。物品的规格与牌号，各地根据本地区经济条件和职工生活习惯而定，如南方一般用大米，北方用白面和粗粮，以中等质量为准。按国营商业的零售牌价计算"工资分"值，并由当地主管机关或人民银行定期（按月、半月或日）公布。②企业工人实行新的工资等级制度，职员实行新的职务等级制度。各地国营和地方国营企业的工人大多数实行八级工资制，少数实行七级制或六级制，最高最低工资的倍数一般为2.5~3倍，多数为2.8倍，并且大都制定了工人技术等级标准。企业职员包括企业的管理人员与工程技术人员，实行了职务等级工资制。职务等级工资制是按职务规定工资，即按各职务的责任大小、工作复杂性和繁重性以及各职务所需要具备的知识和能力而确定的。每个职务又规定几个工资等级，各职务之间上下有一定的交叉。③推广计件工资制和奖励工资制，建立特殊情况下（包括调动工作、停工、学习和加班加点等）的工资支付办法。④统一了工资总额组成。工资总额应包括基本工资和辅助工资，但不包括非经常性的一次性奖金、企业缴纳的劳动保险金、工会经费、失业救济基金，以及职工调动工作的旅费、调遣费和解雇费。

这次改革对于建立符合按劳分配原则的新工资制度，提高工资水平，激发职工的劳动热情，都起了有益的作用，并为进一步贯彻按劳分配原则和改革工资制度创造了有利的条件。当然，这次工资改革也有某些不足之处。比如，有不少地方对现实情况的照顾多了一些；各企业工资水平高低不一，有的相差大了一些；仍有平均主义现象。

4. 开展生产竞赛运动。

随着官僚资本主义经济的被没收和民主改革、生产改革的进行，职工群众成为社会主义的国家和企业的主人，劳动积极性趋于高涨，生产竞赛也随之逐步开展起来。据统计，全国解放至 1950 年，有 68.3 万职工参加了生产竞赛；1951 年增长到 238 万人；1952 年，参加爱国增产节约竞赛运动的职工占到职工总数的 80% 以上。1949~1952 年，先进集体单位达到 19000 个，其中先进小组 18000 个；先进生产工作者 20.8 万人，其中女性有 26000 人。[1] 这 3 年，职工群众在改进机器、操作方法和劳动组织等方面，创造了很多先进经验，提出了很多合理化建议。这 3 年合理化建议达到近 40 万件，其中被采用的就有 24.1 万件。[2]

在这期间，为了推动和领导生产竞赛运动合乎规律地发展，政务院于 1950 年 9 月 25 日至 10 月 2 日在北京召开了全国工农兵劳动模范代表会议，出席的劳动模范和先进集体代表 459 人，其中工人代表 203 人。毛泽东主席代表中共中央到会致祝词。又在 1951 年 4 月 6 日发布了《关于一九五一年国营工业生产建设的决定》。[3] 决定指出：① "竞赛的内容必须与完成生产计划的总任务相结合，与解决当前生产中最薄弱或最关键的一环相结合，明确每一阶段、每一厂矿的竞赛目标，避免一般性与盲目性。" ② "增产与提高技术相结合，启发职工的智慧，从改善工具、改善操作方法、改善劳动组织等方面来提高生产，防止单纯加强劳动强度、追逐数量、忽视质量的偏向。" ③ "推广先进生产者与先进生产小组的经验，是开展生产竞赛的方式。" 比如，沈阳第五机器厂马恒昌生产小组是 1949 年上半年就涌现出来的先进生产小组，仅在 1950 年，该组就改进了 15 种生产工具，创造了 25 项新记录，提前完成了生产任务，质量达到标

①《伟大的十年》，人民出版社 1959 年版，第 165 页。
②《中华人民共和国三年来的伟大成就》，人民出版社 1953 年版，第 151~152 页。
③《中国工业经济法规汇编（1949~1981）》，第 9 页。

准的占产品总数的 99%。该组的特点：一是打破技术保守思想，促进全组技术进步，完成和超额完成生产任务；二是互助团结，表现了工人阶级的伟大友谊，避免了个人锦标主义；三是高度的劳动热情与钻研技术相结合；四是把全组创造的先进经验变成经常的制度。从 1950 年起，就推广了马恒昌小组的先进经验，开展马恒昌小组竞赛活动。① 又如，当时青岛第六棉纺织厂郝建秀创造了一套科学的细纱工作法，1950 年下半年总结和推广了这个先进工作方法，并把它称为郝建秀工作法。该工作法的基本特点：一是工作主动，有规律，有计划，有预见性；二是动作合理，把几种工作结合起来做；三是抓住了细纱工作的主要环节——清洁工作，因为清洁工作做得好，断头就少，皮辊花出得少，产量就高，质量也好。② ④“在竞赛中建立与改善各种经营管理制度，创造新的技术标准与定额，提倡联系合同和集体合同，使职工之间、各生产部门之间求得相互配合、相互团结的平衡发展。”⑤“在竞赛中建立合理的奖励制度。”按照中财委的规定，1952 年企业奖励基金 25%用于技术措施费，45%用于集体福利事业，5%用于生活困难职工的补助，其余 25%用于职工的奖励。③ 所有这些，都促进了这个期间生产竞赛运动的健康发展。

上述历史情况表明：我国社会主义的国营企业管理制度，正是通过民主改革和生产改革建立起来的。

第四节　社会主义国营经济的发展

经济恢复时期在没收官僚资本主义经济的基础上建立了社会主义国营经济，又通过民主改革和生产改革建立了社会主义企业管理制度。这就彻底地消灭了官僚资本主义的剥削关系，清除了残存的封建主义的压迫关系，确立了劳动者在国家和企业中的主人翁地位，初步地实现了企业管理民主化和按劳分配原则，解放了生产力，激发了广大职工的劳动积极性，开展了生产竞赛运动。高度集中的计划经济体制的初步建立，

---

① 《新华月报》1950 年 7 月号，第 554 页；1951 年 2 月号，第 759~760 页。
② 《新华月报》1951 年 10 月号，第 126 页。
③ 《新华月报》1952 年 5 月号，第 95 页。

保证了有限资金能够集中用于重点建设。这些都有力地推动了国营工业生产建设的发展。1949~1952 年，国营工业的产值由 36.8 亿元增长到142.6 亿元，增长了 2.9 倍。由于国营工业产值的增长速度较高，因而它在工业总产值的比重有了显著的上升，由 1949 年的 26.2%上升到 1952 年的 41.5%。①

这期间，国营运输业占货物周转量的比重由 1949 年的 88.5%进一步上升到 95.8%。②

这期间国营商业也有了很大的发展。1950~1952 年，国营零售商业在全国零售额的比重由 8.3%上升到 19.1%。国营批发商业还有更大的发展。国营批发商业在全国批发额的比重由 1950 年的 23.2%上升到 1952 年的60.5%，占了主要地位。③

这期间国营金融业取得了绝对统治地位。政府在接管官僚资本主义金融机构的基础上，将国民党政府中央银行、省市地方银行及其下属机构，均改编为人民银行的分行和办事处、分理处。④政府接管中国银行并将其改造成为外汇专业银行。中国银行实行总、分、支三级机构，国内各级分、支行受中国银行总管理处及同级人民银行领导，国外机构直接受总管理处领导。政府接管交通银行后，将其改造成为经营工矿交通事业长期信用的专业银行。交通银行也实行总、分、支三级，总管理处下属行、处受交通总管理处及当地人民银行双重领导。这两家银行均为公私合营的金融机构。政府还接管了国民党政府官僚资本主义保险机构中国、中信、中农、太平洋保险公司。在各解放区地方性保险公司和改造官僚资本保险机构的基础上，于 1949 年 10 月 20 日正式组建中国人民保险公司。还以原中国产物保险公司为基础，设立专营国际贸易及有关外汇业务的中国保险公司。到 1952 年，金融业又率先在全国实行了全行业公私合营。这样，社会主义国营经济就几乎占了全部金融业。

---

①《中国统计年鉴》(1984)，中国统计出版社 1984 年版（版本后同），第 194~195 页。

②《伟大的十年》，人民出版社 1959 年版，第 35 页。

③ 中国科学院经济研究所、中央工商行政管理局编：《私营工商业社会主义改造统计提要（1949~1957）》，1958 年。

④《1949~1952 中华人民共和国经济档案资料选编·金融卷》，中国物资出版社 1996 年版，第 68 页。

第二章　实行土地改革，保护和发展个体经济

第一节　实行土地改革，保护和发展个体农民经济

一、颁布《土地改革法》

如前所述，在半殖民地半封建的中国，封建土地所有制在农村占主要地位，严重阻碍社会生产力的发展。根本改革这种土地制度是中国新民主主义革命的一个最主要内容。诚然，新中国建立以前，老解放区已有 1.45 亿农业人口（总人口约 1.6 亿）进行了土地改革。但新中国成立之初，仍有 2.64 亿农业人口（总人口约 3.1 亿）没有进行土地改革。这样，在 1950 年 6 月初召开的党的七届三中全会上，毛泽东就把"进行土地改革工作"列为当时第一项重要任务。[①]同月，召开了中国人民政治协商会议第一届全国委员会第二次会议。中共中央副主席刘少奇在会上作《关于土地改革问题的报告》。刘少奇强调了土地改革的重要性。他说，"废除地主阶级封建剥削的土地所有制，实行农民的土地所有制，借以解放农村生产力，发展农业生产，为新中国的工业化开辟道路。"[②]刘少奇还对全国实行土地改革的方针政策做了详细的说明。会议讨论并同意了刘少奇的报告和中共中央建议的土地改革法草案。6 月 28 日，中央人民政府委

---

①《毛泽东选集》第 5 卷，人民出版社 1977 年版，第 18 页。
②《刘少奇选集》下卷，人民出版社 1982 年版，第 33 页。

员会第八次会议讨论并通过了《中华人民共和国土地改革法》（以下简称《土地改革法》）。6月30日，中央政府主席毛泽东发布《关于实施土地改革法的命令》。

这样，《土地改革法》成为指导全国土地改革的纲领性文件。《土地改革法》共分六章四十条，对总则、土地的没收和征收、土地的分配、特殊土地问题的处理、土地改革的执行机关和执行方法等问题做了系统的规定。

鉴于新中国建立后出现的新情况，主要是阶级力量对比已与革命战争时期完全不同；恢复和发展生产成为中心任务。因而这次通过的《土地改革法》，与1947年10月中共中央发布的《中国土地法大纲》（以下简称《大纲》）相比较，在政策上做了一些重大的修改。主要是：①将《大纲》的征收富农多余土地财产的政策改变为保存富农经济的政策。②《大纲》对小土地出租者并无专门规定。《土地改革法》则规定：小土地出租者出租的土地，只要不超过当地平均每人占有土地的2倍，均保留不动。③《大纲》规定："废除一切地主的土地所有权"，并没收"地主的牲畜、家具、房屋、粮食及其他财产"。这实际上是没收地主在农村中的一切财产。《土地改革法》规定：对地主，除没收他们的土地、耕畜、农具、多余的粮食及其在乡村中多余的房屋外，其他财产不予没收。④《大纲》规定："乡村中一切地主的土地及公地，由乡村农会接收，连同乡村中其他一切土地，按全乡全部人口，不分男女老幼，统一平均分配。"在平分一切土地的政策下，中农超过人口平均数的多余土地也被平分掉了。这就严重侵犯了中农的利益。《土地改革法》将按人口彻底平分改为"保护中农（包括富裕中农在内）的土地及其他财产不得侵犯"。这使中农的利益就能得到切实的保护。总之，《土地改革法》，标志着党的土地问题的政策在经过长期实践后臻于完善。

二、推行土地改革的政策措施

1. 开展清匪反霸和减租退押的斗争，为土地改革创造先决条件。

全国新解放区在土地改革前，武装土匪约有200万以上。这些土匪武装十分猖獗，危害极大；在匪患比较严重的地区，潜藏土匪大多与当地恶霸相勾结，成为恶霸横行乡里、欺压农民的工具。因此，必须开展肃清散匪与反对恶霸的斗争，并把二者结合起来。全国清匪反霸斗争于

1950 年底基本完成。

减租是减轻农民所受的地租剥削；退押是索回农民向地主租种土地时预先交纳的押金。二者是在暂时不改变地主土地所有权的前提下，改善农民生活的重要举措。到 1951 年上半年，除少数民族地区外，新解放区的减租退押斗争已基本结束。经过清匪反霸和减租退押斗争，广大农民提高了阶级觉悟，增强了团结，组织了起来。为实行土地制度改革，在政治上、思想上和组织上准备了条件。

2. 制定和执行正确的土地改革的总路线，为土地改革提供路线保证。在土地改革中，坚决执行土地改革的总路线与总政策——依靠贫农、雇农，团结中农，中立富农，有步骤地、有分别地消灭封建剥削制度，发展农业生产。占农村人口 70% 的无地和少地的贫农和雇农，是运动骨干，他们在土地改革斗争中最积极、最坚决。他们在各地农民协会的领导成分中占多数。消灭封建的土地改革，就是依靠着广大的贫雇农群众才得以胜利实现的。同时，贫农、雇农也得到相当于当地每人占有土地平均数的 90% 左右的土地，基本上满足他们迫切的土地要求。占农村人口 20% 的中农的利益，在土地改革运动中也得到坚决的保护。《土地改革法》规定："保护中农（包括富裕中农在内）的土地及其他财产，不得侵犯。"在土地改革中对占有土地高于当地每人平均数的一部分中农，保护不动，而一部分缺地的中农则分进土地，因而整个中农阶层每人占有土地的平均数较之土地改革以前增加。在各地农民协会的领导成分中，也保证中农成分不少于 1/3。因而，这就保证了雇农、贫农与中农的巩固团结，形成了占农村人口 90% 以上的农民的统一战线。这就使贫雇农避免陷于孤立，而孤立了地主，保证了土地改革的胜利。采取了保证富农经济的方针。《土地改革法》规定："保护富农所有自耕和雇人耕种的土地及其他财产，不得侵犯。"富农在土地改革实行后，每人所保有的土地，一般仍相当于当地每人占有土地平均数的 2 倍。这使历来在农村中作为地主阶级同盟者的富农，在土地改革斗争中中立起来，使地主阶级更陷于孤立，更有利于消灭地主阶级。土地改革的结果，消灭了地主阶级，但并没有消灭地主个人。按照《土地改革法》规定，地主亦被分给与农民同样的一份土地，使他们在劳动中改造自己；对地主兼营的工商业及其直接用于经营工商业的土地和财产，亦不予没收，把地主的封建土地财产与其兼营的工商业区别开来，分别对待。只有对那些罪大恶极、血债累累、民愤甚大和抗拒或破坏土地改革的不法地主恶霸才依法惩办，直至判处死刑。这在地主阶级中起了一定的分化作用，减弱了地主阶级对土地改革的抵抗，而有利于土地改革的进行。由于各地认真贯彻土地改革的总路线与总政策，这就保证了土地改革运动获得了空前伟大的胜利。[①]

3. 加强土地改革的领导，为土地改革提供组织保证。主要措施有：①成立各级土地改革委员会。土改委员会的组成人员，由各级党和政府的主要领导人担任。中央土改委员会是经中共七届三中全会决定的，由刘少奇、彭德怀、刘伯承、邓子恢、叶剑英、彭真等组成，刘少奇负责。此后，各大区、省、专区、县在土改前也相继建立了土改委员会。土改委员会的职责是：负责处理土地改革中的各种问题，其中包括：订立土改政策细则；提出与审查土改工作计划；主持训练土改干部；解答各界对《土地改革法》的疑问，并进行扩大宣传；检查《土地改革法》的执行情况，总结经验，纠正错误等。②组织土改工作队。土改工作队的任务是具体协助农民协会开展土改的各项工作。土改工作队除了有各级党、政和农协干部参加外，还吸收各民主党派和科学、文化、艺术界人士及大专院校师生等参加。各省党和政府的主要同志分别率领巡视团或检查团，下到基层。地、县、区一级的干部也都竞相效仿，纷纷下去。[②]

三、土地改革的成就

到 1952 年，完成土地改革的农业人口（包括老的和新的解放区）已占全国农业人口总数的 90%以上，土地改革已在全国范围内基本完成。

包括老的和新的解放区在内，整个土地改革共没收、征收了约 7 亿亩（约合 4700 公顷）的土地，分配给占农村人口 60%~70%的无地和少地的农民，使得他们免除了以往每年要缴的 3500 万吨粮食的地租。据华东、中南、西北、西南四个大区新解放区的统计，农民分得房屋 3807 万间、耕畜 297 万头、农具 3954 万件、粮食 525 万吨。从而，改变了农村土地占有状况。根据全国农村调查资料，土地改革结束时，占人口 52.2%的贫雇农占有 47.1%的耕地，平均每人 2.93 亩；占人口 39.9%的中农占有

---

① 参见《中华人民共和国三年来的伟大成就》，人民出版社 1952 年版，第 12~13 页。
②《中华人民共和国经济史》第 1 卷，中国财政经济出版社 2001 年版，第 232~233 页。

44.3%的耕地，平均每人 3.67 亩；占人口 5.3%的富农占有 6.4%的耕地，平均每人 3.8 亩；占人口 2.6%的地主占有 2.2%的耕地，平均每人 2.52 亩。[①]这就从根本上改变了几千年来封建主义土地占有制度，实现了耕者有其田，大大提高了农业生产力，初步改善了农民生活。土地改革还加强了工农联盟，巩固了人民民主专政在农村的阵地。土地改革中建立起来的农民协会会员人数，占农村人口的 70%以上，具有最为广泛的社会基础，农民协会的骨干多数成为乡镇基层政权的领导力量。

在经济恢复时期，实行土地改革既是建立个体农民经济的基础性工程，又是推动农业生产发展的根本性动力。但在这个时期党和政府组织的农业互助合作以及采取旨在保护和发展个体农民经济的一系列政策措施，也是推动农业发展的重要因素。这两方面的情况分别留在本篇第三、六章叙述。

第二节　保护和发展个体手工业经济

解放前，我国资本主义工业没有得到充分发展，以致新中国成立初期手工业在全国工业生产中占有相当重要的地位。据统计，1949 年，个体手工业产值为 32.7 亿元，占工业总产值的 23%。[②]

据 20 世纪 50 年代初期全国手工业调查，若以生产服务对象来划分，个体手工业生产可分为以下五类：[③] ①为农业生产服务的，包括铁、木、竹农具等行业，其产值占个体手工业总值的 5.88%。②为工业生产服务的，包括工业用金属制品、煤炭开采、工业用木材制品、土碱、硫磺、土硝、油漆、油墨颜料生产以及棉、毛、麻初步加工等行业，其产值占个体手工业总值的 12.45%。③生活日用品，包括食品、缝纫、纺织、竹藤、棕草、铁、木等行业，其产值占个体手工业总值的 69.52%。④其他生产资料，包括建筑材料生产（如石灰、砖瓦、土砂石的开采），汽车、船舶等修理，交通运输用木器以及度量衡制造等行业，其产值占个体手

---

①《当代中国的农业》，当代中国出版社 1992 年版，第 48~49 页。
②《中国统计年鉴》(1984)，中国统计出版社，第 194 页。
③《我国手工业的发展和改造》，中国财政经济出版社 1956 年版，第 18~20 页。

工业总值的 4.63%。⑤其他消费资料，包括未列入生活日用品中的生活资料，主要是文化教育用品、特种手工艺品、迷信品等行业，其产值占个体手工业总值的 7.52%。

全国个体手工业，大部分分布在农村，如以全国个体手工业为 100，则农村就占 57.1%，而城市仅占 42.9%。在农村的个体手工业中，有相当大一部分是农民兼营的手工业，它占农村手工业的 64.5%。在农村手工业中，农民利用农闲所进行的手工业所占比重还相当大。这充分说明，我国的手工业与农业生产有着密切的关系。当然，在独立生产的手工业产值中，城市比重较农村要大。城市独立生产的手工业产值约占全部手工业产值的 42.9%，而农村独立生产的手工业产值约占 30.2%。

上述情况表明：新中国成立初期，恢复个体手工业生产，是恢复国民经济的一个重要方面。

但当时恢复手工业生产存在许多严重困难。解放前，中国的手工业生产处在帝国主义的经济侵略、官僚资产阶级的压迫剥削下，又经历了战争的严重破坏，极其衰落。据全国重点省市的 18 种手工业产品估算，①自抗日战争以来到 1949 年全国解放时止，在 12 年过程中，我国手工业被破坏了 47%。在 18 种主要产品中，农村生产资料如铁器农具、皮革的产量，约为战前的 62.4%，减少了 37.6%；城乡人民生活资料如土布、糖、针织品、毛毯、酒等，约为战前的 55.9%，衰落了 44.1%；国内外销售的手工业产品如花边刺绣、夏布、丝织品、草帽辫、瓷器等，约为战前的 46.8%，降低了 53.2%；其他如爆竹、锡箔约为战前的 42.6%，衰落了 50% 以上。

手工业遭到严重破坏，是恢复的头道难题。此外，解放初期，由于整个国民经济性质突然发生变化，手工业原有的供、产、销关系被打乱，而新的供、产、销关系还没有建立起来。当时许多手工业行业出现了产品滞销，资金周转困难，原料供应不足，致使生产减缩，关店歇业的户数增加。

当时，为了促进手工业生产的恢复，党和政府采取了以下重要措施：

1. 加强组织领导。新中国成立初期，整个经济管理组织还不完善，

---

① 《我国手工业的发展和改造》，中国财政经济出版社 1956 年版，第 25~27 页。

加上手工业本身存在着行业复杂、地区性大的特点，所以当时各地没有统一的管理机构，或由地方政府设立手工业工作委员会管理，或由工业管理部门设专门机构管理，或由财委代管，或由工商局兼管。但不久轻工业部成立手工业生产指导委员会，计划和指导全国手工业生产，并号召各地组织手工业联合会，逐步组成全国性的联合会。这个时期，很多地区还召开了由个体手工业者、合作社及有关财政经济部门代表参加的手工业代表会，并注意吸收个体手工业者加入工会和工商联组织，加强对个体手工业的领导。

2. 指导手工业的发展方向。1950 年 3 月，轻工业部提出手工业生产应向以下几方面发展：①与机械工业相结合。②向机械工业生产不足的部门发展。③与农村救灾工作相结合，发展各种作为农民副业的手工业生产。④与对外贸易相结合，发展可供出口的农产品加工工业。⑤与部队需要相结合。[1]这样，就使个体手工业生产能与整个国民经济的发展合拍，减少了盲目生产的弊病。

3. 疏通流通渠道。这个时期，帮助个体手工业解决产销关系中的矛盾并逐步摆脱私营商业的控制，是一项非常重要的工作。这项工作分为两个方面：①建立国营经济和个体手工业的商业联系。这项工作在农村主要是通过供销合作社实现的。供销合作社是个体农民与个体手工业者在流通领域自愿组织起来的集体经济组织。它根据国家计划和价格政策为国家收购产品，通过供销业务和合同制，把个体经济纳入国家计划；同时根据手工业者和农民的利益，推销手工业产品和农副产品，并供应日用工业品；所得利润按入股资金返回手工业者和农民手中。在城市，则由国营经济通过组织原料供应、加工订货、收购成品等手段，对个体手工业的供销活动进行间接的计划指导。这样，就缩小了自由市场，限制了私营商业的活动，提高了手工业生产，也促进了个体手工业者组织起来。②在组织土产交流的活动中，调节手工业产品的供求关系。当时，多次召开了县、省、大区三级土产会议和土产展览会，用以解决远距离（跨县、跨省、跨大区）交流手工业产品问题；还注意发挥初级市场的积极作用，组织了各种庙会和"骡马"大会。在交流活动中，政府有关部

———————

① 《人民日报》1950 年 4 月 20 日。

门具体指导解决手工业产品的销路、价格、交通运输、运费和资金周转等一系列问题，使手工业生产者和消费者之间，直接建立联系，减轻或消除了中间剥削，调节了手工业产品的供求关系。

4. 运用税收和信贷手段促进手工业生产。在税收方面，政府本着发展手工业的精神，制定了工业轻于商业，必需品轻于奢侈品的税收原则。并根据手工业不同行业在国民经济发展中的作用，分别制定了不同的税率，对某些在国计民生中特别重要的手工业品，还采取了免税、减税的办法。如1950年初公布的《工商业税暂行条例》规定，对手工业制造业和修理业的工商税减征10%，对主要是属于个体手工业的贫苦艺匠及农民家庭副业予以免税照顾。[①]在信贷方面，个体手工业者在国家银行的支持下，逐渐摆脱了高利贷资本的剥削和控制，并且采用联购联销的形式，或联合向国营公司整批购买原料，或推定代表联合向产地购进原料，或组织联合推销组向外推销产品。这样，不仅促进了手工业的发展，而且使得个体手工业者初步认识到组织起来的优越性，为个体手工业的合作化创造了有利的条件。

国民经济恢复时期，由于党和国家采取了一系列的措施，在手工业方面取得了巨大成就。主要有：

1. 手工业生产得到了迅速的恢复和发展。全国手工业生产总值从1949年的32.7亿元，增加到1952年的70.6亿元，3年中增长了1.16倍。[②]

手工业生产的发展，在国民经济的恢复时期，无论对工业、农业、基本建设，或者保证人民群众日用品的供应方面，都起了很大的作用。

2. 手工业行业结构发生了重大变化。随着我国社会主义工业与国民经济的发展，以及人民生活习惯的改变，手工业各个行业也有很大的变化。各地区的资料都表明：迷信品如香烛、鞭炮、锡箔、烧纸等行业，都迅速地没落了；有些产品如土烟、土面、皮革、肥皂、锯木等，由于机械工业的发展及人民生活的提高，逐渐为机制品所代替；还有些行业如铜锡、酿酒等，或由于原料缺乏，或由于国家专卖，也多转为专业经营。这类没落的行业户数约占总户数的20%。

---

① 《新华月报》1950年3月号，第1155页。
② 《中国统计年鉴》（1984），第194页。

但也有很多行业如铁、木、竹农具，建筑器材，翻砂，机器修配，家具，油漆，肠衣、猪鬃整理及一般食品和日用品等行业，都有不同程度的发展。这是由于在土地改革后农业的发展、基本建设的开展、对外贸易的增长，以及人民购买力普遍上升的缘故。这类发展的行业户数约占总户数的50%。

还有维持的或需要维持的行业，如五金制造、丝、麻、毛纺织、棉织、针织、漂染、造纸、榨油、榨糖等行业。国家不可能投入大量资金发展轻工业，所以机制品供应不足部分，还需要维持这些行业的手工业生产。这些行业户数约占总户数的25%。此外，还有许多特种手工艺品，如绣花、花边、发网、丝绸、漆器等，随着对外贸易的开展，以及国内人民物质生活的逐步提高，也有广阔的发展前途。

3. 手工业在城市与农村的布局也起了一定程度的变化。这是由于农村手工业增长的速度比城市快。这种情况表明：新中国成立初期，相对城市而言，手工业生产对农业生产具有更大的重要性。

第三章　发展合作社经济

经济恢复时期的合作社经济包括农业、手工业以及供销、信用和消费等方面的合作经济。它们的发展是与个体的农业和手工业经济发展的需要直接相联系的。本章依次叙述这几方面合作经济的发展。

第一节　发展农业的互助合作运动

在土地改革以后，农民生产积极性空前高涨。这种生产积极性，表现在两个方面：一方面是个体经济的积极性，另一方面是互助合作的积极性。因此，一方面，必须保护农民已得土地的所有权，不能挫伤农民的个体经济的积极性。另一方面，为了克服农民在分散经营中的困难，使他们能够走上丰衣足食的道路，又必须按照自愿互利的原则，发展农民互助合作的积极性。

为此，党和政府在土地改革以后，就加强了对农业互助合作运动的领导。1950 年 2 月，农业部在《关于 1950 年农业生产方针及粮棉增产计划指示》中，关于恢复发展农业措施的第一条就是："大量发动和组织劳动力，以恢复及提高耕作水平，组织劳动互助，在老（解放）区应成为农民习惯、并达劳力的一半以上；在新（解放）区，亦应在旧有的习惯下，通过典型加以推广。"[①] 特别是 1951 年 12 月下发并试行了由毛泽东主

---

① 《1949~1952 中华人民共和国经济档案资料选编·农业卷》，社会科学文献出版社 1991 年版，第 36 页。

持制定的《中共中央关于农业生产互助合作的决议（草案）》。该决议草案
要求正确对待农民在土地改革基础上所发扬起来的生产积极性。一方面，
不能忽视和粗暴地挫伤农民这种个体经济的积极性，对于富农经济，也
还是让它发展的；但另一方面，必须提倡"组织起来"，按照自愿和互利
的原则，发展农民互助合作的积极性。目前发展互助合作的方针是：有
领导地大量发展第一种形式，即临时性的、季节性的简单的劳动互助；
在有初步互助基础的地区，必须有领导地、逐步地推广第二种形式——
常年互助组；在群众有比较丰富的互助经验、又有比较坚强的领导骨干
的地区，应当有领导地同时又是有重点地发展第三种形式，即土地入股
的农业生产合作社。要警惕两种倾向：一种倾向是采取消极的态度对待
互助合作运动；另一种倾向是采取急躁的态度，不顾农民自愿和经济准
备的各种条件，过早地、不适宜地企图在现在就否定或限制参加合作社
的农民的私有财产，或者企图对于互助组和农业生产合作社的成员实行
绝对平均主义，或者企图很快地举办更高级的社会主义化的集体农庄。
在互助合作领导方法方面，强迫命令是错误的，但放任自流也是错误的。
正确的领导方法，首先是采取典型示范、逐步推广的方法，由小到大，
由少到多，由低级到高级。其次，是随时随地研究群众的经验，集中群
众的意见。再次，在处理互助组和生产合作社内部所存在的任何问题上，
必须遵守自愿和互利的原则。还提出：供销合作社应该与农业互助组和
农业生产合作社建立推销、订购和贷款的合同关系，帮助他们克服生产
方面（资金不足）和交换方面（市场隔离）的困难，使农业及副业生产
的可能性和与国内外市场交换的可能性能够充分而又可靠地联系起来。[①]
同年12月这个决议（草案）下发试行。

　　同时，政府还在经济上和农业生产技术上对互助合作组织实行扶持
和优惠的政策，如发放低息农业贷款，供给新式农具、良种耕畜及优良
农作物品种等，以促进互助合作的发展。

　　以上指导方针和措施的实行，推动了农业互助合作运动的发展。
1950~1952年，带有社会主义因素的农业互助组由272.4万个增加到802.6
万个，参加农户由1131.3万户增加到4536.4万户；半社会主义的初级农

---

① 《农业合作化重要文件汇编（1949~1957）》，中共中央党校出版社1981年版，第37~40页。

业生产合作社由 18 个增加到 4000 个，参加农户由 187 户增加到 57000户；社会主义的高级农业生产合作社由 1 个增加到 10 个，参加农户由 32户增加到 2000 户。[①]

农业互助合作运动的发展，促进了农业的发展。比如，互助组一般比单干农民的产量要高 10%~30%，初级社比互助组的产量约高一至二成。

第二节　发展手工业合作组织[②]

如前所述，发展包括手工业合作化在内的合作社经济，是实现新民主主义经济纲领的重要内容。这样做，也是为了促进手工业生产的恢复，避免个体手工业的两极分化。

为了促进手工业合作化，1950 年 6 月召开了第一次全国手工业生产合作会议。[③]会议总结了手工业合作化的成就及经验。据统计，1950 年，全国手工业生产合作社 1300 个，社员 26 万人，股金 151 亿元。这些合作社经营的行业有纺织、针织、食品加工、农具制造、服装制鞋、日用品制造和小型矿产等。这些合作社有的已经建立了经济核算制度、技术管理制度、工资制度，并订立了劳动公约，组织了生产竞赛，因而提高了产品的质量和产量，降低了生产成本，积累了生产资金，改进了生产，举办了文化福利事业。同时，会议也指出了手工业合作化中的问题。主要是：由于各地合作社的领导机关对组织手工业生产合作社还不够重视，对手工业生产合作社的发展方针、政策在认识上还不统一，干部的工作经验也还不够，所以有许多手工业生产合作社还没有走上正轨。

根据上述情况，会议强调了手工业生产和手工业合作化的重要性，并提出了推进手工业合作化的方针。主要是：①由于干部、技术条件和工作经验不足，目前发展手工业生产合作社应当稳步进行。已有的手工业生产合作社应加以巩固，总结经验；未成立手工业生产合作社的地区，

---

① 《1949~1952 中华人民共和国经济档案资料选编·农村经济体制卷》，社会科学文献出版社 1992 年版，第593 页；《建国三十年全国农业统计资料（1949~1979）》，中国统计出版社 1980 年版。

② 这里所说的手工业合作组织，包括具有社会主义因素的手工业生产小组、半社会主义性质的手工业供销合作社和社会主义性质的手工业生产合作社。

③ 《人民日报》1951 年 7 月 29 日。

应立即有重点地试办。简言之,"先整顿,再发展"。②过去大多数手工业生产合作社是为了解决大、中城市失业工人的生活困难而组成,因此工作被动,困难很多。今后应把工作重点放在组织中、小城镇和农村中的独立小手工业者和家庭手工业者上面。③手工业生产合作社的当前任务是组织供销业务,通过供销业务发展生产,不应过早地组织集体生产和机器生产。

为了保证今后手工业生产合作社能走上正轨,会议规定了手工业生产合作社的努力目标是:①统一供销业务。②统一计算盈亏,盈余按社员劳动的多少来分配。③统一产品规格。④统一原料、成品的定量标准,实行社员按期交货责任制。⑤统一计件工资标准和支付办法。这次会议确定的方针的贯彻,推动了手工业合作化的发展。

为了适应手工业合作化的需要,1952 年 8~9 月又召开了第二次全国手工业生产合作会议。①会议肯定了第一次全国手工业生产合作会议决定的"先整顿,再发展"的方针。各地手工业生产合作社经整顿后,到1951 年底,社员由 26 万人减少到 13.9 万人。社员数量虽然减少,但社员纯洁了,为合作社的巩固和发展打下了基础。到 1952 年 6 月,社员又增加到 20 万人。这就证明"先整顿,再发展"的决定是完全正确的。

同时,会议总结了各地取得的经验。主要是:①中国手工业的生产力存在着很大的潜力,只要组织起来,就是利用原来的生产工具,一般也可以达到较高的产量。②手工业生产合作社的产品销路是合作社发展的关键。为此,必须提高产品质量,降低成本,减低售价,做到价廉物美,才能远近畅销。③技术定额管理、流水作业、计件工资和超额奖励制度等先进生产管理方法,对于手工业生产合作社也是适用的。④手工业生产合作社在开始组织时,应深入调查研究,慎重选择行业,首先要注意原料来源是否充足,产品是否有销路; 否则,就会招致失败。⑤加强对社员的阶级教育,进行思想改造,是关系着手工业生产合作社发展方向的重大问题。通过这些,把小手工业者从个体经济引导到集体经济轨道上来,并可避免生产合作社变质而走资本主义的道路。

会议还讨论、修改了《手工业生产合作社章程准则》(修正草案),并

---

① 《人民日报》1952 年 7 月 30 日。

将该准则下发试行。①该准则依据新中国成立初期手工业合作化初步发展的经验，对发展手工业生产合作社一系列基本问题进一步做了明确规定。主要有：

关于合作社的任务。负责推销社员所制产品，购置社员所需生产资料，以发展生产，并减除中间剥削；组织社员劳动，实行合理分工；实行"按劳取酬"的工资制和奖励工资制等。

关于合作社的生产资料。合作社进行集体生产所必需的生产资料，均为合作社的公共财产。社员以生产资料和产成品入股，按市价折算。

关于合作社的生产管理和业务经营。合作社应实行民主集中制、计划生产和经济核算制。

合作社应完成和超额完成生产计划、财务计划和技术定额；组织劳动竞赛，在现有基础上实行分工，利用现有设备改进技术，有系统地提高劳动生产率；有步骤地促成生产由分散到集中，由手工到半机械化的转变，在较高的技术基础上改组并扩大合作社的生产；尽量利用当地原料，加工制造，并尽量利用废品废料；改进产品质量，取缔不合规格的产品，产品须负责检查并印贴商标；实行经济核算，节约原料，减少损耗，降低成本，加速资金周转，增加合作社的收益；保护合作社财产，节约开支，反对浪费、贪污、偷工减料，并执行严格的经济纪律；关心社员生活，改善劳动条件，并改进安全设备。

合作社应依照国家法律和合作社章程规定的经营业务，有权支配自己的资金财产，订立契约；在国家银行开立户头，接受订货款，进行借款；在司法机关和仲裁机关起诉或应诉；购置机具设备，设立工厂、仓库；通过国营企业、上级社、供销合作社，推销产品，必要时经上级社批准，可设立门市部，经营产品的推销；办理社员文化福利事业；等等。

关于合作社的组成和社员的义务与权利。组织生产合作社，在城市至少须有15人，在乡镇至少须有9人。凡年满16岁能直接参加合作社体力和脑力劳动者，以及年满14岁在合作社做练习生者，均得加入合作社为社员。未满18岁之社员在合作社内有选举权，但不得被选为合作社之理事、监事或参加上级合作社联合社的代表。

---

① 《中国手工业合作化和城镇集体工业的发展》第1卷，中共党史出版社1992年版，第550~561页。

社员入社须缴纳入股金及社费。股金额至少应为该社员所得之 1 个月的工资（按 3 个月的平均工资计算），另缴股金额的 1/10 为入社费。社员退社时，入社费不退，股金则应予退还。

社员应遵守合作社章程、规则，执行合作社的决议，爱护合作社的公共财产，为合作社的巩固发展而斗争。

社员的权利包括：参加社员大会，参加对合作社各项决议的表决，选举或被选举为合作社的理事、监事或代表，享受本社各种福利设施及优待等。

关于合作社的资金和收入分配。合作社的资金由基本基金、股金基金及特种基金所构成。基本基金包括社员的入社费、由盈余中提出的公积金等，基本基金的用途是购置机具设备，并应拨其一部分为流动资金。股金基金由社员股金所构成，作为流动资金之用。特种基金包括劳动奖励金、福利基金、教育基金，特种基金的来源由盈余中提成。

合作社年终决算，经扣除应缴税款后，盈余参照下列比例分配：公积金不得少于 40%；劳动返还金不得超过 25%；教育基金不得超过 5%；提缴上级联合社的合作事业建设基金；其余部分用做劳动奖励金及福利基金。

关于合作社的民主管理。社员大会或社员代表大会，为本社的最高权力机关。其职权是：通过和修改《合作社章程》；选举理事会、监事会和出席上级联合社代表大会的代表；批准社员入社、退社及开除；规定入社费和股金的缴纳办法；审查并批准合作社的生产计划、财务计划、支出预算和基本建设计划，并通过生产定额和工资计算标准；根据合作社章程的规定，批准关于各项基金的调拨计划；审查并批准理事会关于合作社生产的和业务的报告，并听取监事会的报告；批准年终决算的盈余分配方案和弥补损失方案；批准管理合作社生产、劳动和业务的各项规章；审查并批准本社各分支机构的设立和预算，及本社与其他合作社的合并；批准关于合作社财产的转让或处理；通过本社加入上级联合社为社员社的决议；审查社员对理事会和监事会提出的申诉；罢免失职渎职个别的或全体的理事或监事。

合作社理事会为本社的执行机关，由社员大会或社员代表大会选举。理事会职权如下：执行社员大会或社员代表大会的决议及上级的指示，对社员大会或社员代表大会及上级联合社负责；依照社员大会或社员代表大会批准的计划和预算执行任务；对外代表本社签订合同及办理其他事项；依照上级联合社的规定，编制各种计划、统计报表、财务报表和报告等。

合作社监事会为本社的监察机关，由社员大会或社员代表大会选举。监事会的职权是：审核本社的生产、财务和业务，并保护本社的财产和社员的利益；监督理事会执行政府法令、上级社的指示、本社章程和社员大会或社员代表大会的决议；检查生产计划、财务计划和合同的执行情况；稽核账目及一切现金、物料的收进与支出；检查本社固定财产及物料的保管情况；检查贪污浪费；审核债权债务的处理等。

这次手工业生产合作会议精神和《手工业生产合作社章程准则》（修正草案）的贯彻，又进一步推动了我国手工业合作组织的发展。

国民经济恢复时期，除了组织具有社会主义因素的手工业生产小组和半社会主义的手工业供销合作社以外，还试办了一批社会主义性质的手工业生产合作社。1949~1952年，手工业生产合作社（组）由311个增加到3658个，增加了10.8倍；人员由8.9万人增加到22.8万人，增加了1.8倍。其中，手工业生产合作社1952年达到3280个，比1949年增加了10.1倍；手工业生产合作社社员达到21.8万人，比1949年增加了1.5倍，占同期手工业者总数的3%；手工业生产合作社的产值达到2.46亿元，比1949年增加了19倍，占同期手工业总产值的3.4%。[1]

第三节　发展供销合作社

在经济恢复时期，发展供销合作社，对于沟通城乡物资交流和改善人民生活都有重要的作用。

新中国成立以后，政府逐步加强了对合作社的管理。1949年11月1日，中央政府成立了合作事业管理局，主管全国的合作事业。东北、华北两个大行政区成立了合作总社，华东、西北成立了合作事业管理局，

---

[1]《我国手工业的发展和改造》，中国财政经济出版社1956年版，第37页。

还有 15 个省、8 个行署、79 个专区、815 个县（市）成立了联社，分别占行政区建制的 40% 以上。这就使合作社经济得到了较快的发展。

但在合作社迅速发展中也出现了不少问题。为了解决这些问题，规范合作社的发展，1950 年 7 月，中央合作事业管理局召开了中华全国合作社工作者第一届代表会议，会议通过了《中华人民共和国合作社法（草案）》，成立了全国合作社联合总社。全国合作社联合总社决定对现有合作社进行整顿。

为了推进合作社组织规范化，1951 年 10 月，中央制定了《合作社登记办法（草案）》，规定凡不合格的合作社均不予登记；合作社的成立、改组、解散都必须到政府主管部门按一定程序登记，加强了政府和各级联社对合作社的管理。

这样，合作社经济就得到了较为健康的发展，成为国民经济的一个重要组成部分。到 1952 年底，供销合作社由 1949 年的 23406 个发展到 32788 个，社员增长了 12 倍多，达到 13820 万余人。在经济恢复时期，供销合作社的发展起了重要的作用，已经成为国营商业的一个重要助手。1952 年，全国供销合作社代国营商业收购的粮食和皮棉分别为 1502100 万斤和 158982 万斤，分别占国营商业收购总数的 49.7% 和 79.9%。此外，到 1952 年底，信用合作社也发展到 1766 个，消费合作社也达到 2380 个。①

---

① 《1949~1952 中华人民共和国经济档案资料选编·工商体制卷》，中国社会科学出版社 1993 年版，第 422、428~431 页。

第四章 保护并有限制地发展民族资本主义工商业

在国民经济恢复时期，保护并有限制地发展民族资本主义工商业的经济纲领，主要是通过扶植有益的民族资本主义工商业，打击投机资本和调整民族资本主义工商业，开展"五反"运动（反对行贿、反对偷税漏税、反对盗窃国家资财、反对偷工减料、反对盗窃国家经济情报）和进一步调整民族资本主义工商业这样依次相连的三个环节实现的。这期间，民族资本主义工商业的恢复和改组发展，也是在这个过程中实现的。这样，我们在本章中依次叙述这四个历史过程。

第一节 扶植有益的民族资本主义工商业

新中国成立初期，民族资本主义工商业（或称私营工商业）在经济中居于重要的地位。1949 年，民族资本主义工业产值为 68.3 亿元，占工业总产值的 48.7%，[①]其中，原煤占 28.3%，烧碱占 59.4%，电动机占79.6%，棉纱占467%，棉布占 40.3%，纸占 63.4%，火柴占 80.6%，面粉占 79.4%，卷烟占80.4%。这就决定了在当时条件下还必须利用有益于国计民生的民族资本主义工商业。但在半殖民地半封建的中国，民族资本主义工商业普遍陷入衰落状态。新中国成立初期，在原料供应、产品销

---

①《中国统计年鉴》（1984），第 194 页。

售和资金周转等方面也不可避免地存在许多困难。

为了利用民族资本主义工商业在发展国民经济方面的积极作用，人民政府采取了一系列措施帮助民族资本主义工商业解决原料、市场和资金等方面的困难问题。这些措施主要是：供给原料或以原料换成品、委托加工或代销成品、发放贷款、降低工业税率等。这就促使有益的民族资本主义工商业在较短的时间内得到了不同程度的恢复。比如，解放较早的沈阳市，在 1949 年 6~12 月的半年中，私营工业企业由 9727 家增加到 12007 家，增加了 23%。又如，解放较晚的上海市，据 1949 年 12 月对全市 68 个工业行业的调查，在 10078 家私营工厂中，开工的已达 61.7%，其中有些行业已经达到 80% 以上（如棉纺织业），甚至达到 100%（如碾米业）。

第二节　打击投机资本和调整民族资本主义工商业

在旧中国的市场上，投机资本盛行。在这种条件下，民族资本也竞相做投机买卖，它们由此获得的利润，常常超过从事生产经营获得的利润。当然，在旧中国，投机活动主要来自帝国主义资本和官僚主义资本，而不是民族资本。但在解放以后，没收了官僚资本，清除了帝国主义在经济方面的侵略势力。这时候，投机活动主要就来自民族资本了。这种投机资本的活动，正是 1949 年下半年和 1950 年初物价急剧上升的最重要因素。这就决定了必须打击破坏国民经济的投机资本。这场斗争在 1950 年 3 月统一全国财政经济工作以后，就取得了胜利。

打击投机资本，统一财政经济工作，使物价趋于稳定，这就为经济的恢复和发展创造了条件。但对于从半殖民地半封建社会过来的民族资本主义工商业来说，却暂时地发生了严重的困难，商品滞销，生产萎缩，工厂停工，工人失业。比如，同 1950 年 1 月相比较，全国私营工业 5 月份主要产品产量大幅度下降了。其中，棉布减少 38%，绸缎减少 47%，毛纱减少 20%，卷烟减少 59%，烧碱减少 41%，普通纸减少 31%。

全国失业工人逾百万。这种状况激化了一些社会矛盾，失望和不满的情绪在一部分工人和城市贫民中迅速蔓延。经济问题已影响到了社会的安定。①

　　这些问题的发生有客观原因。主要是：①由于帝国主义、封建主义和官僚资本主义的残酷剥削和长期战争的破坏，社会生产大幅度下降，人民购买力显著下降。②在过去长期的通货膨胀的条件下，人们为了避免物价上升的损失，竞相购买不是为了消费的商品。随着物价的稳定，这种虚假的购买力也就消失了。③在半殖民地半封建的中国发展起来的民族资本主义工商业，许多方面是适应旧中国统治者的需要的。随着国民党反动统治被推翻，许多商品也就从根本上失去了销售市场。④许多民族资本主义企业机构臃肿庞大，企业经营方法也不合理，产品成本高，利润少，甚至亏本。⑤民族资本主义经济特有的生产上的盲目性。所有这些都会引起私营企业的减产、停工甚至倒闭。

　　但是，上述问题的发生同经济工作中的某些缺点和错误也有一定的关系。主要是：①1950年初平抑物价的措施有些过猛。紧缩银根起了消除通货膨胀、稳定物价的作用，而对于正常的工商经营活动也产生了一些副作用。②新中国成立初期，对于一些工业行业，如火柴、肥皂、棉纱等，领导上没有综观全局、统一筹划、精确计算，而是盲目地扶持私人生产，致使生产过剩。③在经营范围上，国营贸易和合作社所控制的范围和数量过大过多，甚至有垄断一切的现象，使私营工商业感到道路很窄，没什么可干。④在价格政策上，防止和限制投机分子捣乱是正确的，但限制私营工商业的正当利润则不对。⑤在税收上，虽已取得很大成绩，但任务重，税目多，手续繁，也影响私营工商业者不敢放手去经营。⑥在公债征收上，存在问题更多：一是分配欠公；二是与税收挤得太紧；三是数目太大。⑦在贷款政策上，公重于私、工重于商是正确的。但先公后私、只公不私则不当。⑧在劳资政策上，做到了重视工人工资福利，但失之于不以发展生产为前提。⑨在商品购销上，各专业公司坚决完成回笼任务，使货币紧缩，物价平稳。但物价已经平稳、市场呈现呆滞状态之后，在商品购销方面仍只吐不吞也不妥。⑩在原料分配上，亦是先公后私、只公不私。此外，在加工、订货、成品收购上，利润太低，条件太苛刻，

---

① 薄一波：《若干重大决策与事件的回顾》上卷，中共中央党校出版社1991年版，第94~95页。

执行合同不守信用，交通运输亦只顾公不顾私等，都影响了公私关系。[①]

上述种种情况是同超越新民主主义社会的经济纲领、企图过早地实现社会主义的"左"倾思想相联系的。当时有一种说法是："今天的问题是谁战胜谁的问题"，因而，对私资"能排挤便排挤，能代替便代替"。

针对上述问题，毛泽东在 1950 年 4 月召开的党中央政治局会议上提出："中央人民政府成立以后，主要是抓了一个财政问题。""目前财政上已经打了一个胜仗，现在的问题要转到搞经济上，要调整工商业。"[②]毛泽东在 1950 年 6 月召开的党的七届三中全会上，还重申了调整工商业在恢复国民经济方面的重要作用，并尖锐地批评了企图过早消灭资本主义的"左"的思想。他说，在统筹兼顾的方针下，逐步地消灭经济中的盲目性和无政府状态，合理地调整现有工商业，切实而妥善地改善公私关系和劳资关系，使各种社会经济成分，在具有社会主义经济性质的国营经济领导之下，分工合作，各得其所，以促进整个社会经济的恢复和发展。有些人认为可以提早消灭资本主义实行社会主义，这种思想是错误的，是不适合我们国家的情况的。

所谓调整工商业，"就是说，在半殖民地半封建的国民经济轨道拆毁了之后，应该按照新民主主义的轨道来安排工商业的问题。其中最突出的是三个基本环节：①调整公私关系。②调整劳资关系。③调整产销关系"。[③]

调整公私关系又包括两个基本方面：①调整公私工业之间的关系。②调整税收负担。

调整公私工业之间关系的目的，是要使私人资本主义工业在国营经济的领导下分工合作，各得其所。

为达到这个目的，由政府或国营企业委托私营工厂加工、订货和由国营商业收购其产品，具有特殊重要的意义。因为当时主要就是通过它来调整民族资本主义工业，以维持和促进私营工厂的生产。

---

① 《1949~1952 中华人民共和国经济档案资料选编·综合卷》，中国城市经济社会出版社 1990 年版，第 736~739 页。

② 转引自薄一波：《若干重大决策与事件的回顾》上卷，中共中央党校出版社 1991 年版，第 98 页。

③ 陈云：《中华人民共和国过去一年财政和经济工作的状况》，《新华月报》1950 年 10 月号，第 1320~1321 页。

国营企业向私营工业订货和收购产品的原则，主要有以下几点：[①]①应当根据国家的需要与可能。所谓需要，就是指所委托加工的、所订的、所收购的货物应当对国家目前或将来有用。所谓可能，就是指所订的、所收购的货物数量，应当以国家现有经济力量的可能为限。②订货和收购的地区分配要适当，必须根据各个地区各种企业的不同情况，从全局观点给以恰当的帮助。③收购价格应根据市价，不应低于或高于市价。加工的"工缴费"，应根据加工地区合理经营的中等标准计算工厂成本。④对公私工厂加工条件应当一视同仁，不应有所偏颇。⑤公私双方均应严格信守订货合同和收购合同。

经过这次对民族资本主义工业的调整，加工、订货、包销和收购达到了很大的规模。1949年，这部分产值只占私营工业总产值的11.5%，1950年上升到27.3%。

调整税收负担的目的，是在保证满足国家财政需要的前提下，适当地减轻私营企业的负担，以促使民族资本主义工业的恢复。主要内容有：继续实行工轻于商和日用品轻于奢侈品的征税政策；简化税目；对部分工业品实行减税和免税；对所得税提高了起征点和最高累进点，增加了累进级数，使累进放缓。

调整劳资关系，当时贯彻了以下三项基本原则：①必须确认工人阶级的民主权利。②必须首先从有利于发展生产出发。③解决劳资关系问题，必须用协商的办法，只在协商不成时，才由政府仲裁。

为了调整好劳资关系，1950年4月中央人民政府劳动部发布了《关于在私营企业中设立劳资协商会议的指示》。[②]劳资协商会议这种组织形式，是天津、武汉等地私营工厂中的工人和工厂主创造出来的，是贯彻"劳资两利"政策的一种良好的组织形式。它的基本精神，就是要依据民主原则，用平等协商的办法解决企业中劳资关系问题。指示要求用集体合同来规定劳资双方的权利和义务。这样，一方面确认了工人的民主权利，保护了工人的利益，从而激发了工人的生产积极性；另一方面也使资方获得了行使自己经营权的新方式，能够更好地经营企业。全国各地

---

①《1949~1952 中华人民共和国经济档案资料选编·综合卷》，中国城市经济社会出版社 1990 年版，第746~747 页。

②《新华月报》1950 年 6 月号，第 311 页。

依照这个指示普遍地在私营企业中建立了劳资协商会议。据不完全统计，到1950年6月底为止，北京、天津、上海、武汉、广州等地就已经建立了923个劳资协商会议，对调整劳资关系起了有益的作用。

调整产销关系的目的，是要克服资本主义生产的无政府状态。在半殖民地半封建的中国，工业畸形发展，重工业比重很小，轻工业比重很大。新中国成立初期，随着物价趋于稳定而产生的暂时困难，使得这方面的矛盾更为突出了。一方面许多重工业亟待恢复和发展，另一方面不少轻工业又出现了生产过剩，而民族资本主要是经营轻工业的。这样，调整产销关系就成为调整民族资本主义工业的一个重要问题。而且，在人民民主政权已经建立、社会主义国营经济在国民经济中的领导地位已经确立的条件下，采取经济的和行政的办法，逐步地把民族资本主义工业生产纳入国家计划的轨道是有可能的。

为了调整产销关系，1950年中央人民政府财经部门召开了一系列的全国性的工业专业会议。会上，公私企业的代表协商解决产销关系中的问题，依据社会需要拟定各行业的产销计划，又按照公私兼顾的原则对公私企业合理分配计划任务。对私营企业的计划任务，很多都是通过加工订货的方式实现的。

为了巩固调整民族资本主义工商业的成果，进一步把民族资本主义工商业纳入新民主主义经济的轨道，1950年12月政务院颁布了《私营企业暂行条例》。条例规定：私营企业的设立，变更营业范围和资本，以及迁移、转业、停业、歇业等，均须经政府核准和进行登记；私营企业应接受社会主义国营经济的领导，执行国家制定的重要产品的产销计划和有关的劳动法令。条例还规定了企业盈余的分配办法。独资和合伙企业的盈余分配，除法令另有规定者外，依契约或行业通例办理。公司组织的企业在年度决算后，如有盈余，除缴纳所得税和弥补亏损外，先提10%以上的公积金作为扩充事业和保障亏损之用，然后再分配股息，股息最高不得超过年息的8%，余额依下列各项分配：股东红利及董事监察人、经理人、厂长等酬劳金一般不少于60%，改善卫生设备基金、职工福利基金和职工奖励金等一般不得少于30%。[①]

---

① 《新华月报》1951年1月号，第578~580页。

　　经过大力调整私营工商业，各地市场的经济情况已发生了显著的变化，迅速取得了显著成效。从1950年4月开始调整，半年之后，私营工商业户从歇业多开业少，转变为开业多歇业少；市场活跃，成交量增加，城乡物资交流增进；产量显著增加。到1951年更明显地表现出来。1951年与1950年相比，全国私营工业的户数增加了11%，职工人数增加了11.4%，产值增长了39%。

　　这当然不是说，这次调整工商业把民族资本主义工商业经营困难的问题都解决了，民族资本主义生产经营潜力都发挥出来了。实际上，在这方面还存在问题。据计算，[①]1951年初，上海工商企业中公私资本的比例是1∶5，而它们的营业额则是2∶5；国营工业设备利用率已恢复到70%~80%，私营工业仅恢复到40%~50%，有一半的生产能力闲置在那里。这也说明私营工商业困难多，恢复乏力。而当时私营工商业又在一些重点产业部门还占优势。如按资本额计算，机电行业占60%，机械行业占75%，酸碱制造业占60%，纺织业占60%，其他日用品工业几乎都掌握在私人手里。从国计民生的需要看，还应继续调整工商业，把私营企业的潜力利用起来。但这次调整工商业的工作，由于抗美援朝开始，未能坚持做到底，还遗留下了一些问题没有得到解决。

第三节　开展"五反"运动和进一步调整民族资本主义工商业

　　由于调整工商业政策的贯彻执行，民族资本主义工商业获得了迅速的恢复。在这个过程中，资本主义唯利是图的本质又有了进一步的暴露。其时，在全国财政经济统一、物价稳定、社会主义国营经济已经掌握了市场领导权的条件下，资产阶级不可能像1949~1950年初那样，靠从事商业投机来获取暴利了。于是他们转而采用"五毒"的办法，即偷工减料、偷税漏税、盗窃国家资财、盗窃国家经济情报和行贿等办法来获取暴利。

　　在资产阶级中，犯"五毒"行为的面是很广的。据1952年上半年

---

① 薄一波：《若干重大决策与事件的回顾》上卷，中共中央党校出版社1991年版，第110页。

"五反"运动期间的材料，北京、天津、上海等九大城市45万多户私营工商业中，不同程度犯有"五毒"行为的就有34万多户，占总户数的76%。

不法资本家的"五毒"行为达到了疯狂的令人发指的程度。比如，他们为了获取暴利，竟不顾淮河流域广大人民生命财产的安全，大量盗窃国家的治淮资财。1952年，单是河南省治淮总部在上海招商代办工程和采购工程器材费用，就达到500多亿元，其中被上海奸商侵吞、诈骗和盗窃的就有100多亿元☆。①资产阶级的猖狂进攻，不仅在经济上给国家造成了重大损失，而且在政治思想上严重地腐蚀了国家干部。如果听其发展，国家的前途就有危险。为了打退资产阶级的猖狂进攻，党中央继1951年12月1日做出《关于实行精兵简政、增产节约、反对贪污、反对浪费和反对官僚主义的决定》之后，于1952年1月26日又发出了《关于在城市限期展开大规模的坚决彻底的"五反"斗争的指示》。在党中央的领导下，1952年上半年，全国开展了一个大规模的"五反"运动。这个运动是在党自上而下的领导和工人、店员以及全国人民自下而上的支持下进行的。

这场斗争的目的不是要在这时候就消灭资本主义，而是要打退资产阶级的猖狂进攻，取缔他们的违法活动，使之遵守政府的法令，接受国营经济的领导。"党和国家的基本方针，是通过这些斗争使那些坚持不法行为的少数资产阶级分子在人民群众中，同时也在资产阶级内部陷于完全的孤立，而把那些愿意服从国家法令的大多数资产阶级分子团结起来。"②

为了贯彻这一基本方针，党和国家在处理违法私营工商户的原则、方法等方面做了一系列的严格规定。

1. 正确掌握在"五反"运动中处理违法私营工商户的基本原则：过去从宽，今后从严；多数从宽，少数从严；坦白从宽，抗拒从严；工业从宽，商业从严；普通商业从宽，投机商业从严。其主要精神就是要实

---

① 有"☆"者为旧人民币。1955年1月21日国务院发布了《关于发行新的人民币和收回现行的人民币的命令》。命令规定：中国人民银行自3月1日起发行新人民币，新旧币的折合比率为1元等于1万元。以下叙述文字中，凡有"☆"者，均为旧人民币。

② 刘少奇：《中国共产党中央委员会向第八次全国代表大会的政治报告》，《中国共产党第八次全国代表大会文件》，人民出版社1980年版，第22页。

现宽大与严肃相结合，实事求是地进行定案处理工作，做到合情合理，才能既有利于清除资产阶级的"五毒"，又有利于团结资产阶级发展生产和营业。

2. 正确掌握在"五反"斗争中对于工商户分类的标准、比例和处理办法。[①]

区别各类工商户的界限，应以其违法所得数目和违法情节作为同等重要的条件，并将二者结合起来，加以评定。同时，根据团结和改造资产阶级、有利于他们发展生产和营业的实际需要，在确定类别时，还应照顾到其他一些重要因素，如资本家一贯的政治态度、在经济生活中的作用等，加以全面考虑。这对于确定政治上与中共合作的资产阶级代表人物及若干大户特别是大工业户的类别时，更为重要。

一般工商户分为以下五类：①守法户的处理办法，即给以守法户通知书。②基本守法户的处理办法，一般免退或减退，并给以基本守法户处理通知书。③半守法半违法户的处理办法，是"补退不罚"，并给以半守法半违法户处理通知书。④严重违法户的处理办法，除令其退出违法所得外，并按情节酌处罚金。⑤完全违法户的处理办法，除令其退出违法所得外，并按其情节从重处以罚金，或判徒刑，最重者可判死刑，并没收其财产的一部或全部。工商户分类的比例：在各大城市的工商户总数中，守法户约占 10%，基本守法户约占 60%，半守法半违法户约占 25%，严重违法户和完全违法户约占 5%。这种比例大体上是合乎各地基本情况的。对工商界中大户的处理还要宽些。

党和国家的上述政策规定，在"五反"运动中得到了很好执行，或者说实际执行的结果比政策规定还要宽。比如，依据北京等 8 个城市的统计，守法户占参加"五反"运动工商户总数的比重为 22.9%，基本守法户的比重为 58.6%，半守法半违法户的比重为 13.6%，严重违法户的比重为 2.45%，完全违法户的比重为 0.45%。[②] 同政策规定相比较，一类户的比重约高出 12.9 个百分点；二类户约低 1.4 个百分点；三类户约低 11.4 个

---

① 1952 年 3 月 8 日政务院批准的《北京市人民政府在"五反"运动中关于工商户分类处理的标准和办法》、1952 年 5 月 20 日中共中央《关于争取"五反"斗争胜利结束中的几个问题的指示》，载《1949~1952 中华人民共和国经济档案资料选编·综合卷》，中国城市经济社会出版社 1990 年版，第 481~489 页。

② 《1949~1952 中华人民共和国经济档案资料选编·综合卷》，中国城市经济社会出版社 1990 年版，第 525 页。

百分点；四、五类户约低 2.1 个百分点。

上述各项政策的贯彻执行，保证了"五反"运动的健康发展及其胜利。

"五反"运动的胜利，具有重大的意义。这个胜利大大地巩固了工人阶级在社会政治生活中的领导地位以及社会主义国营经济在国民经济中的主导地位；极大地教育了工人群众和广大干部，增强了他们抵抗资产阶级腐蚀的能力；深刻地触动了资产阶级的灵魂，有力地促进了民族资本主义企业中的民主改革和生产改革。这样，"五反"斗争就不仅为国民经济的恢复工作，而且为私人资本主义接受社会主义，创造了有利的条件，并对廉政建设起了重要的促进作用。

但是，"五反"运动也带来了影响社会经济发展的问题。主要是"五反"期间，许多城市工业产品积压，商品销售不畅，工人失业增加；许多资本家惶惶不安，感到今后经营无所适从；有些工人和干部则希望多搞公私合营。①这样，为了利用私人资本主义工商业有益于国计民生的作用，需要在"五反"运动获得胜利的新的条件下进一步贯彻调整工商业的政策。

这次调整主要也是围绕调整公私关系、调整劳资关系和调整产销关系三方面进行的。②

调整公私关系方面，主要是恢复和扩大对私营工业的加工订货。在这方面要解决的问题有两个：①确定加工订货的合理利润问题。这就需要各地贸易机关重新审查合同，正确核算成本，保证私营工厂获得它们所应得的利润。大体上就是按照不同情况，保证私营工厂按其资本计算，在正常合理经营的情况下每年获得 10% 左右、20% 左右到 30% 左右的利润。②确定加工订货的规格问题。为此，各大城市要分别召开有关各业的规格会议，请工商局、各加工企业、工商联和工会等有关部门来参加，按照各地各业的实际情形商订具体的加工订货规格，作为验收标准；同时组织加工订货的评议委员会，来处理验收中的争论问题。上述政策规定推动了加工订货的发展。1952 年，国家对私营工业加工订货及收购的总产值达 58.98 亿元，比 1951 年增长了 13.6%。

---

① 薄一波：《若干重大决策与文件的回顾》上卷，中共中央党校出版社 1991 年版，第 175~176 页。
② 陈云：《在中华全国工商联合会筹备代表会议上的讲话》，《新华月报》1952 年 7 月号，第 34~35 页。

调整公私关系的内容，还包括调整银行利息和税收。

在银行利息方面，若干年来，我国银行贷款的利息是很高的，这对工商业的发展有不利的影响。两年来金融物价逐渐稳定，降低银行利息的时机已经成熟。"五反"运动以后，从 1952 年 6 月份起，中国人民银行决定对私营工商业的放款利率由 2.4~3 分降到 1.05~1.95 分，还扩大了对私营工商业的放款额。

在税收方面，中财委决定，对个别行业厂商计税不当，有偏高偏低者，可以由各地税务复议委员会进行复议，多退少补。

调整劳资关系方面，当时存在着两种情况：①在一部分私营企业中，尤其是大的企业中，劳资关系一般是正常的。有些大企业由于资方对职工福利有所改进，职工的生产积极性提高，劳资关系更加融洽。②在另一部分私营企业中，特别是一部分小企业中，劳资关系则是不正常的。主要是：有的资方因为不满意职工检举他的"五毒"行为，存心报复，实行停伙、停薪；也有一部分职工，由于过去所受的待遇过分恶劣，在"五反"运动时提出了过高的要求。

所有这些不正常状态，都应加以调整。报复职工的行为必须制止。职工所提的要求，必须适合于企业经营的可能情况，不能过高。资方的财产，应受到保护，对于企业中经营管理和人事调配的职权，属于资方，但资方应遵守政府的法令，对职工的待遇应做可能和适当的改善。

劳资之间的争议，应该继续采取双方协商，订立集体合同。劳资协商会议要经常开会讨论有关生产改革、民主改革及工人的合理要求，以便达到发展生产、劳资两利的目的。签订劳资合同，是在"五反"运动取得胜利的新形势下，使劳资关系趋于正常和相对稳定的一种基本方式；否则，劳资关系总是动荡不定的。当时除工人监督生产问题因缺乏经验还要加以研究和试验外，关于工人的生活以及其他的关系问题，应用劳资合同的形式加以规定，并由双方代表签字，共同遵守。这种合同可以由一个较大的厂、店的工人和资本家来签订，也可以由一个行业的工人（工会代表）和资本家来签订。

调整产销关系方面，"五反"运动最紧张的时期，工商业曾有部分呆滞的现象。为此，国营贸易机构大力进行加工订货，使市场情况迅速好转。但是，各大城市还有许多工业品没有推销出去，内地小城市和农村市场则感到工业品的缺乏和某些土产品的滞销。为此，当时中央人民政府贸易部推广了天津、上海等地召开城乡物资交流大会的好经验，并调整了一般商品的地区差价和批发零售差价，又规定了国营零售业仍以稳定市场为度，使正当的私营商业参加物资交流，取得了很好的成效。到1952年11月底，上海市参加275个地区的物资交流会，购销额达到2.9亿元，其中私人经营的占46.5%。

为了在组织上进一步加强对私营工商业的领导，使得他们沿着《共同纲领》的轨道健康发展，1952年6月，召开了中华全国工商业联合会筹备代表会议，筹备成立工商界的全国性组织。工商业联合会是由全国各类工商业者（包括国营企业、合作社企业、公私合营企业和私营企业，其中主要是私营企业）联合组成的人民团体。它的主要任务是：一方面领导工商业者遵守《共同纲领》和人民政府的政策法令；另一方面代表私营工商业者的合法利益，向人民政府或有关机关反映意见，提出建议。各地工商业联合会要受同级人民政府的指导和监督。中华全国工商业联合会是于1953年正式成立的，当时所属省级工商联组织28个，市、县工商联组织1913个。

由于采取了上述一系列的经济上和组织上的措施，有力地促进了民族资本主义工商业的恢复、改组和改造。

但是，"五反"运动对当年私营工商业企业的生产带来了一些不利的影响。根据上海、天津、北京、武汉、广州、重庆、西安、沈阳、济南、青岛、南京、归绥、石家庄、开封、南昌、成都、大连及乌兰浩特等18个城市的统计，1952年私营工业企业开歇业总户数从开多歇少转变为歇多开少。开业总户数1951年为63947户，歇业为15410户，开歇相抵，增加48537户。1952年开业为27421户，歇业为22332户，开歇相抵，只增加5089户。[①]形成这种状况的原因是多方面的，但"五反"运动过猛显然是一个重要原因。从新中国成立以后50多年来的经验来看，"五反"运动还带来了一个长期的消极后果，即成为1952年底过早地结束新民主主义社会，实现新民主主义社会向社会主义社会过渡的一个重要因素。而

①《1949~1952 中华人民共和国经济档案资料选编·工商体制卷》，中国社会科学出版社1993年版，第726~727页。

这一点，对我国以后的经济发展在一个长时期中都发生了不良影响。

第四节　民族资本主义工商业的恢复和改组

国民经济恢复时期，在党的保护和有限制地发展民族资本主义方针的指引下，经过扶植有益的民族资本主义工商业，打击投机资本和调整民族资本主义工商业，开展"五反"运动和进一步调整民族资本主义工商业三个步骤，使民族资本主义工商业得到了恢复、改组。

一、民族资本主义工业的恢复和改组

1949~1952 年，民族资本主义工业户数由 12.3 万户增长到 14.96 万户，增长了 21.4%；职工人数由 164.38 万人增长到 205.66 万人，增长了 25.1%；总产值由 68.28 亿元增长到 105.26 亿元，增长了 54.2%。[①]

但在这个期间，由于社会主义工业的增长速度更快，因而民族资本主义工业产值占工业总产值的比重还是逐年下降的。1949 年这个比重为 48.7%，1950 年下降到 38.1%，1951 年略有上升，为 38.4%，1952 年再下降到 30.6%。[②]当然，从这里也应该看到：1950 年和 1952 年，民族资本主义工业有下降过快的问题。

这个时期，民族资本主义工业同时经历了深刻的改组过程。有利于国计民生的工业部门，在人民政府和国营经济的领导和帮助下，得到了较快的恢复和发展。比如，与 1949 年相比，1952 年全国私营机器制造业户数增长 2.26 倍，职工人数增长 2.57 倍，产值增长 3.98 倍；钢铁冶炼业户数增长 2.47 倍，职工人数增长 3.71 倍，产值增长 4.04 倍；造纸业户数增长 88.1%，职工人数增长 86.84%，产值增长 1.88 倍；日用棉纺织业户数增长 25.84%，职工人数增长 10.2%，产值增长 59.35%。[③]可见，这些部门无论户数的增长速度、职工人数的增长速度，或者产值的增长速度一般都超过了民族资本主义工业总户数、总职工人数和总产值的增长速

[①]《1949~1952 中华人民共和国经济档案资料选编·工商体制卷》，中国社会科学出版社 1993 年版，第 732 页。

[②]《中国统计年鉴》（1984），第 194 页。

[③]《1949~1952 中华人民共和国经济档案资料选编·工商体制卷》，中国社会科学出版社 1993 年版，第 729~731 页。

度。然而，那些不利于国计民生的部门则趋于衰落的状态，陷入被淘汰的境地。专供官僚买办和地主阶级享受的奢侈品和迷信品的生产，就是这样。比如，天津市原有 55 户造香业，解放后的 1949 年就纷纷停产或转业了。[①]

以上所述，是这期间民族资本主义工业经历的深刻改组过程的根本特点。由此还派生了三个重要特点：①与半殖民地半封建的中国生产资料工业不发达的情况相比，新中国成立初期，民族资本主义的生产资料工业比消费资料工业有了较快的发展。1949~1952 年，生产资料工业增长了83.47%，消费资料工业增长了 47.5%。因而，前者的比重由18.5%上升到22.02%，后者的比重由 81.5% 下降到 77.98%。②现代工业比工场手工业得到了更快的发展。在这期间，现代工业增长了 58.92%，工场手工业增长了 42.26%。因而，前者的比重由 71.42%上升到 73.62%，后者的比重由28.58%下降到 26.38%。③大型工业比重下降，小型工业比重上升。这期间前者由 73.23%下降到 68.56%，后者由 26.77%上升到31.44%。这一点是同部分大型的民族资本主义工业转为公私合营有关的。[②]

二、民族资本主义商业的恢复和改组

在经济恢复时期，商业和工业的地位是有差别的。而且，在半殖民地半封建中国商业资本比重远远超过了工业资本，前者一般占到城市总资本的 80%~90%。社会主义国营经济为了占据国民经济中的主导地位，又需要掌握批发商业。这样，虽然总体说来，经济恢复时期对民族资本主义经济都是采取保护并有限制地发展的政策，但实际上对民族资本主义的工业和商业的政策又有某些差别。与此相联系，经济恢复时期民族资本主义商业就不像民族资本主义工业那样获得了较大的增长，基本上是处于维持经营，略有发展的态势。1950~1952 年，私营商业户数由 402 万户增到 430 万户，资本额由 19.9 亿元略增到 20.2 亿元，销售额由 182.1 亿元略增到 189.6 亿元。[③]

但是，由于私营商业各个组成部分对恢复时期经济作用是不同的，

---

① 《新华月报》1949 年 11 月号，第 94 页。

② 《1949~1952 中华人民共和国经济档案资料选编·工商体制卷》，中国社会科学出版社 1993 年版，第773 页。

③ 国家统计局编：《商业统计资料汇编（1950~1957）》，1958 年版。

也由于国家对私营的批发商和零售商的政策有区别，因而，经济恢复时期私营商业也经历了改组过程。大致说来，经营高档消费品的行业处于衰落甚至被淘汰的状态，而经营大众消费品的行业仍获得了一定程度的恢复和发展；批发商业处于萎缩状态，而零售商还有一定的恢复和发展。

第五章 发展国家资本主义经济

第一节 工业中国家资本主义初级形式的迅速发展

这个时期，国家资本主义工业得到了初步发展。这首先和主要是作为国家资本主义初级形式的加工订货有了比较迅速的发展。

工业方面，国家资本主义的初级形式，根据社会主义经济与资本主义经济联系的方式和程度不同，有加工、订货、统购、包销、收购五种具体形式。通常所谓"加工订货"，实际上是泛指这五种形式。这些形式的具体内容是：①加工，是指由国营企业（或其他国家单位）供给原料或半成品，委托私营工厂按照规定的规格、质量、数量和期限，进行加工生产。加工的产品交给国营企业后，按照规定付给私营工厂以加工费（又叫工缴费）。加工费一般包括工资及其他合理费用、加工产品应缴纳的营业税和合理利润。②订货，是指由国营企业（或其他国家单位）规定所需产品的规格、质量、数量，并确定合理货价和交货期限，向私营工厂订购产品，私营工厂根据合同规定的标准进行生产。订货货价包括该项产品的合理成本、产品应缴纳的营业税及合理利润。③统购，是指国家对某些与国计民生关系重大的产品，以法令规定由国家或指定国营商业部门统一收购。统购的产品（如棉纱），通常亦是通过加工的方式向私营工厂收进。其不同于加工的是不准许私营工厂再将该类产品在市场上自行销售。④包销，是指国营企业对某些私营工厂规定其产品规格、质量和合理价格，在一定时期内国营企业包下其产品的全部或一部分。包销通常也是采取加工、订货或近似于加工订货的方式进行，其不同之处是，产品既由国营企业包销，一般即不准许私营工厂自行销售。⑤收购，是指国营商业根据产品的规格、质量，以合理价格，临时或定期地向私营工厂收购一定数量的产品。①

1949~1952年期间，加工订货的产值由8.11亿元增长到58.98亿元，占私营工业和公私合营工业总产值的比重由11.88%上升到56.04%。②

这个时期，加工订货的发展，主要还是为了利用民族资本主义工业的积极作用，以便国家掌握更多的日用工业品，去实现同农民的农产品交换，也为了调整私营工业，为了促进民族资本主义工业的改组。

加工订货这种国家资本主义的初级形式，虽然没有根本改变资本主义私有制，但它对资本主义的盲目竞争及其剥削都有限制，因而同资本主义的本性不相容，必然遇到他们的抵抗。但是，由于有了人民民主专政国家以及居于主导地位的国营经济，特别是他们掌握了原料和市场；再加上1950年统一财政经济工作以后，资本主义工业暂时陷入了困难，1952年"五反"运动期间市场一度也面临停滞的局面。所以，加工订货尽管是在限制与反限制的斗争中实现的，但却能够逐步发展起来。

新中国成立初期，加工订货是在一些大城市进行的，是以大企业为主的，多数是在同国计民生关系较大的行业中发展的。1952年，纳入加工订货的水泥和棉纺为100%，钢材和面粉为80%~85%，电动机、棉布和纸张为70%~79%，烧碱、胶鞋和火柴为60%~69%，金属切削机床和食用油为50%~59%。

加工订货虽然有上述各种形式，但均具有共同的根本点，即是社会主义经济成分同资本主义经济成分在企业外部的联系形式，也就是这两种经济成分在流通过程中的联系形式。通过这种联系，把民族资本主义的生产和流通开始纳入国家计划的轨道，限制了资本主义特有的盲目性，使得资本主义企业的一部分利润转化为国家的收入，限制了资本主义的

---

①《资本主义工商业的社会主义改造》，人民出版社1962年版，第156~157页。

②《1949~1952中华人民共和国经济档案资料选编·工商体制卷》，中国社会科学出版社1993年版，第739页。

剥削，增强了职工群众对资本主义企业的监督作用，限制了资本家对企业的经营管理权。因此，加工订货虽然没有根本改变资本主义企业的性质，但这时的企业已不是完全的资本主义企业了，它具有社会主义的萌芽或因素，成为实现对资本主义工业的社会主义改造的过渡形式。

第二节　工业中国家资本主义高级形式的初步发展

在国民经济恢复时期，作为国家资本主义高级形式的个别企业的公私合营，也有了一定的发展。1949~1952 年，公私合营企业户数由193 户增加到997 户，职工人数由10.54 万人增加到24.78 万人，总产值由2.2亿元增加到13.67 亿元，资本额由1.3 亿元增加到5.37 亿元；四者分别增加了416.6%、135.1%、521.4%和313.1%。公私合营工业总产值占公私合营工业和私营工业总产值的比重由3.1%上升到11.5%，资本额由9%上升到24.5% 。

这个时期，建立公私合营企业的途径有三方面：①多数是原来有官僚资本投资的企业，或有敌伪财产的企业，经过没收转为公股而合营的。②一部分是在"五反"运动以后，由没收资本家的违法所得转为公股而合营的。③还有一部分是由于有些私营企业财务发生困难，要求国家投资作为公股而合营的。

按照当时中财委有关文件的规定，公私合营的厂矿，均组织董事会管理之。公私合营企业应经股东会产生新董事及监察人，负责执行及监察该企业的业务经营及财务状况。公私董监人数，一般应按公私股权比例，由公私双方协商分配。公股董监由政府选派，私股董监由股东会之私股股东选举。董事会在讨论有关公私关系问题时，亦应尽量采取公私协商方式，求得公平合理地解决。至于公私合营企业内部的管理方法，则由各该厂矿的董事会自行决定。①

中财委还规定了公司合营企业的物资，国家如需要调用时，应征得

---

① 政务院：《企业中公股公产清理办法》（1951 年2 月4 日）、中财委：《关于工业划分及工业组织若干问题的决定》（草案）（1950 年3 月14 日），《1949~1952 中华人民共和国经济档案资料选编·工商体制卷》，中国社会科学出版社1993 年版，第455、495 页。

该企业同意后按价购买；该企业如向国家申请调拨物资时，经国家同意后按价付款调拨。企业的收益，在扣除公积金、公益金后，按股派发股息红利，公股的股息红利由交通银行负责收取并解交财政部门。至于公股是否增加投资或将股息红利等公股收入转为投资，则由政府主管部门决定，一般由各地财委报请中财委审批。

中财委还就公私合营企业的领导体制做了规定：①凡有公股公产之企业，除中央直接领导或委托地方政府代管者外，其余均由大行政区财委根据具体情况自行掌握，或划归省、市作为地方企业管理。②公私合营企业由中央直接领导者，其股权及收益均归中央；委托地方政府代管者，其收益的15%归地方留用，其余上缴中央；划归地方政府者，其股权及收益全归地方。③各地方政府领导的公私合营企业，其股权仍可委托所在地交通银行代管；无交通银行机构者归人民银行代管或由业务主管部门自行管理。①

国民经济恢复时期，公私合营企业的营业状况一般都是比较好的。1950~1952年，公私合营企业各年私股股息率分别为3.6%、4.9%、4.9%。

这个时期，公私合营企业的一个主要特点是公股比重大，1949年占67.1%，1950年占52.4%，1951年占50.7%，1952年占52.5%。公私合营企业是由国家委派干部参与领导管理，因此，它具有半社会主义的性质。至于那些公股比重很大的公私合营企业，则具有更多的社会主义性质。

第三节　运输业、商业和金融业中国家资本主义的发展

在经济恢复时期，私营运输业中的国家资本主义获得了一定的发展。到1952年，公私合营的运输业在全国货物周转量中已经占到了0.7%。在这期间，私营商业中的国家资本主义也有了发展。1950~1952年，国家资本主义和合作化商业在全国商业批发额和零售额的比重分别由0.1%上升

---

① 中财委：《关于公私合营企业领导及股权收益划分的指示》（1951年4月23日），《1949~1952中华人民共和国经济档案资料选编·工商体制卷》，中国社会科学出版社1993年版，第507页。

到 0.5%，由 0.1%上升到 0.2%。①金融业中国家资本主义则获得了更大的发展。

新中国建立以后，在没收官僚资本的过程中，对国民党政府控制的股份制银行中国银行、交通银行实行接管，并分别改造成为经营掌管外汇和投资的国家专业银行。当时中国银行尚有 1/3 的商股，交通银行亦有一些商股在内。这两个银行是公私合营的金融企业，仍然保留着股份制和董事会与监事会的形式，并筹备召开新的股东大会。但是由于公股比重大，私股又很分散，因此其经营管理实际上掌握在国家手中，直接受政府主管部门和中国人民银行的领导。

到 1952 年，私营金融业全部实行了公私合营。1949 年私营银行、钱庄连同分支机构共有 1032 家（不包括东北地区）。解放后，私营行庄日益缩小。以吸收储蓄和私营工商业存款为例，1950 年 6 月到 1952 年 12 月两年半中间，国家银行所占比重由 58.6%上升为 92.8%，私营银行和钱庄所占比重由 41.4%下降为 7.2%。私营银行和钱庄这时经营困难，已难继续存在。适应这一情况，国家于 1952 年 12 月对私营银行、钱庄实行了全行业公私合营，组成公私合营银行，在中国人民银行领导下经营业务。

1952 年私营金融业实行了全行业公私合营以后，各私营行庄取消原有名号，并入合营银行，并成立公私合营银行总管理处。公私合营银行总管理处还保持董事会和监事会的组织形式。但是资本家实际上已交出经营、财务、人事"三权"，完全由国家统一经营管理。资本家除按期领取固定股息外，国家对资方代表人物都适当安排了工作，职工也由国家采取包下来的办法，通过整编，除留用、调用者外，其余视具体情况分别予以培训、转业或退休养老。②

金融业全行业公私合营的意义是将资金市场纳入了国家计划管理，大大加强了国家控制经济特别是控制私营经济的能力。其意义还在于：它表明全行业公私合营是对资本主义经济实行社会主义改造的好形式，为"一五"期间实现社会主义改造积累了经验。

---

①《伟大的十年》，人民出版社 1959 年版，第 34~35 页。为了便于分析，私营运输业、商业中国家资本主义发展问题留给本书第二篇第二章第一节分析。

②《中华人民共和国经济史》第 1 卷，中国财政经济出版社 2001 年版，第 267 页。

第六章　恢复产业经济的政策措施

我们在前五章叙述了作为新民主主义社会的经济形态的五种经济成分的建立和发展过程。本章将叙述恢复各个产业经济的政策措施。其中，第一节叙述恢复全部产业的带有全局特点的政策措施，第二、三、四节分别叙述恢复第一、二、三产业发展带有部门特点的政策措施。

新中国成立初期，恢复各个产业生产具有有利条件。主要是：中华人民共和国的建立，新民主主义社会经济结构的形成，以苏联为首的社会主义阵营的存在。这是根本的政治、经济和国际条件。

但在这方面也存在严重困难。主要是：部分地区尚待解放，新区匪特活动猖獗；以美国为首的帝国主义对我国实行经济封锁；由于美国发动侵朝战争，从 1950 年 10 月起又被迫进行了抗美援朝战争；财政巨额赤字，通货急剧膨胀，人民生活困难；作为恢复各个产业的基础产业和设施的农业、基础工业、交通运输、邮电通信、商业和教育、科学事业原本十分落后，又遭长期战争严重破坏。

但在国民经济恢复时期，终于依据有利条件，克服严重困难，在恢复国民经济方面取得了巨大成就。这除了加强治理社会政治环境（如清剿国民党留在大陆的反革命武装，镇压反革命运动和加强廉政建设，如反贪污、反浪费、反官僚主义运动）以外，同在经济方面采取下列一系列路线方针、政策和措施是直接相关的。

第一节 恢复全部产业的政策措施

一、恢复各个产业在经济方面的根本政策

这个时期恢复各个产业的根本政策（注意：不是经济恢复时期全部工作的根本政策）似乎可以做出以下的归结：

第一，坚持以恢复和发展社会生产为中心任务。国民经济恢复时期，较好地贯彻了毛泽东在党的七届二中全会提出的把城乡的生产事业的恢复和发展作为中心任务的战略方针，适当地处理了生产这个中心任务同没收官僚资本主义企业、土地改革、抗美援朝战争、"三反"和"五反"政治运动以及各项工作（包括党的组织、政权机关、群众团体的工作等）的关系。这就为恢复和发展国民经济提供了基本保证。

第二，实现新民主主义社会的三大经济纲领。

第三，贯彻新民主主义社会的四面八方政策。

以上两点为经济恢复时期各产业提供了两个根本性动力，它较为充分地发挥了各种经济成分和各个方面的生产经营的积极性。

以上三点我们在前五章已经做了较为详细的叙述，其中有些方面在本章以下各节还会涉及。这里不拟展开分析。

二、建立政务院财政经济委员会

新中国建立以后，1949 年 10 月 21 日成立了中央人民政府政务院财政经济委员会。陈云任主任，薄一波为副主任。还增加了党外著名经济学家马寅初先生为副主任，以后又陆续增加了李富春、曾山、贾拓夫、叶季壮等为副主任。中财委成立时，共有委员 52 人。

中财委成立以后，华东、中南、西北、华北、西南和东北等大行政区也都建立了各该区的财政经济委员会，并统归中财委领导。

新中国成立初期，在统一财经管理，稳定物价，调整工商业，恢复生产和重点建设等方面，中财委都卓有成效地进行了工作，为完成国民经济恢复任务做出了突出的贡献。历史已经证明：建立由陈云主持的中财委，是贯彻新民主主义社会的经济纲领、恢复国民经济的重要组织保证。

三、稳定物价

就新中国成立初的具体情况来看，稳定物价是恢复国民经济的一个极为重要的前提。

1949 年是人民解放战争在全国取得胜利的一年，同时又是财政困难的一年。一方面，解放战争正在进行，对国民党反动政府留下的几百万公教人员需要采取包下来的政策，军政费用支出巨大。另一方面，国民经济受到战争的严重破坏，新解放区急剧扩大，税收工作跟不上，财政收入不敷支出。于是这年财政支出中赤字就占了 2/3，不得不依靠发行货币来弥补。这样，虽然满足了革命战争的需要，但却不能避免物价上涨。比如，1949 年 7 月底发行货币 2800 亿元☆，到同年 11 月 13 日增加到16000 亿元☆，增长近 5 倍。在这期间，尽管人民币的流通范围扩大了，但仍然免不了物价暴涨。1948 年 12 月~1949 年 12 月，全国 13 个城市的批发物价综合指数上升了 73.8 倍。[①]这时，民族资本主义中的投机资本为了追逐暴利，利用国家的财政困难，凭借它所掌握的经济力量，扰乱金融，囤积居奇，哄抬物价，以致成为物价急剧上升的一个最重要的因素。

在革命战争正在进行的条件下，物价在某种幅度内的上涨是不可避免的。但是，如果不改变由投机资本的活动而引起的物价急剧波动的局面，则社会主义国营经济就没有取得市场领导权，恢复经济缺乏必要的前提，民族资本主义的积极作用难以发挥，人民生活遇到很大困难，新生的人民政权也难以巩固。

为了有效地同投机资本作斗争，人民政府除了积极恢复、发展社会主义的工业和商业，逐步在市场上确立社会主义经济的优势以外，还运用政权力量加强了国家的行政管理。首先是金融管理。人民政府在建立、发展社会主义金融体系的同时，发动各地人民群众展开反对银元、金钞投机的斗争。比如，当时上海举行了大规模的"反对银元投机，保障人民生活"的游行，查封了金融投机的大本营——"证券大楼"，将破坏金融的首要分子230 多人逮捕法办。还公布了金银、外币的管理办法，禁止金银、外币自由流通，并由中国人民银行收兑。对于私营的金融机构也

---

①《1949~1952 中华人民共和国经济档案资料选编·综合卷》，中国城市经济社会出版社 1990 年版，第110 页。

加强了管理，对专门经营高利贷的地下钱庄等违法的金融机构坚决取缔，对一般的私营银行、钱庄则加强监督。这样，就基本上制止了金融投机活动，并把私营金融机构的业务活动逐步地纳入国家银行的控制之下。同时，还加强了市场管理。当时的主要措施有：公布工商业登记办法，普遍登记，不经核准不得开业；管理市场交易，建立交易所，实行主要物资的集中交易；管理市场价格，主要是保护国营商业牌价不受私商破坏，使之成为市场上的主导价格；管理采购，把大宗采购工作置于政府监督之下，防止争购；取缔投机活动，对一般私营商业的投机违法行为，要依据情节轻重，予以处理，对少数敌视人民政府、带头哄抬物价的反动资本家，则依法制裁；保护正当的私营工商业。这些对于打击投机资本的破坏活动，稳定物价，起了重要的作用。

然而，物价上涨是由货币和商品供应的不平衡而产生的经济问题，仅用行政管理手段，并不能从根本上解决物价上涨问题，也不能有效地打击投机资本的破坏活动。但在当时还难以缩减财政赤字的情况下，主要的经济措施，就只有依靠国营贸易部门掌握主要商品，选择有利时机，集中抛售物资，平抑物价，打击投机资本。1949 年，由于国营工业的恢复，又加强了公粮的征收工作，以及主要的工农业产品的收购和调运工作，实行了对外贸易的管理，迅速地集中了大量的物资。当时国营商业控制了商品粮的 1/3 左右、棉纱供应量的 30%、棉布的 50%、食盐的66%。在掌握了这种物资力量的前提下，国营商业选择有利时机，集中抛售大量物资，给囤积居奇、哄抬物价的投机者以沉重打击，把物价涨风平抑下来。这在平抑 1949 年 11 月物价涨风中表现得尤为明显。这次物价上涨是新中国成立以来物价上涨最猛、延续时间最长、投机资本最猖獗的一次。从 11 月 1 日起，在中财委统一领导下，一面短期紧缩通货，把一些可以暂缓的开支推迟一下，并超征能起收缩通货作用的税收；一面在全国范围内调运和集中粮食与棉纱等重要物资。然后从同月 25 日起，全国各大城市的国营商业乘物价高涨之时，一齐开始大量抛售。于是从26 日起，物价开始下跌。连续抛售了 10 天，物价大幅度下降，涨风被平抑。这就使得投机资本陷于措手不及的境地，受到了一次毁灭性的打击。

当然，要使物价持续的稳定，投机资本无空隙可钻，还必须首先实现统一财政经济工作，平衡财政收支，然后进一步争取国家财政经济状况的根本好转。实际上，如前所述，由于 1950 年 3 月开始实行了统一财政经济工作，物价就开始出现了稳定的局面。

1950 年，这一年来的物价总形势，是由上升转向疲落，又由疲落趋于稳定的。这年 2 月财政会议决定统一全国财经工作，争取财政收支平衡、物资供求平衡、现金吐纳平衡，以制止通货膨胀，争取物价、通货的稳定。在这个财经方针的指导下，采取了现金管理、增加税收、发行公债和大力推销商品、大量回笼货币等办法，基本上胜利地制止了通货膨胀、物价上涨的局面，使物价趋于稳定。但 3 月份以后，由于社会虚假购买力的消失及真实购买力的降低，物价跌落，私营工商业蒙受很大困难，市场死滞。自 5 月份起，在全国统一调整公私关系、调整工商业措施的推动下，市场又趋好转，交易活跃。10 月份以后，由于朝鲜战争的影响，虚假购买力又开始复活，再加上农村购买力的提高，曾使物价一度上涨。为保持物价的继续稳定，11 月份，在中财委决定指引下，采取冻结资金，紧缩投放，加强市场管理，取缔投机，大量出售、回笼等办法，物价又趋于稳定。如以 1949 年 12 月全国大中城市主要商品价格指数为 100，则 1950 年 3 月上升到 206.3，到 12 月下降到 193.2。[①]

正如陈云所指出的："1950 年 3 月以后，国内市场的性质已经改变，官僚资本操纵下的以投机和破坏国民经济为目的的市场，已经基本上改变为在国营经济领导下的以服务于人民生活与恢复及发展生产为目的的市场了。"[②] 事实也正是这样的。如果以 1950 年为 100%，则 1952 年全国商品零售物价总指数为 111.8%，职工生活费用价格总指数为 115.5%，农副产品收购价格总指数为 121.6%，农村工业品零售价格总指数为 109.7%（详见附表 4）。可见，1950 年 3 月以后，物价上升的幅度大大低于在此以前的速度。在此以后，物价基本上稳定了下来。这就为恢复经济创造了前提条件。

四、以经济恢复为主，有重点地进行建设

新中国成立初期，由于过去长期的战争，国民经济受到了严重的破

[①]《1949~1952 中华人民共和国经济档案资料选编·综合卷》，中国城市经济社会出版社 1990 年版，第 402 页。

[②] 转引自《1949~1952 中华人民共和国经济档案资料选编·综合卷》，中国城市经济社会出版社 1990 年版，第 718 页。

坏，国家财政经济困难，旧中国留下的经济发展的畸形状态也亟待消除。这个时期本来财力、物力和人力有限，由于抗美援朝战争的需要，国防费又占了国家财政支出相当大的部分，经济建设费占的比重不大，直到1952年才超过了国防费。因此，当时还不可能进行大规模的经济建设，主要任务是搞好经济的调整和恢复。就工业来说，也是以现有工业为主进行调整和恢复。这样做，不仅是必要的，而且是可能的。因为旧中国在帝国主义、封建主义和官僚资本主义的束缚下，包括工业在内的社会生产的潜力还没有得到发挥。新中国成立以后，随着社会经济制度的变革，特别是由于社会主义国营工业制度的建立，为充分发挥包括工业在内的社会生产的潜力创造了根本的经济条件。所以，1950年8月，周恩来指出："目前我们的财政经济状况已开始好转，但要达到基本好转还需要经过三五年困难阶段，也就是恢复、整顿、调整和有重点地建设阶段，然后才能在全国规模上进行建设。"①历史经验已经证明这个方针是正确的。

有重点地进行建设，集中表现在国家的基本建设投资的分配上。1950~1952年的投资77.57%都分配在工业（主要是基础工业）、农林水利（主要是水利）和基础设施（包括运输邮电和城市建设）方面。详见表1-6-1。

表 1-6-1　1950~1952 年国家基本建设投资及其构成

	总计	工业	农林水利	运输邮电	商业	文教卫生	城市建设	其他
投资额（亿元）								
1950~1952 年合计	78.4	30.1	10.3	17.7	2.7	3.9	2.6	11.1
1950 年	11.3	4.2	1.3	3.4	0.6	0.4	0.3	1.1
1951 年	23.5	7.0	2.6	6.3	0.9	0.9	0.6	5.2
1952 年	43.6	18.9	6.4	8.0	1.2	2.6	1.7	4.8
投资比重（%）								
1950~1952 年合计	100.0	38.4	13.1	22.6	3.4	4.97	3.3	14.2
1950 年	100.0	37.2	11.5	30.1	5.3	3.5	2.7	9.7
1951 年	100.0	29.8	11.1	26.8	3.8	3.8	2.6	22.1
1952 年	100.0	43.3	14.7	18.3	2.8	6.0	3.9	11

资料来源：《1949~1952 中华人民共和国经济档案资料选编·基本建设投资和建筑业卷》，中国社会科学出版社 1989 年版，第 254 页。

①《周恩来选集》下卷，人民出版社 1984 年版，第 24 页。

五、积极发展对外经济关系

这是新民主主义四面八方政策中的"内外交流"方针的体现，也是经济恢复时期发展经济的一个带有全局性的因素。

1950年6月，美国帝国主义发动侵略朝鲜战争以后，对我国实行禁运，这就迫使我国在新中国成立初期把对外经济贸易关系主要限制在苏联和东欧人民民主国家的范围内。

1. 开展对外贸易，主要是开展对苏联和东欧人民民主国家的贸易。①1950~1952年，进出口总额为50.3亿美元，1952年比1950年增长了71.68%，其中，进口总额增长了1.03倍（详见附表34）。②在这期间，进口的生产资料为24.56亿美元，增长了1.06倍，占进口总额的比重由83.4%上升到89.4%，特别是进口设备等增长了3.75倍，占进口总额的比重由22.5%上升到55.7%。③在这期间，出口的农副产品及其加工品为18.28亿美元，增长了34.93%，出口的工矿产品为3.04亿美元，增长了1.88倍，前者的比重由90.7%下降到67.2%，后者的比重由9.3%上升到17.9%。④1950年美国等国对我国实行禁运以后，我国同主要资本主义国家的贸易额，无论是绝对量或者相对量都大幅度下降了，比重由1950年的74.06%下降到1952年的34.11%。在这期间，我国同苏联和东欧人民民主国家的贸易额比重由25.94%上升到65.89%。①

2. 从苏联引进资金。依据1950年2月14日中苏两国《关于贷款给中华人民共和国的协定》，从1950年1月1日起的5年内，苏联政府给予中国政府3亿美元的贷款，按35美元等于一盎司纯金计算。贷款年息为1%。贷款用以偿付苏联提供的机器设备等。机器设备等的价格按世界市场的价格计算。中国政府将以原料、茶、美元等支付上述贷款和利息。原料和茶的价格也按世界市场价格计算。贷款将在1954年12月31日~1963年12月31日10年内归还，每年还贷款总额的1/10。贷款利息按使用贷款实数并自使用之日起计算，每半年交付一次。②

需要着重指出，苏联的资金援助是在帝国主义封锁禁运、我国资金

---

① 《1949~1952中华人民共和国经济档案资料选编·基本建设投资和建筑业卷》，中国社会科学出版社1989年版，第552页。

② 《1949~1952中华人民共和国经济档案资料选编·综合卷》，中国社会科学出版社1990年版，第183~185页。

供给异常困难的情况下提供的；贷款利息和还款期限等方面的条件都是很优惠的，特别是这项资金对我国社会主义工业化建设增添技术设备具有极重要的作用，这笔贷款尽管在新中国成立初期基本建设投资方面占的比重不是很大，但其意义是很大的。苏联的 3 亿美元贷款按 1950 年汇率折算人民币，约合 9 亿元，相当于 3 年恢复时期专业化政府基本建设投资总额 62.99 亿元的 14.3%。[①]中国将苏联贷款集中使用在能源、原材料、机械工业和国防工业等重点项目的建设上。

3. 从苏联和东欧国家引进设计技术人员。这一点，对于新中国成立初期进行工业基本建设项目具有重大意义。1950~1952 年初，苏联帮助设计的项目共 42 个，在 42 个项目中，东北 30 个，关内 6 个，新疆 5 个，内蒙古 1 个。在东北的 30 个项目中，电力、钢铁、煤炭、制铝等项目占 20 个，其他 10 个项目是机械、化学、造纸等。关内 6 个项目是太原、重庆、西安、郑州 4 个电站及太原肥料厂及染料厂，新疆 5 个项目是电厂和医院。至 1952 年 1 月，已做出初步设计并已经批准的有 15 个。

4. 与苏联和东欧等国合办股份公司。1950 年 3 月 27 日，中苏两国政府签订了三个股份公司的协定：《关于在新疆创办中苏石油股份公司的协定》、《关于在新疆创办中苏有色及稀有金属股份公司的协定》和《关于建立中苏民用航空股份公司的协定》。依此协定，1950 年，中国与苏联在新疆创建了中苏石油股份公司、中苏有色及稀有金属股份公司和中苏民用航空公司。1951 年，又与苏联合资创办了中苏轮船修理建造股份公司。

这些公司的资本一般为双方各占一半。中国是以开采石油的地段、前独山子石油公司建筑物、设备以及未来所需建筑材料折算；苏联是以提供公司设备、器材和运输工具折算。

这些公司实行的经营管理体制是：①中外双方平股平权，双方各拥有 50%的股份，在企业经营管理和收益方面具有同等的权利。②经营管理机构采取管理委员会领导下的经理制，管委会委员由股东大会选举产生，每届任期 3 年，委员会双方派出相同人数组成。管委会主任和总经理由双方轮流担任，3 年一换。管委会不能达成协议的问题，交由公司双方股

[①]《1949~1952 中华人民共和国经济档案资料选编·基本建设投资和建筑业卷》，中国社会科学出版社 1989 年版，第 107 页。

东审查，如双方股东不能达成协议时，由缔约双方政府审定。③公司经营活动以双方政府所签订规定的范围为限。公司经营活动条件，包括纳税，与中国国营企业所享受的条件相同。公司的产品，根据世界价格，双方有权各购买50%。一方如愿意出卖其所得产品时，应首先向另一方提出。苏联方面所购买的50%的产品，可免纳关税及捐税运回国；如果苏联方面购买中国方面应得的50%的产品时，这部分产品应缴纳关税。④双方股东应将他们所得红利的30%交予中国。

1950年，中苏合办的股份公司为38个，占企业总数（包括国营、公私合营和中苏合营总计为2815个）的3.3%；职工人数为34150人，占职工总人数（1189569人）的2.9%；工业产值15704亿元，占工业总产值（459729亿元）的3.4%。①需要指出，这些公司虽然比重不大，但也起了重要作用。

总之，在国民经济恢复时期，主要发展对苏联的经济贸易关系，在扩展进出口商品、筹集资金、引进技术设备和技术人才以及管理经验方面，为恢复经济创造了重要条件。

还需提到，在国民经济恢复时期，政府还注意了吸引海外华侨到国内投资的工作。1951年经政务院批准，设立了华侨回国投资辅导委员会。这个时期，在这方面也取得了一定的成效。1950年侨汇为1.18亿美元，1951年为1.68亿美元，1952年约为1.7亿美元。侨汇主要用于侨眷的养家费，但也有一部分用于轻纺工业的投资。②

第二节　恢复第一产业的政策措施

在经济恢复时期，土地改革是推动农业生产的根本性动力。发展农业互助合作，也是促进农业的重要因素。这两方面本篇第二、三章已做叙述。这里只叙述党和政府采取的促进农业生产发展的其他措施。

---

① 《1949~1952中华人民共和国经济档案资料选编·工商体制卷》，中国社会科学出版社1993年版，第276~277页。

② 《1949~1952中华人民共和国经济档案资料选编·基本建设投资和建筑业卷》，中国社会科学出版社1989年版，第84~85页。

1949 年，农村人口占全国人口的 89.4%；农业总产值占全国工农业总产值的 70%；农业净产值占工农业净产值的 84.5%。[①]农业在国民经济中的地位十分重要。但是，农业因受封建土地制度的束缚和长期战争的破坏，生产力下降（见表 1-6-2）。1949 年，人均粮食只有 418 斤，棉花 1.6 斤。[②]因此，采取有效措施，恢复农业生产，成为恢复国民经济的基本问题。

表 1-6-2　1952 年最主要农产品产量与解放前最高年产量比较
（以解放前最高年份为 100）

产品名称	解放前最高年份	产量（万吨）	1949 年指数	1952 年指数
粮　食	1936	15000.0	75.5	109.3
棉　花	1936	84.9	52.4	153.6
花　生	1933	317.1	40.0	73.0
油菜籽	1934	190.7	38.5	48.9
芝　麻	1933	99.1	32.9	48.5

资料来源：《1949~1952 中华人民共和国经济档案资料选编·农业卷》，社会科学文献出版社 1991 年版，第 984 页。

1. 运用价格机制调节和促进农业生产。这是适应正在开始发展的商品经济的需要，是恢复和发展农业的决定因素。

在新中国成立前的国民党政府统治下，不仅发生通货恶性膨胀和物价急剧上涨，而且工农业产品价格"剪刀差"进一步扩大。如以战前 7 年（1930~1936 年）平均为 100，1950 年农副产品收购价格指数为 201.8；农村工业品零售价格指数为 265.9。如以战前 7 年平均农产品价格指数为 100，工农业产品比价指数为 131.8。这种状况不改变，难以恢复农业和整个国民经济。为此，人民政府在 1950 年 3 月稳定物价的基础上，逐步采取较大幅度提高农副产品收购价格和适当提高工业品零售价格办法，缩小工农业产品价格剪刀差。1952 年同 1950 年相比，农副产品价格提高 21.6%，农村工业品零售价格提高 9.7%。工农业商品价格比价指数以 1950 年为 100，1952 年缩小到 90.3。3 年中，工农业产品交换差价缩小 9.7 个百分点。[③]据统计，1951~1952 年，农民出售农产品和购买工业品增加净收益 27 亿元。

[①]《中国统计年鉴》（1983）。
[②]《1949~1952 中华人民共和国经济档案资料选编·农业卷》，社会科学文献出版社 1991 年版，第 984~985 页。
[③]《1949~1952 中华人民共和国经济档案资料选编·商业卷》，中国物资出版社 1995 年版，第 635~636 页。

而且，新中国成立初期，由于棉、麻、烟等工业原料缺乏，轻纺工业开工严重不足。为了引导农民扩大棉、麻、烟等作物的生产，政府根据各地上述作物的生产成本，规定了最低收购价格和棉粮、麻粮、烟粮的合理比价，适当提高了棉、麻、烟等工业原料作物价格，促进了这些作物的较快增长。比如，1950年4月，政府依据各地粮棉作物成本差异规定粮棉比价为：1斤7/8时中级皮棉换8斤小米，或7斤小麦，或6.5斤大米。1951年和1952年又做了调整和提高。这就促进了棉花比较快增长，1949年棉花生产为800万担，1952年达到2700万担。[①]

2. 大力恢复和发展城乡之间的物资交流。这是当时恢复经济的一个关键环节。这一点留待后面在恢复商业中叙述。

3. 在财政和金融方面支持农业。在农业受到战争严重破坏和个体农民经济力量薄弱的情况下，这是恢复和发展的重要物质条件。

在财政方面，一是逐步实行稳定和减轻农业税。为了稳定和减轻农民负担，人民政府改变了过去的摊派办法，逐步实行和完善了依率计征、依法减免的新办法。1952年6月16日，政务院在《关于1952年农业税收工作指示》中提出："1952年农业税收工作的总方针是：贯彻查田定产、依率计征、依法减免，逐步实现统一累进，并取消一切附加。"同年8月，颁布《受灾农户农业税减免办法》，根据受灾程度不同，实行"轻灾少减，重灾多减，特轻不减，特重全免"的原则，制定了五等减免农业税的办法。[②] 这样，农业税占农业实产量的比例，1949~1952年分别为13.5%、12.3%、14.5%、12.2%。1950年比1949年有所下降；1951年因抗美援朝战争，征粮比例上升；1952年则有较大幅度的下降。农业税占国家财政收入的比重，也逐年下降：1950年为29.3%，1951年下降到16.3%，1952年下降为14.7%。[③] 二是国家财政逐年增加对农业的资金投入。这包括两个方面：一方面是国家财政支出中用于农业生产的资金，随着财政经济状况的好转，逐年有较大幅度的增长。1950年为2.74亿元（按1952年不变价格计算），1951年增加到4.19亿元，1952年增加到9.04亿元。1952年为1950年的329.9%。这些资金主要作为农业事业费和农村救济费支

①《中华人民共和国经济史》第1卷，中国财政经济出版社2001年版，第673页。
②《1949~1952中华人民共和国经济档案资料选编·农业卷》，社会科学文献出版社1991年版，第112~114页。
③《中国统计年鉴》（1983），第447页。

出。这是一方面。另一方面是用于农村水利建设的支出。1950~1952 年，国家财政支出中用于农村水利建设的投资约为 10.3 亿元，占预算内基本建设投资的13.1%（详见表 1–6–1）。其中，水利建设投资约为 7 亿元。同解放以前相比，1950 年人民政府用于水利建设上的经费，相当于国民党统治时期水利经费支出最多一年的 18 倍，1951 年增加到 48 倍，1952 年上升为 52 倍。3 年中，对全国 4.2 多公里的江河堤坝的绝大部分进行了整修和加固。对一些水灾比较严重的河流，如淮河、沂河、沭河、永定河、大清河、潮白河开始进行全流域的根本治理。各地因地制宜，兴办群众性的小型渠道和蓄水塘堰共 336 万余处；新凿和修复水井 66.8 万眼。全国共增加灌溉面积 4950 余万亩。另有 18400 万亩农田因增加和改善了水的供应而免于旱灾的威胁。据当时的粗略估计，由于兴修水利，防止水灾和增加灌溉面积而增产的粮食当以数百万吨计。[①]

在金融方面，国家银行逐年增加对农业的贷款。1950 年农业贷款 21241 万元，1951 年增加为 40147 万元，1952 年增加到 101627 万元。1952 年为 1950 年的 478.4%。农业贷款中的生产贷款（包括良种、饲料、小农具、肥料、药械、步犁等方面的贷款），主要解决贫雇农和有困难的中农的生产困难。农业设备贷款（包括马拉农具、抽水机、打井、水利、水车、力畜、种畜等方面的贷款），主要贷给常年劳动互助组、农业生产合作社。周转性贷款（包括农村副业、手工业和商业、运销、口粮以及生活困难等方面的贷款），主要贷给农村供销合作社和为农业生产服务的集镇手工业及运销商业。[②]

这里还要提到：土改以后，农民在生产发展的基础上也增加对农业的投入。这不仅仅表现在劳动方面，而且表现在物力方面。1950~1952 年间，农民实现对农业生产资料的购买力分别为 72626.2 万元、103047.7 万元、140960.8 万元。1952 年为 1950 年的 194%。[③]

4. 推动农业生产技术的改良。这是恢复农业发展的重要技术条件。

新中国成立初期，政府在各大区成立了农业科学研究所，在一些省、区成立综合性的农业试验场。在高等院校的院系调整中，新建和加强了

---

① 《1949~1952 中华人民共和国经济档案资料选编·农业卷》，社会科学文献出版社 1991 年版，第 553~555 页。
② 《1949~1952 中华人民共和国经济档案资料选编·农业卷》，社会科学文献出版社 1991 年版，第 160 页。
③ 国家统计局：《中华人民共和国 1950~1957 年商业统计资料汇编》，中国统计出版社 1963 年版。

农业院校，壮大了农业科研队伍。农业部为加强农业生产技术推广工作，相继建立了从中央到地方的各级农业技术推广机构；以县为单位，兼顾经济区划，平均每15万亩耕地设立一个农业综合技术指导站。在农作物品种改良和良种推广、农作物病虫害的防治、土壤改良、农作物的耕作技术和栽培技术的改良以及推广新式农具等方面，都取得了成效。在农作物品种改良和良种推广方面，到1952年，全国良种种植面积达到813.3万公顷，比新中国成立前扩大了11倍。在农作物病虫害的防治方面，据农业部估计，1950~1952年由于防治病虫害，约减少农作物产量损失折合粮食300亿斤。在土壤改良方面，由于这项技术措施及其他措施，1952年比1949年累计增加水浇地面积17710628亩，1952年比1949年增长了51.4%。[①] 在耕作技术和栽培技术的改良方面，以水稻为例，由于总结和推广了江苏省陈永康等人创造的丰产技术，1949~1952年，全国水稻单位面积产量从252斤提高到322斤，增长了27.8%。[②] 在推广新式农具方面，1950~1952年的三年中，共推广新式农具43.9万部，农用排灌机械11.75万马力，农用铁水车29.3万辆，农用拖拉机2006台。据东北区6个农业试验场和60个互助组的材料，使用新式农具平均增产25%左右。[③]

　5. 开垦荒地，以扩大作为农业基本生产资料的土地资源。

　解放初，政府一方面以成建制的人民解放军转业官兵为骨干，并吸收城市青年、移民和农业科技人员组成垦荒大军，在边疆和内地大量开垦荒地；另一方面以优惠政策鼓励农民开荒，规定垦种生荒地在3~5年内、垦种熟荒地在1~3年内免纳农业税。这样，就开垦了大量的生荒地和熟荒地，使耕地面积显著增加。全国耕地面积从1949年的146822万亩增加到1952年的161878万亩，增加耕地15056万亩，增长10.25%。还要提到：在耕地面积增加的同时，农作物播种面积由于复种指数的提高有了更快的增长，仅以粮食、棉花、油料三种作物的播种面积计算，共增加播种面积27468万亩，增长15.7%。[④]

---

①《1949~1952中华人民共和国经济档案资料选编·农业卷》，社会科学文献出版社1991年版，第223~224页。
②《1949~1952中华人民共和国经济档案资料选编·农业卷》，社会科学文献出版社1991年版，第571页。
③《1949~1952中华人民共和国经济档案资料选编·农业卷》，社会科学文献出版社1991年版，第434~435页。
④《1949~1952中华人民共和国经济档案资料选编·农业卷》，社会科学文献出版社1991年版，第100、224页。

6. 开展爱国丰产运动。这是当时推动农业生产发展的一个重要动力。

土地改革和抗美援朝、保家卫国运动大大提高了广大农民的爱国主义热情，政府因势利导，普遍开展了爱国丰产竞赛运动。1951 年，由山西省著名农业劳动模范李顺达互助组发起的爱国丰产竞赛，得到全国众多互助组和农民的热烈响应。通过竞赛，推广各地农业劳动模范的丰产经验。其中，重要的有江苏省农业劳动模范陈永康水稻丰产经验、山西省植棉劳动模范曲耀离植棉经验等。后来，农业部在总结这一时期的爱国丰产运动蓬勃发展时指出："1950 年全国只发现七八个农业丰产单位，1951 年经我部奖励的即有 320 个丰产单位；1952 年全国农业丰产单位增至 100000 余个，其中达到我部奖励标准的约 5000 个。"①

此外，这一时期政府还开始兴办了大量国营农场。这也是当时发展农业生产的一个因素。建国前，全国只有国营农场 26 个，职工 4000 人，耕地 45 万亩，年生产粮食 3200 万斤，棉花 5 吨。建国初，中共中央军委决定组织军队组建农场，人民解放军 15 个师在新疆、甘肃、宁夏、江苏、山东等地建立了第一批农场，另有两个师和一个独立团开赴华南地区建设橡胶农场。同时，全国其他一些省区，在沿海、沿江、滨湖、滨河、荒山及荒漠地区开荒建立农场。到 1952 年底，全国共建立农场 562 个，共有职工 35.9 万人，耕地 564 万亩，比 1949 年增长 11.6 倍，另有橡胶种植园 90 万亩。1952 年，国营农场工农业总产值达到 1 亿元，生产粮食4.5亿斤，棉花 9.18 万斤，干胶 35 吨，饲养大小牲畜 98 万头。国营农场还从国外引进现代农业机械，有拖拉机 1176 台，联合收割机 276 台，载重汽车 2030 辆。②

上述各项措施有力地促进了农业的恢复和发展。1949~1952 年，农业总产值由 326 亿元提高到 461 亿元，3 年增长 48.4%，平均每年增长 14.1%。这 3 年，工业总产值平均增长速度为 35.7%。这样，农业和工业年平均增长速度对比关系为 1∶2.5。③应该说，农业与工业增长速度对比关系是合适的。

---

① 《1949~1952 中华人民共和国经济档案资料选编·农业卷》，社会科学文献出版社 1991 年版，第 197~198 页。
② 《当代中国的农垦事业》，中国社会科学出版社 1986 年版，第 14、488 页。
③ 《中国统计年鉴》（1986），第 43~45 页。

到 1952 年，作为主要农产品中的粮棉均已超过历史最高年产水平（详见表 1-6-2）。

第三节　恢复第二产业的政策措施

第二产业包括工业和建筑业。这里主要叙述工业，建筑业的某些内容放在其中进行分析。

一、有重点地进行工业建设

关于以现有工业为主进行调整和恢复问题，我们在前面五章和第六章第一节已经进行了多方面的叙述。这里只是叙述有重点地进行工业建设的问题。

（一）基本建设投资的来源及其规模

为了推进重点建设，除了集中和培训现有技术人员，并通过恢复教育拓宽技术人员的来源，以满足建设对技术力量的需要以外，还要着重开辟资金的来源。

新中国成立初期，与新民主主义社会经济结构相适应，恢复和发展工业的资金来源也是多方面的。

在这方面，首先是国家投资（也称政府投资）。新中国成立初期，与社会主义国营经济在国民经济占主导地位相适应，国家投资占了主要地位。如前所述，1950 年初，全国实行财政经济工作统一以后，在基本建设投资方面实行了中央和地方分级管理体制。1951 年以后，在巩固中央集中的经济管理体制的前提下，又扩大了地方在管理经济方面的权限。这样，在国民经济恢复时期，国家投资就分为中央政府投资和地方政府投资两个方面，前者始终占主要地位，后者的比重趋于上升。1950~1952 年，国家投资依次分别为 11.34 亿元、23.46 亿元和 43.56 亿元。其中，中央政府投资占的比重依次分别为 84.7%、83.6% 和 77.5%，3 年合计为 80.4%；地方政府投资占的比重依次分别为 15.3%、16.4% 和 22.5%，3 年合计为 19.6%。[①] 这三年用于工业的投资为 30.1 亿元，占投资总额的

①《1949~1952 中华人民共和国经济档案资料选编·基本建设投资和建筑业卷》，中国社会科学出版社 1989 年版，第 107 页。

38.4%（详见表 1-6-1）。

　　政府投资来自财政收入，而财政收入是来自各种经济成分的，从这种相互联系的意义上说，政府投资是由各种经济成分负担的。1950~1952年，国家财政收入分别为 65.2 亿元、133.1 亿元和 183.3 亿元。其中，来自国营经济的比重由 33.4%上升到 55.04%，来自公私合营经济的比重由 0.4%上升到 1.04%，来自集体所有制经济的比重由 0.29%上升到1.14%，来自私营经济的比重由 30.2%下降到 18.61%，来自个体经济的比重由34.52%下降到17.98%。[1] 可见，在国民经济恢复时期，尽管国家财政收入来自国营经济的比重大大上升了，来自私营经济和个体经济的比重大大下降了，但后两种经济成分占的比重还是相当大的。

　　国家财政来自私营经济的收入，主要是通过税收和公债两种形式；来自个体农民经济的收入，主要是通过税收、工农业产品价格"剪刀差"和公债；来自国营经济的收入，主要是通过税收、企业上缴的收入和公债。企业上缴的收入主要包括企业固定资产的折旧费和利润。在谈到国营企业上缴国家财政的收入增长时，需要强调新中国成立初期开展的增产节约运动在这方面所起的重要作用。据统计，1952 年，国营经济因增产获得利润2.1956 亿元，因降低生产和建设成本获得利润 13.7102 亿元，因加速资金周转和减少超额储备节约流动资金 6.4061 亿元。以上 3 项共计 22.3137 亿元。[2] 尽管这些收入未全部列入 1952 年国家预算收入，但它在增加国营企业上缴国家财政的收入方面所起的重要作用是很明显的。

　　国家银行贷款，在国民经济恢复时期提供工业生产建设资金方面也起过重要的作用。比如，1952 年，国家银行贷款达到 10 亿元，相当于同年的工业基本建设投资 18.9 亿元的 52.9%。[3] 当然，银行贷款并没全部用于工业生产建设，但有相当部分是用于这方面的。

　　1950~1952 年，私营企业投资在工业生产建设方面也有一定的作用。在这期间，私营经济上缴国家的收入只占其纯收入的 25%~38%，余下

---

[1]《中国统计年鉴》（1992），第 215、217 页。

[2]《1949~1952 中华人民共和国经济档案资料选编·基本建设投资和建筑业卷》，中国社会科学出版社 1989 年版，第 69~70 页。

[3]《1949~1952 中华人民共和国经济档案资料选编·基本建设投资和建筑业卷》，中国社会科学出版社 1989 年版，第 254 页。

62%~75%的纯收入中的一部分也是用于工业生产建设的。[1]

利用外资在这方面也起了一定的作用。本章第一节对此已做了分析。

总体说来，在国民经济恢复时期，基本建设投资规模大体上是合适的。1950年，国家行政管理费很大，这年10月又爆发了抗美援朝战争。但即使在这种困难情况下，这年的经济建设费仍达到17.36亿元，占国家财政支出的35.4%。然而，这年有2.9亿元的财政赤字。但到1951~1952年，就是在朝鲜战争没有结束的情况下，经济建设费分别增加到35.11亿元和73.23亿元，分别占财政支出的28.7%和41.6%。然而，这两年不仅没有发生财政赤字，而且分别有10.6亿元和7.7亿元的财政结余。[2]还要着重提到，在国民经济恢复期间，人民生活有了显著改善。考虑到这些情况，这个时期，基本建设投资是在国力能够承受的范围内，并兼顾了社会生产和人民生活两方面需要，大体上是合适的。

（二）工业基本建设投资重点投向恢复、改建项目、重工业部门和东北地区

与以调整和恢复现有工业为主，有重点地进行建设的方针相适应，并且为了节约资金，国民经济恢复时期的工业基本建设以恢复、改建为主，新建为辅。1952年，恢复和改建的投资约占全部投资的3/4，新建的投资约占1/4。1950~1951年，前者的比重更大，后者的比重更小。与尔后的各个计划时期相比较，这个时期恢复、改建的比重是最高的，新建的比重是最低的。

为了优化资源配置，这个时期基本建设投资无论在国民经济各个部门之间的分配，还是在各个地区之间的分配，都贯彻了重点配置的原则。

恢复和发展工业的重点部门是重工业。如前所述，半殖民地半封建的中国所留下的工业结构是畸形的，轻工业比重大，重工业比重小。这是旧中国经济落后的最鲜明的标志。为了改变这种状态，实现社会主义工业化，需要加快恢复和发展的主要是重工业。如果再考虑到新中国成立初期的国际形势，特别是1950年10月底抗美援朝战争爆发以后，更需要加快恢复和发展与国防工业紧密相关的重工业。当然，恢复轻工业也

---

①《1949~1952中华人民共和国经济档案资料选编·基本建设投资和建筑业卷》，中国社会科学出版社1989年版，第86页。

②《中国统计年鉴》（1992），第215、224页。

是恢复重工业的必要条件。因而，在重点恢复重工业的同时，也需要恢复轻工业。

在国民经济恢复时期，较好地处理了轻、重工业两方面的关系。这突出地表现在国家基本建设投资的分配上。1950~1952 年的 3 年中，特别是后两年，重工业投资占 70% 以上，轻工业投资占 20% 以上。[①] 轻工业的这个投资比重超过了尔后的许多计划时期。还要看到国民经济恢复时期轻工业的三个具体情况：①当时轻工业产值占工业总产值的比重大于重工业，因而增产潜力比重工业大。②当时轻工业设备闲置多，生产能力不能得到充分发挥，其主要原因是农产品原料供给不足。③当时重工业特别是轻工业的恢复，主要依靠前面说过的社会主义国营工业经济制度的建立，以及保护和有限制地发展民族资本主义工业。如果考虑到这些具体情况，这个时期安排的重工业投资比重大于轻工业，是符合当时实际情况的。

恢复和发展工业的重点地区是东北地区。在半殖民地半封建的中国，整个说来，工业是很落后的。但相对关内来说，东北工业要发达得多。全国解放以前，近代工业在国民经济中只占 10% 左右，而东北工业 1943 年即占 56% 左右。据估算，这年东北煤的产量占全国 49%，生铁产量占 87%，钢材产量占 93%，电力占 78%，铁路线占 42%。东北农业发展也比较好，如 1938 年大豆产量占全国的 51%。东北自然资源也很丰富，如解放前估计全国铁矿储量约 68 亿吨，其中 80% 以上集中在东北。[②] 而且东北解放得早，受战争破坏的时间也较关内为短。因此，新中国成立初期，把恢复和发展工业的重点放在东北地区，有利于充分利用该地区的工业基础，有利于该地区乃至全国工业的恢复和发展。

把恢复和发展工业的重点放在东北地区，突出地反映在基本建设投资的重点也放在东北地区。就工业基本建设投资来看，1950~1952 年，全国累计完成的投资总额中，有一半多投到了东北地区。[③]基本建设投资在

---

① 《1949~1952 中华人民共和国经济档案资料选编·基本建设投资和建筑业卷》，中国社会科学出版社 1989 年版，第 225、245~246、257~261、1001 页；《伟大的十年》，人民出版社 1959 年版，第 52 页。

② 《1949~1952 中华人民共和国经济档案资料选编·基本建设投资和建筑业卷》，中国社会科学出版社 1989 年版，第 968 页。

③ 彭敏主编：《当代中国的基本建设》上卷，中国社会科学出版社 1989 年版，第 17 页。

地区之间的这种分配，大大促进了东北地区工业的恢复。比如，与1951年相比，1952年东北地区实际完成的工业基本建设投资增长了211.5%，新增的工业固定资产增长了114.5%，其中新增的重工业固定资产增长了125.9%。[①]东北地区工业的率先恢复和发展，就在技术装备、原材料和技术力量等方面为关内工业的恢复和发展创造了有利的条件。

（三）必须按基本建设程序办事

为了按期按质地完成基本建设的任务，提高基本建设投资的经济效益，严格按照反映客观要求的正常的基本建设程序办事，具有十分重要的意义。

新中国成立初期，基本建设虽然取得了巨大的成绩，但也存在严重浪费现象。这是同基本建设工作不按基本建设程序办事相联系的。这一点，表现在计划方面、设计方面和施工方面。

为了解决不按基本建设程序办事的问题，中财委依据对新中国成立初期基本建设经验的总结，于1951年1月5日发布了《对于一九五一年基本建设工作步骤的执行规定》；同年3月28日发布了《基本建设工作暂行办法》；1952年1月9日又发布了一个更为完善的《基本建设工作执行办法》。这后一个办法除确定基本建设概念、内容、种类和组织机构以外，着重就设计、施工、监督拨款和编制计划等程序问题做了系统的、严格的规定，并强调必须按基本程序办事。[②]这后一个办法对解决当时和尔后一个长时期内基本建设按程序办事的问题起了重要的指导作用。

（四）加强地质勘探、勘察设计、建筑力量和建筑企业的经营管理

加强地质勘探和勘察设计力量，是进行基本建设的一个重要条件。当时勘探工作和勘察设计工作均极为落后。为了解决这个问题，中财委从加强组织领导、确定方针、统一调配、开展培训和引进技术力量等方面做了大量工作，并取得了显著成效。到1952年底，地质勘探职工人数增加到29996人，钻探进尺达到35.6万米，分别相当于1907~1949年累计数的150倍和2.4倍；勘察设计职工人数也增加到21271人。[③]这些

---

① 《1949~1952中华人民共和国经济档案资料选编·基本建设投资和建筑业卷》，中国社会科学出版社1989年版，第1002、1004页。

② 《中国工业经济法规汇编（1949~1981）》，第300~312页。

③ 《1949~1952中华人民共和国经济档案资料选编·基本建设投资和建筑业卷》，中国社会科学出版社1989年版，第323、335、336页。

就促进了国民经济恢复时期乃至尔后的"一五"时期工业生产建设的发展。

加强建筑力量和建筑企业经营管理，也是进行基本建设的重要条件。旧中国的建筑力量极为薄弱，很不适应新中国成立初期恢复和发展工业的需要，亟待加强建筑力量。经过招工培训等多方面的努力，建筑业的职工人数由 1949 年末的 20 万人增加到 1952 年底的 104.8 万人（其中包括地质勘探和勘察设计职工 5 万余人）。[1]

新中国成立初期，建筑企业的供给制管理方式和无人负责的现象以及由此造成的浪费，比工业生产方面还要严重，迫切需要加强建筑企业的经营管理。为此，所有施工部门，均实行企业化的经营方法，实行经济核算制、承包工程合同制和生产责任制。[2]

经济核算制规定：清理资财，核定资金；统一成本项目；确定工程取费和利润标准；制定材料供应、调拨、运输和保管制度；设计、施工和材料供应都实行合同制。

承包工程合同制明确规定了发包方的行政管理部门与承包方的企业单位对完成工程在技术、经济等方面应负的责任，任何一方不得违反。

生产责任制有以下四种：甲乙双方分工、合作责任制，工区主任负责制，生产（施工）责任制， 技术责任制。

（五）工业建设的成就

尽管国民经济恢复时期在工业基本建设方面存在许多困难，但由于采取了上述各项措施，仍然赢得了较好的投资效益。1950~1952 年，基本建设投资总额为 78.4 亿元，新增固定资产 59 亿元，固定资产交付使用率为 75.3%。其中，工业基本建设投资为 30.1 亿元，新增固定资产约为 20 亿元，固定资产交付信用率约为 64.1%。[3]

有重点地进行建设，取得了显著的成效。这集中表现在由建设带来的新增生产能力在工业产量增长方面起了重要的作用。当然，这些基本建设主要是与现有工业的调整、恢复相结合，所以，恢复和发展主要还

---

[1]《中国劳动工资统计资料（1949~1985）》，中国统计出版社，第 26 页。

[2]《1949~1952 中华人民共和国经济档案资料选编·基本建设投资和建筑业卷》，中国社会科学出版社 1989 年版，第 445~448、481~483 页。

[3]《1949~1952 中华人民共和国经济档案资料选编·基本建设投资和建筑业卷》，中国社会科学出版社 1989 年版，第 254、266 页。

是依靠现有的工业企业。

二、恢复和发展工业生产的主要成就

1. 各种经济成分的工业都迅速增长。与1949年相比，1952年国营工业、集体工业、公私合营工业、私营工业和个体手工业分别增长了287.5%、1500%、522.7%、54%和115.9%。只是由于五种经济成分工业增长速度不同，它们各自在工业总产值中所占的比重有了不同的变化。社会主义的国家所有制工业和集体所有制工业由1949年的26.7%上升到1952年的44.8%；半社会主义性质的公私合营工业由1.6%上升到4%，民族资本主义工业由48.7%下降到30.6%，个体手工业由23%下降到20.6%。[①]这是国民经济恢复时期贯彻新民主主义社会经济纲领在工业领域取得巨大成就的集中表现，也是工业得到迅速恢复的根本原因。

2. 工业生产恢复、发展的速度很快。全社会工业总产值按当年价格计算，1949年工业总产值为140亿元，1950年为191亿元，1951年为264亿元，1952年为349亿元；按可比价格计算，1950年工业总产值比1949年增长36.4%，1951年比1950年增长37.8%，1952年比1951年增长30.3%，1952年比1949年增长1.45倍，平均每年增长34.8%（详见附表13）。1952年工业总产值超过了抗日战争以前的水平，比1936年增长了22.5%。

1952年，主要工业产品产量大大地超过了1949年，详见表1-6-3。

表1-6-3   1950~1952年最主要工业产品产量的增长

产品名称	单位	1952年	1952年为1949年%	1952年为解放前最高产量%
原煤	亿吨	0.66	206.2	106.6
原油	万吨	43.6	363.6	137.5
发电量	亿度	72.6	168.8	121.7
钢	万吨	134.9	853.7	146.3

资料来源：《伟大的十年》，人民出版社1959年版，第84页。

工业产品的品种。在国民经济恢复时期，原有工业产品的品种有了很大的增长。以钢为例，全国解放以前，我国能生产的钢不到100种，

---

①《中国统计年鉴》（1984），第194页。

1952年增加到400种。[①]同时，又增加了许多新的工业产品。新中国成立以前，冶金设备、发电设备、大型机床、机车、民用钢质船舶、电影放映机和缝纫机等重要工业产品都是不能生产的。但到1952年，这些工业产品都能开始生产了。

上述情况表明：在国民经济恢复时期，我国工业生产恢复和发展的速度是很迅速的。

3. 工业生产技术水平迅速提高。这突出表现在工业基本建设和工业生产方面创造和推广了许多先进技术和方法。

在工业基本建设方面创造和推广的先进技术和方法主要有：苏长有先进砌砖法、谢万福木工流水作业法、混凝土真空模型板施工法、建设竖井的平行作业法以及施工管理上按指示图进行有节奏的施工等。[②]在工业生产方面创造和推广的先进技术和方法主要有：[③]在钢铁工业中，推广了快料顺行法和快速炼钢法。这在提高设备利用率方面有显著的成效。在小型轧钢上创造了"反围盘"装置，使小型钢材的生产自动化，改善了安全条件，提高了产量和质量。在机器制造工业中，部分企业开始采用苏联高速切削法，创造和推行了多刀多刃切削法，并开始按指示图表组织有节奏的生产。在电力工业中，推行了快速检修法、定期检修制度，调整了负荷，并推广了燃烧低质煤的经验，因而提高了设备利用率和供电能力，降低了发电成本。在煤炭工业中，推广了多孔道循环作业法、深孔作业、空心爆破法，大大提高了掘进效率。在纺织工业中，郝建秀细纱工作法和1951织布工作法已获得推广，生产效率均有提高；并实行了棉布轻浆和印染布取消上浆等技术改革。在造纸工业中，创造了稻草拌料浆法，使造纸工业的原料获得新的巨大来源。

新中国成立初期，大力推广先进生产技术，是恢复和发展工业的一个重要因素，也是一个巨大成就。

4. 工业结构发生重大变化。

现代工业的比重。按1952年不变价格计算，1949年，现代工业总产

①《伟大的十年》，人民出版社1959年版，第74页。

②《1949~1952中华人民共和国经济档案资料选编·基本建设投资和建筑业卷》，中国社会科学出版社1989年版，第501页。

③《新华月报》1954年第10号。

值为 79.1 亿元，占工业总产值的 56.4%；到 1952 年，二者分别增长到 220.5 亿元和 64.2%，即分别上升了 1.79 倍和 7.8 个百分点。[1]

轻、重工业的比重。按当年价格计算，1949~1952 年期间，轻工业产值由 103 亿元增加到 225 亿元，重工业产值由 37 亿元增加到 124 亿元；按可比价格计算，二者分别增长了 1.15 倍和 2.3 倍。这个时期，轻工业产值占工业总产值的比重由 73.6% 下降到 64.5%，重工业产值由 26.4% 上升到35.5%。详见附表 14。

沿海和内地工业的比重。按 1952 年不变价格计算，1949~1952 年期间，沿海工业产值由 100.2 亿元增加到 243.2 亿元，内地工业产值由 40 亿元增加到 100.1 亿元，二者分别增长了 1.43 倍和 1.5 倍。这个时期，沿海工业产值占工业总产值的比重由 71.5% 下降到 70.8%，内地工业产值由 28.5% 上升到 29.2%。详见附表 18。

可见，在国民经济恢复时期，半殖民地半封建的中国留下的现代工业在工业（包括现代工业和手工业）中所占比重不大以及重工业在工业（包括重工业和轻工业）中只占小部分的状况，已经发生了重大的变化；工业布局极不平稳的状况（主要集中在沿海地区）也开始有了变化。

5. 工业经济效益显著提高。

劳动生产率。按 1980 年不变价格计算，国家所有制独立核算工业企业全员劳动生产率，1949 年为 3016 元，1952 年上升到 4184 元，增长了 38.7%，平均每年增长 11.5%。这个时期，劳动生产率的提高在发展工业方面起了重要的作用。1950 年，工业总产值的增加值中，由劳动生产率的提高而增加的工业产值占 41.1%，1951 年占 43.5%，1952 年占 37.8%。[2]

生产设备利用率。1949~1952 年，钢铁工业的大中型高炉利用系数由 0.62 吨/立方米·昼夜提高到 1.02 吨/立方米·昼夜，平炉利用系数由2.42 吨/平方米·昼夜提高到 4.78 吨/平方米·昼夜；煤炭工业的大中型煤矿的回采率由 63.1% 增长到 76%；电力工业的发电设备利用小时由 2330 小时增加到 3800 小时；纺织工业的棉纱每千锭时产量由 16.6 公斤增加到19.64 公斤，棉布织机每台时产量由 3516 米增加到 3988 米。[3]

---

[1]《伟大的十年》，人民出版社 1959 年版，第 74 页。
[2]《中国统计年鉴》（1983），第 297 页。
[3]《伟大的十年》，人民出版社 1959 年版，第 97 页。

物质消耗的比重。1949~1952 年，工业生产的物质消耗是逐年下降的。比如，发电标准煤耗率由 1.020 公斤/千瓦时下降到 0.727 公斤/千瓦时，减少了 28.7%；每件纱用棉量由 205.85 公斤下降到 198.97 公斤，减少了 3.3%。[①]

工业产品成本。工业劳动生产率的提高，生产设备利用率的上升，以及物质消耗的下降，导致了工业产品成本的降低。比如，1952 年，国家所有制工业企业可比产品成本比 1951 年下降了 2.3%。[②]

可见，在国民经济恢复时期，工业经济效益是有显著提高的。

综上所述，国民经济恢复时期，在恢复和发展工业生产方面取得了巨大的成就。

第四节　恢复第三产业的政策措施

恢复第三产业，涉及很多部门。限于篇幅，这里仅叙述商业、基础设施、财政和金融以及教育、科学、文化和卫生等部门。而且除了用做例证的个别部门以外，一般只叙述其恢复成果，其富有特点的决策和实施过程都略去了。[③]后面有些篇章也取此法，不一一说明。

这期间在恢复这些产业方面，除了本章第一节提到的那些综合性政策措施以外，还针对这些部门的特点采取了许多重大措施。比如，为了恢复商业，政府采取了以下重要措施：①努力恢复和改善交通运输条件，疏通和开辟商品流通渠道。②在普遍建立和发展国营商业的同时，在农村建立和发展供销合作社，开展农副产品购销业务。同时，鼓励私人商业（包括小商小贩）下乡采购和贩运农副土特产品，并保障他们的合理利润。③商业部门召开县、省、大区级土特产品交流会议；举办以销售为主的土特产品展销会；恢复和发展农村集市、庙会和骡马大会，组织农民开展短距离的物资交流，建立贸易货栈和农民交易所、农民购销服务

[①]《伟大的十年》，人民出版社 1959 年版，第 97 页。
[②]《中国统计年鉴》(1993)，第 437 页。
[③] 本书把教育、科学、文化和卫生等部门列为第三产业，并不意味着它们都是（或都要变成）以实现利润最大化为目标的企业。

部。④人民银行增加贸易贷款，支持商业部门、供销合作社对农副土特产品的购销。这些措施促进了商业的发展。按可比价格计算，1950年社会商品零售总额为170.6亿元，1952年为276.3亿元，增长了62.3%。其中，农业生产资料零售额由7.3亿元上升到14.1亿元，增长了93.2%。在这期间，农副产品采购总额由80亿元上升到129.7亿元，增长了62.1%。①

这期间交通运输、邮电和城市公用设施也都有了迅速的恢复。1949~1952年，货物周转量由255亿吨公里增加到762亿吨公里，其中铁路由184亿吨公里增加到601亿吨公里，公路由8亿吨公里增加到14亿吨公里，水运由63亿吨公里增加到145亿吨公里；客运周转量由155亿人公里增加到248亿人公里，其中铁路由130亿人公里增加到200亿人公里，公路由7亿人公里增加到22亿人公里，水运由15亿人公里增加到24亿人公里；邮电业务总量由2.58亿元增加到4.36亿元。在城市公用设施方面，这期间公共电汽车和电车由2292辆增加到3515辆，人工煤气供应总量由3820万立方米增加到9941万立方米，铺设道路长度由11129公里增加到12291公里；排水管道长度由6035公里增加到7028公里（详见附表20~23）。

在经济恢复的基础上，财政收支和信贷收支都实现了平衡。1950~1952年财政收入分别为62.17亿元、124.96亿元、173.94亿元；财政支出分别为68.05亿元、122.07亿元、172.07亿元；财政收支差额分别为-5.88亿元、2.89亿元、1.87亿元。3年合计，财政收入为361.07亿元，财政支出为362.19亿元，收支差额为-1.12亿元。1952年末，国家银行各项存款为93.3亿元，各项贷款为108.8亿元，黄金储备为500万盎司，外汇储备为1.39亿美元（详见附表10、11、37）。

在迅速恢复经济的同时，迅速恢复教育、科学、文化和卫生事业。

1949~1952年，高等学校在校学生人数由11.7万人增长到19.1万人，中等学校由126.8万人增长到314.5万人，小学由2439.1万人增长到5110万人；三者分别比1949年增长了63.2%、148%和109.5%；三者分别比解放前最高年增长了23.2%、66.4%和116.2%。②这期间，研究生由629人增

---

①《伟大的十年》，人民出版社1959年版，第146、148、150页。
②《伟大的十年》，人民出版社1959年版，第170页。

长到 2763 人，增长 3.4 倍。1950~1952 年，出国留学人员由 35 人增加到 235 人，增长 5.6 倍（详见附表 27）。

解放前，科技事业很不发达，科技人员很少。但到 1952 年，单是国有企事业单位的专业技术人员就达到了 42.5 万人（详见附表 28）。

1949~1952 年，艺术表演团体由 1000 个增长到 2084 个，公共图书馆由 55 个增长到 83 个；二者分别增长了 108.4% 和 50.9%。1950~1952 年，报纸出版总印数由 8 亿份增长到 16.1 亿份，杂志出版总印数由 0.4 亿册增长到 2 亿册，图书出版印数由 2.7 亿册增长到 7.9 亿册，三者分别增长了 1.09 倍、4 倍和 1.92 倍（详见附表 29）。

1949~1952 年，医院和卫生院由 2600 个增长到 3140 个，医生由 36.3 万人增长到 42.5 万人，医院、卫生院床位数由 8 万张增长到 16 万张，三者分别增长了 36.1%、17.1% 和 86.7%（详见附表 30）。

教育、科学、文化和卫生事业的迅速恢复和发展，推动了整个经济的恢复和发展。其突出表现就是由此带来了作为经济恢复和发展的最重要因素的干部队伍的高速增长。1949 年 10 月 1 日新中国成立时，除军队系统外共有各类干部 72 万人，到 1952 年 9 月 20 日干部数量增长到 275 万人，约增长了 3 倍。[1]

---

[1]《中华人民共和国三年来的伟大成就》，人民出版社 1952 年版，第 55 页。

第七章 恢复产业经济的主要成就和问题

1. 新民主主义社会的经济形态已经基本建成。在 1952 年的国民收入总额中，国营经济占 19.1%，合作社经济占 1.55%，公私合营经济占 0.7%，资本主义经济占 6.9%，个体经济占 71.8%。[①]

2. 各次产业经济恢复速度很快。表 1-7-1 资料表明：1949~1952 年，

表 1-7-1　1949~1952 年国民收入总量增长及其结构变化

	总计	农业	工业	建筑业	运输业	商业	人均国民收入（元）
1. 绝对数（亿元）							
1949	358	245	45	1	12	55	66
1950	427	287	60	5	14	60	77
1951	497	316	84	9	18	70	88
1952	589	340	115	21	25	88	104
2. 速度（以 1949 年为 100）							
1949	100	100	100	100	100	100	
1950	118.9	117.1	133.3	500.0	116.6	109.1	
1951	138.8	128.9	186.6	900.0	150.0	127.2	
1952	164.5	138.7	255.5	2100.0	208.3	160.0	
3. 比重（%）							
1949	100.0	68.4	12.6	0.3	3.3	15.4	
1950	100.0	67.4	14.1	1.1	3.3	14.1	
1951	100.0	63.6	16.9	1.8	3.6	14.1	
1952	100.0	57.7	19.5	3.6	4.3	14.9	

资料来源：《国民经济统计资料汇编（1949~1985）》，中国统计出版社 1987 年版，第 10~11 页。本表均按当年价格算的。

[①]《伟大的十年》，人民出版社 1959 年版，第 36 页。

国民收入总量由 358 亿元增长到 589 亿元，增长 64.5%；人均国民收入由 66 元增长到 104 元，增长 57.5%。在国民收入总额中，第一产业由 245 亿元增长到 340 亿元，增长 38.7%；第二产业（包括工业和建筑业）由 46 亿元增长到 136 亿元，增长 195.6%；作为第三产业的运输业和商业由 67 亿元增长到 113 亿元，增长 68.7%。

3. 工业化水平有一定程度的提高。1949~1952 年，工业占国民收入的比重由 12.6% 提高到 19.5%（见表 1-7-1）。1952 年工业增加值占国内生产总值的比重也达到了 17.6%。但同年，农业增加值还占到国内生产总值的 50.5%（详见附表 2）。农业就业人员占就业人员总数的 83.5%（详见附表 5）。这些数据表明：这时我国工业化还没有超过初期阶段。

4. 就业改善，人民物质生活提高，民主生活和精神生活健康。1950 年 7 月，全国城市登记失业人数高达数百万人，失业率为 21%。到 1952 年，失业人数和失业率分别下降到 376.6 万人和 13.2%（详见附表 5）。1949~1952 年，职工平均工资提高了 70% 左右，农民收入大约提高了 30%。到 1952 年，全国居民消费水平达到 80 元，其中农村居民为 65 元，城镇居民为 154 元（详见附表 7）。这一点主要是生产迅速恢复的结果，但同积累与消费关系处理得好也有关系。1952 年的积累率为 23.4%。[①]

这期间广大劳动人民在经济上、政治上翻了身，党政干部民主作风好，廉政建设抓得紧。因而人民的民主生活和精神生活都很好，整个社会呈现一片欣欣向荣的气象。

以上情况表明：到 1952 年，中国不仅已经基本实现了新民主主义社会的经济纲领，而且完成了国民经济恢复任务。经济恢复时期，经济持续快速增长，失业率下降，物价趋于稳定，人民生活改善，财政经济状况获得根本好转，宏观经济运行态势良好，[②]为尔后大规模的经济建设奠定了基础。

但国民经济恢复时期的意义还不仅限于这一点。它还在于：为 1978 年改革以后逐步发展起来的建设中国特色的社会主义道路积累了极为重要的经验。举其要者有：经济恢复时期实行的坚持以生产为中心，同党

[①]《中国统计年鉴》(1986)，第 61、646 页。

[②] 按照当代国际惯例，国际收支是衡量宏观经济形势的一个重要指标。但在 1978 年改革开放前，国际收支在我国经济中不占重要地位，限于篇幅，在此前的各篇均略去这个指标。

在社会主义初级阶段基本路线中的一个中心，就有直接的联系；这个时期建立的以社会主义国营经济为主导的五种经济成分，同改革后逐步实行的以社会主义公有制为主体多种经济所有制的共同发展，也有直接的联系；这个时期对国营经济实行行政指令计划，但对资本主义经济和个体经济主要还是实行市场调节（如对资本主义企业加工费和农产品价格的确定，都考虑到了价值规律的要求），这同1978年以后的市场取向改革也有一定的联系；这个时期实行的"四面八方"政策，同2003年10月党的十六届三中全会明确提出的科学发展观中的"五统筹"也有某种继承关系。列举这些当然不是说建设中国特色的社会主义道路是经济恢复时期经验的简单重复，而是像任何事物的发展规律一样，都是螺旋式的上升，是在社会主义现代化新的历史阶段和经济全球化和知识经济化新的时代创造性的运用和发展。

历史表明：经济恢复时期在中国现代产业经济发展史上居于极重要的地位。

在国民经济恢复时期，在恢复和发展工业经济方面也存在不少缺陷。最明显的例子，就是当时由于缺乏经验和健全的制度，由于过去革命根据地长期战争环境下形成的供给制的影响，由于急于求成以及某些工作中的官僚主义作风，曾经在基本建设某些方面造成了严重的浪费。

依据新中国成立后50多年正、反经验的比较，新中国成立初期也有不少值得吸取的教训。这些教训集中起来说就是：企图超越新民主主义社会阶段，过早地实现社会主义的"左"的思想，尽管在当时不占主导地位，并且曾经一度受到过毛泽东的批评，但在实际工作的许多方面，过多地限制民族资本主义的情况仍时有表现。就民族资本主义工业来说，1950年产值仅比1949年增加了4.5亿元，占工业总产值的比重由1949年的48.7%下降到38.1%，一年下降了10.6个百分点；1951年产值比1950年增长了29.2亿元，比重略有回升，为38.4%，上升了0.3个百分点；1952年产值比1951年只增长了4亿元，比重下降到30.6%，下降了7.8个百分点。[①]毫无疑问，在实行新民主主义经济纲领的情况下，社会主义国营工业比民族资本主义工业发展快是正常现象。但1950年和1952年民

①《中国统计年鉴》（1984），第194页。

族资本主义工业比重下降幅度显然过快，这同1950年初打击投机资本和1952年上半年"五反"运动声势过猛有着直接的联系。在建筑业方面，1951年曾经有过这种主张：国家兴办的建筑工程逐渐做到均由国营建筑公司担任。比如，东北地区的国营建筑工程中，私营包工完成的比重，1951年就很少，为6.2%；1952年就下降为零了。①这实际上是从建筑工程这个领域内完全排除了私人资本。诚然，当时私营建筑承包商在偷工减料、降低建筑工程质量以及贿赂干部等方面存在诸多严重问题，但这是需要加强管理的问题。就当时的生产力水平看，不宜完全排除私人资本在这个领域的经营。在商业领域更是多次发生排挤私人资本的问题，中财委对此做过多次纠正。在交通运输业和金融领域更是如此。

　　除了上述"左"的思想外，有些问题在理论上并没有弄清楚。比如，有些经济形式，既是资本主义社会条件下发展商品经济所需要的，也是新民主主义社会条件下发展商品经济所需要的。对这些经济形式，有的需要加以发展的，如公私合营的投资公司，但实际上并没有得到发展；有的需要加以改造和利用的，如股票交易所和建筑业方面的投标制，②但实际上二者都先后在1951年以后干脆取消了。

　　上述各种问题的发生，同当时缺乏经验也有很大的关系。由于缺乏长期的正反经验的比较，对有些经济问题的判断，缺乏明确的标准；即使有了明确的标准，在实际经济工作中如何把握操作的力度，也缺乏成熟的办法。从上述各个方面来说，这些问题的发生，主要是由于受到了当时历史条件的限制。

　　但是，总体说来，在国民经济恢复时期，还是较好地坚持了新民主主义社会的经济纲领。

---

　　①《1949~1952中华人民共和国经济档案资料选编·基本建设投资和建筑业卷》，中国社会科学出版社1989年版，第395、475页。

　　②《1949~1952中华人民共和国经济档案资料选编·基本建设投资和建筑业卷》，中国社会科学出版社1989年版，第395页。

第二篇

从新民主主义社会到社会主义社会的过渡时期的产业经济——社会主义工业化初步基础建立时期的产业经济
(1953~1957 年)

导　言

　　按照毛泽东提出的"新民主主义论"（其中包括"新民主主义革命论"和"新民主主义社会论"），新民主主义革命在全国取得胜利以后，还要实行一个时期的新民主主义社会。按照毛泽东、刘少奇和周恩来等中共中央领导人的预计，这个时期大约需要10年、15年甚至二三十年的时间。①

　　但实际上，毛泽东在1951年就在思想上酝酿由新民主主义社会向社会主义社会过渡和党的过渡时期的总路线问题了。在1953年6月15日中共中央政治局会议上，毛泽东对党在过渡时期的总路线做了完整的表述："党在过渡时期的总路线和总任务，是要在10~15年或者更多一些时间内，基本上完成国家工业化和对农业、手工业、资本主义工商业的社会主义改造。这条总路线是照耀我们各项工作的灯塔。不要脱离这条总路线，脱离了就要发生'左'倾或者右倾的错误。"②1954年2月10日，党的七届四中全会通过决议，正式批准了毛泽东提出的并经党中央政治局讨论通过的党在过渡时期的总路线。同年9月，党中央提出的过渡时期总路线，被第一届全国人民代表大会第一次会议所接受，作为国家在过渡时期的总任务，列入了我国《宪法》。《宪法》规定："从中华人民共和国成立到社会主义社会建成，这是一个过渡时期。国家在过渡时期的总任务是逐步实现国家的社会主义工业化，逐步完成对农业、手工业

---

　　① 胡绳主编：《中国共产党的七十年》，中共党史出版社1991年版，第297页。
　　②《毛泽东选集》第5卷，人民出版社1977年版，第81页。

和资本主义工商业的社会主义改造。"①

我国发展国民经济的第一个五年计划（简称"一五"计划），是根据国家在过渡时期的总任务而制定的。1955 年 7 月 30 日，第一届全国人民代表大会第二次会议讨论通过了党的全国代表会议提出的《中华人民共和国国民经济的第一个五年计划（1953~1957 年)》，并同意国家计委主任李富春做的《关于发展国民经济的第一个五年计划的报告》。②

"一五"计划的基本任务是："集中主要力量进行以苏联帮助我国设计的 156 个建设单位为中心的、由限额以上的 694 个建设单位组成的工业建设，建立我国的社会主义工业化的初步基础；发展部分集体所有制的农业生产合作社，并发展手工业生产合作社，建立对于农业和手工业的社会主义改造的初步基础；基本上把资本主义工商业分别地纳入各种形式的国家资本主义的轨道，建立对于私营工商业的社会主义改造的基础。"③

依据上述规定精神和史实，本篇分六章叙述以下六个问题：①实现对个体农业的社会主义改造。②实现对资本主义经济的社会主义改造。③实现对个体的手工业和商业的社会主义改造。④高度集中的计划经济体制的形成及其改进方案的提出。⑤建立社会主义工业化的初步基础。⑥发展产业经济的成就及其存在的问题。

---

① 《中华人民共和国宪法》，人民出版社 1954 年版，第 5、7 页。

② 《中华人民共和国国民经济和社会发展计划大事辑要（1949~1985 年)》，红旗出版社 1987 年版，第 72~73 页。

③ 《中华人民共和国国民经济的第一个五年计划（1953~1957 年)》，人民出版社 1955 年版，第 18 页。说明：国家为着便于管理和掌握重大的基本建设单位，按照我国的具体情况，规定出各类基本建设单位的投资限额。凡一个建设单位，不论其为新建、改建或恢复，它的全部投资额大于限额者，即是限额以上的建设单位；小于限额者，即是限额以下的建设单位。例如，在工业中，各类工业基本建设单位的投资限额规定如下：钢铁工业、汽车制造工业、拖拉机制造工业、船舶制造工业、机车车辆制造工业的投资限额为 1000 万元；有色金属工业、化学工业、水泥工业的投资限额为 600 万元；电站、输电线路和变电所、煤炭采掘工业、石油开采工业、石油加工工业、除交通机械以外的机器制造工业、汽车和船舶的修配工业、纺织（包括印染）工业的投资限额为 500 万元；橡胶工业、造纸工业、制糖工业、卷烟工业、医药工业的投资限额为 400 万元；陶瓷工业、除制糖以外的食品工业、其他各项轻工业的投资限额为 300 万元。

第一章　实现对个体农业的社会主义改造

第一节　1953~1955年上半年，农业合作化在反冒进中稳步发展

在 1952 年发展农业互助合作组织工作中，已经出现了急躁冒进的苗头。1953 年，伴随党在过渡时期总路线宣传的展开，这种急躁冒进倾向进一步发展。其突出表现，就是有些地方采取强迫命令手段发展合作社。比如，有的村干部在群众大会上讲："谁要不参加社就是想走地主、富农、资产阶级、美国的道路。"强迫命令在群众中引起了农民生产情绪低落，不少地方冬季无人拾粪，无人搞副业生产，场里、地里的庄稼无人收拾，牲口无人喂养以至于饿瘦饿死，有的地方还发生卖牲口、砍树、杀猪、大吃大喝等现象。[1]当然，同时合作社得到了迅速发展。全国参加 1952 年秋收分配的农业生产合作社共有 3600 多个，约为 1951 年同期数量的 27.7 倍。入社农户为 59000 户，占全国农户总数的 0.05%，平均每社户数为 16.2 户。[2]1952 年冬至 1953 年春农业生产合作又有大幅增长，达到 14000 多个，入社农户占全国农户总数的 0.2%。

同年春，对于这种急躁冒进倾向，中共中央开始有所察觉，采取措施纠正。2 月，中共中央农村工作部成立，邓子恢任部长。3 月 8 日，中共中央听取中央农村工作部汇报后发出《中央关于缩减农业增产和互助合

---

① 《农业集体化重要文件汇编（1949~1957）》，中共中央党校出版社 1981 年版，第 150、153、154 页。

② 国家统计局编：《我国的国民经济建设和人民生活》，统计出版社 1958 年版，第 179 页。

作发展的五年计划数字给各大区的指示》，指出："目前无论在老区或新区均已发生"左"倾冒进的严重现象，如不立即有效制止，将招致生产的破坏。"随后又下达了一系列指示。4月3~23日，中共中央农村工作部受中共中央委托召开了第一次全国农村工作会议。邓子恢在总结报告中指出：就全国范围来说，急躁冒进是主要的偏向，是主要的危险；强调农业互助合作化必须采取慎重稳进的方针。

根据中共中央指示，各地普遍对农业互助合作运动进行了检查和整顿。至6月初，急躁冒进倾向基本得到纠正。如华北区对全区9283个社中的7100个社进行了检查整顿，将其中不具备办社条件的2621个社转为互助组。这样，农民生产情绪已趋安定，原部分地区卖土地、卖耕畜、杀猪、宰羊、伐树等混乱现象已停止，抗旱播种的任务顺利完成。10月，中共中央指出："各地党委在纠正去冬今春农业互助合作运动中的冒进倾向时既注意了克服错误，又注意了保护成绩，注意鼓励群众和积极分子继续前进的情绪，一般来说是做得好的。"[①]至1953年底，全国农业生产合作社在数量上较年初没有明显发展，但在质量上却有所提高。全国除广东省外，各地普遍建立了农村生产合作社，共有农业生产合作社15000个（其中有高级社15个），入社农户为27万余户，占全国农户总数的0.2%，每社平均户数为18.2户。[②]这表明农村合作化在第一次反冒进中获得了稳步前进。

但在1953年以后，随着国家大规模有计划的经济建设的开始，农业生产特别是粮食生产不能适应工业建设需求的矛盾已开始暴露出来。1953年上半年内，一方面粮食销售量大大超过计划，另一方面粮食收购计划没有完成。这种严峻局面促进了毛泽东急于向社会主义过渡的"左"的思想的发展。10月15日，毛泽东同中央农村工作部负责人谈话指出："各级农村工作部要把互助合作这件事看作极为重要的事。个体农民，增产有限，必须发展互助合作。对于农村的阵地，社会主义如果不去占领，资本主义就必然会去占领。"10月16日，中共中央作出《关于实行粮食的计划收购与计划供应的决议》，决定采取粮食统购统销政策，并指出：

① 《农业集体化重要文件汇编（1949~1957）》，中共中央党校出版社1981年版，第183~186页。
② 国家统计局编：《我国的国民经济建设和人民生活》，统计出版社1958年版，第180页。

"现在在供销方面所表现的紧张性，其本质是反映了国家计划经济与小农经济和自由市场之间的矛盾，反映了工人阶级领导与农民自发势力和资产阶级反限制的市场之间的矛盾，归根结底，是反映了社会主义因素与资本主义因素之间的矛盾。"[1]

在上述思想指导下，发展农业生产合作社的计划指标一提再提。至1954年10月，全国第四次互助合作会议又一次修订农业生产合作社的发展计划，规定在1955年春耕前发展到60万个，1957年前后基本上完成初级合作化，"二五"计划时期实现大规模的农业机械化。[2]这一计划为中共中央所批准。

这样，全国普遍进入大批建社阶段，至1954年底，全国农业生产合作社已发展到49.7万多个。1955年3月底，全国农业生产合作社达到63万个，超出1954年10月所作出的建成60万个社的计划；4月则达到67万多个，此外还有许多"自发社"存在。[3]

农业生产合作社发展的高指标必然导致农村再次出现强迫命令现象。不少地区错误地宣传"单干就是犯法"，"不入社就是资本主义"。有的地方开会批斗富农，干部在会上说："走社会主义道路，就办社。不入社，跟他们一样！"[4]再加上1954年夏季长江、淮河等地区遭遇几十年罕见的水灾，严重影响了农业生产，粮食收购则超过原计划的110%，多购了大约70亿斤粮食。[5]在这中间也出现了严重的强迫命令以至违法乱纪的行为。比如，一些地区捆打农民，没收不卖余粮农民的土地证，搜屋封屋，购走农民的口粮。这就引起农民严重不安，一些社员拉牛退社，大量出卖和屠宰牲畜，杀猪杀鸭，社员生产积极性下降等现象。1955年，春耕生产资料准备不够，耕畜普遍减少，农具添修不多，由于猪牛羊减少，基肥也比往年减少，社员出勤率大大减低。农村中干部与群众的关系也很紧张。

面对农村关系全面的严重形势，中共中央决定开始第二次反冒进。1955年1月4日，邓子恢以国务院第七办公室工作简报（第1号）形式

① 林蕴晖等：《凯歌行进的时期》，河南人民出版社1989年版，第369~370页。
② 《农业集体化重要文件汇编（1949~1957）》，中共中央党校出版社1981年版，第180页。
③ 国家统计局编：《我国的国民经济建设和人民生活》，统计出版社1958年版，第180~181页。
④ 《农业集体化重要文件汇编（1949~1957）》，中共中央党校出版社1981年版，第271、311、321页。
⑤ 薄一波著：《若干重大决策与事件的回顾》（修订本）上卷，人民出版社1997年版，第282页。

向周恩来和中共中央报告了农业合作化运动的情况和出现的问题，并提出制订一个全国性章程和将合作化运动转向控制发展，着重巩固阶段的两项建议，并附报了两个相应的草案，即《农业生产合作社示范章程（草案）》和《关于整顿和巩固农业生产合作社通知（草案）》。中共中央采纳了邓子恢的建议，从1月至3月连续下发了若干道紧急指示，对问题进行了分析，规定了政策，做出了具体部署。3月上旬，毛泽东找中央农村工作部负责人谈话，肯定了最近农村工作中采取的措施，并将其总结为"方针是三字经，叫一曰停，二曰缩，三曰发"，即浙江、河北两省收缩一些，东北、华北一般要停止发展，其他地区主要是新解放区再适当发展一些。①4月21日至5月7日，中央农村工作部受中共中央委托召开第三次全国农村工作会议。邓子恢在会上强调指出今后农业合作化工作要遵循的四条方针：①要求一般停止发展。②立即抓生产，全力巩固。③少数的省要适当的收缩。④把互助组办好，整顿好，照顾个体农民。

由于"停、缩、发"方针的贯彻，至1955年6月底，全国农业生产合作社由4月间的67万个减至65万余个，共减少2万个。其中浙江15607个，河北7000多个，山东4000多个。其他各省没有大的变动，陕西、河南、吉林、云南等省还有所增加。1955年实际上参加秋收分配的社为63.4万个，入社农户为1692万户，占全国农户总数的14.2%，平均每社户为27户。其中在16个省、区、市中，经批准的高级社为529个。②上述数字表明：农业合作化在经过第二次反冒进后又获得了稳步发展。

第二节　1955年夏季以后，毛泽东发动农业合作化高潮

如前所述，毛泽东在1951年在思想上开始酝酿旨在实现向社会主义社会过渡的党在过渡时期的总路线。1951年关于山西省委发展农业生产合作社问题同刘少奇的分歧，是毛泽东这一思路的开始显露。1953年6月，对党的过渡时期总路线的全面阐述，则表明毛泽东这一思想的确立。农业合作化第一次冒进是同总路线的宣传相关的。而总路线是毛泽东提

---

① 薄一波：《若干重大决策与事件的回顾》（修订本）上卷，人民出版社1997年版，第378页。
② 国家统计局编：《我国的国民经济建设和人民生活》，统计出版社1958年版，第182页。

出的。从这种相互联系的意义上说，这次冒进就是毛泽东这一思想造成的。至于第二次冒进，更是他的这一思想直接造成的。但这两次冒进都造成了农村的严峻形势。在这种情况下，毛泽东做了两次策略上的退却。但他从1951年开始逐步形成的急于向社会主义社会过渡的战略思想并没有改变。这样，在1955年上半年农村形势趋于好转的时候，他的这一思想必然再次表现出来。当然，这一点同他对农村形势估计的变化也是有关的。1955年5月以前，毛泽东认为农村的形势严峻。3月3日由他亲自签发的有关紧急批示中一开始就指出："目前农村的情况相当紧张"，"这种情况是严重的"。而4、5月间，毛泽东外出视察工作，认识发生了改变。他说："农民生产消极，那只是少部分的。我沿途看见，麦子长得半人深，生产消极吗？""所谓缺粮，大部分是虚假的，是地主、富农以及富裕中农的叫嚣"，是"资产阶级借口粮食问题向我们进攻"，中央农村工作部反映部分合作社办不下去，是"发谣风"。[①]

这样，毛泽东就同坚持党的正确路线的邓子恢发生了尖锐的分歧。以致在7月11日，毛泽东严厉批评邓子恢说："你的思想要用大炮轰。"但邓子恢仍坚持自己的意见。[②]

接着，在7月31日，毛泽东在省、直辖市、自治区党委书记会议上做出了题为《关于农业合作化问题》的报告，对此又进行了严厉批评。他说："在全国农村中，新的社会主义群众运动的高潮就要到来。我们的某些同志却像小脚女人，东摇西摆地在那里走路，老是埋怨旁人说：走快了，走快了。过多的评头品足，不适当的埋怨，无穷的忧虑，数不清的清规和戒律，以为这是指导农村中社会主义群众运动的正确方针。否，这不是正确的方针，这是错误的方针。""这里看来只有一字之差，一个要下马，一个要上马，却是表现了两条路线的分歧。"[③]

10月4日召开的党的七届六中全会依据毛泽东《关于农业合作化问题》的报告，通过了《关于农业合作化的决议》。决议指出："农村中合作化的社会改革的高潮，即将在全国到来，有些地方已经到来了。""党的

---

① 薄一波：《若干重大决策与事件的回顾》（修订本）上卷，人民出版社1997年版，第383页。
② 薄一波：《若干重大决策与事件的回顾》（修订本）上卷，人民出版社1997年版，第355页。
③ 《毛泽东选集》第5卷，人民出版社1977年版，第168、187页。

任务就是要大胆地和有计划地领导运动前进，而不应该缩手缩脚。"①于是，1955年夏季以后，在全国范围内出现了农业合作化的高潮（详见表2-1-1）。

表2-1-1　1955年10月以后农业生产合作社的发展

	农业生产合作社社数（千个）	参加社的户数（千户）	占总农户的比重（%）	每社平均户数（户）
6月底	634	16921	14.2	26.7
10月底	1277	38133	32.0	29.9
11月底	1583	4396	41.4	31.2
12月底	1905	75452	63.3	39.6

资料来源：史敬棠等编：《中国农业合作化运动史料》下册，三联书店1959年版，第990页。

可见，1955年10月以后，农业合作化的速度明显加快。到12月底，农业生产合作社的社数从6月底的63万多个增加到190万个，入社农户占总农户的比重从14.2%增加到63.3%。其中，高级社已发展到1.7万个，入社户占总农户的4%。

初级农业生产合作社的快速发展，加快了初级社向高级社过渡。1956年1月，在中共中央政治局提出的《1956年到1957年全国农业发展纲要（草案）》中，要求合作基础较好并且已经办了一批高级社的地区，在1957年基本上完成高级形式的农业合作化。其余地区则要求在1956年每区办一个至几个大型（100户以上）的高级社，以做榜样，在1958年基本上完成高级形式的农业合作化。

根据中共中央的精神，1956年春，各地农村大办高级社。从1月底到12月底，高级社由13.6万个增长到54万个，入社农户比重由30.7%上升到87.8%（详见表2-1-2）。

总起来说，到1956年12月底，全国有合作社76万个，入社农户达到11783万户，占全国农户总数的96.3%；其中，高级社达到54万个，已占全部社数的71%，入社农户占全国农户总数的87.8%。②

1956年，林业、畜牧业高级合作化也有较快发展，但单独建立林业、畜牧业高级社的并不多，主要是作为高级农业合作社的专业生产队而存

①《农业集体化重要文件汇编（1949~1957）》，中共中央党校出版社1981年版，第449、450页。
②国家统计局编：《我国的国民经济建设和人民生活》，统计出版社1958年版，第183、184页。

表 2-1-2　　1956 年高级农业生产合作社的发展

	农业生产合作社数 （千个）	参加社的户数 （千户）	占总农户的比重 （%）	每社平均户数 （户）
1 月底	136	36519	30.7	268.5
2 月底	235	61028	51.0	259.9
3 月底	263	65818	54.9	250.1
4 月底	288	69840	58.2	242.2
5 月底	303	74720	61.9	246.8
6 月底	312	76874	63.2	246.4
7 月底	313	76539	63.4	244.4
8 月底	334	80145	66.1	239.9
9 月底	380	88269	72.7	232.0
10 月底	412	94851	78.0	230.1
11 月底	488	100863	83.0	206.5
12 月底	540	107422	87.8	199.0

资料来源：史敬棠等编：《中国农业合作化运动史料》下册，三联书店 1959 年版，第 990~991 页。

在。而独立性较强的渔业高级社却得到了较快发展，到 1956 年底参加互助合作的渔民达 85 万户，占全国渔民总户数的 88.3%。[1]

至此，可以认为，全部农业的社会主义改造都已基本完成。

在 1956 年秋收分配前后，由建立高级社操之过急所遗留的问题集中暴露出来。主要是：①有些合作社在建立过程中，没有严格按照自愿互利的原则办事，对实行公有化的耕畜、农具、林木、果树、水利设施等作价偏低，甚至将某些生产资料无代价地归社公有，侵犯了中农利益。还有的社规模太大，地跨几个乡，因土地肥瘠等条件悬殊，穷乡和富乡之间矛盾突出，纠纷时有发生。②有些合作社对生产缺乏全面规划，重视粮棉生产而忽视其他经济作物和副业生产，有些地方还错误地把桑树、果树砍掉，变桑园果园为粮田。这就大大减少了合作社和社员的现金收入。③有些合作社经营管理混乱，增产指标定得过高，责任制没有建立，存在着生产无人负责和窝工、旷工以及牲畜瘦弱死亡现象。④有些干部作风不民主，强迫命令严重，对社员活动时间限制过死，对社员困难漠不关心，甚至打人、骂人；还有的社干部贪污、腐化、浪费严重。⑤有些合作社在改革耕

---

[1]《当代中国的农业》，当代中国出版社 1992 年版，第 110 页。

作制度，采取生产措施等方面，不因地制宜，造成劳民伤财，得不偿失。这些问题影响了社员生产积极性和农业生产合作社的巩固，并导致一些地方发生社员退社现象，有的地区甚至发展形成群众性的退社风潮。

为此，中共中央、国务院对农业生产合作社的巩固工作十分重视，从 1956 年秋到 1957 年冬采取了一系列重要措施。1956 年 9 月，中共中央和国务院发布了《关于加强农业生产合作社的生产领导和组织建设的指示》。该《指示》强调：在保证粮棉增产的同时，还必须注意增产其他经济作物，发展畜牧业，开展多种经营，全面发展生产；在国家计划指导下，要保持合作社生产经营的积极性，在完成国家征购粮棉任务的前提下，农业社可以自由地按照自己的需要和可能制订全社的计划；实行技术改革，既要积极，又要稳步，必须纠正计划过大，步骤过急，对农业生产地域性照顾不够，因而在一些地方发生强迫命令、脱离群众的做法；加强劳动管理，提高劳动生产率，要改善劳动组织，加强定额管理，对生产队和生产组过大的要调整，对现有的大社凡不利生产、多数社员要求分开的，应当适当分开。《指示》还要求，做好合作社的分配工作，贯彻执行互利政策，加强合作社的组织建设等。

针对有些地方社员闹退社的问题，中共中央于 1956 年 12 月下旬在批转广东省委《关于退社问题的报告》的批示中指出，中央认为让一部分（不是大部，更不是全部）坚决要求退社的富裕中农退社，不但无害，而且有益。对一部分过去确实收入较多的富裕中农和手工业者，留在社内很难维持他们原来的收入不下降，如果他们坚持退社，可以允许他们退出，这样对巩固合作社更为有利。1957 年 3 月，中共中央发出《关于民主办社几个事项的通知》，提出民主办社是很重要的方针，要求农业合作社要按时公开财务收支，社与队决定问题，要同群众商量，干部要参加劳动。6 月，中共中央又批转江苏省委《关于正确处理农村人民闹事问题的指示》，提出要教育干部，使他们懂得正确对待人民闹事，既不能片面地迁就许愿，也不能采取粗暴态度。所有这些，促使各级农村工作部门和基层干部，用很大的力气去处理合作化的遗留问题，以及合作社的各种内部矛盾。但这些工作收到的效果并不显著，1957 年上半年特别是夏收前后，社员闹退社事件仍在一些地区不断发生。

于是，1957 年 8 月 8 日，中共中央发布了《关于向全体农村人口进行一次大规模的社会主义教育的指示》。教育的第一个中心题目就是合作社的优越性问题，还有粮食和其他农产品统购统销问题等。《指示》指出，对这些问题的辩论，实质上是关于社会主义和资本主义两条道路的辩论。要想巩固合作社制度，除了在城市必须批判资产阶级的右派言行以外，在农村中开展这样一场大辩论是完全必要的。据此，中国共产党各级党委自上而下地派遣工作组协助乡社的党组织，就合作社有没有优越性、粮食统购统销好不好等问题，开展大鸣、大放、大辩论，对一部分富裕中农说"合作社没有优越性"和闹退社等言行，视为有严重的资本主义思想或走资本主义道路，一般采取思想批判与说理斗争的方法予以解决。同时，对地主、富农和反革命分子的破坏活动，及时给以有力的打击。并结合干部整风，批判干部中的右倾思想和个人主义、本位主义等错误，促其改正。通过进行这次大规模的社会主义教育，到1957年9月，各地农村闹退社的风潮基本平息下来。

1957年9月14日，中共中央又发出三个指示，即《关于整顿农业生产合作社的指示》、《关于做好农业生产合作社生产管理工作的指示》、《关于农业合作社内部贯彻互利政策的指示》，期望在进行社会主义教育的基础上，进一步调整农业生产合作社的内外关系，巩固合作社。这些指示提出的解决问题措施主要是：重申对部分组织规模过大的社，可以进行合理调整，可以划小或保持联社的形式由分社自负盈亏；应当适当照顾富裕中农的利益，不应当损害他们的利益；做好生产管理工作，建立统一经营、分级管理的制度，普遍推行包工、包产、包财务的"三包"制度，建立集体和个人的生产责任制等。同月下旬，中共中央发布《关于农业生产合作社干部必须参加生产劳动的指示》，要求在值班或者开会以外的时间，干部都同一般社员一样参加生产劳动。并同一般社员一样按劳动的数量和质量记工分。同时规定，合作社干部参加社务工作的补贴工分总数，一般应该力求不超过全社工分总数的1%。10月下旬，国务院发布《关于统一管理农村副业生产的通知》，提出农业合作社根据各种副业生产的特点及其与农业生产的关系，应该分别采取不同的经营办法和分配办法，可以由合作社（或者生产队）统一经营、统一分配，也可以由副业队（组）在合作社统一领导和统一安排下，独立经营，自负盈亏。有些技术性比较高的副业劳动，应该根据按劳取酬的原则，给以稍高于农业劳动的报酬。[①]

　　上述文件，对农村高级社的巩固起到了一定良好作用，但多数农业社由于高级农业合作化过急实现遗留下的一些问题仍然未能完全解决，加上社队干部的科学文化水平低，缺乏组织集体经济的经验，经营管理工作搞得不好，影响了生产的进一步发展，并成为 1956、1957 两年大牲畜头数减少和粮食产量增长率连续下降的重要原因之一。

第三节　农业合作化的主要成就和问题

一、 农业合作化的主要成就

　　1. 农业合作化的完成，在有 5.36 亿人口的广大农村中建立了社会主义集体所有制。这在人类历史上是破天荒的第一次。

　　2. 农业合作化对农业生产发展发挥了促进作用。据国家统计局 1956 年调查，农业生产合作社主要农作物的单位面积产量与个体农户比较，除黄麻外都有显著提高，其中稻谷主要产区 12 省，高 10.2%；小麦主要产区 9 省，高 7.4%；大豆主要产区 8 省，高 19%；棉花主要产区 9 省，高 25.9%；黄麻主要产区 4 省，低 4%；烤烟主要产区 3 省，高 8.2%；甘蔗主要产区 4 省，高 9.5%；甜菜主要产区 2 省，高 4.5%；花生主要产区 4 省，高 16.6%；油菜籽主要产区 3 省，高 10.3%。1955 年所办的 529 个高级社也比较成功。据国家统计局对 202 个高级社和 26733 个初级社 1955 年收益分配的调查，每个劳动力全年劳动日高级社为 128 个，初级社为 95 个；平均每人生产粮食高级社为 966 斤，初级社为 808 斤；与 1955 年每农业人口平均生产粮食 706 斤比较，高级社多产 36.8%，初级社多产 14.4%。合作社平均每社粮食商品率 32.1%，高级社为 44.8%。合作社平均每人分得粮食 478 斤，高级社为 552 斤。合作社平均每户收入 424 元，高级社为 776 元；其中，平均每户副业收入高级社为 87 元，初级社为 32 元。平均每劳动力年产值高级社为 380 元，初级社为 187 元；平均每户实际收入高级社为 413 元，初级社为 274 元。[②]

---

　　①《当代中国的农业》，当代中国出版社 1992 年版，第 111~114 页。
　　② 国家统计局编：《我国的国民经济建设和人民生活》，统计出版社 1958 年版，第 184~189、193~194 页。

3. 农业合作化在农副产品、资金和市场等方面为社会主义工业化提供了重要条件。比如，据估算，"一五"期间国家预算收入中，5亿农民所交农业税约占10%左右，由农业及副产品收购、加工、销售、运输等利润和税收间接构成的财政收入约占40%，而国家对农业投资和救济农民的经费等，约等于农民交纳税款的1/3。"一五"期间，由于工农业产品之间的差价，农民又把相当于自己净收入的5%奉献给国家积累。[①]

还要提到，在农业合作化中，中国共产党根据中国国情进行了许多重要探索。重要的有：

第一，提出和实施了一条全新的合作化道路：由带有社会主义萌芽的临时互助和带有社会主义因素的常年互助组，到半社会主义的初级社，到社会主义的高级社。

第二，提出并部分地实现了适应农业特点的，以包工包产为主要内容的农业生产责任制。比如，1953年前后，浙江、陕西、河北等省的一些合作社相继实行包工包产责任制，有的包给生产队、组，有的则直接包产到户或个人。温州专区实行包产到户，由社对生产队实行包工、包产、包成本，生产队再按"三包"原则包给每户社员；社员对承包土地的产量负完全责任，超产奖励，减产赔偿；平均每户社员单独生产，农忙时小组互助，全社性农活集体出工；社内的农具搭配到户或轮流使用。这些办法得到社员的拥护，也得到党和政府的支持。1953年12月《中共中央关于发展农业生产合作社的决议》、1955年10月《中共中央关于农业生产合作化问题的决议》、1956年6月《高级农业生产合作社示范章程》、1957年9月《中共中央关于做好农业生产合作社生产管理工作的指示》等一系列文件，都对实行农业生产责任制作出肯定，并要求逐步推行。比如，1953年，据东北区对2324个社统计，实行常年包工包产的51个社，常年包工的96个社，季节包工的417个社，临时包工的832个社，实行各种责任制形式的社共1396个，占总数的60%。1954年，据华北局统计，已实行各种形式包工、包产制度的社，河北为30%，山西为87%，北京为58%。1955年，据陕西省对13350个社统计，实行包产和包工的

---

①《中共党史研究》1989年第1期。

社占 60%。[1]

上述这些有益探索不仅在社会主义发展史上是首创，也不仅在农业合作化中发挥了一定的积极作用，而且为党的十一届三中全会以后逐步建立和发展建设中国特色的社会主义道路提供了重要经验。

二、农业合作化的问题

尽管我国农业合作化中有许多重要创新，并取得了巨大成就，但也存在诸多问题。其中关键问题是农业合作化要求过急，进程过快。在这个问题的后面隐含着一系列认识上和理论上的错误。

1. 由于缺乏经验，特别是正反经验的比较，中国合作化的目标和速度的确定上，都难以避免（甚至不可避免）要沿袭苏联经验。在目标上，尽管中国高级社和苏联集体农庄还有区别，但就实行集体所有制、集体劳动和按劳分配这些基本方面来说，大体是相同的。中国在社会主义改造时间的确定上也参考了苏联的经验。在这方面，毛泽东曾经明白无误地说过："苏联所走过的这一条道路，正是我们的榜样。"[2]但历史已经证明，苏联的这条道路是一条有严重缺陷，甚至是不成功的道路。比如，1951~1955 年，苏联谷物平均年产量为 8850 万吨，只略高于沙俄时代1913 年 8600 万吨的产量，其中 1953 年为 8250 万吨，还低于沙俄最高水平。而且，从新中国建国以后的一个长时期的经验来看，当时可供选择的道路还有两条：一条是把中国新民主主义社会的时间大大延长，农业合作化时间也大大延长；二是即使要实行农业社会主义改造，也不采取苏联的集体农庄模式，而是采取 1978 年改革以后逐步形成的，包括集体经营和以家庭承包经营为基础的双层经营模式。历史经验已经证明：这是一种好的选择。

2. 中国当时之所以要加快农业合作化步伐，一是为了解决小农生产不能满足社会主义工业化需要的矛盾；二是为了解决农村的两极分化问题；三是认为中国条件下，必须先有合作化，然后才能使用大机器。[3]就第一点来说，虽然农业合作化在一定时期内有一定作用，但并不是理想的。就粮食产量来说，如以上年为 100，则粮食产量的环比指数

①《中国现代史》，《中国人民大学书报资料社复印报刊资料》，1982 年第 2 期。
②《毛泽东选集》第 5 卷，人民出版社 1977 年版，第 184 页。
③《毛泽东选集》第 5 卷，人民出版社 1977 年版，第 181~187 页。

为：1950 年 115.4，1951 年 108.3，1952 年 114.3，1953 年 101.6，1954 年 102.3，1955 年 109.0，1956 年 104.4，1957 年 101.4；1950~1952 年平均每年增长 12.6%，而 1953~1957 年只有 3.7%。农业总产值的增长速度也呈现类似的情况。如以上年为 100，则农业总产值的环比指数为：1950 年 117.7，1951 年 109.4，1952 年 115.3，1953 年 103.1，1954 年 103.3，1955 年 107.7，1956 年 104.9，1957 年 103.5；1950~1957 年平均每年增长 14.1%，而 1953~1957 年只有 4.5%。[①]这里有基数和气候差异等不可比的因素（如 1949 年基数低，1954 年遇到百年未有的大水灾）。但由农业合作化导致农业增速的下降，是一个不争的事实；尽管在这期间还是保持了农业持续增长的态势。至于从较长时间看，1958 年在高级社的基础上建立的农村人民公社在阻碍农业发展方面的消极作用，更是再明显不过了。

就第二点来看，毛泽东用农业合作化解决农村两极分化、实现共同富裕的办法，实际上是平均主义的做法。历史已经证明：这种办法虽然可以在一定时期内抑制两极分化，但是一条共同守穷的道路。这终究会被生产力发展要求所打破，而且在 1978 年改革以后确实被打破了。只有改革以后邓小平提出的先富和先富带后富的办法，[②]才是一条真正能够实现共同富裕的道路。当然，要做到这一点，还需要创造许多条件相配合。

就第三点来说，这里不拟详议中国条件下农业合作化和机械化的关系，只是指出这种提法本身暗含着一个难以成立的根本前提：即在家庭经营的条件下不能实现农业机械化。但在实际上，家庭经营是"二战"以后经济发达国家普遍实行的主要经营模式。而这种家庭经营不仅可以实现机械化，而且可以实现现代化。我国改革以来的实践也已开始证明：家庭承包经营也是可以做到这两化的。

3. 误认为适合阶级斗争的搞群众运动的做法，也适合作为生产关系改造的农业合作化。其结果虽然加快了合作化的步伐，但却造成了诸多严重后果。

把上述各种问题集中起来说，其最重要原因就是作为党和国家主要

[①]《伟大的十年》，人民出版社 1959 年版，第 104~106 页。
[②]《邓小平文选》第 2 卷，人民出版社 1994 年版，第 152 页。

领导人的毛泽东，他的骄傲自满思想以及与之相联系的损害党的民主集中制根本原则的做法已经开始显露。这就使他不仅不能正确看待苏联的经验，也不能正确把握农业合作化形势；不仅不能正确对待党内的不同意见，甚至将在这方面坚持正确主张的邓子恢定为犯了"性质属于右倾的错误"。并认为他"老是站在资产阶级、富农，或者具有资本主义自发倾向的富裕中农的立场上替较少的人打主意"。[①] 这就把已经被夸大了的农村资本主义道路和社会主义道路的斗争引申到党内来了。从而使得毛泽东在两次反冒进之后，在 1955 年夏季开始又发动了合作化高潮，实际上是一次更大的冒进；尽管在这方面也取得了巨大成就。

----

①《毛泽东选集》第 5 卷，人民出版社 1977 年版，第 183、208 页。顺便说明：1981 年召开的党的十一届六中全会已经给邓子恢平了反。

第二章　实现对资本主义经济的
社会主义改造

第一节　1953~1955 年，国家资本主义初级形式的普遍发展

一、发展国家资本主义初级形式的措施

"一五"前半期，为了积极发展国家资本主义的初级形式，国家采取了一系列重要措施。主要是：

第一，社会主义经济在生产流通领域中掌握控制资本运动的一系列物质条件。其表现是：①经过新中国成立初期实行的社会主义国有化，以及国民经济恢复时期的发展，社会主义国营工业、交通运输业、商业和金融业不仅已经建立起来，而且有了很大的发展。②国家于 1952 年 12 月对私营银行、钱庄实行了全行业公私合营，组成公私合营银行，在中国人民银行领导下经营业务。这就基本上完成了私营金融业的社会主义改造，建成了统一的社会主义金融体系。③1953~1954 年，实现了重要农产品的统购统销和主要批发商的国有化。统购，就是按国家规定的合理价格，由政府有关部门统一收购这种商品，不准私商自行向生产者收购。统销，就是对于某种商品，国家按照一定的价格，按计划供应人民生活和工业生产的需要，禁止私商自行贩运。1953 年 11 月，首先对粮食和食用油脂实行了统购统销。1954 年 9 月，又对棉花实行统购，对棉布实行统购统销。由于粮食、油料、棉花等交易在农村市场上占着极大的比重，

对这些商品实行统购统销后，农村中农副产品的商品量就有 70%左右为国家所掌握。随后，生猪、蛋品、皮革、烤烟等也都列入计划收购的范围，后来演变成为派购制度。

实现主要批发商的国有化，首先就是要把有关国计民生的主要商品的批发业务掌握在国家手中。在国民经济恢复时期，国营商业的发展就是以批发商业为主的。随着国营工业的发展和对私营工业逐步实行加工订货，对农副业产品逐步实行国家收购和委托供销合作社收购，国营批发商业扩展很快。但仍有一小部分主要商品的批发业务是在私人手中。1953~1954 年，国家采取了扩大对私营工业加工订货和收购、包销，扩大对农副产品收购，以及扩大进出口贸易等一系列措施，由国营商业代替它们，这就实现了主要批发商业的国有化。

统购统销政策的贯彻和主要批发商业的国有化，大大加强了国营商业的力量和它在市场上的领导地位。 1953 年，国营和合作社商业在全国纯商业机构零售额中的比重由 1952 年的 42.6%增为 49.7%，批发额比重由 63.2%增为 69.2%。到 1954 年，零售额比重增为 69%，批发额比重增为 89.3%。

第二，为了推进资本主义工商业的社会主义改造，1953 年 11 月，党和国家在全国人民中间展开了过渡时期总路线的宣传教育。总路线明确地指出了社会主义改造的必要性和改造的步骤，指出了我国社会主义光明灿烂的未来。总路线的传播，鼓舞起全国劳动人民的社会主义积极性，形成了一个巨大的社会力量，给资本主义工商业的社会主义改造事业建立了广泛的群众基础。总路线同时也教育了民族资产阶级。

上述各项措施为发展国家资本主义的初级形式创造了一系列条件，有力地推动了资本主义经济的社会主义改造。

二、国家资本主义初级形式普遍发展的过程

（一）工业中国家资本主义初级形式的发展

1953~1955 年，工业中国家资本主义的初级形式得到了普遍的发展。这个发展过程的特点是：

1. 由大城市和沿海地区迅速向中小城市和内地发展。解放初期，加工订货是在一些大城市和沿海地区实行的。1953 年以后，内地城市也普遍发展起来。到 1954 年和 1955 年，内蒙古自治区加工订货产值占私营工

业总产值的比重由 49.78% 上升到 62.30%；青海由 68.13% 上升到 74.03%；甘肃由 30.84% 上升到 71.90%。

2. 由大型企业迅速向中小型企业发展。解放初期，加工订货以大型企业为主。1953 年以后，中小型企业的加工订货迅速增加。据北京、天津、上海、武汉、广州、重庆、西安、沈阳、哈尔滨、济南、青岛、无锡等 12 个大中城市的统计，对私营大型企业的加工订货产值占私营大型工业总产值的比重，1954 年为 86.04%，1955 年为 92.11%；而中小型企业 1954 年为 51.45%，1955 年上升为 64.38%。

3. 由主要行业迅速向一般行业发展。解放初期，加工订货主要是棉纺织品和机器、粮食等主要产品。1952 年，全国 18 种主要工业产品中：100% 纳入国家加工订货的有水泥、棉纺 2 种，80%~85% 的有轧钢材、面粉 2 种，70%~79% 的有电动机、棉布、纸张 3 种，60%~69% 的有烧碱、胶鞋、火柴 3 种，50%~59% 的有金属切削机床、食用油 2 种。到 1955 年，据全国私营工业 73 个工业行业的统计，加工订货在 99%~100% 的有铁矿等 25 个行业，80%~88.99% 的有燃料等 17 个行业，70%~79.99% 的有电力等 13 个行业，60%~69.99% 的有其他非金属开采冶炼等 10 个行业，40% 以下的仅消费资料修理 1 个行业。

4. 国家资本主义初级形式的工业产值及其在全国私营工业总产值中的比重有了大幅度的提高。1953 年，加工订货的产值达到 81.07 亿元，比 1952 年的 58.98 亿元增长了 22.09 亿元，比 1949 年的 8.11 亿元增长了 72.96 亿元。1954 年以后，由于许多私营工业企业已逐步转为公私合营，故加工订货产值增长不多或有所减少。但如扣除由私营转公私合营这一因素，1954 年加工订货产值较 1953 年实际上升 19.3%，1955 年又较 1954 年上升 1%。1955 年加工订货产值占私营工业总产值的比重达到 81.69%，比 1952 年的 56.04% 上升了 25.65 个百分点，比 1949 年的 11.88% 上升了 69.81 个百分点。

5. 就国家资本主义初级形式本身来说，也呈现出由低级到高级的发展趋势。以加工订货五种具体形式——加工、订货、统购、包销、收购来看，收购是国家资本主义初级形式中比较低一级的形式。因为收购多是一次性的，它是社会主义经济和资本主义经济之间的一种不经常、不固定的联系，并且，它是在产品生产出来以后进行的，未能把这部分生产纳入国家计划的轨道。而加工、订货、统购、包销则是国家资本主义初级形式中比较高一级的形式。因为它们都是在产品生产出来以前，就由国营经济同它们订立合同，从而在不同程度上将这部分生产纳入国家计划的轨道。解放初期，收购形式曾被大量采用，1953 年以后逐年减少，而被其他较高形式所代替。据 12 个大中城市的统计，在整个加工订货的总产值中，收购部分 1949 年占 24.33%，1953 年降为 8.97%，1955 年再降为 5.42%。与此相对应，加工、订货、统购、包销这些较高的形式，则得到了较快的发展。

上述各项特点表明：1953~1955 年，工业中国家资本主义的初级形式已经得到了普遍发展。

（二）运输业中国家资本主义初级形式的发展

我国私营运输业包括轮船、木帆船、汽车、兽力车、人力车、驮兽等行业，大部分是个体经济，只有轮船和部分汽车运输业是资本主义经济。1950 年私营轮驳船的货物周转量是 170 万千吨公里，而基本上是个体经济的木帆船的货物周转量是 220 万千吨公里。私营汽车大多数是一人一车的小业主经营，1950 年全国 23000 多个小业主中，平均每人有车不到一辆。兽力车、人力车、驮兽基本上都是个体经营。1950 年私营轮船业占我国轮驳船货运总量的 51.98%，客运总量的 85.31%，私营汽车业占汽车货运总量的 76.45%，客货总量的 51.87%。

为了发展经济的需要，在经济恢复时期就对一部分大轮船公司实行了公私合营，在"一五"时期开始时又对这个行业实行了"三统管理"。这个办法是政务院在 1953 年 11 月间发布的《关于加强地方交通工作的指示》中提出的，并随即实行。①统一货源，是由国家掌握各运输线上的货物，在国营、合作社营、私营等各运输机构之间作有计划的分配。②统一调度，是对私营的船只、车辆，按其性能由国家运输机关统一调度，使之发挥对国营运输力的辅助作用。③统一运价，一般是贯彻低价多运政策，使私营运输与国营运价趋向一致。因此，"三统管理"是国营经济成分与资本主义经济成分在一个运输线路上的联系，因而是国家资本主义的一种初级形式。

同时，采取一定形式把私营运输企业组织起来。轮船业主要是把一个运输线上的私营户组织起来，成立联合管理处，由政府派干部领导，实行财务统收统支与业务统一领导、统一管理。汽车运输业是私私联营和编组编队形式。私私联营即联营社。编组编队则是在整顿联营社的基础上发展起来的，将一条线路上几个联营社的车辆进行编组编队，成立车队管理委员会作为车队的生产管理机构，并由国家派干部驻队，对车队实行监督指导。车队实行统一管理、分户记账、各计盈亏的财务制度。

（三）商业中国家资本主义初级形式的发展

我国私营商业分为国内批发商、进出口商和零售商。对这些不同类型的商业，采取了不同的改造形式。

1. 私营批发商的社会主义改造。

如前所述，当"一五"计划开始执行时，就实行了主要批发商业的国有化。对余下的私营批发商实行"留、转、包"。就是"对私营批发商，他们能够继续经营的让他们继续经营，国营商业需要他们代理批发业务的，委托他们代理批发；能够转业的让他们转业；除此之外，无法经营的批发商从业人员，连同资方实职人员在内，如果他们没有别的谋生之路，他们自己又愿意，经过训练，服从国家调配，可以由有关的国营公司和合作社依照国营商业和合作社商业的工薪待遇，吸收录用"。[①]

经过这样的改造，留下来的大都是一些经营零星商品的批发商。据1955年8月底全国私营商业普查统计，这时还有私营批发商125230户，从业人员235460人，资本额17678万元。在1956年全行业公私合营高潮中，这些批发商都随同零售商实行了公私合营。

2. 私营进出口商的社会主义改造。

1950年全国约有私营进出口商4500户，从业人员35000人，资本额13000万元，它们的经营总额（指私营自营，不包括代购、代销部分）占全国进出口总额的33.5%，占全国对资本主义国家进出口总额的50.4%（主要经营出口）。

在"一五"计划开始实行后，政府进一步加强了对外贸易的统制政策。在这种情况下，私营进出口商的业务活动就主要是代国营从事一部分进出口，自营部分只限于零星的次要商品和新品种的出口。据统计，在全国进出口总额中，私营自营部分由1953年的7.3%降为1955年的

---

①《陈云副总理在第一届全国人民代表大会第一次会议上的发言》，《新华月报》1954年第10号，第92页。

0.8%。同时，1955年和1950年相比，私营进出口商户约减少77%，从业人员减少72.7%，资本额减少了58.5%。

这时对私营进出口商的改造采取了区别对待的办法：对不能维持的由国营公司吸收他们的从业人员或辅导转业；对一些瘫痪户进行清理；对凡是有利用条件的，则充分予以利用，通过各种形式的国家资本主义将其经营纳入国家计划轨道，逐步过渡。

对私营进出口商的改造，在全行业公私合营以前主要是采取委托经营和公私联营两种形式。委托经营又叫代购代销，是由国营公司供给进口外汇或出口货源，委托私商按照合同规定的品种、数量、规格、价格、交货日期等条件，代办进口或出口，另给私商以适当的佣金或利润。这一形式在国民经济恢复时期即已出现，但到1953年后才大量发展。到1955年底，全国私营进出口商的经营额中，已有70%左右是委托经营的。

公私联营是私营进出口商在国营经济直接领导下，按自愿原则，在保持原有企业组织的情况下，以公私投资方式，联合经营业务的一种组织形式。公私联营后，主要仍是为国营代购、代销，但其业务由国营公司统一安排，统一组织出口货源和供给进口外汇。组织联营主要是利用私商的国外关系推销出口物资，所以在盈余分配上，一般是以盈余的较多部分按推销关系分配，较少部分按投资额分配。这一形式在国民经济恢复时期就已出现，1954年后，公司联营有很大的发展。比如到1955年6月，上海参加联营的占当时私营进出口商户的90%。

3. 私营零售商的社会主义改造。

根据1955年8月普查材料，全国私营零售商有282.7万户，从业人员365.5人，资本额7.8亿元；在全国私营商业中，户数占95.8%，人数占93.9%，资本额占81.6%。在全部零售商中，不雇用职工的小商小贩有272.5万户，占总户数的96.4%。但这里的叙述不包括属于个体经济范畴的小商小贩，这一部分留到后面合作化中去分析。

在零售商业方面，经济恢复时期即已出现了批购、经销、代销等国家资本主义初级形式，但户数不多。"一五"时期开始以后，私营零售商业中国家资本主义初级形式才大量发展起来。主要形式有如下几种：

批购：也叫批购零销或批销，是私商向国营商业以现款批购商品，按照规定的牌价或核定的价格出售，私商在零销中取得批零差价的收入。

它是比较低级的形式。

经销：是国营商业指定商品，私商按照国营商业的供应计划以现款向国营商业进货，再按规定的牌价和规定的供应办法出售。私商从经销中取得批零差价的收入。经销店对经销商品不得再向自由市场进货。

代销：是国营商业把商品委托私商代销，私商按照国营商业的供应计划和规定的牌价出售，从代销中取得规定的代销手续费。执行代销业务的私商应向国营商业缴存一定的保证金，并不得再向自由市场购进属于代销品种的商品。

专业代销：其特点是取消了私商自营业务，全部货源都由国营商业供给，代销商品既全部属于国家所有，企业销售计划也完全受国营商业的计划支配，因此它是代销形式的进一步发展。

据 1955 年 8 月普查材料，全国私营零售商连同公私合营商业总计 2954140 户。其中，经销、代销及批购户有 701322 户，占总户数的 23.7%，从业人员占总数的 27.2%，职工占总数的 44.9%，资本额占总数的 35.9%，上半年销售占总数的 47.5%。

三、国家资本主义初级形式的性质及作用

国家资本主义初级形式的发展，使私人资本主义生产关系受到了很大的限制。这一点，特别明显地表现在由工业方面的加工订货而导致的资本主义分配关系某种程度的变化。首先，加工订货的工缴、货价是按中等标准成本和一定利润幅度核算的。如果资本家按照这个标准守法经营，那么，加工订货就会起到限制剩余价值生产的作用。其次，加工订货要求资本家必须把产品交给国营商业。这样，由资本主义企业生产的一部分价值就以商业利润的形式转移给国家，变成社会主义积累。再次，企业的利润，必须按照国家规定的四个方面分配的办法分配，其中一部分通过所得税的形式转变为社会主义积累，一部分是企业公积金，一部分是工人的福利奖金，而资本家占有的部分只有 1/4 左右。公积金虽然是剩余价值的转化形态，但是，资本家已不能任意支配，更不能用之于私人消费。这一切都在某种程度上从收入分配上改变了资本主义的分配关系。有一项统计资料表明：工商业所得税一般占 30% 左右，企业公积金一般占 10%~20%，工业资本家所得占企业盈余的份额，1952 年平均约为 25%，1953 年以后降低，1955 年约为 18%。可见，国家资本主义初级形

式尽管没有从根本上触动资本主义私有制，但已使这种所有制受到了很大的限制，而且就其中有些方面（如资本主义工业企业生产的剩余产品的一部分，通过加工订货形式变成社会主义积累）来说，实际上已具有社会主义的因素。

历史表明：在"一五"时期，国家资本主义初级形式无论在推动社会主义生产建设方面，或者在促进资本主义工业的社会主义改造方面，都起过重要的积极作用。

当然，国家资本主义初级形式不能从根本上改变资本主义所有制，也就不能根本解决社会主义经济和资本主义经济的矛盾，以及资本主义企业内部的劳动和资本的矛盾。这些矛盾的根本解决，主要靠发展国家资本主义的高级形式——公私合营。[①]

第二节　1954 年以后，有计划地扩展国家资本主义高级形式

公私合营在其整个发展过程中大致可以划分为三个阶段：第一阶段是1949~1952 年初步发展时期，第二阶段是 1953~1955 年有计划地扩展时期。这两个阶段都是个别企业的公私合营，即一个企业一个企业地实行公私合营。第三阶段是 1955 年底开始的全行业公私合营。全行业公私合营可以看作是国家资本主义的高级形式。

第一阶段已在本书第一篇作过叙述。本节叙述第二阶段，第三阶段将在下一节进行叙述。

一、有计划地扩展国家资本主义高级形式方针的提出

1954 年 3 月 4 日，中共中央批转了中财委《关于 1954 年扩展公私合营工业计划会议的报告》[②]。报告在肯定已有成绩的基础上，为了根本解决资本主义私有制问题，提出了有计划地扩展公私合营的方针。其依据的条件是：①国家资本主义初级形式已得到普遍发展，资本主义工商业已经日益依靠于社会主义经济，很难再独立进行生产经营。并且，政府有关部门已逐步掌握了私营工商企业的生产经营能力，可以对它们的进

[①] 参见《中国资本主义工商业的社会主义改造》第四章的部分内容，人民出版社 1962 年版。
[②]《中共党史教学参考资料》第 20 册，第 288 页。

一步改造作出规划。②几年来公私合营的发展，在这方面积累了工作经验，培养了干部，提供了范例。③资本家在公私合营优越性的启示下，特别是在过渡时期总路线广泛宣传和深入教育下，他们中的一部分人开始认识到大势所趋，表示愿意接受社会主义改造，主动申请公私合营。这些情况表明，提出上述方针，是同当时的条件相适应的。

二、《公私合营工业企业暂行条例》的颁布

为了规范和促进公私合营工业企业的发展，1954 年 9 月 2 日，政务院颁布了《公私合营工业企业暂行条例》。①条例就总则、股份、经营管理、盈余分配、董事会和领导关系等问题做了规定。

关于总则。由国家或者公私合营企业投资并由国家派干部，同资本家实行合营的工业企业，是公私合营工业企业。对资本主义工业企业实行公私合营，应当根据国家的需要、企业改造的可能和资本家的自愿。企业的公私合营，应当由人民政府核准。合营企业中，社会主义成分居于领导地位，私人股份的合法权益受到保护。合营企业应当遵守国家计划。

关于股份。对于企业实行公私合营，公私双方应当对企业的实有财产进行估价，并将企业的债权债务加以清理，以确定公私双方的股份。合营企业的股东对于合营企业的债务负有限责任。

关于经营管理。合营企业受公方领导，由人民政府主管业务机关所派代表同私方代表负责经营管理。公私双方代表在合营企业中的行政职务，由人民政府主管业务机关同私方代表协商决定，并且加以任命。他们在企业行政职务上，都应当有职有权，守职尽责。合营企业应当采取适当的形式，实行工人代表参加管理的制度。合营企业在生产、经营、财务、劳动、基本建设、安全卫生等方面，应当遵照人民政府有关主管机关的规定执行。

关于盈余分配。合营企业应当将全年盈余总额在缴纳所得税以后的余额，就企业公积金、企业奖励金、股东股息红利三个方面，依照下列原则加以分配：①股东股息红利，加上董事、经理和厂长等人的酬劳金，

---

① 政务院：《公私合营工业企业暂行条例》（1954 年 9 月 2 日），《中国工业经济法规汇编（1949~1981）》，第 77~79 页。

共可占到全年盈余总额的 25%左右。②企业奖励金，参酌国营企业的有关规定和企业原来的福利情况，适当提取。③发付股东股息红利和提取企业奖励金以后的余额，作为企业公积金。

关于董事会和股东会议。合营企业的董事会是公私双方协商议事的机关，对下列事项进行协商：①合营企业章程的拟定或者修改。②有关投资和增资的事项。③盈余分配方案。④其他有关公私关系的重要事项。董事会听取合营企业的生产经营情况和年度决算报告。公私双方董事的名额由公私双方协商规定。公方董事由人民政府主管业务机关派任，私方董事由私股股东推选。董事会可以定期召开私股股东会议，报告董事会的工作、处理私股股东内部的权益事项。

关于领导关系。合营企业应当分别划给中央、省、直辖市、县、市人民政府主管业务机关领导。人民政府工商行政机关负责管理合营企业有关工商行政的事项。人民政府财政机关和所属的交通银行，负责监督合营企业的财务。

这个条例的颁布实施，对规范公私合营企业的行为，起了积极作用。

三、国家资本主义高级形式迅速发展的进程

（一）工业中公私合营企业的发展

在有计划地扩展国家资本主义高级形式方针和《公私合营企业暂行条例》的指导下，1953~1955 年，公私合营企业获得了迅速的发展。这个发展过程呈现出以下特点：

1. 就企业的规模看，先合营大户，逐步推广到中小户，并结合生产改组，使企业由分散到集中。1954 年以前，实行合营的工业企业主要是大厂，资金一般都在 100 万~500 万元，人数则在 100~500 人。1954 年以后，扩展合营的工作不仅着重于大厂，同时也向 10 人以上的中小厂发展。这一趋势不仅反映了合营工作的发展，而且也反映了生产组织上的变革，因为中小企业实行公私合营多半是先经过改组合并，然后合营。但总的看，在个别合营时期，实行公私合营的还是以大户为多。

2. 就行业看，扩展合营工作由主要行业逐步推进到一般行业。在国民经济恢复时期，实行公私合营的多半是和国计民生有重大关系的主要工业行业，如煤矿、钢铁冶炼、机器制造、纺织、面粉、卷烟等。1955年以后，在许多次要行业中也发展了公私合营。

3. 就地区看，合营企业由大城市逐步扩展到中小城市。1954 年以前，合营的都是大厂，而大厂主要集中在大城市，因此，合营工作也偏重于大城市。1953 年，内蒙古、辽宁、吉林、青海、新疆、贵州等省没有公私合营企业；到 1954 年，全国各省、市、区都相继扩展了公私合营企业。

4. 公私合营工业企业产值及其在公私合营和私营工业总产值的比重有了大幅度的增长。1953~1955 年，公私合营工业企业产值由 20.13 亿元增长到 71.88 亿元，占公私合营和私营工业总产值的比重由 13.3%上升到 49.7%。

以上特点说明：1953~1955 年，国家资本主义的高级形式得到了迅速发展。

（二）运输业和商业中的公私合营的发展

"一五"时期开始以后，运输业发展公私合营的方式已不像过去那样的重点合营或少数户数合并合营，而多半是把一个运输线上的私营户组织起来，通过联合管理再实行合营。轮船运输业是先组织联合管理处，由国家派干部参加领导，然后在生产改革的基础上进行合营。到 1955 年底，私营轮船运输业实行公司合营的已占公私合营和私营轮船货运总量的 78.21%。私营汽车运输业由于个体小户较多，除了部分重点企业实行个别公私合营之外，一般是在民主改革的基础上，统一组织管理，实行私私联营、编组编队等形式，然后再实行公私合营。此外，有一部分私营汽车业实行了合作化，组成汽车运输业合作社。至 1955 年，全国已改造的私营汽车业户占私营汽车户总数的 24.2%，其中纳入公私合营的占 18.4%。

私营商业中，只有少数大户实行了公私合营。这是因为私营商业户多，又分散，国家不可能抽出那么多资金和干部来从事合营工作。同时私营商业经营管理落后，商业网分布不合理，必须经过更多的改革，才有条件实行公私合营。所以，到 1955 年 8 月，实行公私合营的商业企业也只有 400 户。至于私营进出口商业，如前所述，在 1954~1955 年曾大量发展公私联营。这种形式一般都由国家派干部领导，加强联营内部的管理。这表明社会主义经济与资本主义经济的联系已经从企业外部进入企业内部，从而具有某种公私合营的性质。但在私营进出口商业方面，在全行业公私合营高潮以前没有出现过公私合营的形式。

四、个别公私合营企业的性质及作用

与国家资本主义初级形式相比较，作为国家资本主义的高级形式的公私合营，其最大特点在于社会主义经济成分同资本主义经济成分的联系，由企业外部进入到企业内部，从而使企业变成了半社会主义性质的企业。

这一变化有利于发挥工人群众的积极性，从而有利于提高劳动生产率，节约原材料和降低生产成本，有利于增加积累和扩大生产。

1950 年共有公私合营工业 294 户，产值 4.14 亿元，减除当年新合营的 110 户的产值，与 1949 年比较，增加了 3800 万元。以同样方法计算，1951 年比 1950 年增长 2.86 亿元，1952 年比 1951 年增长 5.22 亿元，1953 年比 1952 年增长 6.88 亿元，1954 年比 1953 年增长 7.72 亿元，1955 年比 1954 年增长 27.08 亿元。

由于个别企业的公私合营并不能完全解决社会主义经济成分与资本主义经济成分的矛盾，也不能完全解决资本家和无产者的矛盾，甚至使得合营企业与非合营企业在生产经营方面的矛盾尖锐起来。这些矛盾的彻底解决，有赖于实现全行业的公私合营。[①]

第三节　1956 年初，实现全行业公私合营的高潮

一、毛泽东发动全行业公私合营高潮

毛泽东在 1955 年 10 月 11 日党的七届六中（扩大）全会所做的结论中，首次明确透露了他关于加快资本主义工商业改造步伐的设想。[②]全会一结束，他立即就加快资本主义工商业的社会主义改造问题做了一系列部署。1955 年 10 月 27 日和 29 日，毛泽东两次约见工商界的代表人物谈话。在资本主义工商业的社会主义改造大潮中，我国广大工商业者，既有愿意接受改造的积极性，又有自觉不自觉地抵制倾向和悲观情绪。具体说来，有以下四种状况：①一小部分进步分子，愿意接受社会主义改造，有少数人还能在改造中起核心作用。②一小部分落后分子，对社会主义改造心存不满，采取各种消极抗拒的态度。③有极少数人是坚决反

---

① 参见《中国资本主义工商业的社会主义改造》第五章的部分内容，人民出版社 1962 年版。
②《毛泽东选集》第 5 卷，人民出版社 1997 年版，第 195 页。

对社会主义的反动分子。④大部分人则是处于中间状态，对待改造时而积极，时而消极。据此，毛泽东在这两次谈话中都勉励民族资本家要认清社会发展的规律，掌握自己的命运，走社会主义道路。针对有的工商业者对党和政府能否真正贯彻赎买政策思想上存在疑虑，毛泽东在讲话中反复论述了对资产阶级实行付定息的赎买政策，郑重宣布：定息一定7年，到期如不能解决问题，再拖一个尾巴也可以。毛泽东的讲话稳定了绝大多数资本主义工商业者的不安心绪，给他们以很大的鼓舞。于是，在1955年11月间召开的全国工商联一届二次执行委员会议上，他们通过了《告全国工商界书》，号召全国工商业者积极地接受社会主义改造。①

在10月29日同工商界代表人物谈话后，毛泽东去杭州，主持起草《中共中央关于资本主义工商业改造问题的决议》。同年11月16~24日，根据毛泽东的提议，党中央召开了对资本主义工商业改造问题的工作会议，讨论《中共中央关于资本主义工商业改造问题的决议（草案）》。这个决议指出："我们现在已经有了充分有利的条件和完全的必要把对资本主义工商业的改造工作推进到一个新的阶段，即从原来在私营企业中所实行的由国家加工订货、为国家经销代销和个别地实行公私合营的阶段，推进到在一切重要的行业中分别在各地区实行全部或大部公私合营的阶段，从原来主要的是国家资本主义的初级形式推进到主要的是国家资本主义的高级形式。"这个决定大体上统一了全党在实行全行业公私合营问题上的思想。

这样，在中共中央工作会议和全国工商联执委会议之后，各地敲锣打鼓，掀起资本主义工商业的社会主义改造高潮，来势甚猛。在这种形势下，中共中央决定，先批准公私合营，把要做的清产核资、改组企业、安排生产、安置人员、组织专业公司等工作，放到以后去做。②

二、形成全行业公私合营高潮的条件

依据毛泽东和中共中央其他领导人的分析，1956年初资本主义工商业全行业公私合营"高潮的出现，不是偶然的，而是1949年以来我国各种社会条件发展成熟的必然结果"。③这些社会条件，除了中国共产党领导

---

① 荣毅仁：《毛主席指引社会主义道路》，《人民日报》1993年9月8日，第5版。
② 薄一波：《若干重大决策与事件的回顾》上卷，中共中央党校出版社1991年版，第407~409页。
③《刘少奇选集》下卷，人民出版社1982年版，第180、208页。

的人民民主专政获得进一步巩固和在国民经济中居于主导地位的社会主义国营经济有了迅速发展以外，重要的还有：①在农业合作化的基础上，工农联盟得到进一步巩固。②资产阶级经历"三反"、"五反"运动后，在思想上政治上取得的进步，为后来推进社会主义改造提供了重要的条件。③新中国成立以后，各种形式（特别是高级形式）的国家资本主义的广泛发展，已经奠定了很好的基础。④私人资本主义工业在生产经营方面遇到了严重困难，不接受改造就没有出路。⑤大多数私营工商业者愿意接受社会主义改造。⑥当时的国际形势，为加快社会主义提供了良好的国际环境。

三、全行业公私合营高潮的经过及其意义

资本主义工商业全行业公私合营的高潮是从首都北京开始的。1956年1月1日，北京市资本主义工商业者首先踊跃地提出了公私合营的申请。这时申请合营是一个行业一个行业进行的，因而很快就形成了热火朝天的运动。到1月10日，就实现了全市资本主义工商业的公私合营。同时，北京市个体的农业、手工业的社会主义改造也全部取得了决定性的胜利。北京市开始的这个高潮，大大地推动了其他城市的资本主义工商业的社会主义改造高潮。到1月底，我国资本主义工商业集中的大城市以及中等城市都相继实现了全市的全行业公私合营。到3月末，除西藏等少数民族地区外，全国资本主义工商业基本上实现了全行业公私合营。

在全行业公私合营的高潮中，涌现了一批资产阶级积极分子，他们带头申请合营，并推动别人申请合营。当然，对资产阶级的多数人来说，还是在大势所趋的情况下不太勉强地交出了企业，他们的内心深处是心有余痛的。其中有的人白天敲锣打鼓，晚上痛哭流涕。这样，尽管全行业公私合营是根本改变资本主义所有制的决定性的一环，是一场深刻的阶级斗争，但在高潮中，资产阶级基本上没有反抗。这是因为："①他们在经济上已经没有别的出路。②经过'三反'、'五反'，他们中的多数人认识到反对工人阶级是没有出路的。③政府对他们合营后，在经济上和政治上都作了适当的安置。"①

1956年初，全国原有资本主义工业88000余户。到年底，已有99%

---

① 邓小平：《关于整风运动的报告》，人民出版社1957年版，第6页。

实现了社会主义改造，其中除极少数转入地方国营工业外，分别组成了33000多个公私合营企业。同时，有48200多户个体手工业户由于他们或者与私营工厂原有协作关系，或者是行业户数不多，根据他们的申请，也参加了公私合营。全国240余万私营商业户，到1956年底，已有82%实现了改造；其中除少数转入国营商业或供销合作社商业外，分别组成了公私合营商店、合作商店、合作小组。私营轮船的98.62%和几乎全部的汽车运输业在高潮中也实现了全行业公私合营或合作化。私营饮食业有86%实现了改造。到1957年底，私营服务业有77%实现了改造。[①]

经过全行业公私合营以后，资本主义私有制仅仅表现在定息上，在其他方面同社会主义国家所有制已经没有区别。这时的公私合营企业的经济性质基本上已经是社会主义的了。所以，全行业公私合营高潮以后，我国原来存在的社会主义经济与资本主义经济之间的矛盾，以及私营企业内部的劳资矛盾已经基本上得到了解决，资本主义工商业的社会主义改造获得了基本胜利。

这样，在1956年就基本上完成了资本主义工商业的社会主义改造，远远超过了"一五"计划规定的"基本上把资本主义工商业分别纳入各种形式的国家资本主义的轨道"的要求。

四、全行业公私合营高潮中的定股、定息和安排资方人员的工作

在全行业公私合营的过程中及其以后的一段时间内，政府对资产阶级继续贯彻赎买政策。因此，在合营高潮中，全国各地都进行了定股、定息和人事安排工作。

定股，即对资本家公私合营时的生产资料进行估价，核定私股股额。在个别企业公私合营阶段，定股工作是按户由政府派工作组到企业，同资本家共同进行。这种做法细致，工作量大，时间长。为适应全行业公私合营高潮的形势，定股工作采取了在企业工人监督下，由资方自报、同业评议、行业合营委员会（由公方、工人、资方三方面代表组成）核定的方式。

定股的原则仍和个别企业公私合营时一样，要求做到"公平合理"。但在全行业公私合营高潮中，为了顺利地推进改造，政府对定股提出了

---

①《当代中国经济》，中国社会科学出版社1987年版，第136~138页。

"宽"和"了"的方针。"宽"，即对财产估价有关公私关系方面的问题，一般都从宽处理。"了"，即对企业各种债务关系，能够在公私合营时了结的，都尽量了结。这样清理的结果，连同 1956 年以前合营的企业在内，全国公私合营企业的私股股额共为 24.1864 亿元。

定息，即企业在公私合营期间，按期由国家根据核定的私股股额发给私股股东以固定息率的股息。

定息在个别企业公私合营阶段就开始实行了。原来的公私合营企业给资本家分配利润，有两种形式：一种是"四马分肥"，把企业的盈利分成四份（所得税、企业公积金、职工福利基金、资方股息红利），资本家取得其中的一份；另一种就是定息，主要在公私合营的银行、钱庄、煤矿、锡矿和某些公私合营的公用事业单位中实行。①

为适应全行业公私合营的需要，定息作为赎买形式被普遍采用了。国务院于 1956 年 7 月间规定："全国公私合营企业的定息户，不分工商、不分大小、不分盈余户亏损户、不分地区、不分行业、不分老合营新合营，统一规定为年息五厘，即年息 5%。个别需要提高息率的企业，可以超过五厘。过去早已采取定息办法的公私合营企业，如果他们的息率超过五厘，不降低；如果息率不到五厘，提高到五厘。"② 高潮后，各地定息的结果，超过 5 厘的计有 4368 户，占全部定息户的 2% 稍多一些，其余全部定息 5 厘。定息期限原定为 7 年，从 1956 年起到 1962 年止，"如果七年后工商业者生活上还有困难，还可以拖一个尾巴。"③ 1962 年又宣布，从 1963 年起，延长 3 年，到时再议。

1956 年初，全行业公私合营高潮后，全国公私合营企业在这年上半年共发息 5757.61 万元，其中工业公私合营企业发息 4453.49 万元。

关于全行业公私合营高潮中人事安排问题，刘少奇在中国共产党第八次全国代表大会的政治报告中指出："资方人员凡能工作的都由国家有关部门分配工作，不能工作的也酌量给以安置，或者予以救济，保障他

---

① 转引自薄一波：《若干重大决策与事件的回顾》上卷，中共中央党校出版社 1991 年版，第 425~426 页。

② 《国务院关于对私营工商业、手工业、私营运输业的社会主义改造中若干问题的指示》（1956 年 7 月 28 日），《中国工业经济法规汇编（1949~1981）》，第 84 页。

③ 陈云：《在中华全国工商业联合会第二届会员代表大会上向全国工商界代表讲解五个问题》，《人民日报》1956 年 12 月 16 日。

们的生活。这也是一种必要的赎买的办法。"① 对私营企业原有在职资本家及资本家代理人进行工作职位的安排，贯彻了政府提出的"量才使用，适当照顾"② 的原则。根据 1957 年的统计，全国拿定息的 71 万在职私方人员和 10 万左右资本家代理人，全部安排了工作。据几个大城市的情况，大体是：安排直接参加生产经营的占 60%~65%；安排为管理人员的占 35%~40%。对部分资产阶级的代表人物，还安排了国家机关、国营经济业务部门的行政职务。根据 1957 年底统计，民主建国会（主要由资产阶级分子组成的政党）会员除被选为第一届全国人民代表大会代表的 70 人、第二届政治协商会议全国委员会委员的 65 人以外，担任部长、副部长的 7 人，大学院校校长 2 人，副省长 7 人，北京、上海和天津三大城市的副市长 4 人，正副局长 24 人，省正副厅长 35 人。

此外，私营企业资本家的薪金一般较高，有的很高。1955 年统计，上海私营和公私合营工业投资在 10 万元以上的资本家 509 人中，工资在 1000 元以上的有 12 人，其中最高的是 1675 元。但为了利于改造，把这种高薪作为赎买政策的一部分保留了下来。

五、全行业公私合营高潮后企业的改组、改革和公私共事关系的调整

全行业公私合营高潮只是改变了私营企业的性质。但是，资本主义企业的组织和企业内部的经营管理制度尽管在高潮前有过某些改革，但基本上还没改变。这种组织和制度具有两重性：一是与资本主义制度相联系，有不利于生产的一面；二是与社会化大生产及其他条件相联系，有适合于组织生产和适应消费者需要的一面。所以，在全行业公私合营的高潮实现以后，还必须有分析地对公私合营企业组织和企业内部的经营管理制度进行改组和改革。

按照政府的有关规定，企业改组和企业改革必须遵循的原则是：①服从于生产和生活的需要，达到增加产量，提高质量，增加花色品种，降低生产成本，保持和发扬优良的工艺传统、技术和经营管理方法，以及方便和改善人民生活的目的。②对于资本主义工商业的生产技术和管理

---

① 《刘少奇选集》下卷，人民出版社 1982 年版，第 217 页。
② 《国务院关于对私营工商业、手工业、私营运输业的社会主义改造中若干问题的指示》（1956 年 7 月 28 日），《中国工业经济法规汇编（1949~1981）》，第 85 页。

办法，必须进行全面分析，对于其中不合理的部分，应该逐步加以改革；对于其中合理的部分，应该在合营企业中充分加以运用。我们应当将资本主义工商业、手工业的生产技术和管理办法中有用的东西，看成是民族遗产，把它保留下来，决不应该不加分析地全盘否定。③针对全行业公私合营高潮时发生的某些混乱的、不利于生产发展和人民生活改善的现象，政府特别强调要遵循慎重的、有充分准备的原则。为了有充分时间去逐行逐业地顺利地完成社会主义的改造工作，国务院决定：①私营工商企业从批准公私合营到完成改造，需要相当时间，因此在批准合营以后，一般在6个月左右的时间内，仍然应该按照原有的生产经营制度或习惯进行生产经营。②企业原有的经营制度和服务制度，例如进货销货办法、会计账务、赊销暂欠、工作时间、工资制度等，一般在6个月以内照旧不变。③企业原有的供销关系要继续保持，原来向哪里进货销货的，仍旧向哪里进货销货；进货销货的双方，必须密切合作；原来出口的手工艺品，必须继续出口，手工艺品所需要的国外原料，必须尽可能地继续进口。④各企业之间原有的协作关系，如加工、修理、供应配件、零件等，必须继续保持，不得随意变动。国务院还强调，凡是已经有了充分准备，已经做了详细研究并且提出了通盘改组规划的行业，经过省（自治区）、市领导机关的批准，就可进行改组。①

　　公私合营企业改组要服从发展生产和改善人民生活的需要。因此，公私合营企业改组并不是把所有的小厂都并成大厂。因为许多工厂虽规模小，但服务面广，需要适当地分散生产，而且有些小厂生产的小产品，虽产值不大，但品种繁多，各有各的销售对象，是大企业不能代替的；有些小厂在技术上有优良的工艺传统，群众欢迎它们的产品。所以，为搞好生产，有些固然要合并，但有些目前不需要合并，有些长期不需要合并。可以并厂的只是那些广房设备有条件，先进设备可以代替落后设备和手工生产，工序可以平衡衔接，变厂外协作为厂内协作，以及集中生产而不影响品种和协作关系的少数行业和企业。为此，当时国家规定了改组的方针是："大部不动，小部调整。"公私合营企业改组的形式在

---

① 《国务院关于目前私营工商业和手工业的社会主义改造中若干事项的决定》（1956年2月8日），《中国工业经济法规汇编（1949~1981）》，第80~81页。

1956 年和 1957 年上半年，主要采取并厂和联合管理两种形式。此外，还有少数企业实行单独管理、迁厂或裁撤。据统计，到 1957 年 6 月，在高潮中实行公私合营的工厂中，进行合并的约占半数；采取联合管理的约占 1/3，联合管理中，实行统一核算和分别核算的，又约各占半数；其余则为单独管理、迁厂或裁撤。

1956 年和 1957 年上半年，公私合营企业的企业改革工作，主要有如下四点：①设立专业公司或指定专业机构，统一负责所属合营企业的经济工作和政治工作；在企业内部则加强党的领导，建立公方代表制度，健全工会组织。②实行党委领导下的厂长（经理）负责制，建立有职工和公私各方面代表参加的民主管理机构。③实行计划管理，同时，逐步实行经济核算。④新公私合营企业的工资标准和工资制度，应该逐步向同一地区的性质相同、规模相近的国营企业看齐。①

调整公私共事关系，是全行业公私合营以后提出来的新问题。公私共事关系既是共同工作关系又是阶级关系。公私共事关系包括企业职工、公方代表和资产阶级分子三个方面。搞好公私共事关系不仅有利于发挥资产阶级分子为社会主义服务的积极性，帮助他们逐步进行政治思想改造，也有利于提高公私合营企业生产经营水平。

在全行业公私合营高潮后一段时间里，许多公私合营企业的公私共事关系还不正常。为此，政府在 1956 年下半年进行了调整公私共事关系的工作：①对公方干部和职工加强党的统一战线政策教育，使干部和职工对资产阶级分子合作共事采取正确态度，即对待资产阶级分子既要热情地团结他们，尊重他们的职权，又要从团结的愿望出发，帮助他们进行政治思想改造。②加强对资产阶级分子的政治思想教育，使他们对公私共事关系也采取正确的态度，主动接受公方代表的领导，向职工群众学习。③在搞好公私共事关系方面建立了一些必要的制度，如在党委和公方代表领导下，明确资产阶级分子的分工范围，吸收他们参加企业的民主管理机构等。

全行业公私合营和定息政策的实行，又经过企业的改组、改革和公

---

① 《国务院关于对私营工商业、手工业、私营运输业的社会主义改造中若干问题的指示》（1956 年 7 月 28 日），《中国工业经济法规汇编（1949~1981）》，第 84 页。

私共事关系的调整，公私合营企业的生产有了一定程度的扩大。1956年，公私合营工业企业的总产值较1955年这些企业的总产值增加了32%。此外，公私合营商店、合作商店和合作小组的零售额，也比1955年这些企业的零售额增加了15%以上，表现了全行业公私合营的优越性。[①]

第四节　对资本主义经济实现社会主义改造的主要成就和问题

一、对资本主义经济实现社会主义改造的主要成就

我国资本主义经济的社会主义改造的成就主要表现为以下几个方面：

1. 在短短的几年时间就基本上完成了这种改造。如果从党和国家过渡时期的总路线和总任务公布时算起，只花了3年时间（1953~1955年）。即使从新中国成立时算起，也只花了6年的时间。

表 2-2-1　1949~1957 年工业总产值中各经济类型比重的变化

（不包括手工业）　　　　　　　　　　　　　　　　　单位：%

	1949年	1950年	1951年	1952年	1953年	1954年	1955年	1956年	1957年
社会主义工业	34.7	45.3	45.9	56.0	57.5	62.8	67.7	67.5	68.2
国家资本主义工业	9.5	17.8	25.4	26.9	28.5	31.9	29.3	32.5	31.7
其中：公私合营	2.0	2.9	4.0	5.0	5.7	12.3	16.1	32.5	31.7
加工订货	7.5	14.9	21.4	21.9	22.8	19.6	13.2	—	—
资本主义工业（自产自销部分）	55.8	36.9	28.7	17.1	14.0	5.3	3.0	—	—

资料来源：周太和主编：《当代中国的经济体制改革》，中国社会科学出版社1984年版，第21页。

表2-2-1的资料表明：1949年，资本主义工业（自产自销部分）占工业总产值的比重为55.8%；1952年下降到17.1%；1956年下降到几乎为零。与此相对应，公私合营工业占工业总产值的比重在这三个时限分别为2%、5%和32.5%。全行业公私合营以后的公私合营企业的性质基本上是社会主义的。所以，上述数字表明：1956年我国就基本上完成了资本主义工业的社会主义改造。

2. 总的说来，在我国资本主义经济的社会主义改造过程中，生产有

[①] 参见《中国资本主义工商业的社会主义改造》第六章的部分内容，人民出版社1962年版。

了较大发展。

表 2-2-2　1949~1957 年资本主义工业生产的变化

	单位	1949 年	1952 年	1953 年	1954 年	1955 年	1956 年	1957 年
1. 总产值	亿元	70.5	119.0	151.2	154.3	144.5	191.4	206.7
公私合营	亿元	2.2	13.7	20.1	50.9	71.9	191.1	206.3
加工、订货包销、收购	亿元	8.1	59.0	81.1	81.2	59.3	}0.3	}0.4
自产自销	亿元	60.2	46.3	50.0	22.9	13.3		
2. 职工人数	万人	174.9	230.4	250.1	232.4	209.5	244.4	241.0
公私合营	万人	10.5	24.8	27.0	53.3	78.5	243.0	239.7
私营	万人	164.4	205.6	223.1	179.6	131.0	1.4	1.3
3. 劳动生产率	元/人	4030.9	5164.9	6045.6	6625.2	6897.4	7831.4	8576.8
公私合营	元/人	2095.2	5524.2	7444.4	9549.7	9159.2	7854.2	8606.6
私营	元/人	4154.5	5121.6	5876.3	5757.2	5542.0	2142.9	3076.9

表 2-2-2 的资料表明：①1949~1957 年，在整个资本主义工业的社会主义改造过程中，包括公私合营企业和私营企业在内的工业总产值除了1955 年以外，是以较大的幅度逐年增长的，劳动生产率也是以较大幅度逐年上升的。②公私合营企业工业总产值则是以更大的幅度逐年增长的，劳动生产率除了 1956 年和 1957 年这两年以外，也是以很高的速度逐年上升的。

3. 创造了一条具有中国特点的资本主义经济的社会主义改造的道路。主要是：实行了和平改造的方针、利用限制改造的政策和赎买的政策；实行了由低级到中级到高级的国家资本主义，再由高级形式的国家资本主义向社会主义逐步过渡的形式；把经济改造与政治斗争（如"五反"运动）结合起来，团结与斗争结合起来；把资本主义私有制的改造和资产阶级分子的改造以及企业的改造与发挥资产阶级分子管理作用结合起来；把全行业公私合营与全行业生产改组结合起来；等等。这是中国资本主义工业的社会主义改造取得成功的重要原因。当然，根本原因还是由于建立了人民民主专政以及在国民经济中起主导作用的社会主义国营经济。

但无论如何，就资本主义经济的社会主义改造本身来说，以上三点确实是伟大成就！是科学社会主义的理论和实践的历史上的伟大创造！

二、资本主义经济在社会主义改造中的问题

我国资本主义经济的社会主义改造取得上述巨大成就，实属不易，但从总结经验来说，资本主义经济在社会主义改造中也存在诸多问题。其中带根本性的问题有：

1. 资本主义经济的社会主义改造的时间过于短促。即使按照预定的时间来算，也是过于短促的。原来预计需要三个五年计划的时间，即用15年（1953~1967年）来完成社会主义改造。但实际上只用了3年的时间（1953~1955年）。还需指出，原来预定用15年时间完成社会主义改造（加上国民经济恢复时期为18年），是参照了苏联经验的。毛泽东1955年7月31日在《关于农业合作化问题》的报告中论到在这个时间内能否实现社会主义改造时说："苏联的经验告诉我们，这是完全可能的。"[①]然而，现在已经可以看得很清楚，苏联在从资本主义到社会主义的过渡时期中也犯了急于求成的毛病。这一点，甚至后来毛泽东也觉察到了。他在1956年12月上旬与全国工商联领导人谈话时提到："我怀疑俄国新经济政策结束得早了，只搞两年，退却转为进攻，到现在社会物资还不足。"但更重要的问题还在于：十月社会主义革命胜利前的俄国是帝国主义国家；我国革命胜利前却是半殖民地半封建的国家。这个情况表明，即使用15年时间来完成我国的社会主义改造的任务，时间也不算长，而宁可说是短的。更何况只用了3年时间就基本上完成了这项任务，其时间之过于短促就可想而知了。

2. 资本主义工业的社会主义改造的面过宽。其重要表现有二：第一，把大量的原本属于个体劳动者或小资产阶级也列入了资本主义工商业的范畴，并进行了全行业的公私合营。这一点，在全行业公私合营实现不久，毛泽东已经发现了。他在上述1956年12月那次谈话中提出："现在资本家当中大体有70%左右对定息没兴趣。一个月拿几毛钱，他们要求放弃定息，摘帽子入工会，享受劳保待遇。我看也可以放弃吧！""把小的占80%~90%的不划入资产阶级范围内，拿到的定息只能买几包香烟的，就叫他们小资产阶级。"但是，毛泽东的这个意见在当时并没有付诸实施。后来在长达20年以"阶级斗争为纲"的年代，更不可能付诸实施。

---

① 《毛泽东选集》第5卷，人民出版社1977年版，第184页。

直到党的十一届三中全会以后，这个问题才获得真正解决。据统计，1956 年参加全行业合营和以前单个合营的工商业者，共计为 86 万人。1979 年 11 月 12 日，中共中央批准了统战部等六单位《关于把原工商业者中的劳动者区别出来的请示报告》。根据报告规定：共有 70 万人被摘掉"资本家"的帽子，恢复劳动人民的身份。[①]

　　第二，即使就真正属于资本主义工商业的范畴来说，改造的面也过宽了。在中国民族资本主义工业中，工场手工业还占了相当大的比重，即使是机械化的生产部分，机械化的程度以及与之相联系的集中度都不高。这样，从发展社会生产力的角度来观察，对民族资本主义工业的相当部分，特别是对于资本主义工场手工业部分并不需要急于改造。因为它们在一定长的时间内对中国社会生产力的发展还有积极作用。马克思在 1859 年就历史唯物主义的基本原理作经典表述时指出："无论哪一个社会形态，在它们所能容纳的全部生产力发挥出来以前，是决不会灭亡的。"[②] 马克思这里说的虽是社会形态，但其原理对我们这里所论的民族资本主义经济的社会主义改造也是适用的。这样，如果人为地过早地全部消灭资本主义，那就像刘少奇在 1948 年下半年所预言的那样，如果过早地消灭了资产阶级，"消灭了以后你还要把他请来的"。尽管毛泽东在 50 年代初多次批判过刘少奇所坚持的（实际是毛泽东提出的）"新民主主义社会论"，但在由 1956 年资本主义工商业的社会主义改造高潮导致的社会矛盾暴露以后，他又部分地主张实践刘少奇的上述预言，在某种范围内把资本主义请回来，并把这种政策称做"新经济政策"。他在上述的 1956 年 12 月那次谈话中提出："上海地下工厂同合营企业也是对立物。因为社会有需要，就发展起来。要使它成为地上，合法化，可以雇工。……这叫新经济政策。……还可以考虑，只要社会需要，地下工厂还可以增加。可以开私营大厂，订条约，十年、二十年不没收。华侨投资的二十年、一百年不要没收。可以开投资公司，还本付息。可以搞国营，也可以搞私营。可以消灭了资本主义，又搞资本主义。当然要看条件，只要

　　[①] 转引自薄一波：《若干重大决策与事件的回顾》上卷，中共中央党校出版社 1991 年版，第 433、435、437 页。

　　[②]《马克思恩格斯选集》第 2 卷，人民出版社 1973 年版，第 83 页。

有原料，有销路，就可以搞。"① 显然，毛泽东这里讲的"又搞资本主义"，不是要发展资本主义社会，也不是要回到新中国成立初期的新民主主义社会，而是要在国营经济和集体经济为主体的前提下，适当发展一些私营经济、个体经济和外资经济。这可以看作是我国社会主义初级阶段所有制结构思想的开端。但这个"新经济政策"的命运也像"新民主主义社会论"一样，由毛泽东自己否定了。所不同的是，后者在新中国成立以前的革命根据地和解放区部分地实行过，在新中国成立以后的头 3 年比较完整地实行过；而前者在提出的当时和尔后的 20 年都没有实行过。只是在党的十一届三中全会以后，在有了大大发展以后，已经和正在付诸实施。

上述各种问题的发生有复杂的社会原因，但主要还是由于时代的限制，以及与此相联系的认识上的局限。

---

① 转引自薄一波：《若干重大决策与事件的回顾》上卷，中共中央党校出版社 1991 年版，第 48、433~434 页。

第三章　实现对个体的手工业和商业的社会主义改造

第一节　1953~1955 年，手工业合作化的普遍发展

在国民经济恢复时期，虽然手工业合作化有了初步发展，但手工业者大部分还是个体的劳动者。这种状况与党的过渡时期总路线公布以后的整个国民经济发展的要求不相适应。这个时期试办的手工业合作组织已为个体手工业者树立了榜样，国家也逐步积累了管理手工业合作化的经验。这样，在"一五"前半期手工业合作化就得到了普遍发展。

为了加强对手工业合作化的指导，全国合作总社在 1953 年底召开了第三次手工业生产合作会议。中共中央副主席朱德代表中共中央到会做了题为《把手工业者组织起来，走社会主义道路》的讲话。会议系统地总结了新中国成立以来手工业合作化运动的基本经验，提出对手工业的社会主义改造，"在方针上，应当是积极领导，稳步前进；在组织形式上，应当是由手工业生产小组、手工业供销生产合作社到手工业生产合作社；在方法上，应当是从供销入手，实行生产改造；在步骤上，应当是由小到大，由低级到高级"。① 这些经验的总结，对"一五"前半期手工业合作化的普遍发展，起了有益的作用。这里值得着重提出的是，其中关于组织形式的总结，起了尤为重要的作用。

---

① 《新华月报》1954 年第 8 期，第 162 页。

　　手工业生产小组，是组织手工业劳动者的一种低级形式。它的组织条件不高，人数或户数较少，一般不超过 15 户（在农村 3 户以上，在城市 5 户以上），有一些简单工具和设备，就可以组织起来，简便易行。它在个体生产的基础上，从供销入手把手工业劳动者组织起来，使他们能有组织地向供销合作社、消费合作社或国营企业购买原料，推销成品，或承接加工订货，逐步解决供销困难，发展手工业生产，避免商业资本的控制和剥削，同时，也便于以此为基础，逐步发展，为过渡到手工业供销生产合作社创造条件。

　　手工业供销生产合作社，是由若干个体手工业劳动者为解决原料采购和产品推销的共同困难而组织起来的。其主要活动是统一地向供销合作社或国营企业购买原料，向供销合作社、消费合作社或国营企业推销成品，承接加工订货。手工业供销生产合作社建立在分散生产的基础上，只是从流通过程中把个体手工业者联系起来。社与社员各自分负盈亏责任，社对社员不负盈亏责任。合作社本身一般以盈余的 60% 作为积累，10% 作为上缴合作事业建设基金，其余 30% 作为股金分红和教育、福利、奖励等基金。所以，手工业供销生产合作社是个体手工业合作化中比较低级的形式，是向手工业生产合作社过渡的形式。

　　手工业生产合作社是对手工业实行社会主义改造的高级形式，在城市和农村中至少须有 15 人。手工业生产合作社，主要生产资料已经完全归合作社所有，完全实行了按劳分配，是劳动群众集体所有制的社会主义经济，是完全的社会主义性质的生产合作社。

　　但在手工业合作化过程中，还有一部分手工业生产合作社，主要生产资料尚未完全成为合作社所有，实行工具入股，按股分配收入，以收入的一部分按劳分配。这是劳动群众部分集体所有制的半社会主义性质的生产合作社，是手工业劳动者走向劳动群众集体所有制的过渡形式。

　　为了加强对手工业及其合作化的组织领导，1954 年 6 月，中共中央提出：各级党委要指定一定的工作部门或专人负责领导手工业工作，各级人民政府应设立管理手工业的机构。依此指示，同年 11 月，国务院成立了手工业管理局，地方政府也相继成立了手工业管理局（处、科）。

　　为了促进手工业合作化的发展，这时国家在各方面对手工业合作社给予了积极的帮助。在原料供应上，国家物资部门和商业部门供应手工

业合作组织所需要的原料。在产品销售上，国营商业和供销合作社对手
工业合作组织实行加工、订货、收购和包销。在税收上，凡新成立的手
工业合作社，营业税可减半缴纳一年，所得税可减半缴纳两年。在财政
上，国家给予一定的投资、合作社基金和经费补助。国家银行对手工业
合作组织给予低息贷款。

为了做好手工业合作化的思想准备和组织准备，这时各地普遍召开
了手工业劳动者代表会议，不少地区成立了手工业劳动者协会，向手工
业者进行社会主义前途教育，推动他们走合作化的道路。

为了稳步地推进手工业合作化，认真地贯彻了自愿、互利和民主办社
原则。

为了贯彻自愿原则，主要采取了说服教育、典型示范和国家援助等项
措施。

为了贯彻互利原则，注意处理了以下三个重要问题：①社员缴纳股
金问题。手工业生产合作社的社员在入社时，须缴纳至少等于其所得一
个月工资的股金和相当于股金1/10的入社费。手工业劳动者的合作组织
是以劳动为基础的，所以，按照工资收入的多少确定缴纳股金的数额。
②生产资料改变为合作社集体所有的问题。合作组织成员可以用主要工
具、原料和成品入股，经民主评议，按市价折算。社员个人自有自用的
小型工具，一般不必归合作社集体所有，基本上可以保持原来的自有自
用，由合作社酌量情况支付折旧费。③公积金和劳动分红问题。公积金
制度是为了保证社（组）内的社会主义经济成分的不断增长，在照顾社
员生活水平逐步提高的前提下，应保证公积金的不断增加。劳力分红是
按劳分配，以提高社员劳动生产的积极性。

手工业生产合作社必须实行民主办社原则。社员大会是手工业合作
社的最高权力机关，理事会和监事会必须由社员大会民主选举产生，每
个社员都有选举权和被选举权。合作社的一切重大问题，如生产计划、
财务计划、基建计划、组织形式、核算形式、工资福利的调整等都必须
经过社员大会讨论决定。理事会和监事会要负责领导和监督合作社的日
常工作和业务，并要定期向社员大会报告工作。

上述各项方针、原则和措施的贯彻，推动了1953~1954年手工业合
作化的发展。但在这个过程中也发生了诸多问题，亟待解决。为此，中

共中央手工业管理局和全国手工业生产合作社联合总社筹备委员会在1954年底~1955年初召开了第四次全国手工业生产合作会议。朱德代表中共中央到会发表了《要把手工业生产合作社办好》的讲话。①

随着社会主义的建设和改造的发展，手工业与大机器工业之间以及手工业之间（包括合作化手工业和个体手工业之间）在供销方面的矛盾变得明显起来。为此，全国第四次手工业生产合作会议将对手工业社会主义改造的方针发展为"统筹兼顾，全面安排，积极领导，稳步前进"。

为了检查已经组织起来的手工业生产合作社和供销生产合作社的健全程度，这次会议提出四个条件作为衡量的标准：①组织纯洁，有一定的民主管理制度。②生产正常，比较有计划。③财务制度不乱，没有贪污。④产品质量至少不低于合作化以前的正常标准。凡具备这四个条件者为健全社；只具备一、三两条，二、四两条较差者为中间社；四个条件都差的为不健全社。以北京市、山西省晋城县等市县来看，健全社约占1/3，中间社和不健全社约占2/3。

为了贯彻上述方针，这次会议确定：1955年，手工业社会主义改造工作的中心任务是：把手工业主要行业的基本情况继续摸清楚，分别轻重缓急按行业拟定供、产、销和手工业劳动者的安排计划，以便有准备、有步骤、有目的地进行改造；整顿、巩固和提高现有社（组），每一县（市）分别总结出主要行业的社会主义改造和整顿社的系统的典型经验，为进一步开展手工业社会主义改造工作奠定稳固的基础。在上述两项工作的基础上，从供销入手，适当地发展新社（组）。这次会议还就手工业合作化中几项政策做了规定：

（1）关于手工业社会主义改造的对象和目前组织重点问题。第三次全国手工业生产合作会议已指出，手工业社会主义改造的对象是独立手工业者、家庭手工业者和手工业工人。这时对手工业从业人员数量的估计是，独立手工业者约900万人（城市家庭手工业者除外），农业兼营商品性手工业者约1000万人，受雇于10人以下的工厂手工业工人100余万人。农业兼营商品性手工业者，除特殊行业外，一般以由农业生产合作社组织附属小组为好。工厂手工业工人的社会主义改造，目前在试点，

---

①《朱德选集》，人民出版社1983年版，第334页。

因此，目前手工业合作化的组织重点应该是独立手工业者。

（2）关于手工业合作化的阶级路线问题。独立劳动者和学徒的关系是师徒的关系；雇工不多的雇主和雇工的关系是主要劳动者和助手的关系。这种关系和手工业资本家对雇工的剥削关系根本不同。因此，在手工业社会主义改造中，要引导他们在自愿原则下，逐步改变个体私有制为集体所有制。

（3）关于农村副业和农业兼营商品性手工业的领导关系问题。农业和农副业在未分化以前，一般均由农业生产合作社组织领导；但应贯彻农业和手工业生产两不误的原则并最好各计收入、盈亏，以保证从业人员的积极性。在手工业较集中、农业兼营商品性手工业、农户收入以手工业为主要来源的地区，组织手工业和农业的混合社，并以手工业联社领导为主，或者手工业和农业分别组社，社员可以跨社。

（4）关于雇佣3人以上10人以下的工厂手工业小资本家的入社问题。在吸收工厂手工业小资本家加入手工业合作社时，必须掌握：①资本家放弃剥削，参加劳动。②让他们参加较大的和基础巩固的手工业生产合作社，并须经社员大会通过。③入社后，将他们分散编入不同的生产组内，并不让他们担负领导职务。④生产资料及其他所需固定资产，除折价入股部分外，多余部分可以存款计息。⑤接收小资本家入社的合作社，要继续对这些小资本家进行思想改造。

（5）关于手工业生产合作社联社的供销业务和国营商业、供销合作社的关系问题。1954年，各地手工业生产合作社联社领导的生产合作社（组），产品通过国营商业和供销合作社销售的占70%~80%；原料通过国营商业和供销合作社供应的占50%左右，有力地支持了手工业生产合作社的发展，必须继续实行。

（6）关于手工业劳动者协会的组织领导问题。一年来，各地试行组织手工业劳动者协会的经验证明，经过这一组织，在团结教育手工业者，为组织起来做一定的准备工作，指导手工业生产等方面都起了一定的作用。因而，1955年仍应重点试办，取得经验，再加推广。

1955年5月，中共中央批准了中央手工业管理局、中华全国手工业生产合作社联合总社筹备委员会《关于第四次全国手工业生产合作会议的报告》，①各地认真地进行了贯彻。

这年上半年，还在手工业生产合作社内部开展了以反对资本主义经营思想作风为中心的整社运动。通过整社，提高了手工业劳动者觉悟，划清了资本主义和社会主义经营思想作风的原则界限，集中解决了生产中的关键问题，建立了切实可行的民主管理制度和生产管理制度，从而使手工业合作组织的素质得到提高。

这样，手工业合作化就在全国的大部分地区、手工业的各主要行业普遍地开展起来。到 1955 年底，全国手工业合作组织发展到 64591 个，社（组）员达到 220.6 万人，全年产值达到 20.16 亿元，分别比 1952 年增长了 16.7 倍、8.7 倍和 6.9 倍；其中手工业生产合作社 20928 个，社员97.6 万人，全年产值 13.01 亿元，分别比 1952 年增长了 5.4 倍、3.5 倍和4.3 倍。

第二节　1956 年上半年，实现手工业合作化的高潮

毛泽东在 1955 年 7 月亲自发动了我国农业合作化的高潮，同年 10月，又亲自发动了资本主义工商业全行业公私合营的高潮，接着又亲自发动了手工业合作化的高潮。1955 年 12 月 5 日，中共中央召开座谈会，由中共中央副主席刘少奇传达毛泽东的指示，要求各条战线批判"右倾保守"思想，加快社会主义改造和社会主义建设的步伐，并且批评手工业社会主义改造"不积极，太慢了"。根据中共中央和毛泽东的指示，中共中央手工业管理局和中华全国手工业合作总社筹委会于同年 12 月 21~28 日召开了第五次全国手工业生产合作会议，着重批判不敢加快手工业合作化步伐的"右倾保守"思想。后来，中共中央在批转这次会议报告中指出："加快手工业合作化的发展速度，是当前一项迫切的任务。"②1955 年底以前，手工业合作化的普遍发展，为手工业合作化高潮的到来打下了基础。由毛泽东发动的 1955 年下半年农业合作化高潮也有力地推

---

① 《中共党史教学参考资料》第 20 册，第 583~590 页。

② 转引自薄一波：《若干重大决策与事件的回顾》上卷，中共中央党校出版社 1991 年版，第 448~449 页。

动了 1956 年上半年手工业合作化高潮的到来。

这次合作化高潮，走在前列的是大城市，比较突出的又是首都北京。1956 年 1 月间，北京市采取了全市按行业一次批准合作化的办法，在 11 日、12 日两天之间，就有 53800 多个手工业者参加了各种形式的手工业合作社，加上在此以前入社（组）的手工业者 36000 多人，全市手工业者基本上全部实现了合作化。[①] 紧接着，天津市、南京市、武汉市、上海市等大城市在几天之内先后全面实现了手工业合作化。到 2 月 20 日，全国已有 143 个大中城市（约占当时全国大中城市的 88%）和 691 个县的手工业全部或基本上实现了合作化。到 1956 年 6 月，除某些边远地区外，全国基本上实现了手工业合作化。1956 年底，全国手工业合作组织发展到 104430 个，社（组）员达到 603.9 万人，全年产值达到 108.76 亿元，分别比 1955 年增长了 0.6 倍、1.7 倍和 4.4 倍；社（组）员占手工业从业人员的比重由 1955 年的 26.9% 上升到 91.7%，社（组）全年产值占手工业总产值的比重由 19.9% 上升到 92.9%。其中，手工业生产合作社 74669 个，社员 484.9 万人，全年产值 100.93 亿元，分别比 1955 年增长 2.6 倍、4 倍和 6.8 倍；社员占手工业从业人员的比重由 1955 年的 11.9% 上升到 73.6%，全年产值占手工业总产值的比重由 12.9% 上升到 86.2%。

由于手工业合作化和农业合作化、资本主义工商业的社会主义改造几乎是同时进入高潮的，因而，手工业合作化与农业合作化、资本主义工商业的改造就有可能结合起来进行。一部分分散在农村的个体手工业者和约 1000 万农村兼营商品性手工业的人员参加了农业合作化；一部分同私营工业协作关系密切而从业人员又很少的手工业行业，如火柴、西药、碾米等，随同私营工业进行改造；另一部分半工半商、工商界限不甚分明的行业或商业性较大的服务行业，如鞋帽、豆腐、糕点、屠宰等，则随同私营商业进行改造。后两类人员大都参加了公私合营企业，到 1956 年底，共有 48000 多户个体手工业并入了公私合营企业。

这样，就基本上完成了个体手工业的社会主义改造。

但是，由于对手工业合作化要求过急、发展过快，不顾条件地办大社、办多行业的综合社（这方面的情况，留待本章第三节叙述），因此在

---

① 《人民日报》1956 年 1 月 13 日。

手工业合作化中发生了一系列问题。主要是：盲目推行集中生产和统一核算盈亏；供产销脱节，协作中断；服务点撤销过多，居民生活不便；家庭辅助劳动力难以安排；部分社员收入减少； 对特种工艺品生产保护不够；等等。此外，在个体手工业社会主义改造基本完成以后，也还出现了一些新的问题需要解决。

为了解决这些问题，国务院于 1956 年 2 月 8 日发布了《关于目前私营工商业和手工业的社会主义改造中若干事项的决定》，同年 7 月 28 日又发布了《关于对私营工商业、手工业、私营运输业的社会主义改造中若干问题的指示》。中共中央于 1956 年 7 月批转了中共中央手工业管理局、全国手工业合作总社筹委会党组《关于当前手工业合作化中几个问题的报告》，同年 11 月，中共中央又批转了中共中央手工业管理局、全国手工业合作总社筹委会党组《关于全国手工业改造工作汇报会议的报告》。上述决定、指示和报告就手工业合作化中发生的问题，提出了解决办法。[①] 其主要内容是：

1. 关于集中生产和分散生产、统一核算盈亏和分别核算盈亏问题。高潮中，由于对集中生产和统一核算盈亏的好处强调得多了一些，以致有些制造行业和许多修理服务行业曾经不适当地集中生产和统一核算盈亏。从当时情况看，需要整顿的手工业合作社，有的是包括多种不同行业的综合社；有的虽是一个行业，但产品类型复杂，生产车间很多，彼此又没有协作关系；有的是全县按行业组织一个统一核算盈亏的大社；有的修理服务合作社布点过多，集中过大，或者直接管辖服务点过多，分布地区很广。对这些社（组），应该根据具体情况，在社（组）员自愿的基础上分别加以处理。处理的办法是：有的可以划分为小社、小组，单独核算盈亏；有的可以改为供销合作社；有的能够生产独特产品，或者家庭辅助劳动力难以安排的手工业户，还可以允许他们在手工业合作社领导下分散经营，自负盈亏。总之，要改变一切不利于生产经营和不合乎人民需要的组织形式和经营管理制度，以充分发挥大社、小社、小组和在合作社领导下的分散经营户的生产积极性。

---

① 《中国工业经济法规汇编（1949~1981）》，第 80~81、82~85 页；《中共党史教学参考资料》第 22 册，第 406~411 、511~516 页。

2. 关于供产销问题。在手工业生产的原料供应和产品推销问题上，手工业合作化以前，商业部门通过加工订货和统购包销等办法，对手工业合作化和生产的发展，起了积极的支持作用。但由于在社会主义改造高潮后，未能及时改变限制资本主义工商业的一套办法，使现有的手工业合作社(组)，在自购自销、工缴价格和合同制度等方面，受到某些限制。解决问题的主要办法是：手工业合作社（组）的原料供应和产品推销，除由国家统购统销的某些产品和原料以外，允许基层社自购自销。对手工业产品必须贯彻优质优价的原则，商业部门对手工业产品的统购、包销和选购，在工缴费和价格方面要公道合理。

3. 关于工资福利问题。当时手工业合作社（组）员的分配中平均主义严重，工资一般比较低，约有 20% 的社员，收入比入社前有所减少；劳保福利工作比较差，多数社（组）员的疾病医疗问题还没有得到解决。解决问题的办法是：①手工业合作社（组）的工资标准，一般应不低于入社前的劳动收入，不高于当地同行业同等技术条件的国营工厂的工资标准。在收益分配上，应贯彻"先工资、次治病、后积累"的原则。②手工业合作社(组）的工资，必须贯彻"按劳取酬"的原则。根据劳动轻重和技术繁简，规定合理的工资等级，克服平均主义。③手工业合作社（组）的工资形式是多种多样的，有的计件，有的计时，有的采取提成的办法，不论采取何种工资形式，都应根据生产情况，经过社（组）员民主讨论决定。④在不影响产品零售价格的条件下，各地可根据手工业合作社（组）的具体条件，按工资总额提取 5%~10% 的附加工资。这些附加工资，除作为解决社(组）员一般疾病的医疗费用外，还要解决社（组）员的病假、产假、法定节日的工资补助，以及社员家庭生活困难的补助。⑤手工业中的小业主的工资也应该按照技术标准来评定，不应该歧视他们。小业主带徒弟，应该给予合理的报酬。

4. 关于保护和提高特种工艺问题。①加强对工艺美术工作的领导，迅速成立中央及各省（市）工艺美术管理局，把各种经济类型的工艺美术业(国营、公私合营、合作社和个体户)，统一管起来。②加强对老艺人的团结和照顾。在物质上，给予较合理的工资和技艺津贴，鼓励他们传授技艺，对新产品的创作和工作场所、参观旅行等方面，都要给予帮助。在政治上，给予适当的政治地位和学术头衔，吸收他们参加美术家协会，并让他们参加必要的政治活动。③重视对新艺人的培养工作，除教育现有的学徒向优秀艺人努力学习外，要招收一部分初中以上文化程度的学生作艺徒，以适应客观的需要。④对工艺美术品的原料供应和产品销售，要贯彻"优质优料、优质优价"的原则。⑤各省市党委、政府对现有的各种特种工艺要很好地加以保护，对提高和保护优良的工艺美术品中发生的各种困难，要适当地加以解决。

5. 关于手工业的领导和组织机构问题。手工业是地方工业的组成部分。专区、县以下的工业产值，手工业占80%~90%，省和自治区一般占30%~50%。因此，今后手工业的改造和管理工作必须由地方党委、政府负责领导。

鉴于当时县（市）以下的工业主要是手工业，为了统一管理县（市）的工业与手工业，县（市）工业科与手工业科可以合并成立工业科（局），中等以上城市和工业、手工业较多的省，可以保留手工业管理局，但要与工业部门密切配合；工业和手工业较少的省，可以在省工业厅以下设立手工业管理局。各级手工业联社与同级手工业管理局合署办公。县（市）工业科和手工业联社，应该在县（市）党委、政府的领导下，对基层合作社（组）的企业管理和改组、原料供应、产品推销、生产安排、计划平衡、财务管理、技术改造、干部培养、劳动工资、劳保福利以及组织与教育个体手工业者等各项工作，负直接领导的责任。省（市）手工业管理局和联社的主要任务，是在省（市）党委、政府的领导下，负责对基层社和下级联社进行生产指导、供销安排、计划平衡和干部培养等工作，并且帮助解决县（市）所不能解决的困难。中共中央手工业管理局和全国手工业合作总社筹委会的主要任务，是在党中央和国务院的领导下，对手工业工作进行督导检查、政策研究、交流经验，协助解决省（市）所不能解决的困难等。

由于贯彻执行了以上各项措施，高潮中出现的问题，在一定程度上得到解决，促进了手工业生产合作社的巩固和发展。1957年，手工业生产合作社的劳动生产率比1956年提高20.3%，比1952年提高121.9%。这年每人年平均工资达到384元，较1956年增长10.7%，较1952年增长

83%，5年中平均每年增长 12.9%。[①]

第三节　个体手工业的社会主义改造的主要成就和问题

我国手工业的社会主义改造的成就和问题，在许多方面存在着与资本主义工业的社会主义改造相类似的情况。

一、个体手工业的社会主义改造的主要成就

1. 在很短的几年时间里，就在绝大多数个体手工业者基本自愿的情况下完成了个体手工业的社会主义改造。

表 2-3-1　1949~1957 年手工业合作化的发展　　　　单位：%

项　目	1949 年	1950 年	1951 年	1952 年	1953 年	1954 年	1955 年	1956 年	1957 年
1. 手工业者人数	100	100	100	100	100	100	100	100	100
合作化手工业	—	—	—	3.1	3.9	13.6	26.9	91.7	90.2
个体手工业	—	—	—	96.9	96.1	86.4	73.1	8.8	9.8
2. 总产值	100	100	100	100	100	100	100	100	100
合作化手工业	0.5	0.8	2.2	3.5	5.6	11.2	19.9	92.9	95.2
个体手工业	99.5	99.2	97.8	96.5	94.4	88.8	80.1	7.1	4.8

资料来源：周太和主编：《当代中国的经济体制改革》，中国社会科学出版社 1984 年版，第 29 页。

表 2-3-2　　1952~1956 年手工业生产合作社的发展

年份	手工业生产合作社数目（个）	手工业生产合作社社员占手工业从业人员总数（%）	手工业生产合作社产值占手工业总产值（%）
1952	3280	3.0	3.4
1953	4629	3.5	5.3
1954	11741	6.7	8.2
1955	20928	11.9	12.9
1956	74000	73.6	86.2

资料来源：《中共党史教学参考资料》第 21 册，第 517 页。

表 2-3-1 和表 2-3-2 的资料表明：如果从党和国家在过渡时期的总路线和总任务公布时算起，只花了 4 年时间（1953~1956 年），实际上只花了 3 年半时间（1953~1956 年上半年）。即使从新中国成立算起，也只

[①] 邓洁：《中国手工业社会主义改造的初步总结》，人民出版社 1958 年版，第 89 页。

花了 7 年时间（实际上是 6 年半时间）。1949 年合作化手工业产值占手工业总产值的比重为 0.5%，1952 年上升到 3.5%，1956 年上升到 91.7%。其中，手工业生产合作社的产值占手工业总产值的比重，1952 年为 3.4%，1956 年上升到 86.2%。所以，到 1956 年（实际是 1956 年上半年），就基本完成了个体手工业的社会主义改造。

2. 在我国手工业合作化过程中，尽管有些年份（1956~1957 年）许多手工业产品品种减少了，质量下降了，但总体说来，生产是有较大发展的。

表 2-3-3　1952~1957 年手工业生产的发展

	单位	1952 年	1953 年	1954 年	1955 年	1956 年	1957 年
1. 手工业从业人员数	万人	736.4	778.9	891.0	820.2[①]	658.3	652.8
合作化手工业	万人	22.8	301	121.3	220.6	603.9	588.8
其中：手工业生产合作社	万人	21.8	27.1	59.6	97.6	484.9	474.1
个体手工业	万人	713.6	748.8	769.7	599.6	54.4	64.0
2. 手工业总产值	亿元	73.12	91.19	104.62	101.23	117.03	133.67
合作化手工业	亿元	2.55	5.06	11.70	20.16	108.76	127.22
其中：手工业生产合作社	亿元	2.46	4.86	8.56	13.01	100.93	118.74
个体手工业	亿元	70.57	86.13	92.92	81.07	8.27	6.45
3. 劳动生产率	元/人	992.9	1170.8	1174.2	1234.2	1777.8	2047.6
合作化手工业	元/人	1118.4	1681.1	964.6	913.9	1801.0	2160.7
其中：手工业生产合作社	元/人	1128.4	1793.4	1436.2	1333.0	2081.5	2504.5
个体手工业	元/人	988.9	1150.2	1207.2	1352.1	1520.2	1007.8

表 2-3-3 的资料表明：①1955~1957 年，尽管手工业从业人员显著减少，但在 1952~1957 年间（1955 年除外），手工业总产值是逐年以较大幅度上升的，劳动生产率也是逐年上升的。②合作化手工业总产值则是以更大的幅度逐年上升，劳动生产率除了 1954 年和 1955 年这两年以外，也是以很高的速度逐年增长的。

3. 创造了一条具有中国特点的个体手工业社会主义改造的道路，即创造了由手工业生产小组到手工业供销生产合作社，再到手工业生产合作社的逐步过渡的形式。这些做法是符合中国国情的。因而，既能在一定时期内发挥个体手工业的积极性，又能减少手工业合作化过程对生产

---

① 1955~1957 年手工业从业人员减少，是由于在合作化过程中，一部分城市手工业者被吸收入国营工厂，一部分农村手工业者加入了农业生产合作社。

带来的消极影响，还能发挥合作化手工业对生产的促进作用。这是我国个体手工业社会主义改造过程中生产能够有较大发展的一个重要原因。

以上三点，是我国个体手工业的社会主义改造的伟大成就，是科学社会主义理论和实践史上的伟大创造，这些成就和创造确实来之不易。

二、个体手工业在社会主义改造中的问题

从总结经验的角度来说，我国手工业合作化过程中也存在不少问题。其中带根本性的问题有：

1. 个体手工业社会主义改造的时间过于短促。这突出表现在 1956 年上半年实现手工业合作化高潮这段时间上。用半年时间来实现手工业合作化这个决定性步骤，其时间过于短促，是不言而喻的。

2. 在手工业合作化高潮中建立起来的生产合作社，其中相当一部分规模过大。1956 年上半年，手工业生产合作社的平均人数为 50.9 人，比 1955 年平均人数 45.8 人增加了 11.3%。有些省市的平均人数还远远超出此数。① 手工业生产合作社规模过大，不适合当时我国手工业的状况，其中主要包括采用手工劳动、合作社干部管理水平低、社员的文化技术素质低等因素。

3. 个体手工业社会主义改造的面过宽。按照我国社会生产力发展水平不高的状况，个体手工业在一个很长的历史时期内，对社会生产的发展还有积极作用，在满足人民生活需要方面还有机器工业所不能替代的独特作用，因而具有生命力，不会退出历史舞台。如果人为地要它退出，在社会需求的刺激下，它还会再生出来。这是一条已经为我国长期社会实践所证明了的客观规律。事实上，在我国手工业合作化高潮刚过不久，就又有大量的个体手工业再次生长出来。据统计，1956 年底，仅上海市自发产生的个体手工业者达到 4236 户，从业人员有 14773 人，从事 90 多种行业的生产。

4. 更有甚者，1956 年下半年，中共中央在批转中共中央手工业管理局和全国手工业合作总社筹委会党组的报告中，提出了社会主义集体所有制的手工业生产合作社向社会主义全民所有制的工厂过渡的任务，并于 1957 年部分地付诸实施。到 1957 年底，全国由手工业生产合作社转为

---

① 邓洁：《中国手工业社会主义改造的初步总结》，人民出版社 1958 年版，第 35 页。

合作工厂（实质上是地方国营企业）的有 1000 多个，还有一些手工业生产合作社直接转为地方国营工厂。① 这一点，还成为 1958 年以后急于实现由集体所有制向全民所有制过渡的思想来源。

产生上述问题有很复杂的社会原因，主要还是受到了时代的限制，以及与此相联系的认识上的限制。

第四节　个体商业的合作化

与建国初期个体的农业和手工业在国民经济中占有很大比重相适应，个体商业也占有很重要的地位，据统计，1950 年小商小贩户数为 369 万户，从业人员为 541 万人。到 1955 年，户数仍有 280 万户，从业人员仍有 330 万人；户数占全国私营商业总户数的 96%，经营商业流转额占总额的 65%。

显然，对个体商业也要像对个体和手工业一样，通过合作化的道路实行社会主义改造。

但在社会主义改造高潮到来以前，对小商小贩改造的形式主要是给国营商业和供销合作社经销和代销。直到 1956 年 6 月，在全国 240 多万小商小贩中，为国营商业和供销合作社代购、代销的大约还占 60% 左右。但同时也发展了组织小商小贩的多种形式。在城市主要是统一计算盈亏的联购联销和各负盈亏的联购分销两种类型；饮食、服务和带有修理、技术性的小商小贩，也有些组成合作商店或合作小组。在农村，则有经销小组、代购代销小组、合作商店、合作小组等形式。

1956 年的社会主义改造高潮以后，合作商店、合作小组就成了对小商小贩进行社会主义改造的主要形式。到 1956 年底，商业及饮食业小商小贩组织合作小组的有 115 万户，占总数的 46%，组织成合作商店的有 80 万户，占总户数的 32%。

合作小组是由同一行业和业务相近的一些经营额小、业务零星分散的小商小贩在国营商业和合作社商业领导下自愿组织起来的。它的成员

① 薄一波：《若干重大决策与事件的回顾》上卷，中共中央党校出版社 1991 年版，第 451、456~457 页。

统一向社会主义商业承揽业务、统一组织货源，但分散经营、各负盈亏。组成合作小组后，在承接经销代销任务、进货进料上可以实行小组互助，并提取一定的公共福利基金。合作小组基本上没有改变各个商业劳动者的个体经营，他们仍然各自占有资金，但是，它已经有了某些社会主义因素。因此，它是带有社会主义因素的个体小商小贩的互助组织。但合作小组接近消费者，灵活便利，在一个时期内合作商店更为普遍。

合作商店是由一定经营能力、一定资金、同行业或业务相近的几户或几十户小商小贩在国营商业或供销合作社领导下，自愿组织起来的。它开始改变个体经营为集体经营，资金入股，不但在组织货源方面已经统一起来，在商品销售方面也统一起来了，并且统一计算盈亏，有了集体财产。合作商店的业务一般是为国营或供销合作社商业经销、代销。在合作商店中，成员的资财已归商店集体使用，实行统一核算，共负盈亏，但是，它还保留着股金分红或股金计息，即承认股金的个人所有权。合作商店一般都实行工资制度，其形式有固定工资、死分活值和分成等，体现了按劳分配。合作商店的分配除了工资和流通费用以外，还提公积金（用于企业扩大经营）和公益金（用于集体福利）。因此，合作商店是半社会主义性质的经济。[①]

---

① 参见《中国资本主义工商业的社会主义改造》，人民出版社 1962 年版，第 241~248 页。

第四章 高度集中的计划经济体制的形成及其改进方案的提出

第一节 1956 年，高度集中的计划经济体制的形成

一、高度集中的计划经济体制形成的历史背景

在国民经济恢复时期，已经确立了高度集中的计划经济体制的雏形。到了"一五"时期，这个雏形有了进一步的发展，形成了高度集中的计划经济体制。

高度集中的计划经济体制形成的历史背景，一是已往几千年封建社会形成的自然经济思想的影响；二是过去 20 多年革命根据地和解放区处于被包围、被分割的农村情况下形成的自给自足、各自为战的管理制度，以及战时共产主义供给制的影响；三是在缺乏社会主义建设经验的情况下，基本上学习了苏联斯大林时期实行的计划经济体制（这些因素都是重要的，但都是历史的或外在的因素，而不是现实的和内在的因素）；四是这种体制适应了"一五"时期集中主要力量进行以重工业为主的重点建设的需要（这是现实的和内在的因素）。

这种高度集中的计划经济体制有一个很大的优点，就是能够把社会的资金、物资和技术力量集中起来，用于有关国计民生的重点项目、国民经济发展中的薄弱环节和经济落后地区，从而比较迅速地形成新的生产力，克服国民经济各个部门之间和各个地区之间的发展不平衡状态，

促使国民经济迅速发展。这一点，正好适应了实现"一五"计划基本任务的需要。

"一五"计划首要的基本任务，是集中主要力量进行以苏联帮助我国设计的 156 个建设项目为中心的、由限额以上的 694 个建设项目组成的工业建设，建立我国的社会主义工业化的初步基础。显然，要实现这项任务，需要大量的财力、物力和技术力量。1952 年，尽管我国国民经济已经得到了恢复，但财力、物力和技术力量都很有限，不能充分适应建立社会主义工业化初步基础的需要。要使得有限的经济力量能够满足社会主义工业化建设的需要，就需要适当集中。根据"一五"计划的规定，单是苏联帮助设计的建设单位在 5 年内的投资就达到 110 亿元，占工业基本建设投资 248.5 亿元的 44.3%。而且，直接配合这些建设单位的，还有 143 个限额以上的建设单位，5 年内对这些建设单位的投资是 18 亿元，占工业基本建设投资的 7.2%。两项合计共占 51.5%。[①] 这就表明"一五"期间需要集中主要的投资来保证这些工程的建设，而且限额以上的694 个建设单位，特别是苏联帮助我国设计的 156 个建设单位，都是关系国民经济命脉的项目。建设这些项目不是为了满足一个地区的需要，而是为了满足全国的需要。这些建设项目不仅技术复杂，而且投资量大。这种情况又决定了这些建设项目必须由中央集中统一管理。因而也需要由中央集中资金、物资和技术力量。显然，如果不实行由中央集中全国经济力量（包括资金）的高度集中的计划经济体制，是难以实现"一五"期间建立社会主义工业化初步基础的任务的。

二、高度集中的计划经济体制的主要内容

在实行这种高度集中的计划经济体制的条件下，无论就中央政府和地方政府的管理权限来说，或者就国家和企业的管理权限来说，都是高度集中在中央政府手中的。

1. 工业企业的管理。国民经济恢复时期，在国家对工业企业的管理方面，曾经实行了统一领导和分级管理的原则。当时除了在华北地区中央政府直接管理了一部分国营工业企业以外，在其他各大行政区，工业企业基本上是由各大行政区直接管理的。但在"一五"期间，中央政府

---

① 《中华人民共和国发展国民经济的第一个五年计划（1953~1957）》，人民出版社 1955 年版，第 31 页。

各部门直接管理的工业企业数大大增长了，即由 1953 年的 2800 多个增长到 1957 年的 9300 多个，大约占当年国营工业企业总数 58000 个的 16%，工业产值接近国营工业总产值的一半。决定这一点的有三个基本因素：①有计划经济建设的开展，要求进一步加强中央政府的集中统一领导。与此相联系，1954 年 6 月 19 日中央人民政府决定撤销大区一级的行政机构。于是，原来由各大行政区直接管理的国营企业就转到中央政府各部门手中。②随着私人资本主义工业的社会主义改造的基本完成，原来的私营工业企业变成了公私合营的工业企业，其中一部分由国家直接管理。③由国家投资兴建的工业企业投产以后，也由中央政府有关部门直接管理。

2. 工业基本建设项目的管理。"一五"期间，基本建设项目（特别是大中型基本建设项目）投资的绝大部分都是由中央政府直接安排的。从"一五"计划实际执行的结果来看，国家预算内投资达到 531.18 亿元，占基本建设投资总额的 90.3%。[1]其中，属于中央政府直接管理的项目的投资占 79%，属于地方政府直接管理的项目的投资占 21%。

"一五"期间，基本建设项目的审批权也是高度集中的。依据有关文件规定，国务院各部门和各省、自治区、直辖市管理的各类基本建设项目在 500 万~3000 万元之间的，需经国家建设委员会审核，国务院批准；60 万~500 万元之间的各类基本建设项目需经国务院各部或各省、自治区、直辖市人民委员会审核批准；60 万元以下的各类基本建设项目，其审核和批准程序，分别由国务院各部和各省、自治区、直辖市人民委员会自行规定。[2]

在这期间，中央政府各主管部门对重点建设项目的管理权也很集中，从人、财、物的调度，到设计施工，到生产准备的安排，是一管到底的。

3. 计划管理。国民经济恢复时期结束时，工业中的社会主义经济成分的比重是大大增长了，但各种私有制工业还占大部分。依据这种实际经济状况，"一五"期间实行了直接计划与间接计划和市场调节相结合的

---

①《中国统计年鉴》（1981），第 303 页。
② 国务院：《基本建设工程设计和预算文件审核批准暂行办法》（1955 年 7 月 12 日发布），《中国工业经济法规汇编（1949~1981）》，第 209~210 页。

计划管理制度。就是说，对国营企业和生产国家计划产品的一部分公私合营企业实行直接计划，由国家向这些企业下达指令性生产指标。指令性指标有12项：总产值、主要产品产量、新种类产品试制、重要的技术经济定额、成本降低率、成本降低额、职工总数、年底工人到达数、工资总额、平均工资、劳动生产率和利润。对多数公私合营企业和私人资本主义工业以及一部分手工业实行间接计划，主要由国家采用各种经济政策、经济合同和经济措施，把它们的经济活动引导到国家的计划轨道。至于对各类小商品生产，一般不列入国家计划，由市场进行调节。

在"一五"前期，有关国计民生的工业品生产已经纳入国家的直接计划，但工业生产中的间接计划和市场调节部分仍占有很大的比重。1952年，公私合营工业、私人资本主义工业和个体工业产值占工业总产值的55.2%；直到1955年还占到41%。[①] 所以，即使扣除了公私合营工业产值中已纳入国家直接计划的部分，"一五"前期间接计划和市场调节部分的比重仍然不小。这种直接计划与间接计划和市场调节相结合的计划管理制度，既具有宏观经济发展需要的统一性，又在某些方面（主要是私有经济中）具有微观经济发展需要的灵活性，从而成为这个时期经济发展的重要因素。

但到"一五"后期，工业生产中直接计划的部分大大增长了，而间接计划的部分大大缩小了。1953年，国家计委统一管理、直接下达计划指标的产品是115种；到1956年，增加到380多种，其产值占到工业总产值的60%上下。这部分是由于重点建设的开展，需要中央政府集中更多的财力和物力；部分是由于国民经济计划工作经验的积累，对各种生产条件的认识更加清楚，有可能制定更多的指令性计划指标；部分地是由于生产资料私有制的社会主义改造的基本完成，有可能把原来对国营工业企业的管理制度推广到更多的公私合营的企业中去。

4. 财务管理。"一五"时期，国家对国营企业继续实行统收统支的财务管理制度。国营企业需要的资金（包括固定资产更新改造需要的技术措施费、新产品试制费和零星固定资产购置费，以及定额流动资金），按企业隶属关系，由中央政府或地方政府的财政拨款，超定额流动资金由

---

① 《中国统计年鉴》（1984），第194页。

国家银行贷款。国营企业除了需要依据中央人民政府财政部的规定缴纳税款外，还需要按照隶属关系把全部折旧基金和大部分利润上缴中央政府财政部或地方政府。企业只能按照国家规定提取一定比例的计划利润和超计划利润作为企业奖励基金。1952 年曾经规定：各产业部门的国营企业可以提取计划利润的 2.5%~5% 和超计划利润的 12%~25% 作为企业奖励基金。① "一五"时期，对提取奖励基金的条件和比例做了一些修改。同时，为了发挥企业超额完成国家计划的积极性，还对中央各部门直属的企业超计划利润的分成和使用做了规定。国营企业超计划利润分成的计算，以年度为准，以主管部为单位，超计划利润扣除应提的企业奖励基金和企业社会主义竞赛奖金以后，以 40% 留归主管部使用，60% 上缴国库。各主管部可以将超计划利润留成的一部分，分给企业用于弥补流动资金、基本建设资金和技术改造资金的不足。② 但这并没有改变国营工业经济中财权高度集中的状况。据计算，"一五"期间，国营企业奖励基金和超计划利润提成 5 年合计仅有 12.4 亿元，相当于同期企业上缴国家财政总数的 3.75%。

5. 物资管理。"一五"时期，为了加强对物资的集中统一管理，将物资分为三类：一是统配物资，即关系国计民生的最重要的通用物资，由国家计划委员会组织生产和分配的平衡。二是部管物资，即重要的专用物资，由国务院各主管部门组织生产和分配的平衡。这些列入国家计划分配的物资，均由国家计委或国务院各主管部门统一组织生产和分配，生产企业、国务院其他部门和地方政府无权支配。三是地方管理物资，即第一、第二两项以外的工业品生产资料，不由国家计划分配，而是一部分由地方政府安排生产和销售，大部分由企业自产自销。

与这种物资管理体制相适应，在物资价格管理上，第一、二类物资都是按国家的计划价格组织调拨，第三类物资的价格由地方或企业自行规定。

前面说过，"一五"时期，国家直接计划生产的产品的范围不断扩

---

① 国务院财政经济委员会：《国营企业提用企业奖励基金暂行办法》，《新华月报》1952 年 2 月号，第 132 页。

② 财政部：《关于一九五六年国营企业超计划利润分成和使用的规定》（1956 年 10 月 11 日），《中国工业经济法规汇编（1949~1981）》，第 111 页。

大。与此相联系，计划分配物资的种类也在增长。1953 年，计划分配的物资为227 种，其中一类物资为 112 种，二类物资为 115 种；到 1957 年，计划分配物资增长到 532 种，其中一类物资为 231 种，二类物资为 301 种。与此相对应，非计划分配的重要物资，不仅在品种上减少了，在供应的数量上也下降了。通过商业部门按市场牌价供应的钢材占全国钢材供应总量的比重，1953 年为 35.9%，1956 年下降到 8.2%。

6. 劳动工资管理。在劳动管理方面，1954 年以前，是在中央统一政策指导下，以大行政区管理为主的。当时，不论是国营企业或是私营企业，都可以在国家政策允许的限度内自行增减职工；企业招工可以对职工进行考核，并可择优录用，还有辞退职工的权力。进入"一五"时期以后，1954 年撤销了大行政区，对劳动用工的管理，就逐步转到以中央集中管理为主。同时，为了适应有计划的经济建设的需要，又逐步扩大了国家对职工统一分配的范围，从大学毕业生，到中专毕业生和技工学校毕业生，一直到复员退伍军人。而在全行业公私合营以后，对原来私营企业的职工又实行了包下来的政策，这就形成了能进不能出的"铁饭碗"制度，同时也意味着企业的用工权利丧失殆尽。

在工资管理方面也存在类似的情况。在国民经济恢复时期，工资也是以各大行政区的分散管理为主的。进入"一五"时期以后，1953 年已经开始对工资实行集中管理，但这时国家只控制工资总额和平均工资指标，而且这两个指标是逐年增加的。这样，地方、部门和企业都可以在国家规定的范围内安排部分职工升级，并依据需要实行计件工资和建立奖励制度。1954 年，大行政区撤销以后，工资管理就集中到中央政府劳动部手中。经过两年的准备，到 1956 年，进行了全国工资改革。从建立全国统一的国营企业工资制度来说，这次工资改革的内容主要包括：取消工资分制度和物价津贴制度，统一实行直接用货币规定工资标准的制度；分别按产业规定工人的工资等级数目和工资等级系数，统一制定或修改技术等级标准，实行等级工资制，对企业领导人员、工程技术人员和职员实行职务或职称的等级工资制；地方国营企业职工的工资标准和工资制度，由各省、自治区、直辖市根据企业的规模、设备、技术水平和现在的工资情况等条件，参照中央国营企业职工的工资标准和工资制度来制定。

但这次工资改革，不仅涉及到中央和地方国营工业企业，而且涉及到公私合营的工业企业。按照当时的有关规定，在全行业公私合营以前实行了公私合营的企业，一般与国营企业同时进行工资改革，使它们的工资标准和工资制度与同一地区性质相同、规模相近的国营企业大致相同，现行工资标准高于当地同类性质国营企业的，一律不予降低。全行业公私合营以后建立的公私合营企业的工资标准和工资制度，逐步向同一地区性质相同、规模相近的国营企业看齐。公私合营企业的职工和私方人员的现行工资标准，同当地同类性质的国营企业的工资标准相比较，高了的不减少，低了的根据企业生产、营业情况和实际可能，分期地逐步增加。

这样，经过这次工资改革，不仅在国营经济内部建立了统一的工资制度（包括由中央政府统一规定职工工资标准以及职工定级、升级制度等），而且开始把这种统一的工资制度向公私合营企业推广了。

上述情况表明，"一五"时期，我国在对企业管理、基本建设项目管理、计划管理、财务管理、物资管理和劳动工资管理等方面都建立了高度集中的管理制度，从而形成了较完整的高度集中的计划经济体制。

当然，"一五"时期是我国高度集中的计划经济体制的形成时期。因而，在这方面，"一五"前期（即1956年生产资料私有制的社会主义改造基本完成以前）和"一五"后期（即1956年生产资料私有制的社会主义改造基本完成以后）就会出现阶段性的差别。

总的说来，"一五"前期的计划经济体制虽已是高度集中的管理体制，但相对"一五"后期来说，中央政府的集权还不是很高，地方政府和工业企业还有较多的管理权力。但到了"一五"后期，伴随着生产资料私有制的社会主义改造的基本完成，以及社会主义工业建设对于财力物力的需要和财力物力供应不足的矛盾的发展，这种高度集中的计划经济体制就进一步向前发展了，对工业经济的管理权力更进一步集中在中央政府手中，地方政府和工业企业就没有多少活动余地了。这一点，从上述计划经济体制各个方面的变化可以看得很清楚。

三、高度集中的计划经济体制的历史作用及其弊病

1. 历史经验已经证明，"一五"时期建立起来的高度集中的计划经济体制，对"一五"计划各项任务的实现，起了重要的促进作用。这种体

制有利于集中主要力量建立我国的社会主义工业化的初步基础；有利于克服半殖民地半封建中国留下的农业、轻工业和重工业之间的比例失调状态，以及沿海和内地之间的经济发展的严重不平衡情况；有利于为生产资料私有制的社会主义改造提供良好的物质条件；有利于保证国家财政收入的增长、市场价格的稳定和人民生活的提高。

历史经验还表明，高度集中的计划经济体制固有的弊病，在"一五"时期也已经有了暴露。这包括：这种体制不适合国营企业作为商品生产者的要求，束缚了企业的积极性；由这种体制造成的条块分割状态，割断了发展商品经济要求的部门之间和地区之间的经济联系；这种体制容易造成基本建设投资膨胀，引发国民经济比例关系的失调；这些又会导致经济效益低的后果等。比如，1956年有一篇文章写道："在上海，一些国营工厂和公私合营工厂的负责人经常这样说：由于上级国家机关在计划管理、财务管理、干部管理、职工调配、福利设施等方面管理过多、过死，许多事情他们做不了，管不了，只能起'算盘珠子'的作用。"①

束缚企业的积极性，是高度集中的计划经济体制的基本弊病；束缚地方政府的积极性，也是这种弊病的一个重要方面。比如，新中国成立后5年中，中央只给天津地方工业安排了20万元基本建设投资，建什么都要报中央有关部门批准，甚至连市里设多少电影队、每队配备多少人，也都要报经中央主管部门同意。②

高度集中的计划经济体制虽然既有积极作用，也有消极作用，但二者并不是平分秋色的关系。在"一五"时期具体条件下，其积极作用得到了较充分的发挥，是主要的方面；其消极作用受到了限制，是次要的方面。半殖民地半封建中国产业结构是畸形的，农业比重过大，工业比重过小，轻工业落后，重工业尤其薄弱。新中国成立以来，经过国民经济恢复时期的建设，这种畸形状态有了一定程度的改善，但并没有得到根本的改变。所以，在第一个五年计划期间，继续优先发展重工业，是一个正确的战略决定。这个时候我国工业基础仍然是很薄弱的，外延的扩大再生产形式，即主要依靠新建企业来进行的形式占有特别重要的地

---

① 《新华半月刊》1956年第3期，第46~47页。
② 薄一波：《若干重大决策与事件的回顾》下卷，中共中央党校出版社1993年版，第782页。

位。但相对于发展轻工业和进行内涵的扩大再生产形式（即通过对原有企业的技术改造实现扩大再生产）来说，发展重工业和进行外延的扩大再生产，均需要较多的资金。这就需要把社会有限的财力集中于国家手中，用于建设有关国计民生的重点项目，以加速工业和整个国民经济的发展。高度集中的计划经济体制，正好适应了经济发展的这一客观要求，并促进了生产的发展。

2. 以行政管理为主的计划经济体制，它的运行机制是国家各级上级机关对各级下级机关以及国家行政机关对企业的行政命令，是国家各级下级机关对各级上级机关以及企业领导人对国家行政机关的行政责任，是维护行政命令和行政责任的行政纪律，是国家各级行政干部和企业领导人的责任心，是党的思想政治工作。而在第一个五年计划期间，党和政府的威信很高，党的作风正派，党的干部队伍比较年轻，官僚主义比较少，广大干部的政治激情高涨，党的思想政治工作也很有力。这一切就使得计划经济体制的运行机制是比较灵敏的，行政管理的效率也是比较高的。

3. 第一个五年计划期间党和国家的宏观经济决策是正确的。在各种经济管理体制下，党和国家的宏观经济决策都是重要的。而在高度集中的、以行政管理为主的计划经济体制下，党和国家的宏观经济决策的正确与否，其意义尤为巨大。因为只有宏观经济决策正确了，才能从根本上保证行政管理的效率；否则，就根本谈不上行政管理的效率。所以，第一个五年计划期间正确的宏观经济决策，是充分发挥高度集中的计划经济体制积极作用的一个十分重要的条件。

上面分析的仅仅是问题的一个方面，即由于第一个五年计划期间的各种具体条件，使得高度集中的计划经济体制的积极作用得到了较充分的发挥；另一方面，在这个期间，这种经济管理体制的消极作用却受到了很大的限制。①我国生产资料私有制的社会主义改造基本上是在1956年完成的。在此之前，社会主义经济虽然已经居于领导地位，但还存在着大量的资本主义经济以及个体经济。而且，在这个期间，党和政府比较成功地通过运用价值规律，对这些私有经济实行了计划指导。所以，由这种计划经济体制产生的管理过于集中，管得过死，否定市场调节的作用等缺陷，这个期间首先在范围上受到了限制。②在这个期间，生产社会化和社会主义的商品经济都还不发展，由于美国等资本主义国家对我国实行封锁禁运，对外贸易也受到了很大的限制。这样，由这种经济管理体制带来的否定国营企业的商品生产者的地位以及阻碍社会主义商品生产等消极作用，这个期间也暴露得不甚充分。

上述情况表明：高度集中的计划经济体制，适应了"一五"时期社会生产力发展的要求，并符合"一五"时期的具体情况，从而使它的积极作用成为主要方面。

这是把"一五"时期作为一个整体说的，它并不意味着这种体制的积极作用和消极作用，在"一五"前期和后期都是同等的。实际上，由于前面已经论述过的原因，在"一五"前期，这种体制的积极作用更大些，消极作用要小些；而在"一五"后期，虽然还有主要的积极作用，但消极作用明显地增长了。

第二节　1957年，高度集中的计划经济体制改进方案的提出

一、高度集中的计划经济体制改进方案的形成过程

前面说过，在国民经济恢复时期，已经建立了高度集中的计划经济体制的雏形。"一五"时期形成了高度集中的计划经济体制。到1956年，在建立计划经济体制方面，已经积累了几年的经验。而且，这时高度集中的计划经济体制的弊病，已经较多地和较明显地暴露出来。正是在这种历史背景下提出了改进计划经济体制的问题。

为了总结新中国成立以来社会主义建设的经验，探索社会主义建设的正确道路（包括计划经济体制改进的正确道路），毛泽东从1956年2月起，用了一个多月的时间听取中央34个部门（包括工业、农业、交通运输业和财政等部门）的工作汇报。在这个汇报过程中，2月4日毛泽东依据他在1955年下半年到外地巡视工作听到的各省负责人的反映（即关于中央政府对经济统得过死，严重束缚地方政府和企业的手足，强烈要求中央政府向下放权），尖锐提出"地方同志对中央集权太多不满意"，这个问题"光从思想上解决不行，还要解决制度问题"，"思想问题常常是在

一定情况和制度下产生的，制度搞对头了，思想问题也容易解决"。① 毛泽东在这里讲了马克思主义的一条根本道理：制度是带根本性的问题，解决制度问题是基本途径。这实际上发出了改进计划经济体制的号召。

毛泽东经过大量系统的调查研究之后，在 4 月 25~28 日召开的中央政治局扩大会议上，发表了《论十大关系》的讲话。他在讲话中开宗明义地说："提出这十个关系，都是围绕着一个基本方针，就是要把国内外一切积极因素调动起来，为社会主义服务。""过去我们就是鉴于苏联经验教训，少走了一些弯路，现在当然要引以为戒。"他在讲到国家、生产单位和生产者个人的关系时指出："国家和工厂、合作社的关系，工厂、合作社和生产者个人的关系，这两种关系都要处理好。为此，就不能只顾一头，必须兼顾国家、集体和个人三个方面。……把什么东西统统都集中在中央或省市，不给工厂一点权力，一点机动的余地，一点利益，恐怕不妥。""各个生产单位都要有一个与统一性相联系的独立性，才会发展得更加活泼。"他在讲到中央和地方的关系时指出："中央和地方的关系也是一个矛盾。解决这个矛盾，目前要注意的是，应当在巩固中央统一领导的前提下，扩大一点地方的权力，给地方更多的独立性，让地方办更多的事情。这对我们建设强大的社会主义国家比较有利。我们的国家这么大，人口这样多，情况这样复杂，有中央和地方两个积极性，比只有一个积极性好得多。"② 毛泽东这个讲话为改进高度集中的计划经济体制指出了基本方向。

中央政治局扩大会议一致同意毛泽东《论十大关系》的讲话，认为应当根据讲话的精神正确处理好各方面的关系，改进中央权力高度集中的经济管理体制，并要求国务院尽快研究具体改进的方案。

国务院根据毛泽东《论十大关系》的讲话和中央政治局扩大会议的精神，于 1956 年 5 月和 8 月间召开全国体制会议，研究改进经济管理体制的方案。

周恩来在 6 月 23 日的会上讲了话，对改进体制的意义、原则和方法做了系统阐述。③

---

① 薄一波：《若干重大决策与事件的回顾》下卷，中共中央党校出版社 1993 年版，第 783 页。
②《毛泽东选集》第 5 卷，人民出版社 1977 年版，第 272~277 页。
③ 薄一波：《若干重大决策与事件的回顾》下卷，中共中央党校出版社 1993 年版，第 787~788 页。

依据毛泽东、周恩来的上述讲话精神，当时由国务院有关部门专家起草了《国务院关于改进国家行政体制（即国家经济管理体制——引者注）的决议（草案）》。要点是：划分中央和地方行政管理职权的原则，以及计划、财政、工业和国民经济其他部门的改革。①同年 8 月 28 日，国务院召开第36次全体会议，对上述草案作了修改后，提交党中央讨论通过。

1956 年 9 月，中国共产党召开了第八次全国代表大会。刘少奇在代表中国共产党中央委员会向第八次全国代表大会所作的政治报告中，就改进高度集中的计划经济体制的原则问题做了进一步的论述。他说："在这里，有必要指出这样一个事实，就是上级国家机关往往对于企业管得过多、过死，妨碍了企业应有的主动性和机动性，使工作受到不应有的损失。应当保证企业在国家的统一领导和统一计划下，在计划管理、财务管理、干部管理、职工调配、福利设施等方面，有适当的自治权利。""我们的经济部门的领导机关必须认真把该管的事管好，而不要去管那些可以不管或者不该管的事。"②

1957 年初，党中央为了加强对经济工作（其中包括改进体制工作）的统一领导，决定成立一个小组，在中央政治局领导下具体负责。1月10日，中共中央发出《关于成立中央经济工作五人小组的通知》，小组由陈云、李富春、薄一波、李先念、黄克诚组成，陈云为组长。小组成立后，立即着手研究落实党的八大关于改进体制的精神和《国务院关于改进国家行政体制的决议（草案）》的各项规定，认为改进体制的重点是工业、商业和财政，首先应解决好这三个方面的问题，并督促有关部门尽快提出具体实施方案。同年 10 月，在扩大的党的八届三中全会上，基本上通过了由陈云主持起草的《关于改进工业管理体制的规定（草案）》、《关于改进商业管理体制的规定（草案）》和《关于改进财政管理体制的规定（草案)》。③这三个规定于 1957 年 11 月经国务院第 61 次全体会议通过，接着又经过全国人民代表大会常务委员会第 84 次会议原则批准，11 月 18 日

①　薄一波：《若干重大决策与事件的回顾》下卷，中共中央党校出版社 1993 年版，第 789~790 页。

②《刘少奇选集》下卷，人民出版社 1982 年版，第 233 页。

③《陈云文选》第 3 卷，人民出版社 1995 年版，第 87~104 页。

以国务院名义正式公布下达。

二、高度集中的计划经济体制改进方案的主要内容

高度集中的计划经济体制改进方案的基本精神集中体现在《关于改进工业管理体制的规定》（以下简称《规定》）。所以在下面只叙述这个《规定》的主要内容。

《规定》指出：我国是社会主义国家，我国的建设是有计划的建设，全国各地区各企业的生产和建设工作都必须服从国家的统一计划，决不可以违反国家的统一计划。我们现行的工业管理体制基本上是符合这种要求。但是，从目前情况来看，现行工业管理体制存在着两个主要的缺点：一个是有些企业适宜于交给地方管理的，现在还由中央工业部门直接管理；同时，地方行政机关对于工业管理中的物资分配、财务管理、人事管理等方面的职权太小。另一个是企业主管人员对于本企业的管理权限太小，工业行政部门对于企业中的业务管得过多。这两个主要缺点限制了地方行政机关和企业主管人员在工作方面的主动性和积极性。在国家的统一计划以内，给地方政府和企业以一定程度的因地制宜的权力，是完全必要的。这种在国家统一计划范围内给地方政府和企业一定程度的机动权力，正是为了因地制宜地完成国家的统一计划，这是国家统一计划所必需的。为了适当地扩大地方政府在工业管理方面的权限和企业主管人员对企业内部的管理权限，做了下列的规定。

1. 在适当扩大省、自治区、直辖市管理工业的权限方面，《规定》提出：

（1）调整现有企业的隶属关系，把目前由中央直接管理的一部分企业，下放给省、自治区、直辖市领导，作为地方企业。现在属于轻工业部和食品工业部的企业，除了若干企业必须由中央管理的以外，大部分企业都下放给省、自治区、直辖市管理。纺织工业先下放一小部分，以后根据具体情况，再定大部分下放的步骤。重工业各部门所属的企业，凡是大型矿山、大型冶金企业、大型化工企业、重要煤炭基地、大电力网、大电站、石油采炼企业、大型和精密的机器、电机和仪表工厂、军事工业以及其他技术复杂的工业，仍旧归中央各工业部门管理。除此以外，其他工厂凡属可以下放的，都应该根据情况，逐步下放。森林工业部所属的企业，除个别单位需要由部直接管理的以外，其余全部下放。一切仍归中央各部管辖的企业，都实行以中央各部为主的中央和地方的双重领导，加强地方对中央各部所属企业的领导和监督。

（2）增加各省、自治区、直辖市人民委员会在物资分配方面的权限。中央各部所属企业、地方所属企业（包括地方所属的公私合营企业）和商业系统这三个方面所需要的物资，不论是国家经济委员会所管的全国统一分配的物资（以下简称统配物资），或者是中央各部所管的统一分配的物资（以下简称部管物资），仍旧各按原来系统申请和分配。地方国营、地方公私合营企业所需要的物资由省、自治区、直辖市统一申请和分配。但是，省、自治区、直辖市人民委员会，对于在省、自治区、直辖市范围以内的中央企业、地方企业和地方商业机关为本企业生产经营所申请分配的物资，在保证完成国家计划的条件下，有权根据当地的情况和需要的缓急，在各个企业之间进行数量、品种和使用时间方面的调剂；各个系统的企业，都要服从这种调剂。

省、自治区、直辖市管理的企业所生产的统配物资和部管物资，如果生产数量超过了国家计划规定数量，超过计划的部分，当地政府可以按照一定比例提成，自行支配使用，但是原定的品种计划不能改变。中央各部所属企业的超过计划的产品，除了中央指定的少数企业和少数产品品种以外，地方政府也可以按照中央批准的比例分成。

（3）原来属于中央各部管理现在下放给地方政府管理的企业，全部利润的20%归地方所得，80%归中央所得。凡是属于第二机械工业部、邮电部、铁道部、对外贸易部外销部分和民航局等部门的企业和大型矿山、大型冶金、大型化工、大型煤矿、大电力网、石油采炼、大型机器和电机的制造等企业以及长江、沿海跨省经营的航运企业，地方政府不参与利润分成；除此以外，所有仍旧属于中央各部管理的其他企业，例如纺织企业，地方政府也可以分得全部利润的20%。所有地方政府参与利润分成的企业，上述规定的二八分成的比例，3年不变。凡是属于原来由地方管理的企业，其全部利润，仍旧归地方政府所得。

（4）在人事管理方面，增加地方的管理权限。凡是属于中央各部下放给地方政府管理的企业，在人事管理方面，都按照地方企业办理。各省、自治区、直辖市对仍归中央各部管辖的企业的所有干部，在不削弱主要厂矿领导力量的条件下，可以进行适当的调整。但是，国务院管理范围的干部，地方要求调动的时候，应该报请国务院批准。各主管工业部门管理范围的干部，地方调动的时候，应该同主管部门协商。在调动干部尤其是调动高级技术人员的时候，应该注意干部原来的专业，照顾到某些干部在他的工作岗位上要有一定期间的稳定性。

中央各部所属的企业和分驻各地的管理机构，有关编制定员工作，应该受当地人民委员会的领导和监督。

2. 在适当扩大企业主管人员对企业内部的管理权限方面，《规定》指出：

（1）在计划管理方面减少指令性的指标，扩大企业主管人员对计划管理的职责。在生产计划方面，原来由国务院规定的非经国务院批准不得改变的指令性的指标共有12个，即总产值、主要产品产量、新种类产品试制、重要的技术经济定额、成本降低率、成本降低额、职工总数、年底工人到达数、工资总额、平均工资、劳动生产率和利润。现在把国务院指令性的指标减为4个，即主要产品产量、职工总数、工资总额和利润。其余8个指标，在一般情况下，都作为非指令性的指标。这些非指令性的指标，在下达计划和上报计划的时候，仍旧和4个指令性指标一样，全部列入计划，作为计算根据，但是，企业在执行中可以依据实际情况进行修改。对于非指令性指标修改后的方案，应该报有关部、局备案。除了国务院规定的4个指令性的指标以外，各工业部可以根据企业的特殊需要，增加个别指令性的指标，例如新种类产品试制、重要技术经济定额、成本降低率等。各省、自治区、直辖市人民委员会也可以根据当地需要，对自己所属企业增加个别指令性的指标，例如规定在省、自治区、直辖市范围内平衡的某种产品的产量。在基本建设计划方面，国务院1957年规定的指令性指标有4个，即总投资额、限额以上项目、动用生产能力和建筑安装工作量，今后仍旧按照这4个指令性指标执行。建筑安装部门的劳动工资指标，仍旧按照过去规定办理。各省、自治区、直辖市对于地方基本建设投资的使用，在保证完成上述指令性指标的条件下，在国务院核定的地方投资总额以内，可以对建设项目、建设进度等方面进行调剂。国家计划只规定年度计划。关于季度、月度计划，哪些企业应该由主管的部、局规定，哪些企业应该由企业自行制定，都由各主管部门根据具体情况，做出决定。

（2）国家和企业实行利润分成，改进企业的财务管理制度。企业的利润，由国家和企业实行全额分成。分成的基数根据各工业部门第一个五年计划期间领取的4项费用（技术组织措施费用、新种类产品试制费用、劳动保护费用、零星购置费用），加上企业奖励基金，再加上40%的超计划利润，把各部所领取的这3笔收入与工业部门在同一时期所实现的全部上缴利润，以部为单位，分别算出比例。例如各工业部所领取的3笔收入各占该工业部上缴利润的百分之几，就把这个比例分别作为各工业部的固定分成比例。以后年度预算中，国家不再拨付4项费用和企业奖励基金，所有这些费用，统由利润固定分成中解决。分成比例确定以后，3年不变。每年根据实现的利润，计算分成数额。各工业部对于所属企业根据上述原则和具体情况，分别确定各个不同的分成比例，实现国家和企业在利润方面的分成。但是，各工业部可以在自己直属各企业的全部分成所得中，集中一部分作为企业间调剂之用。各省、自治区、直辖市的工业管理部门也可以在它直属企业（包括中央下放企业）所得的利润分成中，抽出一部分，作为当地各企业间调剂之用。国防企业中新种类产品试制费用，以及其他企业的特殊重要的新种类产品的试制费用，如果超过本企业负担能力，由主管部门另行拨付。企业在使用分成所得的时候，必须把其中的大部分用于生产事业方面，同时，适当地照顾到职工福利方面。取消现行的某些不合理的规定，例如大修理不准"变形"、"增值"等规定。企业的事业费在保证完成计划的条件下，可以由企业在事业费总额内的项目之间调剂使用。企业的固定资产在上级规定的权限内，可以由企业增减或者报废。

（3）改进企业的人事管理制度，除企业主管负责人员（厂长、副厂长、经理、副经理等）、主要技术人员以外，其他一切职工均由企业负责管理。企业有权在不增加职工总数的条件下，自行调整机构和人员。

以上改进方案，在我国高度集中的计划经济体制建立时间不长、还缺乏经验的条件下，已经开始提到了这种体制两个重要弊病（地方政府管理工业的职权太小和企业主管人员对于本企业的管理权限太小），并相应地提出了改进措施，这是改进我国计划经济体制的第一个方案，具有重要的历史意义。但是，由于时代条件和认识水平的限制，这个方案还有很大的局限性。《规定》虽然提到了高度集中的计划体制的缺点，但没有看到从发展趋势来说这种体制根本不能适应社会主义市场经济发展的要求，因而也提不出进行根本改革计划经济体制的措施。诚然，《规定》也提到了企业主管人员对于本企业的管理权限太小，并提出了适当扩大企业主管人员对企业内部的管理权限的措施，但没有指出国营企业是独立的市场主体，更没有提出建立社会主义市场经济这样的改革目标模式。这样，即使《规定》提出的各项措施全面地付诸实现了，也只能使得高度集中的计划经济体制的弊病得到一定程度的缓解，而并不能获得根治。所以，从本质的和主要的意义上说来，《规定》只是对中央政府和地方政府管理经济权限上的调整，是行政性的分权，还谈不上是对计划经济体制的根本改革。

还要提到，《规定》涉及的改进还只是局限于国营经济的管理体制，还没有涉及整个国民经济管理体制和多种经济成分的发展问题。

但在这方面值得提出，陈云依据"一五"时期社会主义改造经验的总结，在 1956 年 9 月召开的党的八大上就改进包括整个国民经济和多种经济成分的管理体制问题提出了以下重要的原则："我们的社会主义经济的情况将是这样：在工商业经营方面，国家经营和集体经营是工商业的主体，但是附有一定数量的个体经营。这种个体经营是国家经营和集体经营的补充。"在生产计划方面，"计划生产是工农业生产的主体，按照市场变化而在国家计划许可范围内的自由生产是计划生产的补充"。"在社会主义的统一市场里，国家市场是它的主体，但是附有一定范围内国家领导的自由市场。"[1] 还要提到，毛泽东在 1956 年 12 月上旬与全国工商联领导人谈话时曾经提出中国还需要继续实行一段"新经济政策"的思想（详见本篇第二章第四节）。当然，不能认为毛泽东、陈云在这里已经形成了我国社会主义初级阶段所有制结构的思想。但确实是这个思想的开端。然而，在 1958 年以后的一个长时期内，在"左"的路线占主要地位的条件下，这些重要指导思想不仅没有付诸实现，而且以单一公有制（主要是国营制）和指令性计划为主要特征的计划经济体制还得到了进一步的强化。

---

① 《陈云文选》第 3 卷，人民出版社 1995 年版，第 13 页。

第五章　建立社会主义工业化的初步基础

第一节　建立社会主义工业化初步基础的政策措施

"一五"期间，建立社会主义工业化初步基础，是一项中心任务。发展国民经济的各项政策措施，都是围绕这个中心任务进行的。从这个主要的意义上，建立社会主义工业化初步基础的政策措施，也就是发展各个产业的政策措施。所以，本篇与第一篇不同，不单独设章叙述发展各个产业的政策措施。后面许多篇也存在类似情况，不一一说明。

前面四章的内容都涉及到建立社会主义工业化初步基础的条件（如第一、二、三章）和动力（如第四章）。本章直接从生产建设方面叙述建立社会主义工业化初步基础的政策措施。其重要内容有以下十点。

一、把基本建设放在首要地位，同时充分发挥现有企业的生产潜力

（一）把基本建设放在首要地位

在国民经济恢复时期即将结束的时候，1952 年 11 月 18 日党中央机关报《人民日报》发表了题为《把基本建设放在首要地位》的社论，传达了党中央和政务院的号召。对实现"一五"时期建立社会主义工业化初步基础这个基本任务来说，提出把基本建设放在首位的方针，是一项决定性的政策措施。

"一五"期间为了实现居于头等重要地位的基本建设任务，采取了一系列措施。

1. 建立和加强基本建设的管理机构。适应"一五"时期大规模基本建设的要求，1954 年 11 月 8 日正式成立了国家建设委员会，由薄一波任国家建设委员会主任，王世泰、孔祥祯、孙志远、安志文、谷牧任副主任。

2. 依靠高度集中的计划经济体制，聚集基本建设所需要的财力、物力、技术力量和管理干部。在这方面，集中财力是进行基本建设的首要条件。"一五"期间基本建设资金来源的主要渠道是国家的财政收入。在这 5 年中，国家财政收入总计为 1354.88 亿元，约占同期国民收入的 1/3；其中用于基本建设的拨款占同期财政收入的 40%。在财政收入中，国营企业上缴的利润和税收等占 69.4%，农业集体经济和个体经济上缴占 19%，债务收入占 4.7%。[①]

3. 加强对基本建设的计划管理。主要的措施是：

（1）合理安排基本建设投资。就"一五"计划的执行结果来看，新建项目投资为 271.62 亿元，改建、扩建项目投资为 309.24 亿元；前者占基本建设投资总额的 46.2%，后者占 52.6%。[②] 后者的比重同后续许多计划时期比较是最大的。这是"一五"时期投资效益较高的一个重要因素。

（2）按照首先保证重点工程的建设，适当地照顾必要的配合重点的工程，能够迅速地发挥投资效果增加生产能力的工程，以及尽可能地扩大生产性固定资产的比例等项原则，来具体地安排工程项目，掌握工作量和工程进度，研究定额，使地质勘察、设计、施工和设备材料的供应能够平衡和衔接，克服盲目被动的现象。

（3）加强对基本建设投资的计划管理，对基本建设投资实行拨款监督。为此，1954 年 9 月 9 日政务院第 224 次会议通过《关于成立中国人民建设银行的决定》，10 月 1 日正式建立了中国人民建设银行。[③]

（4）加强新工业城市的规划和建设工作。城市建设的标准要适合国家现在生产力发展的水平。城市公用事业的建设应该同新工业企业的建设密切配合。

（5）加强工业基本建设同运输、对外贸易、工业生产各部门之间的平

---

① 彭敏主编：《当代中国的基本建设》上卷，中国社会科学出版社 1989 年版，第 59~60 页。
②《中国统计年鉴》（1984），第 305 页。
③ 彭敏主编：《当代中国的基本建设》上卷，中国社会科学出版社 1989 年版，第 59 页。

衡协作。

（6）加强对于工业基本建设计划执行情况的经常检查，以便帮助基本建设单位克服缺点，改善工作。

4. 增强设计、施工力量，提高设计、施工水平，加强设计、施工管理，严格按基本建设程序办事，以保证建设工程的质量。

5. 进行广泛、深入的宣传，动员全党和全国人民积极参加和配合基本建设工作，要求各项工作都要围绕这一中心进行。

（二）充分发挥现有企业的生产潜力

按照"一五"计划的要求，在贯彻把基本建设放在首要地位的方针的同时，也执行了充分发挥现有企业生产潜力的方针。[①]对实现"一五"计划来说，这是一个很重要的方针。因为"一五"计划规定的工业增产任务，主要是依靠现有企业完成的。按照"一五"时期工业总产值计算，在 1957 年比 1952 年新增加的产值中，由原有企业所增产的约占 70%，由新建和重大改建的企业所增产的约占 30%。

"一五"期间，为了贯彻充分发挥现有企业的生产潜力的方针，除了在思想方面批评了部分干部中存在的厌旧贪新的不良倾向以外，还采取了一系列重要措施。

1. 增产和节约工业原料。"一五"期间，工业原料不够是妨碍工业增产的一个突出问题。

2. 增加现有企业的更新改造投资。这也是实现工业增产的一个重要条件。"一五"时期尽管固定资产投资的绝大部分资金均投入到了基本建设中，但也有一部分资金投入到现有企业的更新改造中，而且这部分资金是逐年大幅度增长的。这个期间的更新改造和其他措施投资由 1953 年的 1.15 亿元增加到 1957 年的 7.91 亿元，占固定资产投资的比重由 1.3% 提高到 5.2%。[②]

3. 提高产品质量和增加产品新品种。"一五"初期，工业基础很薄弱，提高产品质量和增加产品新品种在发展工业生产方面也显得特别重要。

4. 加强企业内部、各个企业之间、各工业部门之间的协作。

---

① 《中华人民共和国发展国民经济的第一个五年计划（1953~1957）》，人民出版社 1955 年版，第 19 页。
② 《中国统计年鉴》（1984），第 301 页。

5. 加强原材料生产、供应同销售相结合的计划性，逐步地按照产品的种类、规格和地区进行平衡，努力克服供产销之间某些脱节现象。

6. 提高企业的管理工作水平。为了提高企业管理水平，当时采取的重要措施有：

（1）建立、健全企业各种责任制，克服生产中无人负责的现象。在建立、健全各种责任制方面，进一步推广厂长负责制具有关键的意义。新中国成立后东北区首先实行厂长负责制，在 1951 年 5 月得到党中央肯定以后，同年下半年就在东北区普遍推行。但其他区实行这种制度的不多。1953 年 7 月中共中央召开的第二次全国组织工作会议又进一步提出：过去除了东北区在国营企业中普遍实行厂长负责制外，各区在国营企业中则分别采取党委制或党委集体领导下的厂长负责制。新区在国营企业中采取党委制而不采取厂长负责制，这主要是由于新区在解放初期党不得不首先集中力量深入农村进行土地改革，以及因当时干部缺乏管理厂矿企业的经验，故对接管后的国营企业，暂时仍由旧的技术人员任厂长并依靠原有的旧厂长和技术人员来继续维持生产的进行。在这种条件下暂时采取党委制来监督旧人员和旧厂长，或采取党委集体领导下的厂长负责制，是必要的和正确的。但现在新区不但农村土地改革已经结束，而且国营厂矿民主改革已经完成，生产开始走上正轨，绝大多数国营厂矿已由党员干部担任厂长，故在目前条件下为了建立生产行政管理的责任制，消除工作中无人负责的混乱现象，全国各地国营厂矿均应普遍实行厂长负责制。[①]于是，在 1953 年下半年先后在全国各地推行厂长负责制，并对"一五"时期工业生产建设起了重要的积极作用。但在 1956 年 9 月召开的党的第八次全国代表大会上，厂长负责制受到了不应有的责难。此后，转而实行党委领导下的厂长负责制。这样，就不适当地否定了适应现代化生产要求的、并且同党的领导和民主管理可以相容的厂长负责制，使得我国企业领导制度在健康发展道路上出现了一次严重的曲折。但"一五"时期建立、健全生产责任制并不限于厂长负责制，还有多方面的内容。主要有行政、技术、设备维护、安全和成本财务等方面的责任制。

（2）把推行作业计划，作为企业加强计划管理的中心环节，以克服生

---

① 《中共党史教学参考资料》第 22 册，第 122 页。

产中的不均衡现象。

（3）加强技术管理，以提高企业的生产技术水平。

（4）加强设备管理，克服设备损坏严重现象，提高设备完好率。

（5）推行经济核算制，加强财务管理。

（6）加强劳动管理，巩固劳动纪律。

（7）加强企业的安全卫生管理。

（8）开展劳动竞赛。为此，中华全国总工会1954年1月27日依据党的有关政策发布了《关于在国营厂矿企业中进一步开展劳动竞赛的指示》，[1]就竞赛形式、条件和奖励等问题做了明确规定。1956年4月30日~5月2日在北京召开了全国先进生产者代表会议，出席会议代表615人。中共中央副主席刘少奇代表中共中央向会议致了祝词，高度评价了先进生产者在社会主义建设中的巨大作用。[2]这次会议在总结中对先进生产者的精神做了如下的概括：革新精神和创造精神，克服困难的英雄气概和坚强毅力，任劳任怨精神，追求上进精神和高度负责精神等。[3]这样，"一五"期间社会主义劳动竞赛有了更大规模的发展。在这个过程中，涌现出了大量的先进集体单位和先进生产者。1953~1957年，先进集体单位共计273万个，其中先进班组225万个；先进生产（工作）者达到3042万人，其中女先进生产（工作）者288万人。[4]

二、不断克服急躁冒进倾向，使生产建设规模和速度与国力相适应，使国民经济获得持续、高速增长

生产建设规模和速度与国力相适应，是实现国民经济总量平衡（即社会总需求与社会总供给平衡）的最重要内容，因而是国民经济获得持续、高速增长的最重要条件，也是建立社会主义工业化初步基础所必需的宏观经济环境。而"一五"期间经验表明，要做到这一点，就必须不断克服急躁冒进倾向。

在1953年面临的经济、军事形势下，在工业生产建设方面的急于求成思想和急躁冒进倾向已经开始形成和发展。针对这种急躁冒进倾向，

---

① 《中国工业经济法规汇编（1949~1981）》，第344~346页。
② 《刘少奇选集》下卷，人民出版社1982年版，第195~196页。
③ 《新华半月刊》1956年第11期，第89~91页。
④ 《中国劳动工资统计资料（1949~1985）》，中国统计出版社，第107页。

中共中央和政务院对这年有关部门提出的基本建设投资计划进行了三次削减。但即使如此,这年基本建设的摊子仍然铺大了。这样,就1953年经济实际运行结果来看,这种倾向也有明显的表现。表2-5-1的资料说明,1953年基本建设投资的增长速度,大大超过了国家财政收入和钢材、水泥、木材的增长速度。同基本建设投资增长有关的当年消费品购买力的增长速度也超过当年消费品货源的增长速度。所以,1953年基本建设投资规模实际上是偏大了。与此相联系,这年的工业增长速度实际上也是偏高的。总之,1953年生产建设都"小冒了一下"。[①]

由于1953年经济工作中局部性的急躁冒进倾向得到了总结,并用于指导尔后的工作,因而1954年生产建设的发展情况,基本上是正常的(详见表2-5-1)。

表2-5-1　1952~1957年工业生产和基本建设

项　目	1952年	1953年	1954年	1955年	1956年	1957年
工业总产值						
总额（亿元）	349	450	515	534	642	704
比上年增长（%）	—	30.3	16.3	5.6	28.1	11.5
基本建设投资						
总额（亿元）	43.56	90.44	99.07	100.36	155.28	143.32
比上年增长（%）	—	107.6	9.5	1.3	54.7	−7.7
国家财政收入						
总额（亿元）	183.7	222.9	262.4	272.0	287.4	310.2
比上年增长（%）	—	21.3	17.7	3.7	5.7	7.9
钢材						
总额（万吨）	106	147	172	216	314	415
比上年增长（%）	—	38.7	17.0	25.6	45.4	32.2
水泥						
总额（万吨）	286	388	460	450	639	686
比上年增长（%）		35.7	18.6	−2.2	42.0	7.4
木材						
总额（万立方米）	1233	1754	2221	2093	2105	2787
比上年增长（%）	—	42.6	26.6	−5.5	0.6	32.4
当年消费品购买力						
总额（亿元）	273.9	343.0	362.8	366.4	439.4	446.7
比上年增长（%）	—	25.8	5.8	1.0	19.9	1.7

资料来源:《中国统计年鉴》(1984),第20、25、225、226、301、417页。这里的财政收入包括债务收入。

[①]《周恩来选集》下卷,人民出版社1984年版,第235页;《陈云文选》第3卷,人民出版社1995年版,第28页。

1955 年，基本建设投资的增长速度是低于国家财政收入和钢材的增长速度的。与此相联系，当年消费品购买力的增长速度也低于当年消费品货源的增长速度。这年的基本建设规模偏小，工业增长速度也偏低，有局部性的保守错误。

毛泽东在 1955 年 12 月初，发起了对生产建设方面右倾保守思想的批判。[1]1955 年 12 月 5 日，由中共中央副主席刘少奇向在北京的中共中央委员、党政军各部门负责人传达了毛泽东在这方面的批示。[2]1956 年初，国务院各部专业会议，在毛泽东批判"右倾保守"、"提前实现工业化"的口号激励下，纷纷要求把 15 年（1953~1967 年）远景计划规定的任务提前在 5 年甚至 3 年内完成。据国家计委 1956 年 1 月 5 日报告，国务院各部门、各省市要求的投资已达 153 亿元，后又增加到 180 亿元、200 多亿元，比 1955 年预计完成数增加 1 倍多，而全年财政收入只增长 9.29%。

当时正像周恩来说的"各方面千军万马，奔腾而来"，"基本建设一多，就乱了，各方面紧张"。防止和反对冒进，关键在于控制基本建设投资。从 1956 年 1 月下旬开始，周恩来集中做这方面的工作。到 6 月初，由周恩来提出的把基本建设投资进一步压缩到 140 亿元，经中共中央政治局会议和国务院全体会议讨论通过。[3]又经国务院副总理兼财政部长李先念在 1956 年 6 月 15 日一届全国人大三次会议上所作的《关于一九五五年国家决算和一九五六年国家预算的报告》中，把这年的基本建设投资最后确定为 140 亿元。[4]

但是，由于毛泽东发动的急躁冒进来势甚猛，虽然周恩来、陈云等领导人在反冒进方面进行了艰苦努力，急躁冒进也只是得到了基本遏制，并没有完全遏制住，以致 1956 年经济运行过程中仍然"大冒了一下"，[5]出现了局部性的冒进错误（详见表 2-5-1）。然而，如果不是进行了这场反冒进的斗争，那在 1956 年就可能发生像 1958 年的"大跃进"带来的大灾难。

①《毛泽东选集》第 5 卷，人民出版社 1977 年版，第 223~224 页。

②薄一波：《若干重大决策与事件的回顾》上卷，中共中央党校出版社 1991 年版，第 522 页。

③《周恩来选集》下卷，人民出版社 1984 年版，第 190~191 页；薄一波：《若干重大决策与事件的回顾》上卷，中共中央党校出版社 1991 年版，第 531~536 页。

④《人民日报》1956 年 6 月 16 日。

⑤《周恩来选集》下卷，人民出版社 1984 年版，第 235 页；《陈云文选》第 3 卷，人民出版社 1995 年版，第 28 页。

　　然而反冒进的斗争，不仅表现在制定和执行 1956 年国民经济计划方面，而且表现在制定 1957 年国民经济计划方面。编制 1957 年的国民经济发展计划，是 1956 年 7 月开始的。那时，国家经济委员会刚成立，按照中共中央和国务院的规定，国家计委管长期计划，国家经委管年度计划。编制 1957 年国民经济计划的任务，就由国家经委承担了。这时由国家经委汇总的国务院各部、各省（自治区、直辖市）上报的基本建设投资指标共计为 243 亿元，比 1956 年计划 140 亿元又多 103 亿元。面对这种局面，周恩来认为，急躁冒进情绪还未平息，还得继续反冒进。他的意见是：1957 年基本建设投资应压到明显低于 1956 年的实际水平。他强调，把过高的投资额压下来，是 1957 年全部国民经济协调发展的关键。根据周恩来和陈云的指示，国家经委最后将基本建设投资定案为 110 亿元。国家经委主任薄一波 1957 年 7 月 1 日向一届全国人大四次会议作的《关于一九五六年国民经济计划执行结果和一九五七年国民经济计划草案的报告》也是这样定的，使得 1957 年基本建设投资比上年实际完成数减少 20.6%。[①] 在周恩来总理、陈云副总理主持下，1957 年的综合平衡工作是做得比较好的，比例关系较为协调，经济稳定发展（详见表 2-5-1）。至于 1957 年基本建设投资的下降，以及由此引起的与国家财政收入和钢材、水泥、木材的增长不相适应的情况，是为了解决由前一年基本建设投资规模偏大而引起的国家财力、物力的紧张问题。这是经济发展的需要，同 1955 年的情况是不同的。

　　可见，尽管"一五"时期的有些年份有保守错误或冒进错误，但都是局部性的，不是全局性的；尽管在这期间发生了两次经济波动，但都是逐年增长的。所以，总的说来，"一五"期间国民经济实现了稳定、持续、高速增长。决定这一点的一个极重要条件，就是在"一五"期间确定工业生产建设规模和速度，大体上遵循了量力而行的原则，大体上做到了与国力相适应。但要贯彻量力而行的原则，正确地确定工业生产建设的规模和速度，需要注意防止和纠正保守倾向，特别需要着重防止和纠正冒进倾向。1953 年特别是 1956 年经济计划工作的实践表明，冒进倾向是当时的主要危险。

---

　　①《人民日报》1957 年 7 月 2 日。

但 1956 年所进行的反冒进倾向斗争的重大意义，不仅在于它避免了一次全局性的、严重的经济失衡，而且在于这场斗争为当时召开的党的八大会议做出正确的经济决策奠定了重要的思想基础，并为尔后经济的稳定发展创造了极为重要的经验。周恩来依据反冒进斗争的实践，在 1956 年 9 月 16 日党的八大会议上所做的《关于发展国民经济的第二个五年计划的报告》中，提出了"应该根据需要和可能，合理地规定国民经济的发展速度，把计划放在既积极又稳妥可靠的基础上，以保证国民经济比较均衡地发展"等一系列正确原则。党的八大《关于政治报告的决议》又以这些认识为依据提出了发展经济的正确指导方针："党的任务，就是要随时注意防止和纠正右倾保守的或'左'倾冒险的倾向，积极地而又稳妥可靠地推进国民经济的发展。"[①] 陈云依据反冒进斗争的实践，1957 年 1 月 18 日在中共中央召开的各省、自治区、直辖市党委书记会议上，提出了发展国民经济重要原则：建设规模要和国力相适应。[②] 中共中央在 1957 年 2 月 8 日通过的《关于一九五七年开展增产节约运动的指示》中，对这一重要原则做了进一步的分析。"一九五六年的经验证明，建设的速度和规模不但决定于国家的财政力量，更重要的是决定于建设物资的供应力量。""一九五六年的经验又证明，人民生活改善的速度主要决定于消费物资的供应力量。"[③] 以上这些发展经济的重要原则，就是从1956 年反冒进斗争实践中获得的宝贵的精神财富。

三、在重点发展重工业的同时，注意发展轻工业和第一、三产业

实现国民经济各部门按比例发展，是"一五"期间建立社会主义工业化初步基础必要的宏观经济条件。因而，这里需要叙述重点发展重工业与发展轻工业、农业、运输邮电业和商业的关系。

（一）重点发展重工业

如前所述，"一五"计划首要的基本任务就是集中主要力量进行以苏联帮助我国设计的 156 个建设单位为中心的、由限额以上的 694 个建设单位组成的工业建设，建立我国的社会主义工业化的初步基础。在 156 个建设项目中，实际进行施工的为 150 项。

---

① 《中国共产党第八次全国代表大会文件》，人民出版社 1980 年版，第 192~196 页。
② 《陈云文选》第 3 卷，人民出版社 1995 年版，第 48~57 页。
③ 《中共党史教学参考资料》第 22 册，第 2 页。

在苏联援建的这些项目中，由能源工业、原材料工业和机器制造工业（包括军用机器制造工业和民用机器制造工业）组成的重工业就占了147项，而轻工业只有3项。①因此，重点发展重工业，是实现"一五"计划的最基本要求。

为了实现这个最基本要求，"一五"计划首先把国民经济各部门的基本建设投资的大部分资金投入了工业，把工业基本建设投资的绝大部分资金又投入了重工业。②就"一五"计划的执行结果来看，"一五"期间工业基本建设投资总额实际达到250.26亿元，比重达到42.5%；前者比"一五"计划规定的指标248.5亿元超过不多，后者还未达到58.2%的计划。需要指出"一五"计划规定的工业基本建设投资在国民经济各部门投资总额中所占的比重是偏大的；执行的结果虽未达到"一五"计划规定的指标，但仍然偏大。

就"一五"计划执行的结果来说，不仅基本建设投资在国民经济各部门之间的分配状况，而且工业基本建设投资在重工业和轻工业的分配状况，贯彻了重点发展重工业的方针。"一五"期间重工业投资比重也达到了85%。这虽然低于"一五"计划规定的88.8%的指标，但也充分体现了重点发展重工业的方针。而且，这里的问题也不是"一五"计划执行的结果没有达到"一五"计划规定的指标，无论就计划的制定或执行来看，宁可说重工业投资偏大。

但是，"一五"期间重工业投资在各部门分配也存在不足之处。一是相对原材料工业和机器制造工业来说，能源工业的投资额及其比重是偏低的。二是军用机器制造工业的投资也偏多。三是重工业投资为本身服务的部分偏多，为轻工业特别是为农业服务的部分偏少。

尽管"一五"期间重工业投资总量及在其内部的分配存在上述问题，但总的说来，是体现了重点发展重工业方针，并成为建立社会主义工业化初步基础的一个极重要因素。当然，要贯彻这个方针，要建立这个基础，并不只是依赖这一点。它还有赖于加强工业基本建设和生产（这一点，我们在前面已经说过了），也有赖于其他措施（这一点，我们将在后

---

① 薄一波：《若干重大决策与事件的回顾》上卷，中共中央党校出版社1991年版，第297页。

②《中华人民共和国发展国民经济的第一个五年计划（1953~1957）》，人民出版社1955年版，第23~24页。

面叙说）。这样，"一五"期间在贯彻重点发展重工业方针方面就取得了空前未有的巨大成就！"一五"期间，重工业产值的年平均增长速度达到了 25.4%，占工业总产值的比重由 1952 年的 35.5%提高到 1957 年的 45%（详见附表 14）。尽管重工业的增长速度偏高一点，但在发展重工业方面确实取得了极伟大的成就。

（二）发展轻工业

总的说来，"一五"期间在重点发展重工业的同时，注意了轻工业的发展。1952~1957 年期间，重工业产值增长了 210.7%，轻工业产值增长了 83.3%；平均每年增长速度，前者为 25.4%，后者为 12.9%。轻工业和重工业每年平均增长速度的对比关系为 1：1.97（详见附表 14）。这种发展状况既体现了重点发展重工业的要求，又使得轻工业的发展基本上适应了重工业和国民经济其他部门的需要，以及与之相联系的人民生活提高的需要。就后一方面来说，其重要标志有二：① "一五"时期合计的消费品货源（与主要生产消费品的轻工业发展相联系的）为 2066.8 亿元，而消费品购买力（与重工业和整个国民经济的发展引起的劳动者货币收入的增长相联系的）为 1958.3 亿元，前者超出后者 108.5 亿元，前者为后者的 105.5%。② "一五"期间各年全国零售物价总指数上升的幅度很小，最低年份（1956 年）为 0，最高年份（1953 年）为 3.4%（详见附表4）。诚然，这期间，重工业价格偏高，轻工业和农业偏低；而且价格上升受到政府指令计划的抑制。但即使考虑到这些情况，仍然可以认为"一五"期间轻工业的发展，基本上适应了重工业和整个国民经济发展以及人民生活改善的需要。这是主要方面。另一方面，在这期间，轻工业的发展速度又是偏低的。决定上述两方面情况的有以下三个重要因素：

1. "一五"期间，轻工业的基本建设投资额总计达到 37.47 亿元，占工业总投资额的 15%。[①] 这里所说的还只是国家的投资，如果再加上当时在轻工业中还占有很大比重的私营工业、公私合营工业、地方政府工业和手工业的投资，那么轻工业的投资及其比重还要大一些。巨额投资无疑是促进轻工业生产发展的重要因素。但是，"一五"期间轻工业基本建设投资是偏低的。

---

① 《中国固定资产投资统计资料（1950~1985）》，中国统计出版社，第 97 页。

2. "一五"期间，在农业（这是当时轻工业产品所需原料的主要来源）和重工业（这是轻工业产品所需原料的重要来源）发展的基础上，二者为轻工业提供了大量原料，促进了轻工业的发展。以农产品为原料的轻工业产值由 1952 年的 193.5 亿元增长到 1957 年的 311.2 亿元，增加了60.8%；以重工业产品为原料的轻工业产值由 27.6 亿元增长到 62.8 亿元，增加了127.5%（详见附表 16）。但其间在原料供应方面也存在限制轻工业发展速度的因素。就农产品原料来说，由于农业生产落后，农业劳动生产率低，农业抗御自然灾害的能力低，农业生产很不稳定。这样，不仅农产品商品率低，而且有波动。"一五"期间，农产品商品率最高年份（1957 年）才有40.5%，最低年份（1956 年）只有 31.5%，并且是曲线波动。[1] 这些都限制了农产品原料供给的增长。就重工业产品原料来说，由于原材料工业的生产过多地为重工业自身服务，也限制了轻工业所需要的原料来源。"一五"期间，钢材产量增长了将近 3 倍，而轻工市场产品生产消费的钢材只增长了1 倍多，占钢材消费总量的比重，由 1953 年的 22.5%下降到 1957 年的20.7%。在重工业中，电力生产服务方向方面也存在类似的情况。1952~1957 年，重工业用电由 27.91 亿千瓦时增长到 93.88 亿千瓦时，增长了 2.36 倍；而轻工业用电由 21.9 亿千瓦时增长到 42.17 亿千瓦时，只增长了92.6%；前者在用电量中的比重由 35.6%上升到 48.4%，后者由 28%下降到21.8%。这种状况也限制了轻工业的发展。

3. "一五"期间，由于对资本主义工业和个体手工业采取了适合我国具体情况的逐步过渡的形式，促进了这些经济成分生产（包括轻工业生产）的发展。这是主要方面。另一方面，在 1955 年下半年掀起的社会主义改造高潮中，由于改造时间短、改造速度快，改造的面过宽以及生产过于集中，也对包括轻工业在内的生产起了消极作用。

（三）发展第一产业

"一五"期间，政府在发展农业方面，除了主要依靠农业合作化以外，还采取了以下重要措施。

1. 在经济上加强对农业支持。一是提高农副产品的收购价格，使原有的工农业产品价格剪刀差趋于缩小。1953~1957 年，农副产品收购价格

----

[1]《中国统计年鉴》(1984)，第 20、25、364 页。

总指数（以 1952 年为 100，下同）由 132.5 上升到 146.2。明显高于同期农村工业品零售价格总指数由 108.2 上升到 112.1 的幅度。二是实行减轻农业税负政策。1952~1957 年，全国农业税额占农业总产值比重由 5.9%下降到 5.4%。三是增加政府用于农业的资金。"一五"期间，政府用于农业的基本建设投资总计为 41.83 亿元，占国家同期基本建设投资总额的7.1%。1957 年政府用于农业的贷款余额达 27.7 亿元，比 1952 年提高了5.6 倍。四是增加农用生产资料的供给。1957 年，全国化肥施用量达到37.3 万吨，农药达到 14.9 万吨，农用柴油达到 12.9 万吨，分别比 1952 年增长 3.8 倍、8.9 倍和 11.9 倍；农村用电量达到 1.4 亿千瓦时，比 1952 年增长 1.8 倍；农业机械总动力达到 12.1 亿瓦特，比 1952 年增长 5.7 倍；农用大中型拖拉机达 14674 混合台，联合收割机 1789 台，农用载重汽车4084 辆，分别比 1952 年增长 10.2 倍、5.3 倍和 13.6 倍。这个时期尽管农用生产资料的增长幅度很大，然而手工操作的劳动方式在一般农村基本上没有改变，只是在少数国营农场开始实行一定规模的机械作业。1957年，全国农田机耕面积为 263.6 万公顷，占耕地总面积的 2.4%。五是扩大农田水利建设规模。这五年完成土石方 17.8 亿立方米，有效灌溉面积增加 738 万公顷。到 1957 年，全国用于排灌的动力设备已达 4.1 亿瓦特，比 1952 年增长了 3.6 倍。在此期间，结合淮河、海河的治理，修建了上百座大中型水库及骨干排水河道。在兴修农村小型水库的同时，有些地区还兴建了小型水电站。1957 年，全国农村小型水电站达到 544 个，发电能力达到 2 万千瓦，分别比 1952 年增长 4.55 倍和 1.5 倍。在这期间，还在发展农业生产合作的基础上，广泛发动群众，开展水土保持工作。六是积极发展国营农业企业。到 1957 年，全国农垦系统的国营农场发展到 804 个，职工 44.1 万人，耕地面积猛增到 105.4 万公顷，分别比 1952年增长 43.1%、22.8% 和 1.8 倍。这 5 年，国家预算内基本建设投资用于农垦系统的数额达到 8 亿元，比 1952 年增长 77.8%。

2. 在技术上加强对农业生产的指导。国家在 1952 年前后就开始筹备和建立了农业技术推广站、牲畜配种站、兽疫防治站、农业拖拉机站等技术推广和服务机构。其中农业技术推广站 1952 年只有 232 个，1955 年发展到 7997 个。这些机构采取多种办法促进农业生产的发展。一是推广农作物、牲畜和鱼类优良品种。到 1957 年，全国粮食作物中优良品种的播种面积所占比重由 1952 年的 4.7%提高到 55.2%；棉花优良品种的播种面积所占比重由 1952 年的 50.2%提高到 93.9%。二是改进种植、养殖技术。在农作物方面，着重抓了改革耕作制度、栽培技术和积造有机肥等项工作。三是防治植物病虫害和牲畜疫病。1957 年，全国农作物病虫害防治面积达 467 万公顷，比 1952 年增长 4 倍；从有史记载以来，两千多年的蝗虫危害基本上得到了控制。四是改革农业生产工具。到1957 年底，全国共推广新式畜力农具 468 万部，其中双铧犁、新式步犁、水田犁、山地犁等300 多万部。

3. 深入开展爱国增产竞赛运动。在爱国增产竞赛运动蓬勃展开的基础上，为了表彰先进单位和模范人物，总结交流农业丰产经验，推动农业生产的发展，经国务院批准，农业部、农垦部和水产部等于 1957 年2 月，在北京联合召开全国农业劳动模范代表会议。参加会议的有来自全国 28 个省、自治区、直辖市的代表 954 人。其中有著名的农业劳动模范李顺达、耿长锁、曲耀离、郭玉恩、吴春安、王玉坤、李墨林、吕鸿宾、徐建春、陈永康等。会议期间，国务院副总理邓子恢、薄一波到会作了重要讲话。毛泽东和其他国家领导人接见了全体代表。①爱国增产竞赛运动的开展，对农业生产和有关农村工作都起到了推动作用。

上述情况说明："一五"期间，在着重发展工业（主要是重工业）的同时，注意发展了农业。在这期间，农业总产值平均每年增长 4.5%，工业总产值为 18%；二者增长速度之比为 1∶4。这种增长速度的对比关系虽然差距大一些，但大体上也体现了上述精神，因而"一五"时期农业基本上满足了包括工业职工在内的人民生活的需要。在 1952~1957 年期间，粮食产量由 16392 万吨增加到 19505 万吨；棉花由 130.4 万吨增长到 164 万吨；油料由 419.3 万吨增长到 419.6 万吨；三者分别增长了 19%、25.8%、0.1%。这期间，按人口平均的主要农产品产量，粮食由 288 公斤增长到306 公斤，棉花由 2.3 公斤增加到 2.6 公斤，油料由 7.35 公斤下降到6.6 公斤(其中1955 年和 1956 年曾经分别达到 7.95 公斤和 8.2 公斤)。②

但"一五"期间工业增长速度毕竟快了，农业慢了，前者部分地超

①《当代中国的农业》，当代中国出版社 1992 年版，第 88~96 页。
②《中国统计年鉴》(1984)，第 23~27、167 页。

过了作为工业发展基础的农业的负担能力。这一点，特别明显地表现在作为轻工业最重要原料的棉花的增长赶不上棉纱生产能力的增长。"一五"期间，由农业提供的副食品供应逐步紧张起来，这也表明工业发展超过了农业的负担能力。这种情况固然同重工业投资多、农业投资少有关，但也同重工业投资和生产为本身服务得多，为农业服务得少有联系。

（四）发展第三产业

"一五"期间在优先发展重工业的同时，注意到了发展第三产业。在商业方面，1952~1957年，商品零售额由276.8亿元增长到474.25亿元，增长了71.3%；农副产品采购额由129.7亿元增长到202.8亿元，增长了56.4%；农业生产资料供应额由14.1亿元增长到32.6亿元，增长了131.2%；进出口总额由64.6亿元增长到104.5亿元，增长了96.2%。同时还保持了物价的稳定。以1952年物价指数为100，1957年全国批发物价指数为100.1，全国零售物价指数为100.8，全国农产品采购价格指数为122.4，全国农村工业品零售物价指数为101.6。[①]

"一五"时期，在投资品和消费品供应紧张的情况下，商业在实现商品供求平衡、稳定市场方面就起到了特殊重要的积极作用，基本满足了社会主义工业化和提高人民生活的需要。

"一五"期间实现市场稳定的主要措施是：一是实现工农业生产的持续快速增长。二是依靠计划经济制度，分别主要商品生产的不同情况，逐步实行了计划收购和计划供应，以便有计划地掌握货源和组织供应。其中在农产品方面，最主要的是政务院于1953年11月19日和1954年9月14日先后发布了《关于粮食的计划收购和计划供应的命令》、《关于实行棉花计划收购的命令》，以及《关于棉布计划收购和计划供应的命令》。如前所述，这种计划经济体制在当时积极作用是主要的，但自始就有它的弊病。三是商业的社会主义改造。这一方面前已述及。四是政府增加对商业的投资。"一五"期间，国家对商业的基本建设投资为21.4亿元，占基本建设投资总额的3.9%。[②]

但从投资比重中同时可以看到："一五"期间，相对发展重工业来

---

① 《伟大的十年》，人民出版社1959年版，第146~151页。
② 《伟大的十年》，人民出版社1959年版，第49、51页。

说，对发展商业注意不够。

"一五"期间，基础设施得到了迅速发展。

1952~1957 年，货物周转量由 762 亿吨公里增长到 1810 亿吨公里，其中铁路由 601 亿吨公里增长到 1345 亿吨公里，公路由 14 亿吨公里增长到 47 亿吨公里，水运由 145 亿吨公里增长到 1415 亿吨公里；旅客周转量由 248 亿人公里增长到 496 亿人公里，其中铁路由 201 亿人公里增长到 361 亿人公里，公路由 22 亿人公里增长到 88 亿人公里，水运由 24 亿人公里增长到 46 亿人公里；邮电业务总量由 4.36 亿元，增长到 7.79 亿元。在城市公用设施方面，这期间供水总量由 45806 万立方米增长到 95602 万立方米；公共汽车和电车由 3515 辆增加到 6174 辆；人工煤气供气总量由 9941 万立方米增加到 20475 万立方米；铺设道路长度由 12291 公里增加到 18259 公里；下水道长度由 7028 公里增加到 10107 公里。详见附表 20~23。

这期间工业的增长与上述基础设施的发展大体适应。比如，"一五"期间工业总产值增长了 128.6%，运输货物周转量增长了 137.5%，其中铁路运输货物周转量增长了 123.6%，邮电业务总量增长了 79.3%。[1] 工业总产值的增长速度与运输货物周转量、铁路运输货物周转量和邮电业务总量的增长速度之比，依次为 1：1.07、1：0.96、1：0.62。

但在这方面也存在着部分不协调状况，即工业增长速度过快、运输邮电业增长速度过慢。这一点，从上述的工业发展速度和运输邮电业发展速度的对比关系上已可看出。实际上，"一五"时期，铁路运输一直是比较紧张的。这一点，同工业投资偏多、运输邮电业投资偏少，以及工业生产过多地为本身服务，部分忽视为运输邮电业服务也有关系。

"一五"期间，经济的持续快速增长为稳定财政和金融奠定了基础。而财政和金融依据实现党在过渡时期总路线的要求，也采取多项措施促进经济的发展，并保持财政、金融的稳定。主要是：运用各种财政和金融手段，广泛聚积资金（包括国内资金和外汇资金），合理分配资金，有效使用资金，促进社会主义工业化建设；支持居于主导地位的社会主义国营经济的发展，促进资本主义工商业和个体的农业、手工业、商业的社

---

[1]《中国统计年鉴》(1984)，第 20、24、285、296 页。

会主义改造；改进财政金融体制，健全财政货币制度。比如，在健全货币制度方面，为了消除建国初期通货膨胀的痕迹，并节约流通费用，1955年2月21日国务院发布了《关于发行新的人民币和回收现行的人民币的命令》，责成中国人民银行自1953年3月1日起发行新的人民币，以新币1元等于旧币10000元的折合比率收回旧的人民币。[①]

但是，"一五"期间财政和金融工作也有失误。其突出表现是与1956年经济增长"大冒"相伴随，财政和金融工作也冒了一下。这年财政和信贷方面多支出了近30亿元。当年财政支出大于收入18.31亿元。这个差额除了动用上年结余10.11亿元弥补外，尚有赤字8.2亿元。[②] 这个差额加上当年发生的信贷差额使得银行多发货币。1956年货币流通量增加了16.9亿元，比上年增长了42.2%；而同年国内生产总值仅增长了15%，社会商品零售总额也只增加了17.5%。这些数据表明：增发的货币中，有一部分是经济发展的正常需要，而有一部分则是超经济发行。但由于当时物价运行受到指令计划的抑制，因而并未出现物价波动。

然而总的说来，"一五"期间财政和金融都保持了稳定。"一五"期间财政收入总计为1291.07亿元，支出为1320.52亿元，收支差额为–29.45亿元。这期间国家银行各项存款为701.4亿元，各项贷款为1034.8亿元。1957年流通中的货币为52.8亿元，比1952年只增加25.3亿元，增长了92%，而同期国内生产总值增长了55.5%，社会商品零售额增长了71.3%（详见附表3、附表10、附表11、附表24）。可见，这期间增发的货币大部分是经济发展的需要。在计划经济体制下，财政和金融的稳定就从两个最重要方面保证了物价的稳定。这些都是促进"一五"期间社会主义工业化和各个产业发展的重要因素。

"一五"期间，教育、科学、文化和卫生也得到了迅速发展。高等学校在校学生人数由1952年的19.1万人增长到1957年的44.1万人，中等学校由314.5万人增长到708.1万人，小学由5110万人增长到6428.3万人，研究生由2763人增加到31788人，出国留学人员由231人增加到529人；五者分别增长了130.8%、125.1%、25.8%、15%和129%。详见附

---

① 《当代中国的金融事业》，中国社会科学出版社1989年版，第108页。
② 《当代中国财政》上卷，中国社会科学出版社1988年版，第135~137页。这里的财政收入包括债务收入。

表 27。

文艺表演团体由 1952 年的 2084 个增加到 1957 年的 2884 个；公共图书馆由 83 个增长到 400 个；二者分别增长了 38.3% 和 381.9%。报纸出版总印数由 16.1 亿份增长到 24.4 亿份，杂志出版总印数由 2 亿册增加到 3.2 亿册，图书出版印数由 7.9 亿册增长到 12.8 亿册，三者分别增长了 51.5%、60%、62%。详见附表 29。

医院和卫生院由 1952 年的 3540 个增加到 1957 年的 4179 个，医生由 42.5 万人增加到 54.7 万人，医院和卫生院的床位数由 16 万张增加到 29.5 万张，三者分别增长了 18.1%、28.7%、84.3%。详见附表 30。

教育、科学、文化产业的发展，是促进社会主义工业化和各个产业发展的重要因素。

但"一五"期间对教育、科学、文化和卫生产业的发展也有注意不够之处。仅是这些产业投资比重下降一事就可以说明这一点。1953 年，政府对文教和科学研究的投资占基本建设投资的比重为 7.8%，其后各年呈下降态势，到 1957 年下降到 6.7%。[①]

综上所述，"一五"期间尽管重工业发展快了些，轻工业、农业和第三产业发展慢了些，但整体说来，国民经济各部门大体上是协调发展的。陈云对这一点做过总结："我国因为经济落后，要在短时期内赶上去，因此，计划中的平衡是一种紧张的平衡。计划中要有带头的东西。就近期来说，就是工业，尤其是重工业。工业发展了，其他部门就一定得跟上，这样就不能不显得很吃力、很紧张。样样宽松的平衡是不会有的，齐头并进是进不快的。但紧张决不能搞到平衡破裂的程度。目前我们的计划是紧张的，但可以过得去，不至于破裂。"[②]正是这种紧张的平衡，构成了建立社会主义工业化初步基础和发展各个产业的一个必要的宏观经济条件。

四、把工业建设重点转向内地的同时，注意发展沿海地区工业

在恢复国民经济任务完成以后，半殖民地半封建中国留下的沿海地区和内地在工业和其他经济事业发展方面极不平衡的状态已经有了一些改变，但并没有根本改观。为了改变旧中国留下的这种不合理状况，建

---

① 《伟大的十年》，人民出版社 1959 年版，第 51、172 页。
② 《陈云文选》第 2 卷，人民出版社 1995 年版，第 242 页。

立社会主义工业化的初步基础，就需要把工业建设重点转向内地。但沿海地区工业不仅是建设内地工业的"根据地"，而且是发展全国工业最重要的物质基础。在沿海地区进行建设，投资比较节省，收效也比较迅速，又可以及时地满足国家和人民的迫切需要。

正是基于上述理由，"一五"计划对工业的地区分布作了比较合理的部署。这就是：一方面，合理地利用东北、上海和其他城市的工业基础，发挥它们的作用，特别是对于以鞍山钢铁联合企业为中心的东北工业基地进行必要的改建，以便迅速地扩大生产规模，供应国民经济的需要，支援新工业地区的建设；另一方面，则积极地进行华北、西北、华中等地新的工业基地的建设，在西南开始部分的工业建设。根据这样的方针，5 年内开始建设的限额以上的 694 个工业建设单位，分布在内地的将有 472 个，分布在沿海各地的将有 222 个。前者占总数的 68%，后者占32%。[①] 就苏联援建的 150 个项目来看，有 106 个民用工业企业，布置在东北地区 50 个，中部地区 32 个；44 个国防工业，布置在中部地区和西部地区35 个，其中有 21 个安排在四川、陕西两省。[②] 这种部署体现了重点建设内地工业，同时发展沿海工业的方针。

就"一五"计划执行的结果看，大体上也贯彻了这个方针。"一五"期间，沿海地区的基本建设投资额为 230.08 亿元，占投资总额的 41.8%；内地投资额为 262.75 亿元，占投资总额的 47.8%。[③] 在这期间，沿海地区工业产值增长了 1.19 倍；内地工业产值增长了 1.51 倍。二者工业产值占工业总产值的比重分别由 1952 年的 70.8% 下降到 1957 年的 67.9%，由29.2% 上升到 32.1%（详见附表 18）。可见，"一五"期间工业生产建设的发展，在很大程度上改变了内地和沿海地区经济发展不平衡状态。

但在"一五"期间，特别是在 1953~1955 年这 3 年，对沿海地区工业

①《中华人民共和国发展国民经济的第一个五年计划（1953~1957）》，人民出版社 1955 年版，第 187~188 页。

② 薄一波：《若干重大决策与事件的回顾》上卷，中共中央党校出版社 1991 年版，第 298 页。

③ 沿海地区包括：广西、广东、上海、江苏、浙江、安徽、福建、山东、北京、天津、河北、辽宁 12 个省、自治区、直辖市。其余各省为内地。"三线"地区包括：四川、贵州、云南、陕西、甘肃、青海、宁夏、河南、湖北、湖南、山西 11 省、自治区，其中有些省、自治区部分地方属于一、二线，因统计数字分不开，都按"三线"地区计算。沿海加内地的数字，不等于全国总计，因为全国统一购置的机车车辆、船舶、飞机等不分地区的投资未划到地区内。

的发展注意不够。

对沿海地区工业发展注意不够，就导致了"一五"期间这一地区工业增长速度偏低，而内地则呈现出相反的状态。这一点，特别突出地表现在1954年和1955年。这两年内地工业分别增长了22.4%和9.9%，而沿海地区只分别增长了13.7%和3.6%，其中上海分别只有7.4%和4.5%，天津分别只有11.6%和2.1%。[①]

"一五"期间沿海地区工业没有得到应有的发展，同主观上对发展这一地区工业重视不够有很大关系。此外，也有一系列客观原因，如当时国际形势紧张等。

五、在重点建设大型企业的同时，注意发展中小型企业

按照"一五"计划的要求，必须集中力量保证重点工程的建设，但这决不是说，我们只要大企业，可以不要中小企业。所以，要在工业建设的进程中适当地分配巨大企业和中小企业的投资，使大中小型的企业建设能够互相配合和互相协作，以达到既能保证必要的重点工程的建设，又能保证许多企业迅速地发挥投资效果的目的。[②]

显然，这个方针是符合我国"一五"时期具体情况的。就"一五"计划执行的结果来看，大体上也贯彻了这个方针。在基本建设投资方面，"一五"期间，大中型建设项目的投资额为302.79亿元，占投资总额的51.5%；小型项目的投资额为285.68亿元，占投资总额的49.5%。[③]

但在"一五"期间，特别是1953~1955年，也存在着对中小型（特别是小型）企业发展注意不够的情况。

六、在重点建设重工业的同时，注意改善职工生活

"一五"计划依据社会主义生产目的和兼顾人民当前利益与长远利益的原则，确定在"保证国家建设的前提下，适当地提高人民生活水平"的方针。

"一五"时期在处理国家工业建设和职工生活的问题上，基本上做到了兼顾两方面。其基本标志是"一五"时期各年职工平均实际工资增长

---

① 《中共党史教学参考资料》第21册，第364页。
② 《中华人民共和国发展国民经济的第一个五年计划（1953~1957）》，人民出版社1955年版，第186~187页。
③ 《中国固定资产投资统计资料（1950~1985）》，中国统计出版社，第70页。

速度均低于工业劳动生产率的增长速度，低的幅度虽然偏大，但大体上也是适当的。按不变价格计算，社会主义国营工业职工全员劳动生产率，由 1952 年的 4200 元提高到 1957 年的 6376 元，提高了 51.8%，平均每年提高 8.7%；而职工平均实际工资由 1952 年的 515 元提高到 1957 年的 632 元，提高了 22.7%，平均每年提高 4.2%。[①]

由于职工平均工资的增长速度适当低于劳动生产率的增长速度，因而就有可能为国家提供更多的建设资金。1952~1957 年，社会主义国营企业职工平均每人提供利润和税收由 1220 元增加到 2040 元，提高了 67.2%，平均每年提高 10.6%。

职工生活的提高，除了主要表现为平均实际工资的提高以外，还表现为下列几个重要方面。

1. 享受劳动保险的职工人数和劳动保险福利费用的增长。1951 年 2 月 26 日政务院公布了《中华人民共和国劳动保险条例》。1953 年 1 月 2 日政务院又修正公布了这个条例。[②]条例规定劳动保险的各项费用，全部由实行劳动保险的企业行政方面或资方负担。

各项劳动保险待遇的规定：一是因工负伤、残废待遇的规定。二是疾病、非因工负伤、残废待遇的规定。三是工人与职员及其供养的直系亲属死亡时待遇的规定。四是养老待遇的规定。五是生育待遇的规定。六是集体劳动保险事业的规定。

在上述条例付诸实施以后，享受劳动保险职工人数和劳动保险福利费用有了进一步的增长，前者由 1952 年的 330 万人增长到 1957 年的 1150 万人，[③]后者由 9.5 亿元增加到 27.9 亿元，相当于工资总额的比重由 14.1% 增加到 17.9%。[④]

2. 职工劳动条件有了很大改善。这样，"一五"期间，社会主义国营企业职工因工千人死亡率下降了 22.2%，因工千人重伤率下降了 89.1%。[⑤]

3. 福利型的职工住房面积的增加。这是职工生活提高的一个重要方

[①]《中国劳动工资统计资料（1949~1985）》，中国统计出版社，第 157、224 页。
[②]《中国工业经济法规汇编（1949~1981）》，第 418~433 页。
[③]《中国劳动工资统计资料（1949~1985）》，中国统计出版社，第 189 页。
[④] 国家统计局编：《建国三十年国民经济统计提要》，第 340 页。
[⑤]《新华半月刊》1956 年第 11 期，第 26 页。

面。在 1953~1957 年的 5 年中，社会主义国家所有制单位平均每个职工在 5 年中增加了 3.9 平方米的住房。①

但同时也要看到，"一五"时期，包括住宅和城市公用事业等在内的非生产性建设投资总额存在下降趋势。②这 5 年顺次分别为 43.54 亿元、39.19 亿元、29.89 亿元、43.12 亿元和 38.23 亿元。特别是它的比重逐年大幅度下降。这 5 年非生产性建设投资额在基本建设投资总额中的比重依次分别为：48.1%、39.6%、29.8%、27.8%和 26.7%。在住宅投资方面，虽然在绝对量方面有所增长，但投资比重也是趋于下降的。住宅投资由 1952 年的 4.48 亿元增加到 1957 年的 13.29 亿元；比重由 10.3%下降到 9.3%。③这样"一五"时期，特别在 1955 年以后，基本建设方面就已经开始并愈来愈明显地表现出"骨头"和"肉"不协调的状态了。所以，"一五"后期在生产性建设投资和非生产性建设投资的安排方面，存在过前者偏多、后者偏少的缺陷。与此相联系，职工在住房方面也没得到应有的改善。

4. 失业人口减少，职工总人数增长。这也是"一五"时期职工生活提高的一个重要因素。在 1952~1957 年期间，全国失业人口由 376.6 万人减少到 200.4 万人，失业率由 13.2%下降到 5.9%；职工总数由 1603 万人增加到 3101 万人，其中国营单位由 1580 万人增加到 2451 万人，城镇集体单位由 23 万人增加到 650 万人。详见附表 5。

所以，"一五"时期在贯彻重点建设重工业方针的过程中，尽管对国家工业建设有所偏重，对职工生活有所忽视，在有的年份（如 1955 年）和有的方面（如非生产性建设，包括住宅建设）甚至有过多的忽视，但总起来说，大体上还是兼顾了国家工业建设和人民生活两方面。这样，就发挥了发展国家工业建设和改善职工生活的相互促进作用，在较大的程度上形成了一种良性循环。

七、推行工资改革，以贯彻按劳分配原则，同时加强思想教育

50 年代初进行的工资改革，对于改造旧的工资制度，贯彻按劳分配原则，提高劳动者的积极性，起了积极作用。但是，在当时工资制度中

---

① 《中国统计年鉴》（1983），第 123、359 页。
② 这里所说的以及本书其他有关各处所说的"非生产性"，是指的"非物质生产性"。
③ 《中国统计年鉴》（1983），第 339 页。

还有不少不符合按劳取酬的现象。为了巩固和提高职工的劳动热情，提前完成和超额完成国家的第一个五年计划的任务，国务院于 1956 年 6 月 16 日作出《关于工资改革的规定》①：适当地提高工资水平，并根据按劳取酬的原则，对企业、事业和国家机关的工资制度，进行进一步改革。凡是这次进行工资改革的企业、事业和国家机关一律从 1956 年 4 月 1 日起实行新的工资标准。

这次工资改革，确定 1956 年企业、事业和国家机关职工的平均工资提高 14.5%（如包括 1956 年新增人员在内，则为 13% 左右）；重工业部门、重点建设地区、高级技术工人和高级科学技术人员的工资，可以有较多的提高。在这次工资改革中，采取了如下措施：

1. 取消工资分制度和物价津贴制度，实行直接用货币规定工资标准的制度，以消除工资分和物价津贴给工资制度带来的不合理现象，并且简化工资计算手续，便于企业推行经济核算制度。

2. 改进工人的工资等级制度，使熟练劳动和不熟练劳动、繁重劳动和轻易劳动，在工资标准上有比较明显的差别。同时，为了使工人的工资等级制度更加合理，各产业部门必须根据实际情况制定和修订工人的技术等级标准，严格地按照技术等级标准进行考工升级，使升级成为一种正常的制度。

3. 改进企业职员和技术人员的工资制度。企业职员和技术人员的工资标准，应该根据他们所担任的职务进行统一规定。每个职务的工资可以分为若干等级，高一级职务和低一级职务的工资等级线，可以交叉。对于技术人员，除了按照他们所担任的职务评定工资以外，对其中技术水平较高的，应该加发技术津贴；对企业有重要贡献的高级技术人员，应该加发特定津贴，务使他们的工资收入有较多的增加。

4. 推广和改进计件工资制。各产业都应该制定切实可行的推广计件工资制的计划和统一的计件工资规程，凡是能够计件的工作，应该在 1957 年全部或大部实行计件工资制。

5. 改进企业奖励工资制度。各主管部门应该根据生产的需要制定统一的奖励办法，积极建立和改进新产品试制，节约原材料、节约燃料或

①《新华半月刊》1956 年第 15 期，第 175~177 页。

者电力，提高产品质量以及超额完成任务等奖励制度。

6. 改进津贴制度。审查现有的各种津贴办法，克服目前津贴方面存在的混乱现象，建立和健全生产必需的津贴制度。

地方国营企业的工人和职员的工资标准和工资制度，应该根据企业的规模、设备、技术水平和现在的工资情况等条件，参照中央国营企业的工人和职员的工资标准和工资制度制定。上述条件与当地同类性质的中央国营企业大致相同的，可以采用中央国营企业的工人和职员的工资标准；条件差于同类性质的中央国营企业的，其工资标准应该低于中央国营企业。

上述决定的贯彻执行，对于克服平均主义，贯彻按劳分配原则，激发劳动者的积极性，起了重要的促进作用。

但这次工资改革也有不足之处。即使就当时处于计划经济体制的历史条件来看，由于在这次工资改革中推行的工资标准过于繁杂，再加上企业劳动管理制度不健全，因而难以完全实现劳动者的劳动报酬和劳动成果挂钩。但在当时的历史条件下，1956 年的工资改革，在建立按劳分配制度，克服平均主义方面还是取得了重大进展。

"一五"时期在贯彻按劳分配原则的同时，还注重了对职工的思想教育，并且取得了巨大的成效。这是由下列一系列因素决定的。①这时全国解放不久，党在长期革命战争中形成的、重视思想工作的优良传统，在由解放区来的、并在经济战线上工作的大批干部身上还是比较完整地保留了下来。②全国解放以后，广大工农劳动群众在政治上、经济上得到了翻身。由此激发起来的巨大劳动热情，不仅在国民经济恢复时期，而且在"一五"时期都是趋于高涨的。③"一五"时期经济增长也有波动，但总体说来是实现了持续、高速增长的；在提高人民生活方面，虽有注意不够的地方，但总体说来，是有显著改善的。这些都较好地显示了社会主义制度的优越性。与此相联系，广大人民心向社会主义。④"一五"时期社会风气、党风和廉政建设，是新中国成立以后最好的时期。这一点既是当时思想教育工作的伟大成果，又是当时思想教育得以发挥巨大效应的广泛群众基础和根本性的政治条件。这样，"一五"时期较好地实现了物质鼓励与精神鼓励相结合，在发展经济方面（包括建立社会主义工业化初步基础方面）较好地发挥了这两种动力的作用。

八、贯彻厉行节约方针，在实现工业高速增长的同时，注意提高工业经济效益

"一五"时期实现重点建设重工业的方针，就必须长期投入大量的建设资金。这笔资金又必须主要依靠我国国内的积累。因此"一五"计划把"厉行节约以积累资金"，提高到我国实现工业化所必须走的道路来看待。① 因而成为促进社会主义工业化建设的一个重要因素。

为了贯彻厉行节约的方针，"一五"时期在宏观和微观方面，在工业生产和建设方面，采取了一系列的措施。最重要的是本节已述的第一至第七点和下述的第九点。此外，还应提到：①大力削减了非生产性建设的支出。"一五"期间在这方面存在过严重的浪费现象，必须大量削减。当然，如前所述，"一五"期间在削减非生产性建设投资方面也有过头的地方。②缩减了国家机关的行政管理费。"一五"期间国家行政机关已经出现了人员太多，人浮于事，以及其他的铺张浪费现象。削减国家机关的行政管理费，实属必要，并且取得了成效。1952~1957年，国家的行政管理费虽然由14.5亿元增长到21.7亿元，但在国家财政支出中的比重由8.3%下降到7.1%。② ③加强了国家的财政监督。按照"一五"计划的要求，不但财政部门，各个企业主管部门乃至行政、军事部门都要建立和加强财政监察机构；任何机关和个人都必须遵守财政制度，服从财政监督。这些规定对于保证节约制度的实施，起了重要的作用。④对全党和全国人民不断地进行了厉行节约的教育。这种教育对动员群众执行节约方针起了重要的推动作用。

"一五"时期在执行厉行节约方针、提高工业经济效益方面取得了巨大成就。

1. 资金利用效率的提高。1952~1957年，社会主义国家所有制独立核算工业企业资金利税率由25.4%提高到34.6%。

2. 劳动生产率的增长。1952~1957年，社会主义国家所有制工业全员劳动生产率由4200元/人·年提高到6376元/人·年，提高了51.8%，平均每年提高8.7%。这样，由提高工业劳动生产率而增加的工业产值在工业

---

① 《中华人民共和国发展国民经济的第一个五年计划（1953~1957）》，人民出版社1955年版，第115~118页。

② 《中国统计年鉴》（1984），第420~421页。

产值增加额中所占比重就大大提高了。国民经济恢复时期这一比重为48%，"一五"时期提高到59.8%。

3. 生产设备利用率的提高。1952~1957年，钢铁工业的大中型高炉利用系数由1.02吨/立方米·昼夜提高到1.32吨/立方米·昼夜，平炉利用系数由4.78吨/立方米·昼夜提高到7.21吨/立方米·昼夜；煤炭工业大型煤矿回采率由76%提高到81.9%；电力工业的发电设备利用小时由3800小时提高到4794小时；机械工业的金属切削机床利用率由58.8%提高到64.8%；纺织工业的棉纱每千锭时产量由19.64公斤提高到20.67公斤，棉纺织机每台时产量由3988米提高到4075米。[①]

4. 物质消耗的降低。1952~1957年，工业生产的物质消耗持续下降。比如，发电标准煤耗率由0.727公斤/千瓦时下降到0.604公斤/千瓦时，每件纱用棉量由198.97公斤下降到193.56公斤。[②]这样，工业生产物质消耗在工业总产值中的比重，"一五"时期平均为65.6%，比1952年下降了1.4个百分点。

5. 工业产品成本的下降。1952~1957年，社会主义国家所有制独立核算工业企业可比产品成本是逐年降低的，"一五"时期平均下降了6.5%。

6. 固定资产交付使用率的提高。社会主义国家所有制工业固定资产交付使用率由1952年的59.8%提高到1957年的89.4%。

7. 全要素生产率。"一五"期间，社会主义国家所有制独立核算工业企业全要素生产率是在2.9%~12.9%波动的，全要素生产率在产出增长率中所占的比重是在10.7%~34.5%波动的。[③]

上述的"一五"时期工业经济效益的各项指标，同后续的各个计划时期比较起来，都是高的。这是支撑"一五"时期工业持续高速增长的极重要因素。

但这不是说，"一五"期间不存在阻滞经济效益的因素，不存在浪费现象。比如，"一五"时期曾经发生过两次经济波动（1953年"小冒了一下"，1956年"大冒了一下"，对发展轻工业、农业、第三产业以及沿海

---

① 《伟大的十年》，人民出版社1959年版，第97页。金属切削机床利用率是1953~1957年的数字。
② 《伟大的十年》，人民出版社1959年版，第97页。
③ 参见拙著：《工业经济效益问题探索》，经济管理出版社1990年版，第78~79页。

地区工业和中小企业有所忽视。这些显然都会降低资源配置的效益。又如，在"一五"时期的基本建设工作中，由于有些项目违反基本建设程序，曾经造成了大量的浪费。再如，由于企业管理不善，产品质量不好，废品很多。

造成上述状况的原因是多方面的，例如，制度不健全，缺乏经验，干部的数量和素质都不能满足需要等。但最重要的还是以下三点：一是重点建设重工业方针是对的，但在执行中存在着重点偏重、非重点偏轻的问题。二是在生产和建设方面，总的说来，执行了量力而行的原则，但急于求成的指导思想在 1953 年和 1956 年已经有了明显的表现。三是计划经济体制内部的投资膨胀机制和束缚企业与劳动者积极性的消极作用。

九、重视从苏联和东欧国家引进设备、技术、人才、资金和管理经验

"一五"期间，在美国为首的资本主义国家对我国实行经济封锁、物资禁运的条件下，我国主要从苏联和东欧人民民主国家引进成套设备、科学技术、人才、资金和管理经验，对建立社会主义工业化基础，起过特殊重要的作用。

1. 引进成套设备。苏联援建的、成套供应设备的项目经过多次商谈最后确定为 154 项。因为计划公布 156 项在先，所以仍称"156 项工程"。[①] 如果再加上 1958 年和 1959 年中苏商定的项目，在整个 50 年代，由苏联援建的、成套供应设备的项目共计 304 项，单独车间和装置 64 项。但由于 1960 年苏联单方面撕毁合同，成套供应设备的 304 项中，全部建成的只有 120 项，基本建成的 29 项，废止合同的 89 项，由中国自力更生续建的 66 项；在 64 项单独车间和装置中，建成的 29 项，废止的 35 项。[②]

在整个 50 年代（主要是"一五"时期），由东欧各国（包括民主德国、捷克、波兰、罗马尼亚、匈牙利和保加利亚）援建的、供应成套设备的建设项目共 116 项，其中完成和基本完成的 108 项，解除合同的 8 项；单项设备 88 项，完成和基本完成的 81 项，解除合同的 7 项。

按引进的设备投资计算，1950~1959 年，从苏联共引进 76.9 亿旧卢布（折合人民币 73 亿元），其中，1950 ~1952 年引进 2.4 亿旧卢布，占

---

① 薄一波：《若干重大决策与事件的回顾》上卷，中共中央党校出版社 1991 年版，第 297 页。
② 彭敏主编：《当代中国的基本建设》上卷，中国社会科学出版社 1989 年版，第 53 页。

3.2%；1953~1957 年引进 44 亿旧卢布，占 57.1%；1958~1959 年完成 30.5 亿旧卢布，占 39.6%。同期，从东欧各国共引进设备投资 30.8 亿旧卢布（折合人民币 29.3 亿元）。

从苏联和东欧各国引进的成套设备几乎都是为建立社会主义工业化初步基础所必需的重工业项目，其中，重工业项目分别占 97% 和 80%，主要是基础工业。就引进的设备投资构成看，从苏联引进的总额中，能源工业占 34.3%，冶金工业占 22%，化学工业占 7.9%，机械工业占 15.7%，军事工业占 12% 左右，以上合计占 92% 左右；其中，"一五"时期实际引进的 44 亿旧卢布中，能源工业占 28.6%，冶金工业占 22%，化学工业占 7.8%，机械工业占 18.5%，军事工业占 14% 左右，以上合计占 91% 左右。

苏联对我国建设的援助是全面的，技术是先进的。苏联援助我们建设的 156 个工业单位，从勘察地质，选择厂址，搜集设计基础资料，进行设计，供应设备，指导建筑安装和开工运转，供应新种类产品的技术资料，一直到指导新产品的制造，等等，总之是从头到尾全面地给予援助。苏联提供的设计、设备，都是最先进的。

从苏联和东欧各国引进成套设备的建设项目中，"一五"期间实际施工的分别为 146 个和 64 个，全部和部分投产的分别为 68 个和 27 个。这些项目的投产，在建立我国社会主义工业化初步基础方面起了极重要的作用。

"一五"时期不仅重视引进技术装备，同时重视在科研、设计、施工和管理等各个环节上进行全面的学习和培训，使得研究、设计、生产工艺和设备制造等环节上技术水平的提高基本上是同步的，因而比较快地提高了使用能力、消化能力和创新能力。比如，哈尔滨电机厂是"一五"时期苏联帮助建设的 156 项工业工程之一，在"一五"时期以后的 1958 年、1959 年和 1960 年这 3 年，分别相继制造出 2.5 万千瓦、5 万千瓦和 10 万千瓦的发电机组。随后又制造出 20 万千瓦的发电机组。

2. 引进技术。1954 年 10 月，我国和苏联签订了科学技术合作协定；以后，又分别与东欧各国签订了科学技术合作协定。到 1959 年，我国从苏联和东欧获得的关于能源、原材料和机械工业（包括民用和军用）的技术资料达到 4000 多项。另外，在我国掌握尖端科学技术与和平利用原子能技术方面，苏联也给予了一定的援助。

3. 引进人才。50 年代（主要是"一五"时期）苏联和东欧各国来华工作的技术专家达到 8000 多人，同时还为中国培养技术人员和管理干部7000 多人。

4. 引进资金。如前所述，1950 年 2 月 14 日，中苏双方政府签订了苏联政府向中国政府提供 3 亿美元贷款的协定。这笔贷款用于支付苏联供应中国的设备器材，年息 1%，中国从 1953 年起 10 年内用商品和外汇等偿还本息。1951~1955 年，中苏两国政府又签订了 10 笔贷款协议，其中 1笔为无息，9 笔年息 2%，偿还期 2~10 年，用于支付从苏联购买抗美援朝战争和加强国防所需的军事装备物资、经济建设所需的设备物资以及苏联移交中国的设施、物资等费用。上述 11 笔贷款总金额共计56.6 亿旧卢布（折人民币 53.68 亿元），其中，用于购买军事装备物资和支付苏联移交旅大军事基地设施、物资的费用占 76.1%；用于购买经济建设设备物资的费用占23.9%。到 1964 年，即比协定规定提前一年，偿还全部贷款，并付利息 5.8 亿旧卢布，本息折合人民币 55.5 亿元。偿付苏联贷款本息主要是靠直接向苏联出口商品支付的。这一部分约占归还贷款金额的 82%。[①]而且，我国对苏联出口的商品，有相当一部分是苏联发展工业（包括军事工业）急需的重要战略物资。比如，1953 年 5 月 15 日中苏两国政府签订的协定中，就规定在 1954~1959 年间，中方向苏联提供钨砂 16 万吨、铜 11 万吨、锑 3 万吨、橡胶 9 万吨等战略物资作为苏联援建项目的部分补偿。[②]

5. 学习管理经验。如前所述，新中国成立初期（包括"一五"时期）从苏联学习的经济管理和企业管理的经验，在建设我国社会主义经济管理制度和企业管理制度方面，起了重要的作用。

总体来说，"一五"时期从苏联引进成套设备、技术、人才、资金和学习管理经验，对我国建立社会主义工业化初步基础，起了重要的促进作用。在这方面也充分体现了斯大林领导的苏联政府和苏联人民崇高的国际主义精神。这一点，值得中国人民永远纪念！

[①] 彭敏主编：《当代中国的基本建设》上卷，中国社会科学出版社 1989 年版，第 53~57 页。
[②] 薄一波：《若干重大决策与事件的回顾》上卷，中共中央党校出版社 1991 年版，第 300~301 页。

但"一五"时期在引进方面也存在着局限性和缺陷。由于当时的国际形势，以及美国等资本主义国家对我国实行封锁禁运政策，再加上"一边倒"的外交政策，引进主要还只限于苏联和其他东欧国家。在学习苏联经验方面也存在着教条主义的毛病，特别是照搬了苏联计划经济体制。尽管这种体制在"一五"时期起了重要的积极作用（这是主要方面，也有消极作用，但不是主要的），但在尔后的一个长时期内成为我国经济发展的严重障碍。

十、巩固社会稳定局面，保证和促进工业生产建设的发展

巩固国民经济恢复时期已经实现的社会稳定局面，是"一五"时期顺利建设社会主义工业化初步基础的一个极重要的社会条件。

这个时期在巩固社会稳定局面方面采取了一系列的措施。

（一）经济方面的主要措施

1. 尽管在经济发展方面，1953 年"小冒了一下"，1956 年又"大冒了一下"，但总的说来，"一五"时期工业生产建设的发展规模和建设大体上做到了与国力相适应，实现了经济的持续、高速增长。

2. 大体说来，在重点建设重工业的同时，又兼顾了人民生活的提高，实现了毛泽东提出的"既要重工业，又要人民"的方针。[1]

3. 在实现社会主义改造的过程中，采取了照顾各经济主体（包括个体农民、个体手工业者和民族资本主义工商业者）利益的、逐步过渡的形式。诚然，在 1955 年下半年实现社会主义改造高潮的过程中，由于改造的步骤过急，产生了一系列矛盾。但在高潮过去以后，接着又采取一系列的调整和完善措施，使得各方面的需要得到适当的照顾。

（二）政治思想方面的主要措施

1. 加强廉政建设。1953 年 1 月中共中央发布了《关于开展反对官僚主义、命令主义、违法乱纪斗争的指示》，在国家行政机关进行这项斗争。[2] 这场斗争对于加强廉政建设起了有益的作用。

2. 加强统一战线工作。这里包括工农联盟工作、知识分子工作、资本主义工商界工作、各民主党派工作、各人民团体工作、少数民族工作、

---

① 薄一波：《若干重大决策与事件的回顾》上卷，中共中央党校出版社 1991 年版，第 556~557 页。
②《中共党史教学参考资料》第 20 册，第 56 页。

宗教界工作、海外华侨和其他爱国民主人士的工作，以及作为人民民主统一战线组织的全国政治协商会议的工作。在整个"一五"时期，除了反右派斗争严重扩大化以外，在毛泽东、周恩来等党和国家领导人的直接领导下，统一战线的工作是做得很出色的，在团结全国人民方面起了极重要的作用。

3."一五"时期注意加强了对人民群众的思想教育，并且取得了良好的实效。这对于形成良好的社会风尚和人际关系，加强人民之间的团结以及对于社会主义事业的向心力，都起了有益的作用。

此外，在军事方面，从1950年10月25日开始的抗美援朝战争，到1953年7月27日实现了停战。这一点，不仅标志着美国发动的侵略朝鲜战争的彻底失败，而且对于振奋全国人民的爱国热情，增强人民对于党和政府的向心力，都发生了重要的作用。

因此，"一五"时期实现社会稳定局面，是经过了经济上、政治上、思想上和军事上的多方面努力才实现的，来之不易。这种局面又保证和促进了这个时期建立社会主义工业化初步基础任务的实现。

由于"一五"时期在发展工业生产建设方面采取了一系列方针、政策和措施，因而在建立社会主义工业化初步基础方面取得了巨大的成就。

第二节　建立社会主义工业化初步基础的主要成就和问题

"一五"时期，工业生产建设的主要成就，有以下几个重要方面：

1. 社会主义性质的或基本上是社会主义性质的工业在全部工业中占了主要地位。社会主义国家所有制工业产值占工业总产值比重，由1952年的41.5%上升到1957年的53.8%，社会主义集体所有制工业产值比重由3.3%上升到19%，基本上是社会主义性质的公私合营工业产值的比重由4%上升到26.3%，资本主义私营工业产值的比重由30.6%下降到0.1%，个体工业产值的比重由20.6%下降到0.8%。可见，到1957年，社会主义的或基本上是社会主义的工业产值比重占到99.1%，而资本主义经济的和个体经济的工业产值比重只占0.9%（详见表2-5-2）。

表 2-5-2　"一五"时期工业总产值中各种经济类型的变化

年　份	合计	国家所有制工业	集体所有制工业	公私合营工业	私营工业	个体工业
1. 绝对额（亿元）						
1952	343	142.6	11.2	13.7	105.2	70.6
1953	447	192.4	17.3	20.1	131.1	86.1
1954	520	244.9	27.7	50.9	103.3	92.9
1955	549	281.4	41.6	71.9	72.7	81.1
1956	703	383.8	120.1	191.1	0.3	8.3
1957	784	421.5	149.2	206.3	0.4	6.5
2. 比重（%）						
1952	100	41.5	3.3	4.0	30.6	20.6
1953	100	43.0	3.9	4.5	29.3	19.3
1954	100	47.1	5.3	9.8	10.0	17.9
1955	100	51.3	7.6	13.1	13.2	14.8
1956	100	54.5	17.1	27.2	0.04	1.2
1957	100	53.8	19.0	26.3	0.1	0.8

资料来源：《中国统计年鉴》（1984），第 194 页。

2. 工业基本建设有了巨大发展。如前所述，"一五"期间工业基本建设投资总额达到了 250.26 亿元。正是这一点，从根本上推动了这个期间我国工业基本建设的巨大发展。

数量众多的重要建设项目的全部投产和部分投产。"一五"期间，施工的工矿建设单位达 1 万个以上，其中限额以上有 921 个，到 1957 年底，全部投产的有 428 个，部分投产的有 109 个。其中，苏联援建的施工项目有 146 个，全部投产的有 30 个，部分投产的有 38 个。

由于数量众多的重要建设项目的投产，就导致许多新的工业部门的建立。这些新的工业部门包括飞机制造业、汽车制造业、新式机床制造业、发电设备制造业、冶金和矿山设备制造业，以及高级合金钢、重要有色金属冶炼业等。数量众多的重要建设项目的投产，还使许多重要工业产品生产能力有了巨大的增长。

3. 工业生产有了迅速发展。由于新建企业的投产，以及原有企业生产的增长，工业总产值和主要产品的产量有了大幅度增长。如前所述，"一五"期间工业总产值获得了持续的高速增长，每年平均增长 18%，超过了"一五"计划指标 3.3 个百分点；主要工业产品产量大幅增长。原煤由 0.66 亿吨增长到 1.31 亿吨，增长 98.5%；原油由 44 万吨增长到 146 万吨，增长 231.8%；发电量由 73 亿千瓦小时增加到 193 亿千瓦小时，增长

164.4%；钢由 135 万吨增长到 535 万吨，增长 296.3%。①

由于新的工业部门的建立和原有企业技术水平的提高，生产了许多新的工业产品。钢铁工业方面有：高级合金结构钢、特殊仪表用钢、矽钢片、造船钢板、锅炉用无缝钢管、50 公斤的重轨等主要钢材。1952年，我国只能生产 180 多种钢和 400 多种规格的钢材，1957 年已经能够生产 370 多种钢和 4000 多种规格的钢材了。机械工业方面有：飞机、载重汽车、客轮、货轮、容量 1.2 万千瓦的成套火力发电设备、1.5 万千瓦的成套水力发电设备、容积 1000 立方米的高炉设备、联合采煤机、200多种新型机床、自动电话交换机，以及全套纺织、造纸、制糖等设备。在化学工业方面，已经能够生产化学纤维、各种抗菌素等产品。②

由于工业产量的巨大增长和新产品的大量涌现，我国工业材料和设备的自给率有了很大的提高。到 1957 年，我国钢材自给率达到 86%，机械设备的自给率达到 60% 以上。③

4. 工业技术水平有了显著提高。旧中国工业生产技术比资本主义国家要落后半个多世纪。经过"一五"时期的建设，由于许多限额以上的重点建设单位的投产，就使那些经过重大改建的老工业部门，特别是新建工业部门的技术提高到 40 年代后半期的水平。

1957 年，社会主义国家所有制工业工程技术人员达到 49.6 万人，比1952 年增长 2 倍，占工业职工的比重由 1.1% 提高到 2.2%。到 1957 年，我国已经能够设计一些比较大型的、技术复杂的工程。如年产 240 万吨的煤矿，100 万千瓦的水电站（1952 年为 1.2 万千瓦），65 万千瓦的火电站（1952 年为 1 万千瓦），年产 150 万吨钢铁的联合企业，年产 7.4 万吨的重型机器厂，日产 120 吨的造纸厂，日处理 2000 吨甘蔗的制糖厂。

1952~1957 年，社会主义国家所有制工业企业每一工人使用的动力机械总能力提高了 79.2%，每一工人使用的电力提高了 80.4%；每一职工占有的固定资产原值由 2918 元增加到 4473 元，每一职工占有的全部资金由

---

① 《中国统计年鉴》（1993），第 446~447 页。
② 《关于发展国民经济的第一个五年（1953~1957）计划执行结果的公报》，中国统计出版社 1959 年版，第7~8 页。
③ 《新华半月刊》1958 年第 2 期，第 57 页。

2878 元增加到 4416 元。[①]

5. 工业结构（包括部门结构、地区结构和所有制结构等）有了重大变化。工业总产值在工农业总产值中占了大部分。工业总产值占工农业总产值的比重，由 1952 年的 43.1%上升到 1957 年的 56.7%；农业总产值的比重由 56.9%下降到 43.3%。[②]

现代工业在全部工业中占了显著的优势。现代工业产值占工业总产值的比重，由 1952 年的 64.2%上升到 1957 年的 70.9%。[③]

主要生产生产资料的重工业在全部工业中的比重有了大幅度的上升。1952 年，这一比重为 35.5%，1957 年上升到 45%；与此相对应，主要生产消费品的轻工业比重由 64.5%下降到 55%（详见附表 14）。

在重工业中，采掘工业和原料工业有了进一步发展，特别是制造工业得到了加强。"一五"期间，采掘业和原料工业生产大大增长了，但比重下降了。采掘工业的比重由 1952 年的 15.3%下降到 1957 年的14.6%，原料工业的比重由 42.8%下降到 39.7%，制造工业的比重由 41.9%上升到 49.5%（详见附表 15）。其中，生产机器的机械工业由 31.9%上升到 37.7%。这表明，半殖民地半封建中国留下的那种工业主要是提供燃料和原材料，机械工业主要是从事修配的畸形发展的状况，已经有了根本的改变；重工业内部得到了较均衡的发展，重工业提供生产资料特别是机器的能力大大增长了。

轻工业的原料来自重工业的部分增长了，来自农业的部分下降了。以工业品为原料的轻工业产值占轻工业总产值的比重，1952 年为 12.5%，1957 年上升到 16.8%；与此相对应，以农产品为原料的轻工业产值的比重由 87.5%下降到 83.2%（详见附表 16）。这表明重工业为轻工业提供原料的能力显著增长了。

原来工业比较发达的沿海地区的工业有了进一步发展，有些工业基地得到了进一步加强；原来工业不发达的内地的工业有了更迅速的发展，

---

① 《关于发展国民经济的第一个五年（1953~1957）计划执行结果的公报》，中国统计出版社 1959 年版，第 8 页；《伟大的十年》，人民出版社 1959 年版，第 67、98、163 页；《中国工业经济统计资料（1949~1984）》，中国统计出版社，第 112~113 页。

② 《中国统计年鉴》（1984），第 27 页。

③ 《伟大的十年》，人民出版社 1959 年版，第 80 页。

一些新的工业基地正在形成。经过"一五"时期的工业建设，以鞍钢为中心的东北工业基地已经基本建成，上海和其他沿海城市的工业基地也都已经大为加强；同时，在华北地区、华中地区和西北地区，新的工业区正在形成，在西南地区和华南地区，也开始了部分的工业建设。由于内地工业比沿海地区工业的发展速度更快，因而在 1952~1957 年期间，内地工业产值在工业总产值中的比重，由 29.2%上升到 32.1%；而沿海地区由70.8%下降到67.9%（详见附表 18）。这表明，半殖民地半封建中国留下来的工业集中于沿海地区而内地工业很少发展的畸形状态，在"一五"期间有了很大的改变，在沿海和内地工业均有发展的条件下，工业得到了比较合理的分布。

　　上述情况表明，在短短的 5 年期间，我国就建立了社会主义工业化的初步基础。这是一个极其伟大的成就！ 如前所述，这期间在发展工业生产建设方面也有不少缺陷。主要是 1953 年特别是 1956 年工业生产建设规模过大， 速度过快；过于偏重发展重工业，对轻工业、农业和第三产业有所忽视，对沿海地区和中小企业以及非生产性建设也注意不够。但上述缺陷的许多重要方面，毛泽东在 1956 年初已经有所觉察，并着手进行了某些纠正。所以，如果看不到"一五"期间在建立社会主义工业化初步基础方面所取得的伟大成就，是完全错误的；但如果看不到这个期间在这方面发生的缺陷，也是片面的。

第六章　1953~1957年发展产业经济的主要成就

第一节　发展产业经济的主要成就

1. 社会主义经济制度已经基本建立起来。1952~1957 年，社会主义（或基本上是社会主义）的国营经济、合作社经济和公私合营经济占国民收入的比重由 21.3%上升到 97.2%，而资本主义经济和个体经济由 78.7%下降到 2.8%。详见表 2-6-1。

表 2-6-1　1952~1957 年各种经济成分占国民收入的比重
（以国民收入总计为 100）

	国民经济	合作社经济	公私合营经济	资本主义经济	个体经济
1952 年	19.1	1.5	0.7	6.9	71.8
1953 年	23.9	2.5	0.9	7.9	64.8
1954 年	26.8	4.8	2.1	5.3	61.0
1955 年	28.0	14.1	2.8	3.5	51.6
1956 年	32.2	53.4	7.3	—	7.1
1957 年	33.2	56.4	7.6	—	2.8

资料来源：《伟大的十年》，人民出版社 1959 年版，第 36 页。

2. 建立社会主义工业化初步基础（已见前述）。与此相联系，中国工业化就由初期阶段开始进入中期阶段。到 1957 年，工业和农业增加值已经分别占到国内生产总值的 25.4%和 40.3%；农业从业人员占从业人员总数的 81.2%（详见附表 2、附表 5）。在这方面，尽管农业从业人员比重仍然偏高，但考虑到工业化初步基础已经建立的整体情况可以认为工业化已越过了初期阶段，开始进入中期阶段。

3. 各次产业持续高速增长。1952~1957 年，国内生产总值[①]由 679 亿元增长到 1068 亿元，人均国内生产总值由 119 元增长到 168 元；二者分别每年平均增长 9.2% 和 6.8%。在国内生产总值中，第一产业增加值平均每年增长 3.8%，第二产业增长 19.7%，第三产业增长 9.6%。第一产业占国内生产总值的比重由 1952 年的 50.5% 下降到 40.3%，第二产业由 20.9% 上升到 29.7%，第三产业由 17.6% 上升到 25.4%（详见附表 1~附表 3）。

4. 经济效益较好。1953~1957 年，全社会固定资产投资效果系数是在 0.212~1.267 之间波动的；社会劳动生产率由 350.5 元/人，提高到 426.2 元/人，年均提高 4%（详见附表 8、附表 9）。

5. 人民物质生活进一步提高，民主生活和精神生活基本健康。人民物质生活提高的物质基础是生产的发展。但妥善处理积累和消费的关系也很重要。"一五"期间平均积累率为 24.2%，这个比例关系是恰当的，成为促进生产、提高生活的一个重要因素。1952~1957 年，全国居民、村民和城镇居民的消费水平分别由 80 元提高到 108 元，由 65 元提高到 81 元，由 154 元提高到 222 元；三者分别提高了 21.3%、16.8%、31.7%（详见附表 7）。

这期间，反右派斗争给了知识界一次严重摧残，社会主义改造过急过快也给人民生活造成诸多负面影响。但由于我们在本篇第五章已经分析过的原因，民主生活和精神生活大体上还是健康的。

总之，"一五"期间经济持续快速增长，就业改善，物价稳定，人民生活提高，宏观经济保持了良好的发展态势。

第二节　发展产业经济中存在的问题

在生产资料私有制的社会主义改造方面存在两方面问题：一是在新

---

① 本书以国内生产总值作为反映我经济发展的最重要指标。但并不否定该指标存在的局限性。

民主主义社会结束得过早的情况下又把过渡时期结束得过早。即使按照过渡时期总路线的提出者毛泽东的建议，也需要经过三个五年计划的时间。但实际上只经历了三到四年的时间。二是社会主义改造目标模式的选择上发生了失误。中国在实现社会主义改造道路上有许多新的重大创造（已见前述），但在改造的目标模式的选择上是以苏联为榜样的。就已有的实践经验来看，苏联实行的第一的社会主义公有制和计划经济体制虽然在一定时期内发生过重要的积极作用，特别是为苏联在"二战"中赢得反法西斯战争的胜利奠定了物质基础，但从长期看，就是在苏联这种目标模式也是不适合生产力发展的。把这种目标模式运用到生产力原来更为落后的中国来，必然发生类似的情况，甚至更不利于生产力发展。就中国的实际情况来看，搞社会主义改造，应走 1978 年改革以后逐步确立的中国特色社会主义道路。

发生上述问题的重要原因是：

1. 按照辩证唯物论的认识论，一个正确的认识往往需要经过实践→认识→再实践→再认识的循环往复以及正反经验反复比较才能形成。毛泽东能在 20 世纪 40 年代上半期最终完全形成新民主主义理论，是以从 1921 年以后党领导的长期革命实践经验的概括以及对陈独秀右倾机会主义路线和三次（瞿秋白、李立三特别是王明）"左"倾机会主义路线失败教训的总结为基础的。但在 20 世纪 50 年代上半期中国在确立社会主义改造目标模式上缺乏这种实践经验条件。只是到了 20 世纪下半期以后，计划经济体制的弊病在中国和苏联等社会主义国家充分暴露以后，才具备这种实践经验条件。邓小平能够在 70 年代末期以后逐步创造建立中国特色的社会主义道路的理论，就是在这种条件下发生的。

2. 在 20 世纪 50 年代初存在的严峻国际形势下，中国为了巩固新生的人民政权，就必须实行赶超经济发达国家的发展战略。而尽快地结束新民主主义社会和过渡时期，以及实行计划经济体制，在一定时期内正好适应了这种发展战略的要求。

3. 新中国成立初期，美国等资本主义国家对新中国实行敌视政策，迫使中国在外交方面实行"一边倒"。在这种情况下，维护和发展中苏友好关系，在军事、政治和经济等方面具有极重要的意义。但是，如果中国长期实行新民主主义社会，而不实行苏联的模式，就会给中苏关系造成严重的伤害。

4. 新中国建立初期，广大工农群众在政治上和经济上获得了翻身，向往社会主义社会的热情异常高涨。基层群众的这种情绪，对党中央的政策取向不可能没有影响。

5. 在国际共产主义运动中，教条主义的错误源远流长。以毛泽东为代表的中国共产党人以其拥有丰富的实践经验，战胜了王明"左"倾教条主义，赢得了新民主主义革命的胜利。但在选择社会主义改造目标模式方面，由于缺乏经验而又陷入了教条主义，照搬了苏联的经验。

在社会主义工业化建设方面，"一五"期间实现优先发展重工业的战略方针是正确的，成绩是主要的。但也存在对发展轻工业、第一、三产业和改善人民生活注意不够的缺陷。这些缺陷的发生，在一定程度上同上面分析的某些原因也是有关的。

总起来说，"一五"期间社会改造和建设中发生的问题，主要还是由于时代局限而造成的经验不足，还不是路线错误。当然，在这方面，毛泽东作为党中央的主要领导人要负最主要的责任。特别是在1955年夏季以后他发动的农业合作化高潮和对坚持正确主张的邓子恢的批判，以及由他发动的1956年建设冒进以后对坚持正确主张的周恩来和陈云的批评，更是负有直接责任。但同时也应看到："一五"期间党中央的集体领导基本上是健全的。所以，在上述各种问题上也有集体领导的责任。

第三篇

实行计划经济体制时期的产业经济（一）
——"大跃进"阶段的产业经济
（1958~1960 年）

导　言

　　1958 年 5 月召开的党的八大二次会议，依据此前毛泽东的思想发展
(特别是他在同年 3 月在成都召开的中共中央工作会议上所做的关于社会
主义建设总路线的表述) 通过了鼓足干劲、力争上游、多快好省地建设
社会主义的总路线。同年 8 月在北戴河召开的中共中央政治局扩大会议，
也是依据此前毛泽东思想的发展 (特别是这次会议期间毛泽东关于人民
公社问题的多次发言)，通过了《中共中央关于在农村建立人民公社问题
的决议》。① 但在社会主义建设总路线指导下形成的"大跃进"，不仅有赖
于在农村建立人民公社，而且有赖于以中央政府向地方政权下放经济管
理权力为主要特征的经济管理体制的改进。

　　这样，从 1958 年开始，"大跃进运动"、人民公社化运动和经济体制
改进运动就在中国社会经济生活中全面地、相互交织地开展起来，并成
为中国在 1958~1960 年期间各个产业经济变革和发展的主要脉络。本篇
叙述这些历史进程。

---

① 参见薄一波：《若干重大决策与事件的回顾》下卷，中共中央党校出版社 1993 年版，第 741~744 页。

第一章 "大跃进"运动

第一节 毛泽东发动"大跃进"运动

1956 年由于主持经济工作的周恩来总理和陈云副总理坚持经济工作要实事求是的原则，反对由毛泽东发动的急躁冒进倾向，因而这年虽然发生了局部性的冒进错误，但却防止了当时可能发生的 1958 年"大跃进"带来的那样的大灾难，并使 1957 年的经济得到了健康发展，为当年 9 月召开的党的八大会议正确的经济决策奠定了重要的思想基础。

毛泽东对反冒进是有不同意见的。但在 1956 年 11 月召开的党的八届二中全会上，毛泽东对当时进行的反冒进，毕竟没有正面提出批评，而且同意 1957 年执行"保证重点、适当收缩"的方针。[①]这除了当时他还能够遵守民主集中制原则以外，同他当时注意力集中在 1956 年发生的波兰、匈牙利事件和赫鲁晓夫发动的对斯大林批判上，也很有关系。这一点，也促使他当时对反冒进采取保留态度。但到 1957 年下半年，国内外形势发生了很大变化。国际方面，波兰、匈牙利的风波已经平息；国内方面，反右派斗争已经基本结束，"一五"计划提前超额完成，1957 年冬农村掀起了农田水利建设高潮。在这种形势下，毛泽东在 1955 年提出的批判经济发展速度方面的右倾保守思想，加快经济发展的主张，[②]又被提

[①] 薄一波：《若干重大决策与事件的回顾》上卷，中共中央党校出版社 1991 年版，第 559 页。
[②]《毛泽东选集》第 5 卷，人民出版社 1977 年版，第 223~224 页。

到了日程上来。这样，在他看来，批判同这一主张相悖的反冒进也就成为紧迫的任务。

毛泽东亲自发动和主持的批判反冒进，主要是通过一系列党的中央会议进行的。这场批判发端于 1957 年 9~10 月间召开的党的八届三中全会。毛泽东在这次会议上提出："去年（1956 年——引者）这一年扫掉了几个东西。一个是扫掉了多、快、好、省"，"还扫掉了农业发展纲要四十条"，"还扫掉了促进委员会"。[①] 他主张恢复这三个东西。这在实际上不仅否定了 1956 年反冒进的正确实践，而且否定了 1956 年 5 月党中央提出的，又为同年 9 月召开的党的八大会议所坚持的既反保守又反冒进，积极地而又稳妥可靠地推进国民经济发展的方针。[②] 同在这次会议上，毛泽东还否定了党的八大关于我国当前主要矛盾是先进的社会主义制度同落后的社会生产力之间的矛盾的提法，认为"无产阶级和资产阶级的矛盾，社会主义道路和资本主义道路的矛盾，毫无疑问，这是当前我国社会的主要矛盾"。[③] 这意味着毛泽东开始把个人凌驾于党中央领导集体和党的八大之上，是严重破坏党的民主集中制的开端。所以，毛泽东在党的八届三中全会上的讲话，似乎可以看做由 1935 年遵义会议后以毛泽东为主要代表的正确路线向又是以毛泽东为主要代表的"左"倾路线变化的重要转折点。

1958 年 1 月上旬到 4 月上旬，党中央先后召开了杭州会议、南宁会议、北京会议、成都会议和武汉会议，毛泽东在会上多次批评了反冒进，并点名批评了周恩来和陈云。[④] 在南宁会议以后，周恩来被免去中央财经领导小组组长的职务。这样，财经决策实际上由毛泽东直接掌握了。

直到同年 5 月召开的党的八大二次会议上，刘少奇代表党中央做的工作报告中，对批判反冒进问题做了结论。他指出：一些同志"认为 1956 年的跃进是一种'冒进'"。1956 年反冒进的"结果是损害了群众的积极性，影响了 1957 年的生产建设战线上特别是农业战线上的进展"。还形成了一个"马鞍形"，即"1956~1958 年，在生产战线上所表现出来

① 《毛泽东选集》第 5 卷，人民出版社 1977 年版，第 474~475 页。
② 《中国共产党第八次全国代表大会文件》，人民出版社 1956 年版，第 85 页。
③ 《毛泽东选集》第 5 卷，人民出版社 1977 年版，第 475 页。
④ 薄一波：《若干重大决策与事件的回顾》下卷，中共中央党校出版社 1993 年版，第 640~641 页。

的高潮—低潮—更大的高潮，亦即跃进—保守—大跃进"。①会上，与反冒进有关的领导人周恩来、陈云、李先念和薄一波等也都做了自我批评。毛泽东在这次会议结束前宣布：反冒进的问题，现在也搞清楚了，我们在新的基础上团结起来了。②至此，批判反冒进问题告一段落。

　　现在需要进一步叙述毛泽东在批判反冒进时提出的几个重要论点，③以便进一步说明这个批判为"大跃进"方针奠定了思想基础。①毛泽东认为，反冒进的性质还不是路线问题，而只是一个时期（即1956~1957年）、一个问题上（即建设规模和速度）的方针性错误。并且认为，反冒进是非马克思主义。②毛泽东认为，反冒进是政治问题。还认为反冒进和右派攻击二者之间是相关联的。二者相距不远，大概50米远。毛泽东在批判反冒进时甚至武断地说：以后反冒进的口号不要提，反右倾保守的口号要提。这实际上意味着以后不许反"左"，只许反右。④

　　正是上述这场批判反冒进的实践和理论，在思想方面为制定"大跃进"方针并为制定社会主义建设总路线打下了牢固的基础。

　　关于社会主义建设总路线的形成，毛泽东自己有过一个很简要的说明。他说：这条社会主义建设总路线，是在新中国成立以后8年中间逐步形成的。"1956年提出《（论）十大关系》，提出多快好省，这是社会主义建设总路线形成的开始。1956年的跃进，出来了一个反冒进，经过了一次曲折。1957年9月（八届）三中全会恢复多快好省。1958年春南宁、成都会议上批判反冒进，形成鼓足干劲、力争上游、多快好省地建设社会主义这条总路线的提法。5月党的八届二次大会正式通过总路线。"⑤党的八大二次会议《关于中央委员会的工作报告的决议》指出："会议一致同意党中央根据毛泽东同志的创议而提出的鼓足干劲、力争上游、多快好省地建设社会主义的总路线。"⑥

---

①《新华半月刊》1958年第11期，第6页。

②薄一波：《若干重大决策与事件的回顾》下卷，中共中央党校出版社1993年版，第642页。

③薄一波：《若干重大决策与事件的回顾》下卷，中共中央党校出版社1993年版，第637~649页。

④这场反冒进和批判反冒进的原则是非，1978年党的十一届三中全会以后，在重新确立的实事求是思想路线指引下，终于得到了澄清（详见1981年6月召开的党的十一届六中全会《关于建国以来党的若干历史问题的决议》，人民出版社1981年版）。

⑤薄一波：《若干重大决策与事件的回顾》下卷，中共中央党校出版社1993年版，第658~659页。

⑥《新华半月刊》1958年第11期，第1页。

　　总的说来，鼓足干劲、力争上游、多快好省地建设社会主义的总路线，虽然反映了广大人民群众迫切要求改变我国经济文化落后状况的普遍愿望，但它过于强调了人的主观意志和主观努力的作用，忽视了客观经济规律的作用。它实际上是毛泽东在社会主义建设速度方面急于求成的"左"的思想的产物。这种追求经济超高速增长的急于求成思想，在党的八大二次会议的工作报告中已有明显的反映。诚然，报告提出不能"把多快好省这个统一的方针分割开来"，但报告强调的多快，是速度。"建设速度的问题，是社会主义革命胜利后摆在我们面前的最重要的问题。"①以党的八大二次会议精神为依据，《人民日报》发表了《力争高速度》的社论，社论更明确地反映了社会主义建设总路线所包含的追求经济超高速增长的思想。社论宣扬"用最高的速度来发展我国的社会生产力，实现国家工业化和农业现代化，是总路线的基本精神"。"因此可以说，速度是总路线的灵魂。"②理论分析和历史经验都已表明，这里所说的速度，不是客观条件能够允许达到的高速度，而是超越客观条件的高速度。

　　既然社会主义建设总路线的灵魂是速度（即超高速度），那么，它就给以生产建设的高指标作为主要特征的"大跃进"方针的形成提供了路线基础。

　　但是，这并不意味着"大跃进"是从党的八大二次会议以后才开始的。实际上，农业方面"大跃进"从 1957 年冬大修水利的高潮中就已经出现了。工业方面的"大跃进"在 1958 年初召开的南宁会议以后也已经开始了。但在 1958 年 5 月党的八大二次会议以后，"大跃进"方针获得了一个路线基础，标志着"大跃进"方针的最终形成。

　　所以，总体来说，由毛泽东发动的批判反冒进，以及由他提出的社会主义建设总路线，为"大跃进"方针奠定了思想基础和路线基础。

---

①《新华半月刊》1958 年第 21 期，第 7 页。
②《人民日报》1958 年 6 月 21 日，第 1 版。

第二节　1958 年，以全民大炼钢铁为中心的"大跃进"

一、"以钢为纲"的工业"大跃进"

（一）钢铁工业"大跃进"

钢铁工业"大跃进"在 1958 年开始的工业"大跃进"中起了带头作用，并且最具典型性。这并不是偶然发生的。钢铁工业是国家工业化的基础。然而，直到 1957 年，中国的钢铁工业基础仍十分薄弱。这与中国工业化的要求相比，差距甚大。这样，实现钢铁工业"大跃进"，就会成为实现社会主义建设"大跃进"首要的、重点的选择。1957 年 12 月 2 日，刘少奇依据毛泽东 11 月 18 日在莫斯科举行的 64 个共产党参加的会议上的讲话精神，代表中共中央向中国工会第八次全国代表大会致祝词时宣布："在 15 年后，苏联的工农业在最重要的产品的产量方面可能赶上和超过美国，我们应当争取在同一时间，在钢铁和其他重要工业品的产量方面赶上和超过英国。"从此，在钢铁和其他重要工业品产量方面赶上和超过英国就成为发动"大跃进"，特别是工业"大跃进"的一个重要口号。到 1958 年 6 月，又正式形成了工业发展"以钢为纲"的方针。

在上述口号和方针的鼓励下，1958 年钢铁产量计划指标急剧上升。政府有关经济部门 1958 年 2 月 3 日提出这年钢的产量指标为 624 万吨。5 月 26 日召开的中共中央政治局扩大会议又上升到 800 万~850 万吨。6 月 19 日，毛泽东在与部分中央、部门和地区领导同志的谈话中提出 1958 年钢产量在 1957 年的基础之上"翻一番"，定为 1070 万吨。[①]

但是，这一年 1~7 月，累计生产钢 380 万吨稍多一点，同 1070 万吨的年计划相比差约 690 万吨，计划完不成的危险已经显而易见了。然而此时，中国要生产 1070 万吨钢的消息已经传到了国外。7 月 31 日~8 月 3 日赫鲁晓夫来华访问期间，毛泽东向他讲，中国今年产钢 1070 万吨。赫鲁晓夫不大相信，在华苏联专家总顾问阿尔西波夫也说恐怕实现不了，并表示土法炼钢再多也没有用。这些看法进一步激励了毛泽东等中国领

---

① 薄一波：《若干重大决策与事件的回顾》下卷，中共中央党校出版社 1993 年版，第 699~700 页。

导人实现计划的决心。加之"大跃进"是批判反冒进的产物，在毛泽东看来，能否实现"大跃进"，这是一个政治问题。因此，8月16日，在北戴河中共中央政治局扩大会议的预备会议上，毛泽东提出大搞群众运动，实行书记挂帅，全党全民办钢铁。

8月17~30日在北戴河召开的中共中央政治局会议通过并公开发表了《号召全党全民为生产1070万吨钢而奋斗》的决定。从此，声势浩大的全民大炼钢铁运动，在全国范围内广泛、迅速地开展起来。

9月5日晚，中共中央书记处召开电话会议，再次强调，北戴河会议下达的钢铁指标，只能超额，不准完不成。9月25日，中共中央召开电话会议，更进一步要求从省、地、县到乡，各级第一书记都要亲自挂帅，亲临钢铁生产现场，日夜不停地指挥作战。

当时，把主要作业采用机械化方法生产的大中型企业称为"大洋群"；把采用土法生产的、以农民为主体的小型企业（或生产点）称为"小土群"。对于"大跃进"的钢铁指标，单纯靠正常地发展钢铁工业，在短短的几个月内难以奏效。于是，完成指标的希望寄托于"小土群"。8月以前，全国已建成一批年产钢在10万吨以下的小高炉、土高炉。9月以后，又新建了几十万座。冶金部先后在天津和河南商城县召开全国土法炼钢现场会，大力宣传炼铁和炼钢都要搞小（小转炉、小土炉）、土（土法炼钢）、群（群众运动）；要打破所谓"保守思想"和"怀疑论"，让土法炼钢遍及全国各地。

7月底，用在钢铁生产上的劳动力有几十万人，8月底增至几百万人，9月底猛增到5000万人，10月底又增至6000多万人。加上其他行业直接、间接支援的人员，全国投入大炼钢铁的人力超过了1亿人，占全国总人口的1/6。

小高炉、土高炉的数量也迅速增长。7月间，有3万多座；8月间，增至17万座；9月底，猛增到60多万座；10月底，达到了几百万座。不但工厂、公社，而且部队、机关、学校也建起了土高炉、炼铁厂。

为了推动全民大炼钢铁运动，这时报刊不断报道各地大放钢铁"高产卫星"的情况。9月7日《人民日报》发表社论，宣传河南土高炉日产生铁比老钢铁基地辽宁、吉林、黑龙江三省的生铁日产量还要高。为了放这一颗"卫星"，河南省建立了5万多座土高炉，抽调了360多万人炼铁。9 月 29 日是中央确定的放"卫星"的日子。全国日产钢近 6 万吨、铁近 30 万吨，出现了 9 个日产生铁超过万吨的省，73 个日产生铁超过万吨的县和 2 个日产 5000 吨钢、1 个日产 4000 吨钢的省。[①] 10 月 15~21 日是中央确定的高产周，《人民日报》称："一周内钢的平均日产量比以前 14 天的平均日产量增加了 85%，……其中钢的最高日产量曾达到 10 万多吨。"日产煤炭 100 多万吨，铁路装车 35000 多车。[②] 对于上述做法，有人提出反对意见，认为这是一种蛮干。这种做法搞乱了生产秩序，破坏了比例和平衡，造成了紧张，是得不偿失。《红旗》杂志斥责持上述观点的人为"怀疑派"，批判他们为"对革命厌倦的人"。[③]

大型现代化企业，当时也忽视现代化企业的特点，片面强调发挥群众的作用，对广大职工只是号召要破除迷信，解放思想，发扬敢想、敢说、敢做的共产主义风格，不提倡尊重科学技术规律，否定遵守规章制度的必要性。这样做的结果，虽然有一部分企业在群众运动中提出了不少合理化建议，改革了操作法和设备，提高了劳动生产率，但是大多数企业在大搞群众运动中，片面追求产量，盲目拼设备和强化开采，不顾质量和 安全，不计经济效益，使企业陷于混乱之中，造成很大损失。

经过几个月的突击蛮干，加上相当程度的虚报浮夸，钢铁的产量有了迅速的增加。12 月 19 日，全国已生产钢 1075 万吨，22 日《人民日报》正式宣布提前完成钢产量翻番的任务。年底，则宣布钢产量为 1108 万吨，生铁产量为 1369 万吨，超额完成了 1958 年钢产量翻番的任务。这个数字虽然保住了"大跃进"的面子，却给国民经济带来了严重后果。大量人力、物力、财力被白白浪费，不少设备因超负荷运转招致严重损伤。合格的钢产量只有 800 万吨。在生铁产量中土铁达 416 万吨，甚至明明是废品也拿来凑数。土钢、土铁生产亏损达十几亿元。为了生产这些土钢、土铁，还过量开采矿石，大量砍伐树木，砸掉大量铁锅、铁器，破坏了矿产和森林资源，影响了人民生活。而绝大多数土铁、土钢的质量都很差，含硫量大大超过规定，难以使用。[④]

---

① 《卫星齐上天，跃进再跃进》，《人民日报》1958 年 10 月 1 日社论。

② 《"钢铁生产周"胜利以后》，《人民日报》1958 年 10 月 26 日社论。

③ 《红旗》1958 年第 12 期。

④ 柳随年、吴群敢主编：《"大跃进"和调整时期的国民经济》，黑龙江人民出版社 1984 年版，第 34 页。

（二）机械、煤炭和电力工业"大跃进"

在"大跃进"的热浪中，为了保证"钢铁元帅"升帐，各项工业指标都不断加码。首当其冲的是机械工业和电力工业。毛泽东在最高国务会议上提出关于"三大元帅、两个先行"的意见。他说：一为粮，二为钢，加上机器，叫三大元帅。三大元帅升帐，就有胜利的希望。还有两个先行官，一个是铁路，一个是电力。因此，在工业各部门中，除了钢铁工业以外，机械工业及作为钢铁工业主要燃料来源的煤炭工业和电力工业在"大跃进"中也处于重要的位置。

在"大跃进"的形势下，各部门、各地方纷纷加快生产建设速度，许多基建项目迫切需要大量的机械设备。为了适应各方面的急需，机械工业开始了"大跃进"，主要表现在三个方面：①大搞生产建设的群众运动。"大跃进"中，不仅强调老厂翻番，生产车间三班倒，工具、机修等技术后方上前线，拼体力、拼设备，而且省、地、县、社各级都大办机械厂，其他产业部门、施工部门，以及学校实习工厂也都大量制造机械设备，形成"遍地开花"。大部分产品是一些性能差、效率低、能耗高的设备，在生产上造成很大浪费。②突击式的、群众性的普及和发展机械技术。为了实现机械工业的高速发展，当时强调要"解放思想，破除迷信，敢想敢干"，提倡土洋并举，土法上马，大搞土简设备。1958年10月，一机部在哈尔滨市机联机械厂召开现场会，推广大搞土设备的做法。由于机械工业的群众运动满足于表面上的轰轰烈烈，不讲求实效，"大跃进"中推广的355项重大革新，只有30%取得一定效果。有些革新违反了科学，严重影响产品的性能和质量。③为了适应高指标的要求，机械工业进行了大规模的基本建设。1958~1960年的3年"大跃进"中，施工项目猛增到2000多个，其中大中型项目200多个。在3年内全部建成投产的只有20多个项目，而且这些项目主要是在"一五"时期已经开工续建的重点项目。经过大规模的基本建设，在西安、兰州、郑州、合肥、杭州、保定等地形成了新的机械工业基地。布局虽然展开了，但是没有处理好与专业化协作的关系，工厂"大而全"、"小而全"，省市、部门之间都自成体系，重复生产、重复建设非常严重。由于基建规模过大，超过了可能，分散了力量，致使一些国家急需的重点建设项目，反而没能按时建成。建设项目内部也不平衡，冷热加工不协调，前后左右不配套，大量项目没有建成就不得不停建缓建，造成很大浪费。①

　　煤炭工业作为保证"钢铁元帅升帐"的重要一环，在"大跃进"中，受到高指标、瞎指挥、浮夸风的影响很严重。首先是高指标。为了配合当时全民大炼钢铁，煤炭工业部提出了"全民大办煤矿"。1958年10月，在河南省宝丰县召开全民办煤矿现场会。1959年3月，进一步要求全国每一个矿井都要做到"日日高产，月月高产"，"大面积丰产"。计划产量和建井总规模指标越来越高。1958年建井总规模达2.5亿吨，当年开工1.7亿吨。这个数字比1957年增加了198%。结果只得简易投产，降低了工程质量和移交标准。地质勘探也片面追求进尺，忽视质量和效果，给设计、施工造成了困难。为了适应大办钢铁的紧迫形势，煤炭工业部在短短几天内仓促定点建设232个与小焦炉配套的简易洗煤厂，并突击设计、施工，3年中开工建设了170个，后来大部分报废。其次是瞎指挥。这在技术工作上表现最为突出。如不顾水力采煤有很严格的适用条件，强行要求全国煤矿立刻普遍推广。高指标、瞎指挥导致了说大话、说假话的浮夸风。有的煤矿在井下放几炮，打几条巷道，就算出了煤。此外，在所谓"破框框"的思想指导下，煤矿许多行之有效的规章制度都被废除了。"大跃进"给煤炭工业造成了严重的后果。生产矿井采掘关系失调，巷道和设备失修，生产能力受到严重破坏。从1960年5月开始，全国煤炭产量持续地大幅度下降。②

　　电力工业在"大跃进"中也受到高指标的影响。电力工业产量1958年达到275.3亿千瓦时，比1957年实际增加近82亿千瓦时，增长42.3%。1958年以后3年中不仅建成了一批"一五"计划期间开工建设的重要水、火电站项目，同时，在1958年1月提出的"水主火从"的建设方针指导下，还开工兴建了不少大型水电项目。主要有：装机50万千瓦的丹江口枢纽，装机29.97万千瓦的富春江七里垄水电站，装机44.75万千瓦的拓溪水电站，装机35.2万千瓦的盐锅峡水电站和装机122.5万千瓦的刘家峡水电站等。但是由于急于求成，这一时期在水电建设中也不顾条件，过早地上了一批大型项目，最后不得不被迫下马。这批下马的项目共计24

　　① 景晓村主编：《当代中国的机械工业》，中国社会科学出版社1990年版，第30~35页。
　　②《当代中国的煤炭工业》，中国社会科学出版社1989年版，第44~47页。

个，其中 1958 年下半年动工的就有 19 个，总装机容量达 867.8 万千瓦，造成损失近 6 亿元。[①]尽管电力工业建设已尽力加快速度，但仍然赶不上需要，也实施了"全民办电"。一切可利用的动力资源都挖掘了出来，简易的土法设备也制造了出来。但是，这种不计经济效果、大量浪费资源的做法难以持久，造成了更大的浪费。

（三）地方工业"大跃进"[②]

为了实现工业"大跃进"，也寄希望于地方工业。毛泽东在 1958 年 1 月写的《工作方法六十条（草案）》中，以及在 1958 年 3 月召开的成都会议上，提出了各地工业总产值要在 5~7 年内超过农业总产值的要求。6 月初，中共中央决定把全国划分为东北、华北、华南、华东、华中、西北、西南 7 个协作区，要求各协作区根据自己的资源等条件，尽快建立大型的工业骨干和经济中心，形成若干个具有比较完整的工业体系的经济区域。8 月 10 日，毛泽东在天津视察工作时又进一步提出，各省也应建立比较独立的但是情况不同的工业体系。

为了完成上述任务，全国各地出现了大办工业的"大跃进"高潮。如工业不发达的甘肃省，1958 年 2~3 月，全省办厂 1000 多个；3~5 月，建厂 3500 个；5~6 月，全省厂矿数猛增到 22 万个，其中社办的 18.5 万多个。全省每个乡平均有 110 个厂矿，每个农业社平均有 12 个厂矿。

1958 年 8 月，北戴河会议以后，各省、自治区、直辖市党委把主要力量转移到工业战线上来，出现了全党办工业、全民办工业的热潮。1958 年的国营工业企业由 1957 年的 4.9 万个增加到 11.9 万个，增加了 1.43 倍（详见附表 13）。增加的工业企业，主要是地方工业企业。

这样做的结果，一方面是地方工业有了迅速发展，社办工业和街道工业的兴起为今后地方工业的发展奠定了基础；另一方面，各地基本建设迅速膨胀，职工队伍膨胀，社会购买力膨胀，而新建的一些小型企业却耗费资源很大，效益很差。这都导致国民经济失衡，对后几年的发展带来了灾难性的后果。

[①] 彭敏主编：《当代中国的基本建设》上卷，中国社会科学出版社 1989 年版，第 94~95 页。
[②] 本书所说的地方工业，是指的省（自治区、直辖市）、地、县各级地方政府管理的工业。

二、"以粮为纲"的农业"大跃进"

如前所述，毛泽东在1957年9月召开的党的八届三中全会上发动了对反冒进的批判，推动了"大跃进"。会后，各地贯彻八届三中全会精神，批判"右倾保守"，开展农田水利建设。在很短的时间里，全国农村出现了空前规模的兴修农田水利运动，投入劳动力逐月急剧上升，10月份2300万人，11月份6700万人，12月份达8000万人，1958年1月超过1亿人。①

在上述的1958年1月以后召开的多次中共中央工作会议精神推动下，农业生产指标一提再提。1958年2月3日，国家经委向一届全国人大五次会议提交的关于1958年国民经济计划报告中，提出粮食产量为19600万吨，比上年增加1050万吨；棉花产量为3500万担，增加220万担。这个指标基本上是按照八大通过的"二五"计划建议要求制定的。4月4日，国家经委调整了农业生产计划，要求1958年粮食产量达到21985万吨，比1957年增长2485万吨；棉花产量达到4463万担，增长1285万担，分别比2月份的计划提高了12%和27.5%。

在高指标的压力下，全国农村普遍刮起了浮夸风。6月8日，《人民日报》以《冲天干劲夺得惊人丰收》为题，报道了1958年河南省遂平县放出小麦亩产2340斤"卫星"消息；7月12日报道河南省西平县和平农业社亩产7320斤的"小麦高产卫星"。8月27日《人民日报》发表中共中央办公厅派赴山东调查组的调查报告，冠以《人有多大胆，地有多大产》的标题通栏排出，并在编者按中称赞这份报告"生动地反映了农村大跃进的形势"。于是"卫星"越放越大。8月15日《人民日报》报道了湖北省麻城县麻溪乡建国第一农业社放了一颗"早稻大卫星"，创亩产36956斤的纪录；9月18日《人民日报》又报道，广西环江县红旗人民公社放了一颗"中稻高产卫星"，亩产达130434斤。

其实，这些所谓高产"卫星"，一般都是采取浮夸虚报、重复过秤计产或将几亩以至几十亩以上即将成熟的庄稼移植到1亩田地里伪造出来的。这是一种反科学的做法。这期间，许多农业科研工作者，由于坚持实事求是的科学态度，因怀疑、反对高产"卫星"而遭到批判，被斥之为

---

① 杨先材主编：《共和国重大事件纪实》，中共中央党校出版社1998年版。

"右倾保守"（怀疑高产纪录）、"后洋薄土"（怀疑中国农民的高产栽培技术）和"三脱离"（脱离农村、脱离农民群众、脱离农业生产实践）。这些错误批判，更加助长了浮夸风。

浮夸风的蔓延，必然造成农作物产量统计数字的严重不实。1959年4月国家统计局正式发表的《关于一九五八年国民经济发展情况的公报》说：1958年粮食总产量达到3.75亿吨，比上年增长1倍；棉花总产量达到331.9万吨，比上年也增长1倍。但是，据国家统计局后来核实，1958年粮食（包括大豆）总产量2亿吨，比上年增长2.5%；棉花总产量196.9万吨，比上年增长20%。[①]

三、其他产业的"大跃进"

社会主义建设总路线和"大跃进"方针，是指导整个国民经济的方针。因此，1958年不仅在工业和农业中掀起了"大跃进"运动，在第三产业的各个部门亦复如此。以高指标以及由此派生的浮夸风为重要特征的"大跃进"在这些领域也表现得很明显。

在铁路运输方面，面对由钢铁工业"大跃进"带来的急剧增长的运量压力，在提高货运量、多修路、多造车、多拉快跑等方面提出了完全脱离实际的高指标。1957年铁路货运量不到3亿吨，却提出1958年要达到8亿吨。1958年3月预定在"二五"期间修建新铁路2万公里，到8月就提高到7万公里。1958年为了实现多拉快跑，将六大干线（京广、津浦、京山、沈山、哈大、沪宁）的牵引定额由2700吨提高到3600吨。[②]

在金融领域，突出表现在以下两方面：一是供应信贷资金。1958年8月，银行为支持商业工作"大跃进"提出了"收购多少物资，银行就供应多少资金；在哪里收购，就在哪里供应；什么时候收购，就什么时候供应"的口号，并把银行信贷工作的一些基本原则（如财政资金与银行信贷资金分口管理和分别使用的原则、放款必须有物资保证和按期收回的原则等），当做支持生产的"绊脚石"而加以破除。这样大撒手地供应资金的结果，1958年银行的流动资金贷款增加了184亿元，而企业的物资库存只增加近100亿元。这表明流动资金贷款大大超过了正常的实际

需要。二是在"大跃进"热潮中，人们认为，在生产"大跃进"的基础上，公社存款、人民储蓄存款、财政性存款都要大量增加，特别是人民公社的钱会越来越多，因此提出在农村要大量吸收存款，并鼓励各地在收回贷款和吸收存款工作中"放卫星"，搞"无贷县"、"无贷乡"。在"人有多大胆，地有多大产"口号的影响下，全国各地银行部门在存贷方面提出了脱离实际的高指标，以致弄虚作假。例如，河北省分行要求全省1958年的储蓄存款余额在1957年8800万元的基础上翻一番。为了放"储蓄卫星"，有的银行动员单位将公款转入"储蓄"，有的一边虚增社员的贷款，一边虚增社员的存款。山东省平原县有一个银行营业所，由于组织财贸"大跃进"、"放卫星"，虚报粮食亩产500斤，他们就采取转一笔账的办法，在所谓粮食的总产量和收购量都"增加"的情况下，把银行的存款在一夜之间增加了20万元，实际上什么也没有增加。1958年，银行在收回贷款越多越好，甚至把一些不应当收回的未到期农业贷款也收回了，总数约2亿元，使一些人民公社在资金周转上增加了困难。①

"大跃进"表现在教育事业上也是一味盲目"大办"，只求数量增加，不顾实际可能。据统计，1958年高等学校由1957年的229所发展到791所；在校学生数由44.1万人增加到66万人；"红专大学"蜂拥而上，不计其数。中等专业学校（含中师）由1957年的1320所增加到3113所，在校学生数由77.8万人增加到147万人。农业职业学校原来没有一所，一下子发展到2万多所，在校学生达到200万人。幼儿园由1957年1.6万多所发展到659万多所，在园儿童由108万多人，增加到2950多万人。成人中等学校在校学生数由330万多人增加到564万多人，成人小学从626万多人增加到2600万多人。而教育经费却所增无几，1957年为19.52亿元，1958年只增加3100万元，教育经费占国家财政总支出的比重由6.42%下降到4.84%。② 这说明，教育事业的发展大大超过了国民经济所能承担的能力。

　　上述各种情况表明：1958年"大跃进"给我国国民经济造成了极为严重的损失！

①《当代中国的金融事业》，中国社会科学出版社1989年版，第127~128页。
②《当代中国教育》（上），当代中国出版社1996年版，第71页。

第三节 1959年上半年，对生产建设高指标的调整

"大跃进"的高指标必然使计划落空。1959年1~5月份，人们尽了最大的努力，鼓足干劲去做，工业产值比上年提高90%，但钢铁、电力、机械工业的生产都没有完成计划。为了完成计划，能想的办法都想了，但就是完成不了任务。有的行业，如煤炭业，即使勉强完成了计划，但是由于靠的是加班加点突击采煤，违背了各个生产环节要按比例均衡生产的内在规律，导致缺电20%~30%的煤矿不能正常生产。这时尽管人们没有从根本上否定经济工作中"左"的指导思想，但这种客观情况，迫使人们不得不对1959年生产建设指标和国民经济部门的比例关系进行调整。

实际上，从1958年11月初~1959年7月中旬，毛泽东和党中央连续召开了一系列重要会议，努力纠正已经察觉到的"左"倾错误。1958年11月2~10日，党中央在郑州召开了由部分中央领导人和若干省委书记参加的会议，即第一次郑州会议。在会上，毛泽东开始向到会的9位省委书记做"降温"工作。他说：现在开的支票太大了，恐怕不好。11月21日在武昌召开由各省、自治区、直辖市党委第一书记、中央有关部长参加的政治局扩大会议，毛泽东继续做降温工作。他说："整个说来，认识客观规律，掌握它，熟练地运用它，并没有。所谓速度，所谓多快好省，是个客观的东西。客观说不能速，还是不能速。"1959年3月25日~4月5日，中共中央在上海先后举行政治局扩大会议和党的八届七中全会。毛泽东主持了会议，并在会上着重批评计划不落实、主观主义、没有科学依据。党的八届七中全会以后，毛泽东对压缩后的钢产量指标（即1959年生产1650万吨钢）仍不放心。他委托中共中央副主席陈云进行研究。陈云在作了周密的调查研究之后，得出结论：1959年生产900万吨钢材、1300万吨钢，是有可能的，但是还需要做很大的努力。[1]

但是，实事求是地降低指标并不轻而易举，需要做大量的工作，特

---

[1] 《陈云文选》第3卷，人民出版社1995年版，第134页。

别是各级领导干部的思想工作。1959 年 5 月 28 日，中共中央总书记邓小平主持书记处会议。他针对原来定的 1959 年生产 1800 万吨钢的高指标，强调指出：思想上应从 1800 万吨钢中解放出来，注意力放在全局上，不仅要搞工业，而且要注意整个国民经济……全面安排，解决工农、轻重关系，眼睛只看到 1800 万吨钢，就会把全面丢掉，包括丢掉人心。邓小平的这一番讲话实事求是，具有很强的说服力。

这样，尽管这次纠正"左"的错误是在基本肯定"大跃进"的前提下进行的，很不彻底，但这项工作仍然收到了一定成效。

1. 调整了工业生产建设的速度和规模。关于 1959 年工业生产建设计划指标，1958 年 8 月北戴河会议的安排为：钢产量 2700 万吨，争取 3000 万吨；煤 3.7 万吨。钢铁和其他主要工业产品的产量，除了电力等少数几种以外，都将超过英国。这是 1959 年冒进指标的最高点。1958 年 11 月召开的党的八届六中全会把钢产量计划指标降到 1800 万 ~2000 万吨。1959 年 4 月，中共八届七中全会上确定将钢的指标调至 1650 万吨。1959 年 5 月，中共中央进一步把钢产量降到 1300 万吨。当年执行结果是 1387 万吨钢。

2. 对工业各部门之间的关系做了某些调整。①在工业生产方面，强调抓轻工业生产，抓日用工业品生产。为了缓和日用百货供应紧张的矛盾，自 1959 年 2 月以后，陆续采取了以下措施：一是拨出一部分原材料，专门保证日用品的生产。二是责令已经改行的工厂恢复小商品生产。三是在人员、原材料供应、市场等方面采取措施，促使手工业产品的品种和质量恢复到 1958 年 8 月以前的状况；同时，压缩了重型设备、发电设备、交通运输工具等重工业的生产指标。②在工业基本建设方面，1959 年初减少了机械、电力、冶金和"尖端"工业部门的投资，增加了煤炭、化工、轻工、纺织、交通、商业、文教等部门的投资，补列了城市建设的投资。在重工业内部，加强了煤矿、铁矿、有色金属矿、石油等采掘工业的建设，注意使采掘工业和加工工业比例协调。在各工业部门内部，加强了薄弱环节。如在冶金工业内部加强了铁矿和炼焦厂的建设；在机械工业内部，注意解决设备配套的需要；在化学工业内部，加强了酸、碱、氨和其他化工原料的生产建设；在轻工业内部，加强了纺织、造纸、盐和糖的生产建设项目。

3. 调整工业和国民经济各部门的比例关系。在物资分配方面，尽可能地安排好重工业、轻工业、农业之间的关系，注意解决纺织工业、轻工业品和其他市场急需物资的需要，并照顾到农业上的需要；在固定资产投资方面，首先照顾生产、维修方面的需要，然后照顾必要的基本建设，使生产与基建有所兼顾；注意保证出口和援外的需要；尽可能地留有余地，适当地补充库存等。

但这次很不彻底的纠"左"，在庐山会议后期发动"反右倾"运动以后，即迅速结束了。

第四节　1959 年夏，庐山会议后再次掀起"大跃进"

一、庐山会议后期毛泽东发动"反右倾"斗争

1959 年 7 月 2 日~8 月 1 日在庐山召开的中共中央政治局扩大会议和 8 月 2~16 日在同处召开的中共八届八中全会，统称为庐山会议。在上庐山之前，毛泽东在北京主持召开中央会议，中心议题是讨论工业、农业、市场等问题。毛泽东、周恩来和李富春在讲话中都指出了"大跃进"的主要问题是对综合平衡、有计划按比例地发展国民经济重视不够。毛泽东特别指出："工农商都要挂帅"，"工业指标、农业指标中，有一部分主观主义，对客观必然性不认识"。庐山会议开始时，毛泽东对要讨论的问题作说明时也谈到：在"大跃进"中反映出领导干部不懂得经济规律，需要读书。在"大跃进"形势中，包含着某些错误、某些消极因素。从这些讲话和会议要讨论的问题可以看出，召开庐山会议的原本宗旨是要总结经验，纠正"大跃进"的过高指标，以便更好地实现 1959 年的"跃进"。

从 7 月 3 日开始，中央政治局扩大会议按六大区分组讨论。讨论中出现了意见分歧，分歧的焦点在于对"大跃进"和人民公社化运动的评价上。7 月 10 日，毛泽东在组长会议上讲话，认为尽管"得不偿失"的例子可以举出很多，但从全局来看，是 1 个指头与 9 个指头，或 3 个指头与 7 个指头的问题，最多是 3 个指头的问题。成绩还是主要的，无甚了不起。一年来有好的经验与坏的经验，不能说光有坏的、错误的经验。

他希望与会者对形势的看法能够一致，以利团结，争取 1959 年的继续"跃进"。7 月 14 日，会议印发了初期讨论的会议记录，既肯定了"大跃进"的成就，也讲了缺点，并有许多指导性的具体规定。它的基本精神是纠"左"，但很不彻底，仍规定了工业增长 20% 左右的速度。

尽管庐山会议初期的讨论进行得和风细雨，轻松愉快，被人们称之为"神仙会"，然而对"大跃进"基本评价的分歧预示着暴风骤雨即将来临。

彭德怀对庐山会议上出现的"护短"现象很焦虑。为此，他于 7 月 14 日给毛泽东写了一封信，要求认真总结 1958 年"大跃进"和人民公社化运动的经验教训。这封信的内容基本正确。作为一个政治局委员向中央主席写信也完全符合党的组织原则，但却引起了毛泽东的不满。他断然指出："现在党内党外出现了一种新的事物，就是右倾情绪、右倾思想、右倾活动已经增长，大有猖狂进攻之势"，"这种情况是资产阶级性质的"，右倾已经成为主要危险。从 8 月 2~16 日召开的八届八中全会，宗旨即由政治局扩大会议的总结经验转变为"为保卫党的总路线、反对右倾机会主义、反对党的分裂而斗争"。

二、"反右倾"后新的"跃进"指标不断上升

庐山会议"反右倾"之后，在全党范围内从上到下开展了一场声势浩大的"反右倾"斗争，在政治、经济等方面造成了极为严重的后果。在经济上就是终止了纠"左"，掀起了继续"跃进"的高潮。在"反右倾、鼓干劲"的口号下，大办钢铁，大办县、社工业，大办街道工业等各种"大办"一拥而上。

在原来拟定 1960 年计划时，也曾考虑在上年调整的基础上，继续搞好综合平衡，指标留有余地。但是，在"反右倾"斗争的影响下，不仅调整无法进行，而且新的跃进指标不断上升。1960 年 1 月 30 日，中共中央批转了国家计委《关于 1960 年国家经济计划的报告》。报告要求继续进行"反右倾"斗争，争取国民经济的继续跃进，并提出产钢 1840 万吨。4 月 14 日，中共中央同意并批转了冶金部提出的 1960 年钢产量三本账的计划以及冶金部、煤炭部、铁道部关于实现这个计划的联合报告。三本账即 1840 万吨、2040 万吨、2200 万吨。为了争取实现第三本账，冶金的生产能力、煤炭的开发、铁路的运力都要相应提高，投资都要加码。5 月

30 日，中共中央正式批准了这一计划，决定确保完成第二本账，争取实现第三本账，并以此为标准来检查工作。

三、开展以保粮、保钢为中心的增产节约运动

钢产量的一再加码，使本来就难以完成的 1960 年工业生产建设计划更加超越了实际的可能。为了完成计划，全国又一次掀起以"保钢"为中心的保煤、保运输的"跃进"高潮，开展了以半机械化和机械化为中心的技术革新和技术革命运动。在采煤、采矿、炼铁方面大搞"小洋群"、"小土群"，提出了在基本建设方面贯彻大中小结合，以中为主，以"小土群"为主的方针，各地大办小煤窑、小铁矿、小高炉、小水电等。但也只是一季度勉强实现了计划指标，达到了所谓"开门红"。4 月份以后，主要工业产品出现了下降的局面。第二季度，在 20 种主要工业产品中，17 种都没有完成计划，9 种平均日产水平都比第一季度下降。其中钢下降 5.8%，钢材下降 6%。这样，1960 年钢铁生产计划指标难以完成就显而易见了。

在这种情况下，1960 年 6 月中旬，中共中央政治局在上海召开扩大会议，总结几年来的经济工作，讨论 1960 年国民经济计划。毛泽东在会议期间写的《十年总结》中再次提出实事求是的原则，指出：搞工业的，以及搞农业、商业的同志在一段时间内思想方法有些不对头，忘记了实事求是的原则。但是，在实际工作中，他并不认为工业下降是由于计划指标定得过高，违反了实事求是的原则；而认为工业生产情况不好的最大教训，一是措施不够具体有力，二是虽有措施但组织执行抓得不紧。于是，为了保证"以钢为纲"的工业生产计划的实现，会议要求在第三季度内下最大的决心尽快解决工业管理上的"松"、"散"现象。

1960 年 7 月 5 日~8 月 10 日，中共中央在北戴河召开工作会议，主要讨论经济问题和国际问题。当时国家计委主任李富春和国家经委主任薄一波联名提出《1960 年第三季度工业交通生产中的主要措施的报告》，指出为了扭转第二季度以来主要产品下降的局面，解决基本建设战线过长、物资使用分散的局面，必须削基建、保生产，集中力量把钢、铁、煤、运输的生产搞上去。会议批准了这个报告，并指出有的省份应当实事求是，根据煤炭和生铁供应的可能，降低钢的产量。这次会议确定压缩基本建设战线，决定以后国民经济计划不搞两本账，只搞一本账，不搞计

划外的东西，不留缺口。

但是，正当实事求是的气氛逐渐浓厚的时候，在会议进行过程中，7月16日，当时的苏联政府突然照会中国政府，单方面决定在一个月内撤回全部在华专家，撕毁了专家合同和合同补充书，废除了科学技术合作项目；并且撕毁经济援助合同，停止供应我国建设需要的重要设备，对我国施加经济压力。这一事件的发生，严重地干扰了我国的生产建设，使我国的经济生活雪上加霜。苏联政府的背信弃义，激起了中国共产党和中国人民的愤慨。刚刚开始的冷静思考和处理问题又受到了干扰。面对严重的困难，一些同志在会上提出要炼"争气钢"，要争取当年生产2000万吨钢，提前实现钢产量赶上英国的目标。这样，会议就没有对经济的调整问题进行深入的讨论，而是通过了《关于开展以保粮、保钢为中心的增产节约运动的指示》。1960年8月14日，中共中央发布指示指出，摆在全党面前的紧急任务是，立即在全国开展一个以保粮、保钢为中心的增产节约运动，争取完成和超额完成1960年的国民经济计划。

开展以保粮、保钢为中心的增产节约运动后，钢产量有所回升。但缓慢的回升中相当一部分是靠废钢铁支撑的，质量没有保障。煤炭等其他主要工业产品产量还大幅度下降。到9月底，全国一共生产钢1290万吨。如要完成计划规定的1840万吨，从10月1日起，每日必须生产6万吨，而当时的日产水平只有5万~5.5万吨。鉴于全国钢铁生产面临完不成计划的严峻形势，中共中央一再发出保证钢铁生产的通知和紧急指示。12月3日，中共中央发出的《关于保钢问题的紧急指示》指出：今年能不能完成1840万吨钢的生产任务，是国内外瞩目的一件大事，是一个政治问题。指示要求各地区、各部门抓紧时机，克服困难，集中力量抓煤、钢、铁、运，把钢铁的生产水平突击上去，确保1960年工业的继续跃进。并且号召全党和工业交通战线上的全体同志紧急动员起来，鼓足干劲，反对一切右倾思想和畏难情绪，加强组织管理工作，战胜一切困难，为保证全面完成和超额完成全年生产1840万吨钢的任务而奋斗。

在强有力的政治动员和不断"反右倾"斗争的压力下，各部门、各地区主要采取了以下措施增加钢的产量：

1. 扩大基本建设规模。全国施工的大中型项目，1958年就有1587个，1959年压缩指标以后，比上一年减少了226个，1960年上半年，全国施工的大中型项目又回升到 1500 个。[①]

2. 拼设备与强化开采。新建大型厂矿远水解不了近渴。为了实现"大跃进"指标，只有大办在短时间内就能投产但耗能大、产品质量差的小企业，同时迫使老企业超负荷运转或强化开采。这不仅使设备、资源遭到严重破坏，而且产品质量下降，原材料消耗量增加。如 1960 年计划生产 1840 万吨钢，根据矿石品位情况，需矿石 9000 万吨以上和辅助原料 2800 万吨。为了保钢，只得强化开采。到 1960 年底，铁矿掘进共欠账 2731 万米，设备完好率仅 36.8%。

3. 兴办以"小洋群"和"小土群"为特征的地方企业。兴办采用土法生产的小型工业企业，自 1958 年逐步展开。到 1959 年底，土法生产的生铁占全国生铁产量的 50%，铁矿石的 45%，焦炭的 70%。1960 年国民经济计划进一步规定，各个工业部门、各个地方和人民公社都应当继续积极地发展一批"小洋群"企业和"小土群"企业。同时，提高原有的这类企业的生产水平。到 1960 年底，据 21 个省、自治区、直辖市的统计，工业部门共有职工 1820 万人，其中"小洋群"686.6 万人，"小土群"318 万人，合计 1004.6 万人，占职工总数的 55.2%。

4. 发动群众性的技术革新和技术革命运动。1958 年中共八大二次会议明确指出，我国正在进入以技术革命和文化革命为特征的社会主义建设的新时期。此后，在全国范围内就逐渐开展了技术革新与技术革命运动。1960 年初，中共中央两次发出指示，号召立即掀起一个以大搞半机械化和机械化为中心的技术革新和技术革命运动。技术革新和技术革命运动在 1960 年大体经历了三个阶段。在 4 月份以前，以大搞机械化、半机械化，自动化、半自动化为主；5 月份以后，以超声波、煤气化、管道反应化为主，推广新技术，创造新产品；8 月份以后，力求把技术革新、技术革命运动同以保粮、保钢为中心的增产节约运动结合起来。广大职工在这场运动中发扬了首创精神，创造了一批行之有效的革新成果。到 1960 年 6 月底，全国工业生产部门机械化、半机械化程度已经从 1959 年末的 30% 左右提高到 50% 左右。在采用新工艺、新技术和创制新产品方面也取得了成就。但是在运动中，也出现了急于求成、浮夸虚假的偏差。

---

① 《中国工业经济统计资料》（1986），中国统计出版社，第 169 页。

5. 各行各业生产服务于实现钢铁生产指标。当时要求，"当钢铁工业的发展与其他工业的发展，在设备、材料、动力、人力等方面发生矛盾的时候，其他工业应该主动放弃或降低自己的要求，让路给钢铁工业先行"。①这一精神基本上贯彻于"大跃进"的始终。

通过不顾一切后果，挤掉轻工业、农业和其他方面发展的措施，到 1960 年底，钢的产量勉强达到 1866 万吨，比 1959 年增加了 479 万吨，增长 34.5%。②但同时使整个国民经济陷于极端困难的境地。

①《立即行动起来，完成把钢产量翻一番的伟大任务》，《人民日报》1958 年 9 月 1 日社论。
②《中国统计年鉴》(1984)，第 225 页。

第二章　人民公社化运动

1958 年掀起的人民公社化，主要是指农村人民公社化，但也包括城市人民公社化。手工业合作组织和商业合作组织的全民化虽然与人民公社化有区别，但就它们在变革生产关系方面均属"左"的错误性质来说，具有共同点。故本章不仅主要叙述农村人民公社化，还叙述城市人民公社化，并叙述手工业合作组织和商业合作组织的全民化。

第一节　1958 年，农村人民公社化的兴起

如前所述，1957 年冬，各地贯彻党的八届三中全会精神，开展对右倾的批判。于是，在 1957 年冬到 1958 年春，各地农村出现了以兴修水利为中心的农田基本建设高潮。高潮中产生了一些打破社界、乡界，群众自带口粮、工具，无偿到外地开河挖渠一类的先进事迹。这种现象使中央一些领导人认为高级社的规模束缚了生产力的发展，需要建立一种比高级社规模更大的生产组织，以适应农业生产发展的需要。于是，在中共中央 1958 年 3 月召开的成都会议上，通过了《关于把小型的农业合作社适当合并为大社的意见》。这个文件提出：在中国农业正在迅速实现农田水利化，并将在几年内逐步实现耕作机械化的情况下，"农业生产合作社如果规模过小，在生产的组织和发展方面将发生许多不便"。因此"在有条件的地方，把小型的农业合作社有计划地适当地合并为大型的合作社是必要的"。小社合并为大社应具备四个条件：一是在发展生产上有需

要；二是绝大多数社员确实赞成；三是地理条件适合大社的经营；四是合作社的干部有能力办好大社。为了发展各种小型工业和文化教育事业，可以将小乡适当并成大乡。

这个文件下达后，全国农村迅速掀起了并社高潮。河南省从1958年春季到夏收期间，将54000多个农业生产合作社，合并为30000多个大社，并且试建几千户以上的大社，最大的社达到9360户。辽宁省从5月份开始，将9600个本来规模已经比较大的农业生产合作社进一步合并，组成1461个大社，平均每个大社有农户2000户左右，其中10000户以上的有9个，最大的社达到18000户，基本上是一乡一社。在小社并大社的同时，各地还大办工业，兴办公共食堂、托儿所、幼儿园、敬老院等福利事业，把社员的自留地收归社有，并广泛开展跨社的生产大协作。这就形成了后来的人民公社雏形。

1958年7月16日，陈伯达在《红旗》杂志第4期上发表了《在毛泽东旗帜下》一文，引用毛泽东的话说："我们的方向，应该逐步地有次序地把工（工业）、农（农业）、商（交换）、学（文化教育）、兵（民兵，即全民武装），组成为一个大公社，从而构成我国社会的基层单位。"这段话描绘了人民公社的蓝图和前景。于是，各地农村在并社运动开展后不久，又开始试办人民公社。河南省遂平县嵖岈山附近的27个农业生产合作社，共计9369户，4月份刚由小社合并成大社，继而又改称为人民公社，成为全国率先成立的第一个人民公社。8月13日，《人民日报》报道毛泽东发出"人民公社好"的号召。此后，全国各地很快掀起由小社并大社，升级为兴办人民公社的高潮。到8月底，河南省农村人民公社化。全省农村在原有38473个农业合作社、平均每社260户的基础上，合并建成大型的综合性的人民公社1378个，平均每个公社7200多户，加入人民公社的农户，已占全省农户总数的99.98%，成为全国第一个实现人民公社化的省份。

1958年8月29日，中共中央政治局扩大会议通过《中共中央关于在农村建立人民公社的决议》（以下简称《决议》）。《决议》指出：人民公社是形势发展的必然趋势，建立农林牧副渔全面发展、工农商学兵互相结合的人民公社，是指导农民加速社会主义建设，提前建成社会主义并逐步过渡到共产主义所必须采取的基本方针。《决议》还对人民公社的组织规模、小社并大社转为人民公社的做法和步骤、并社中的若干经济政策以及社的名称、所有制和分配制度等问题做了规定。《决议》指出，人民公社的组织规模就当时来说，一般以一乡一社、2000 户左右较为合适。人民公社进一步发展的趋势，有可能以县为单位组成联社。人民公社建成以后，不要忙于改集体所有制为全民所有制。人民公社的分配制度，要从具体条件出发，在条件成熟的地方，可以改行工资制。在条件不成熟的地方，也可以暂时仍然采用原有的三包一奖或者以产定工制等按劳动日计酬的制度，条件成熟以后再加以改变。《决议》最后指出："看来，共产主义在我国的实现，已经不是什么遥远将来的事情了，我们应该积极地运用人民公社的形式，摸索出一条过渡到共产主义的具体途径。"

为了推动人民公社化运动的发展，1958 年 8 月，毛泽东派陈伯达等人到遂平县卫星人民公社，帮助起草了《嵖岈山卫星人民公社试行简章（草稿）》。该简章共计 26 条并附有 1 个备选方案，系统地规定了人民公社的性质、形式和各项管理制度。其要点如下：人民公社的宗旨是巩固社会主义制度，并且积极地创造条件，准备逐步过渡到共产主义制度；在社会的产品很丰富和人民有高度觉悟的条件下，逐步从"各尽所能，按劳取酬"过渡到"各尽所能，各取所需"；各个农业合作社并入公社后，应该将一切公有财产交给公社，原有债务除当年生产周转金各自清理外，其余都转归公社偿还；社员转入公社应该交出全部自留地，并且将私有房基、牲畜、林木等生产资料转为公社所有；公社必须尽快地发展工业，首先是建立开采矿产、冶炼钢铁、加工农产品、制造农具、肥料和建筑材料、修理机器、水力发电以及其他工厂和矿场；公社供销部是国营商业的基层机构，公社必须保证供销部完成国家的统一收购任务，执行上级国营商业机关的计划和制度，同时有权对供销社进行具体的业务领导；公社实行集中领导，分级管理，将全公社划分为若干生产大队，每一大队又划分为若干生产队，生产大队是管理生产、进行经济核算的单位，盈亏由公社统一负责，生产队是组织劳动的基本单位；公社的分配，实行工资制和粮食供给制，要组织公共食堂、托儿所、幸福院、合作医疗等。[①]

在《中共中央关于在农村建立人民公社的决议》下达的同时，1958 年

---

① 《当代中国的农业》，当代中国出版社 1992 年版，第 148~152 页。

9月1日《红旗》杂志第 7 期刊登了《嵖岈山卫星人民公社试行简章（草案）》，作为楷模向全国推广。这样，全国农村的人民公社化运动风起云涌，迅猛异常地发展起来。1958 年 8 月底，建立人民公社 8730 个，入社农户 3778 万户，占农户总数的 30.4%。到 9 月底，三者分别达到 26425 个、12194 万户，占 98%。[①] 至此，在全国农村几乎全部实现了人民公社化。

由于中共中央过早过急地提出向共产主义过渡，过分强调增加共产主义因素，并且在人民公社章程制度中体现出来。这样，随着人民公社化运动的迅猛发展，"共产风"在各地农村愈刮愈烈。其突出表现就是盲目提倡实行共产主义的按需分配方式，以致全国各地农村人民公社对社员都实行包吃、包住、包治病、包教育等项制度。1958 年底，全国农村公社共建立公共食堂 340 万个，各种托儿所组织、幼儿园 340 多万个，敬老院15 万所。[②] 这种做法极度超越了当时农村低下的生产力水平，其实质是平均主义的分配制度，绝无生命力，只能是昙花一现。

随着农村人民公社化和农业"大跃进"运动的发展，生产方面的瞎指挥风也在农村蔓延开来。完全违反农业科学甚至普通常识的"土地翻身运动"和高度密植等等错误做法在农村盛行一时。

这样，1958 年农村人民公社化运动，以及与之相伴随的共产风和瞎指挥风就给农业生产造成了极为严重的破坏。

第二节　1958 年冬到 1959 年夏，对农村人民公社化中"左"的错误的初步纠正

如同对"大跃进"运动中"左"的错误一样，对人民公社化运动中的"左"倾错误，毛泽东和中共中央从 1958 年 11 月起，采取一系列措施进行了初步纠正。

1958 年 11 月 2~10 日，由中共中央在郑州召集有部分中央领导人和部分地方领导人参加的会议，即第一次郑州会议上，毛泽东在充分肯定"大跃进"和人民公社化运动的前提下，批评了有些领导人急于使人民公

---

①《伟大的十年》，人民出版社 1959 年版，第 36 页。
②《伟大的十年》，人民出版社 1959 年版，第 37 页。

社由集体所有制过渡到全民所有制，急于从社会主义过渡到共产主义的错误，明确指出必须划清社会主义与共产主义、集体所有制与全民所有制之间的界限，肯定了现阶段是社会主义，人民公社基本上是集体所有制。他批评陈伯达等人主张废除商品、货币，搞统一调拨劳动力、资金和产品的错误观点，指出在社会主义时期废除商品是违背经济规律的。中国是一个商品生产很不发达的国家，商品生产不是消灭的问题，而是要大大发展。他特别强调，为了团结几亿农民，必须发展商品交换，废除商品，对农产品实行调拨，实质上就是剥夺农民。会议确定要实行劳逸结合，既抓生产又抓生活的方针。会议期间，毛泽东还写信，建议中央、省（自治区、直辖市）、地、县这四级的中国共产党党委，认真阅读斯大林著的《苏联社会主义经济问题》和《马恩列斯论共产主义社会》，以澄清很多人头脑中的一大堆混乱思想。

第一次郑州会议结束不久，中共中央于12月上旬在武昌召开了政治局扩大会议和中共八届六中全会。全会通过了《关于人民公社若干问题的决议》（以下简称《决议》）。《决议》指出："现在全国农村已经公社化了，但是要在全国农村实现全民所有制，还需要经过一段相当的时间。""由社会主义的集体所有制变为社会主义的全民所有制，并不等于由社会主义变为共产主义。农业生产合作社变为人民公社，更不等于由社会主义变为共产主义。由社会主义变为共产主义，比由社会主义的集体所有制变为社会主义的全民所有制，需要经过更长得多的时间。"《决议》强调，这两个过渡"都必须以一定程度的生产力发展为基础"，"不应当无根据地宣布农村人民公社'立即实行全民所有制'，甚至'立即进入共产主义'，等等。那样做，不仅是一种轻率的表现，而且将大大降低共产主义在人民心目中的标准，使共产主义伟大的理想受到歪曲和庸俗化，助长小资产阶级的平均主义倾向"。《决议》明确提出：在以后一个历史时期内人民公社仍应保留按劳分配制度，人民公社的商品生产和商品交换必须有一个大的发展；社员个人所有的生活资料（包括房屋、衣被、家具等）和在银行、信用社的存款，在公社化以后仍然归社员所有，而且永远归社员所有；社员可以保留宅旁的零星树木、小农具、小工具、小家畜和家禽等；也可以在不妨碍参加集体劳动的条件下，继续经营一些家庭小副业。《决议》还对人民公社的生产和社员生活作了许多规定。《决议》特别强调，为了促进人民公社的巩固，为了保证 1959 年工业和农业生产的更大跃进，要求各省、自治区、直辖市党委，抓紧 1958 年 12 月~1959 年 4 月的 5 个月时间，结合冬春生产任务，进行一次整社工作。

中共八届六中全会后，各地农村根据全会决议精神，普遍开展了整社工作。尤其是保持或恢复生活资料个人所有制和社员家庭副业等政策，受到广大农民的普遍欢迎。但是，"共产风"并没有完全被制止，加上当时对浮夸风、高征购、强迫命令作风等缺乏正确认识，在整社中不适当地开展了反对瞒产私分的斗争，结果造成农民严重不满，国家同农民的关系仍然很紧张。

1959 年 2 月，毛泽东视察河北、山东、河南三省，了解人民公社的情况后，决定从所有制这一环节入手，解决人民公社化以后产生的问题。同年 2 月 27 日~3 月 5 日，中共中央在郑州举行政治局扩大会议，即第二次郑州会议。毛泽东围绕所有制这个中心问题指出，八届六中全会决议没有写明公社的集体所有制也需要有一个发展过程，这是一个缺点，实际上否认了还存在于公社中并且具有极大重要性的生产队（或生产大队，大体上相当于原来高级社）的所有制，而这就不可避免地要引起广大农民的坚决抵抗。他还指出，人民公社在 1958 年秋季成立之后，刮起了一阵"共产风"，主要内容有三条：一是穷富拉平；二是积累太多，义务劳动太多；三是"共"各种"产"。他认为，必须首先检查和纠正平均主义和过分集中的倾向。所谓平均主义倾向，即否认各个生产队和个人的收入应当有所差别，否认按劳分配、多劳多得的原则。所谓过分集中倾向，即否认生产队的所有制和应有的权利，任意把生产队的财产上调到公社来。而平均主义和过分集中这两种倾向，都包含有否认价值法则、等价交换的思想在内。他强调指出：无偿占有别人劳动成果，是不许可的。根据毛泽东的意见，会议起草了《关于人民公社管理体制的若干规定（草案）》。这个文件将人民公社的管理制度概括为十四句话：统一领导，队为基础；分级管理，权力下放；三级核算，各计盈亏；分配计划，由社决定；适当积累，合理调齐；物资劳动，等价交换；按劳分配，承认差别。在这个基础上，对人民公社、生产大队和生产队的职权范围做出了规定。

第二次郑州会议以后，各地农村的整社工作进一步展开。各省、自治区、直辖市相继召开了规模达千人左右的六级干部会议，贯彻郑州会议的精神，调整人民公社内部的所有制和管理体制。在这些会议上又提出了一些问题，如"队为基础"到底是以生产队（即原高级社）为基础，还是以生产大队（即管理区）为基础？公社平调生产队的钱和物要不要退还？在这期间，毛泽东就各省、自治区、直辖市六级干部会议和人民公社基本核算单位等问题，陆续给中共各省、自治区、直辖市委第一书记们发出三封党内通信。其中，在1959年3月15日的党内通信中指出："郑州会议记录"上所谓"队为基础"，指的是生产队，即原高级社，而不是生产大队（管理区）；在同月17日的党内通信中又指出：应当讨论除公社、管理区（即生产大队）、生产队（即原高级社）三级所有、三级管理、三级核算之外，还应讨论生产小队（生产小组或作业组）的部分所有制的问题。

　　1959年3月25日~4月1日，中共中央在上海召开政治局扩大会议。会议讨论了各地围绕人民公社管理体制调整提出的一些具体问题，通过了《关于人民公社的十八个问题》的会议纪要。接着，在同年4月2~5日在上海召开的中共八届七中全会，同意政治局扩大会议通过的上述纪要。纪要除了重申第二次郑州会议以后提出的方针、政策外，还针对整社过程中提出的问题做了一些重要的原则规定：①确认生产队为基本核算单位，生产队下面的生产小队是包产单位。生产小队对土地、耕畜、农具和劳动力有固定的使用权，公社、生产大队和生产队都不能任意调动。生产小队有权根据本队具体情况对增产技术措施做出决定。超产收入，除按一定比例上缴生产队外，其余归小队使用和分配。②认真清理人民公社建立以后的各种账目。县联社、公社无偿调用生产大队和生产队的人力、物力、财力，或者公社、生产大队、生产队无偿调用社员私人的财物，这些账都应当结算清楚，如数退还或者作价归还，一时归还不了的，可延期或者分期付还。③银行从公社收回的贷款，凡没有到期而收回的，应一律退回，原高级社或私人所欠贷款，原则上是谁欠谁还，已从公社统一扣还的，应当退回。④公社公积金和公益金的提取，应考虑当地的生产水平和生活水平，使社员的收入比上一年有适当的增加。⑤人民公社的劳动力，用于农、林、牧、副、渔业生产方面的，一般不应少于80%；而经常用于工业生产、交通运输、基本建设、文化教育卫生和生活服务等方面的，不能超过 20%。城市和工矿区应停止向农村招收职工，把可以缩减的临时工退回农村。⑥在分配制度方面，为了体现按劳分配的原则，工资制应把评工记分和评定工资级别结合起来，使每个社员都感到自己的劳动得到了合理报酬。对供给制必须有所限制，以约束农村中的二流子和懒汉，如有的公社实行"定工吃饭，旷工缴钱"的办法。对于丧失劳动能力的老人和没有劳动能力的儿童，则仍实行供给制。①

从郑州会议到上海会议确定的政策，初步纠正了农村人民公社化"左"的错误，在克服共产风的同时，也提倡恢复实事求是精神，初步遏制了浮夸风。因而，这些政策规定在各地农村贯彻后收到了较好的效果，人民公社平调生产队财产的退还工作普遍开展，"大兵团作战"的现象开始消失，生产责任制已在一些地区建立，农民的劳动积极性趋于回升。

但是，这些政策在纠正农村人民公社化"左"的错误方面很不彻底，仍然强调人民公社的优越性，坚持认为人民公社化运动的成绩与问题只是 9 个指头与 1 个指头的关系。并且在实际上只保留了以生产大队为基本核算单位和供给制（包括公共食堂）。这些就为 1959 年夏季以后农村人民公社"左"的错误再次泛滥埋下了祸根。

第三节　1959 年，庐山会议后农村人民公社化中的"左"倾错误再次泛滥

正如"大跃进"运动在庐山会议后被再次掀起一样，农村人民公社化运动中的"左"倾错误也是又一次泛滥起来。

1959 年上半年，农村开始纠正人民公社化运动的"左"倾错误。如提倡发展家庭副业，增加农民收入；许多地方取消了部分供给制，实行按劳分配制度；有的地方停办了公共食堂，恢复分户起灶。但这些措施在"反右倾"斗争开始之后，都被批判为"右倾歪风"，甚至被称为"反对社会主义道路，走资本主义道路"。这是一方面。

另一方面，又恢复和强化了人民公社化运动中的"左"倾政策。主

----

① 《当代中国的农业》，当代中国出版社 1992 年版，第 164~169 页。

要有：一是坚持集体"一窝蜂"式、出工不出力的集体劳动，反对包工包产到户。1959 年 10 月 13 日，中共中央批转了江苏省委《关于立即纠正把全部农活包工到户和包产到户的通知》，认为"把全部或大部农活包工到户或包产到户的做法，实际上是在农村中反对社会主义道路、走资本主义道路的做法"，要求凡有这种意见和活动的地方，都必须彻底加以揭露和批判，采取切实有效措施，加以检查纠正。二是继续推行农村公共食堂制。在"反右倾"斗争中，公共食堂却又被大力推行。到 1959 年底，全国农村在公共食堂吃饭的人数即达 4 亿人，占农村总人数的72.6%。鉴于有些地区公共食堂还未普及的情况，1960 年 2 月、3 月，中共中央先后发出几个文件，要求继续推广农村公共食堂。各省、自治区、直辖市农村进一步扩大和强化了公共食堂制度。许多地方实行了"指标到户，粮食到食堂"的制度。这给农民生活带来了极大不便，甚至克扣了农民的口粮，引起了农民的极大不满。三是提出限期完成从基本队有制过渡到基本社有制的设想。1960 年 1 月，中共中央政治局扩大会议提出，用 8 年时间完成农村人民公社从基本队有制到基本社有制的过渡。根据会议的精神，各省农村开始就过渡问题进行试点。四是"反右倾"的形势下，各地又大办县社工业、大办水利、大办集体养猪场等，导致"共产风"再度泛滥开来。有些地方无偿抽调生产大队的劳动力和生产工具，过多占用大队的土地；并将一些大队或小队转为社办农场；过多增加积累，减少社员分配比例，并且分配部分又不全部兑现，或者取消了工分，不按劳动日发工资；将社员的自留地和家畜、家禽集中起来，限制社员家庭副业生产等。[①]

所有这些，又一次极大地破坏了农业生产力。

第四节　城市人民公社运动的发展

在毛泽东看来，人民公社是社会主义社会通向共产主义社会最好的过渡形式，因而在农村和城市都要大办。他在 1958 年 8 月中共中央政治

[①]《当代中国的农业》，当代中国出版社 1992 年版，第 177~178 页。

局扩大会议上，着重谈了农村人民公社之后说：搞人民公社，又是农村走在前头，城市还未搞，工人的级别待遇比较复杂。将来城市也要搞，学校、工厂、街道都办成公社。不要几年工夫，就把大家组成大公社。城市、乡村一律叫公社，如鞍钢叫鞍山公社，不叫工厂。他在同年12月中共八届六中全会上又说："在城市中也在开始进行一些试验。城市中的人民公社，将来也会以适合城市特点的形式，成为改造旧城市和建设社会主义新城市的工具，成为生产、交换、分配和人民生活福利的统一组织者，成为工农商学兵相结合和政社合一的社会组织。"

但是，鉴于城市存在特殊的和复杂的情况，对于在城市中成立人民公社的政策是："应当继续试点，一般不忙大量兴办，在大城市中更要从缓，只做酝酿工作。要等到经验多了，原来思想不通的人也通了，再大量兴办起来。"①

在这种思想指导下，1958年上半年，中国城市中开始出现了人民公社。它是按照"共产主义原则和思想"组织城市居民的社会生活和生产活动的"政社合一"的社会组织。城市人民公社一般以行政街道为单位，一街一社；有的公社是以区为单位，一区一社，下设若干分社。

到了1958年下半年至1959年，大城市重点试办城市人民公社。这一时期在北京、上海、天津、武汉、广州等大城市都试办了以大工厂、街道和机关（或学校）为中心的三种类型的城市人民公社，通过兴办工业企业和生活服务站、居民食堂、托儿所、幼儿园、敬老院、文化补习班或扫盲班、中心学校、俱乐部、图书阅览室、卫生所等，组织居民参加集体生产和各种文化服务活动。尤其是组织广大家庭妇女学习文化，参加社会主义建设和社会主义公益活动，为社会服务。率先实行农村人民公社化的河南省，在1958年9月底就建立了城市人民公社。全省9个省辖市共建人民公社482个，其中，以街道为主的63个，以厂矿为主的218个，以大专院校为主的118个，以机关团体为主的42个，以郊区农业人口为主的41个。参加公社的人数占这9个市总人口的97%。每个城市人民公社平均规模为4950人。其后，在同年10月，辽宁省沈阳市也实

---

① 《中共党史学习文献简编（社会主义革命时期）》，中共中央党校出版社1983年版，第137~138页。

现了人民公社化。①

在北京、天津等地试办城市人民公社的基础上，1960年3月9日，中共中央发出《关于人民公社问题的指示》，决定在全国普遍推广城市人民公社，要求各省、直辖市、自治区党委采取积极态度，放手发动群众组织城市人民公社；并指定全国总工会研究城市人民公社问题；对城市人民公社的具体部署是，在1960年上半年普遍进行试点，取得经验以后，在下半年全面推广。按照中共中央的要求，很快地形成了全国城市人民公社化的高潮。②

于是，1960年上半年，全国各大城市先后开展了实现人民公社化的运动。到1960年7月底，全国各大中城市基本上实现了人民公社化。在全国190个大中城市中，已经建立了1064个人民公社，其中，以国营厂矿企业为主的公社有435个，以机关和学校为主的公社有104个，以街道居民为主的有525个；共计有5500万人民公社社员，占这些城市总人数的77%；共计兴办了7.6万个居民公共食堂，8.8万个托儿所，8.9万个服务站。③

城市人民公社所兴办的工业和商业、饮食业、修理服务业、文化教育、卫生和社会福利事业，在安置城市闲散劳动力就业、组织居民学习文化和丰富群众文化生活，以及社会福利建设等方面，起过一定的积极作用。但这种事业带有很大盲目性，浪费很严重，问题较多。从1960年6月起，一部分城市人民公社进行了内部整顿工作。9月8日，中共中央同意并批转了全国总工会《关于整顿和巩固城市人民公社的报告》。这个报告的基本精神，是充分肯定城市人民公社，并打算用3年左右的时间，在全国范围内普遍建立城市人民公社。

但是，城市人民公社是"左"的思想的指导产物，并不是城市经济发展和城市居民社会生活的要求，缺乏物质条件和群众基础。这就必然使得许多公社只有形式主义的"花架子"，没有实质内容。公社在没有物质条件下"自力更生"办企业和事业必然要刮国营企业和居民的"共产

① 《新华半月刊》1960年第9期。

② 薄一波：《若干重大决策与事件的回顾》（修订本）下卷，人民出版社1997年版，第506页。

③ 赵德馨：《中华人民共和国经济史（1949~1966）》，河南人民出版社1988年版，第506页。

风"，无偿占有国营企业的生产资料和居民的住房及生活用具等。公社对居民生活包得过多，必然落空。如徐水县的人民公社，从 1958 年 9 月起，就实行政社合一，全县统一核算，干部和工人取消工资，社员取消按劳取酬。全县人民实现包吃饭、穿衣、住房、鞋、袜、毛巾、肥皂、灯油、火柴、烤火费、洗澡、理发、看电影、医疗、丧葬等 15 项开支；干部还另发津贴。其结果不能兑现，公社也就逐渐销声匿迹了。

第五节　手工业和商业合作组织的全民化

一、手工业合作组织的"转厂过渡"

如前所述，1956 年下半年经中共中央批转的中共中央手工业管理局和全国手工业合作总社筹委会党组的报告中，就提出了集体所有制的手工业生产合作社向国家所有制的工厂过渡的任务，并于 1957 年开始付诸实施。

到了 1958 年开始的"大跃进"时期，在所有制变革问题上盲目追求"一大二公"的"左"的思想大大膨胀起来，总想尽快全部消灭个体经济，并把集体经济变成国有经济，企图以单一的社会主义公有制甚至单一的社会主义国有制，来代替客观必然存在的、在公有制占主体地位条件下多种经济形式并存的经济结构。在上述"左"的思想支配下，1958年 4 月，中共中央决定：对于个体手工业户，除不适合组织集体生产的某些特殊手工业品允许继续进行个体生产外，都组织他们加入手工业合作社；并把集体工业并入或转为国营企业。

在上述政策指导下，现存的为数不多的个体手工业者[①] 大部分又都被卷入了集体经济，以致在"大跃进"时限内经济统计资料中都找不到个体手工业产值的数字了。同时，对于手工业合作社也错误地进行了"转厂过渡"。1958 年、1959 年全国 10 万多个手工业合作社（组）的 500 多万社员中转厂过渡的占总人数的 86.7%。其中，过渡为地方国营工厂的占

---

① 由于前段时期对个体手工业的社会主义改造的面过宽，不完全适应社会生产力发展的要求，于是一定数量的个体手工业者又产生了。个体手工业者人数由 1956 年的 54.4 万人增加到 1957 年的 64 万人，占全体手工业者人数的比重由 8.8% 上升到 9.8%。

37.8%，转为合作工厂的占 13.6%，转为人民公社工厂的（实际也是准地方国营工厂）占 35.3%，继续保留合作社形式的只占 13.3%。[①]在匆忙"转厂过渡"的同时，又盲目地刮起了"转产风"。这些都严重地阻碍了生产力的发展，带来了许多问题。

1. 集中的规模过大，撤点过多，既影响生产，又使居民生活不便。不少地区把农村的农具修配站、修配组集中合并成较大的机械制造厂，影响了农具的及时修理。

2. 片面追求"高精大"产品，忽视"低粗小"大众化产品的生产。如北京市著名的王麻子刀剪厂，从 1958 年 9 月份起，300 多人转为生产产值大的炼钢用具和翻砂工具，只留下 20 人生产刀剪。产值虽然提高，但是刀剪产量却从月产 35000 把降到 3000 把。原有各种剪子 200 多种，只剩下 11 种；原有各种刀子 360 种，只剩下 7 种。

3. 转行改业。在各地大搞钢铁和大办地方工业中，有些生产人民生活必需的小商品行业，劳动力和机具设备被抽走了，改行转业。

4. 不适当地实行统一核算，共负盈亏，大大影响了劳动者的积极性。

5. 削弱了对手工业工作的管理。有的地区手工业联社撤销了；有的地区联社与其他工业部门合并以后，无人管手工业工作；有些地区把一些生产名牌产品的合作社、厂也下放到区、街道或农村人民公社去管理，其结果是省、市不管了，区、社管不了，无法安排生产。

6. 不少地方对手工业生产灵活多样、能够适应社会多方面需要的特点认识不够，对手工业合作社在发展生产、安排供销、民主办社、勤俭办社等方面的丰富经验重视不够，把原来的一套制度搞乱了，供销渠道搞乱了，致使手工业的经营管理发生了一些混乱现象。

由于急于过渡和急于改组，加上手工业所需的原材料供应困难的问题没有及时得到解决，造成日用工业品减产，以致全国各地出现了手工业品供应十分紧张的局面。在各地大中城市和广大农村，木盆、菜篮、竹床、木桶、拖把、小锅、小勺、鞋钉、鞋眼、顶针等日用品严重供应不足。农村中的小农具，如镰刀、锄头等也十分缺乏。

为了改变上述状况，各地在 1959 年上半年采取了一些措施，恢复了

① 薄一波：《若干重大决策与事件的回顾》上卷，中共中央党校出版社 1991 年版，第 456~457 页。

一些减产或停产的小商品。中共中央在 1959 年 8 月还发出了《关于迅速恢复和进一步发展手工业生产的指示》，[①] 提出了 18 条措施。其中属于调整所有制和企业规模的措施如下：

1. 鉴于人民生活的需要是多样化的，手工业产品的花色品种也应当多样化，服务方式也应当多样化，所有制形式也应当多样化，要有全民所有制和集体所有制，也要有部分必要的个体经营。

2. 有些手工业合作社转为国家所有制后，对生产不利，对居民不便的，应该采取适当的步骤再退回来。有的可以退回到联社经营的大集体所有制的合作工厂，有的可以恢复到原来的合作社，个别的还可以退回到合作社领导下的自负盈亏。已经转为公社工业的，仍然应当按照手工业合作社的办法来办，实行集体所有制，单独经济核算。

3. 由小并大的企业，如果不能按照社会需要保持和恢复原有品种和数量的，对人民生活不便的，应该适当划小。划小以后，有些仍然可以保持国家所有制，有些也可以保持集体所有制。

4. 一些游街串巷的修理、服务行业，他们的收入可以采取分成的办法，或者自负盈亏的办法。

5. 在社会主义条件下，家庭手工业是社会主义经济的补充和得力助手，应该在社会主义经济的领导下，在不妨碍农业生产的条件下，特别是在保证产品质量的要求下，经过商业部门或手工业联社采用加工订货的办法，充分发挥它的积极作用。

关于加强手工业的管理和经营的措施有：要按行业、按产品实行分工分级管理；凡是归哪里管理而且管理得适当的，就固定下来不再改变；归得不适当的，就应当进行调整。在手工业企业内部，应当实行经济核算制；要充分发扬原有手工业合作社勤俭办社的优良作风。此外，还必须认真做好手工业的原材料、燃料的供应工作。

这些措施对手工业生产的恢复起了一些作用。但是，由于庐山会议后“反右倾”斗争的开展，各地并没有认真贯彻这些措施，其作用是有限的。按 1957 年不变价格计算，集体所有制工业产值由 1957 年的 133.97 亿元下降到 1958 年的 117.3 亿元，1959 年回升到 169.8 亿元，但 1960 年

---

① 《中国工业经济法规汇编（1949~1981）》，第 10 页。

又下降到 153.9 亿元；这四年，集体所有制工业产值占工业总产值的比重由 19% 下降到 10.8%，回升到 11.4%，再下降到 9.4%（详见附表 13）。

二、商业合作组织的合作化

1958 年在"左"的思想指导下，在实现手工业合作组织"转厂过渡"的同时，也实现了商业合作组织向全民所有制的过渡。这包括两个部分：

1. 供销合作社向全民所有制过渡。"一五"时期，供销合作社对活跃城乡物资交流、促进社会主义改造起了重大作用。但到 1958 年初，中华全国供销合作总社与第二商业部合并，各级联社并入同级政府商业部门。但这还只是领导机构的合并，基层供销社尚未合并。同年 4 月，第二商业部与财政部下达《关于各级供销社停止执行所得税制度改按利润入库并实行利润分成的联合通知》，决定从 1958 年起，供销合作社执行国营企业的财务制度，停止从利润中提取各种基金，所得税改按利润形式上缴国库，并实行利润分成。这时，在财务管理上已把供销社视同国营商业。

从 1959 年起，国营企业实行"全额信贷"，供销合作社自有的公积金（当时为 15 亿元），调剂资金中的流动资金部分，与国家拨给的资金一起交给人民银行。至此，供销合作社从上到下的全部机构和人员、经营利润和资产，正式由集体所有制完全转变为全民所有制。

供销合作社与国营企业合并后，社员代表大会、理事会、监事会等一套民主管理制度废止，经营管理水平下降。

2. 合作商店、合作小组向全民所有制过渡。如前所述，在 1956 年社会主义改造高潮中，小商小贩的一部分转入国营商业、供销合作社和公私合营商业，大部分组成为合作商店、合作小组。但由于市场供应紧张，许多地区又自发地出现了一批个体商贩。到 1957 年底，全国共有小商小贩约 360 万人，其中合作商店约 120 万人，合作小组约有 160 万人，个体商贩（不包括合营未定息户）约 80 万人。但在 1958 年以后，由于采取急于过渡和逐步淘汰的方针，不仅个体小商小贩越来越少，而且大部分合作商店和合作小组也过渡到国营商业。到 1960 年底，留在合作商店、合作小组中的小商小贩只有 90 多万人。这些小商小贩虽仍保留合作商店、合作小组的形式，但大部分实行与国营商业统一核算，或者按照国营商业的办法管理。① 这次过渡给商业工作带来许多严重问题。主要是：网点大量减少，经营特色消失，给人民生活带来诸多不便；并入国营商业的小商小贩"吃大锅饭"，劳动效率降低。

① 《当代中国商业》（上），中国社会科学出版社 1988 年版，第 89~92 页。

第三章　改进经济管理体制和企业管理制度

第一节　改进经济管理体制

一、实施改进经济管理体制的方案

在国民经济恢复时期和"一五"时期逐步建立起来的高度集中的计划经济体制，有其产生的历史必然性，并起过重要的积极作用，但同时也充分暴露了其固有的严重弊端。经过 1956~1957 年的酝酿和讨论，在 1957 年 10 月召开的扩大的党的八届三中全会上，基本上通过了由陈云主持起草的《关于改进工业管理体制的规定（草案）》、《关于改进商业管理体制的规定（草案）》和《关于改进财政管理体制的规定（草案）》。这三个规定于1957 年 11 月经国务院第 61 次全体会议讨论通过，接着又经过全国人民代表大会常务委员会第 84 次会议批准，于同月 18 日由国务院正式公布下达。1958 年 3 月中共中央成都会议又进一步决定，对计划、工业、基本建设、物资、财政、物价和商业等方面的管理体制，按照统一领导、分级管理的原则进行改进。根据上述规定和决定，对经济管理体制进行了改进。

（一）调整中央和地方关系，扩大地方管理经济的权限

扩大地方管理经济权限的中心，是调整企业的隶属关系，把由中央直辖的一部分企业下放给省、自治区、直辖市领导，作为地方企业。

1957 年 11 月，轻工业部第一批下放了 43 个纸厂和胶鞋厂，接着又下

放了食品工业各厂；同年 12 月，纺织工业部下放了 59 个大中型纺织企业；1958 年 3 月继续下放了 143 个纺织企业、事业单位，改由地方管理。

1958 年 3 月成都会议后，中共中央、国务院做出了《关于工业企业下放的几项决定》，[①] 进一步扩大企业下放的范围。文件规定：国务院各主管工业部门，不论轻工业或者重工业部门，以及部分非工业部门所管理的企业，除一些主要的、特殊的以及"试验田"性质的企业仍归中央继续管理以外，其余企业原则上一律下放归地方管理。下放的步骤：先轻工业，后重工业。

在下放企业后，中央各工业部门的职责是，以三四分力量掌握全国规划和直接管理的大企业，加强科学研究工作；以六七分力量，从供给技术资料、指导技术设计、培养技术人员、交流先进经验、进行全面规划等方面，帮助地方办好企业。

根据这一决定，1958 年 6 月 2 日，中共中央确定，轻工业部门所属单位，除 4 个特殊纸厂和 1 个铜网厂外，全部下放；重工业部门所属单位大部分下放。6 月 6 日正式批转了冶金、第一机械、化学、煤炭、水利电力、石油、建筑、轻工、纺织 9 个工业部门关于企业下放问题的报告。要求它们一律于 6 月 15 日以前完成全部下放企业的交接手续。从 1957 年底开始到 1958 年 6 月 15 日止，上述各个工业部门陆续下放了 8000 多个单位。中央各工业部所属企事业单位 80% 以上交给了地方管理。[②] 1958 年，中央直属企业由 1957 年的 9300 多个减少到 1200 多个，其工业产值占整个工业总产值的比重由 39.7% 降为 13.8%。[③]

在下放工业企业的同时，还对计划、基本建设、物资、财政和劳动等方面的体制进行了改进。

1. 计划管理体制的改进。依据 1958 年 9 月 24 日中共中央、国务院《关于改进计划管理体制的规定》，[④] 主要是实行在中央领导下以地区综合平衡为基础的专业部门和地区相结合的计划管理体制。其具体做法是：①国

---

① 《中国工业经济法规汇编（1949~1981）》，第 117 页。
② 《新华半月刊》1958 年第 13 期，第 63 页。
③ 国家经济体制改革委员会历史经验总结小组：《我国经济体制改革的历史经验》，人民出版社 1983 年，第 71 页。
④ 《中国工业经济法规汇编（1949~1981）》，第 172~174 页。

家计划必须统一，各地方、各部门的经济、文化建设都应当纳入全国统一计划之内。中央负责编制全国的年度计划和远景计划，安排地区经济的合理布局和进行全国计划的综合平衡。中央管理的主要是：主要工农业产品的生产指标；全国基本建设投资；主要产品的新增生产能力和重大建设项目；重要的原材料、设备、消费品的平衡和调拨；进出口的贸易总额和主要商品量；全国财政收支和地方财政收入的上缴、支出和补助以及信贷的平衡和资金调拨；工资总额、职工总数和全国范围内的科学技术力量、劳动力的培养和调配；铁路的货运量和货物运输周转量；各部直接管理的企业和事业单位的计划和主要技术力量。②在国家的统一计划的前提下，实行分级管理的计划制度，充分发挥地方的积极性。各省、自治区、直辖市计划工作的主要任务是：根据中央所确定的方针，负责综合编制本地区内全部企业、事业（包括中央管理、地方管理的企业、事业单位在内）的计划，并在确保国家规定的生产任务的条件下，对本地区的工农业生产指标进行调整和安排；在确保新增生产能力和重大建设项目以及不增加国家投资的条件下，对本地区内的建设规模、建设项目、资金使用等方面进行统筹安排；在确保国家对重要的原料、设备和消费品的调拨计划的条件下，对本地区内的物资可以调剂使用；在确保财政收入上缴任务或不增加国家补助的条件下，超收分成和支出结余部分由地方支配；在确保国家的劳动计划和技术力量调配任务的条件下，对本地区内的劳动力和技术力量可以统筹安排。③自下而上地逐级编制计划和进行综合平衡。各区、乡、社的经济文化建设都纳入县的统一计划之内；各县、专区的计划经过综合平衡后纳入省、自治区、直辖市的计划，经过各协作区综合平衡后，纳入全国统一计划内；中央各部门在地区平衡的基础上编制全国范围的专业计划；中央计划机关在地区平衡和专业平衡的基础上，进行全面的综合平衡，编制国家的统一计划。

实行这一规定后，1959年国家计委管理的工业产品从1957年的300多种减少到215种，按产值计算占全国工业总产值的58%。[①]

2. 基本建设管理体制的改进。①放松基本建设项目的审批程序。为

---

① 国家经济体制改革委员会历史经验总结小组：《我国经济体制改革的历史经验》，人民出版社1983年版，第71页。

了加快发展地方工业，1958 年 4 月，中央决定放松基本建设项目的审批程序，让地方扩大基本建设规模。各省、自治区、直辖市兴办限额以上建设项目，除了提出简要的计划任务书（其中规定产品数量、品种、建设规模、厂址和主要的协作配套条件）报送中央批准外，其他设计和预算文件，都由省、自治区、直辖市自行审查批准。某些与中央部门管理的企业没有协作配套关系，生产的产品不需要全国平衡的限额以上的建设项目，其计划任务书先经省、自治区、直辖市批准，再报送中央有关部门备案。限额以下的项目完全由地方自行决定。①同年 9 月，国务院又进一步决定：中央将集中主要力量对全国分地区分事业的规划进行审查和研究（如一个协作区安排完整的工业体系的规划、煤矿的开发规划等）。中央只负责审批以下建设项目的设计任务书：一是生产全国平衡的工业产品的骨干建设项目；二是具有全国性的或者同几个省、自治区、直辖市有重大协作关系的重大建设项目；三是对生产力的地区分布有重大影响的建设项目；四是贯穿几个省（自治区）的铁路干线。其余建设项目的设计任务书，属于地方管理的，由各省、自治区、直辖市审批报有关部委备案；属于中央各部管理的，由各部审批后报国家计委、建委备案。② ②实行基本建设投资包干制度。把年度国民经济计划和国家预算核定的基本建设投资（包括储备资金），在保证不降低生产能力、不推迟交工日期、不突破投资总额和不增加非生产性建设比重的条件下，交由各有关建设部门和单位统一掌握，自行安排，包干使用。建设工程竣工以后，资金如有结余，可以留给建设部门和建设单位另行使用于其他生产建设上。据不完全统计，1959 年全国实行投资包干的建设单位达5000多个，占全国投资总额的 40% 左右。其中冶金、煤炭、水电、石油、化工等系统实行包干的投资额占本部门投资总额的 75%~80%。

3. 物资管理体制的改进。主要内容是增加各省、自治区、直辖市人民委员会在物资分配方面的权限，实行全国统一计划下的、以地区管理和地区平衡为主的物资调拨制度。具体做法是：①主要原材料和设备，由中央统一分配，并由中央各主管部门负责同省、自治区、直辖市协商，

---

①《中华人民共和国国民经济和社会发展计划大事辑要（1949~1988）》，红旗出版社 1989 年版，第 118 页。
②《中华人民共和国国民经济和社会发展计划大事辑要（1949~1988）》，红旗出版社 1989 年版，第 124 页。

编制该地区的年度调出调入计划。不在中央统一分配范围内的原材料和设备，由各省、自治区、直辖市，各专区、各县分别确定产品目录和分配计划进行统一调度。②机械产品由有关主管部分工负责分配。如冶金设备由冶金工业部负责，发电设备由水利电力部负责等。③中央所属的企业单位和事业单位生产、基本建设所需要的物资，除军工生产单位所需要的物资，出口、援外和储备所需的物资，民航所需的燃料外，都向所在地的省、自治区、直辖市提出申请，由省、自治区、直辖市的主管机关组织供应。④各省、自治区、直辖市在保证完成国家计划的条件下，对国家分配的物资有权在本地区内进行调剂。

实行这一制度后，1959年第一季度，统配、部管物资减少到132种，比1957年532种减少了3/4。[1]对保留下来的统配、部管物资，也由过去"统筹统支"，改为"地区平衡，差额调拨"，中央只管调出、调入。在分配供应方面，除铁道、军工、外贸、国家储备等少数部门外，不论中央企业和地方企业所需物资，都由所在省、自治区、直辖市申请、分配、供应。

4. 劳动管理体制的改进。主要有两方面：①试行合同工和亦工亦农制度。从1957年底到1958年初，针对单一的固定工形式和能进不能出的弊病开始进行改进试点，对原有工人和干部继续实行固定工制度，对新招收的工人实行合同工制度；从农村招收的，实行亦工亦农，合同期满仍回家务农。县以下企业增加工人基本上实行亦工亦农的合同工制度。②放松招收新工人的审批管理。1958年6月，中共中央决定放松国家对招收新工人的审批管理，把劳动力的招收、调剂等项工作，交由各省、自治区、直辖市负责管理。[2]

5. 财政管理体制的改进。总的精神是扩大地方财政管理权限，既要保证国家重点建设所需要的资金，又要适当增加地方的机动财力。主要内容是：

（1）在财政的收支方面，把过去"以支定收，一年一变"改为"以收定支，五年不变"。具体做法是：①在财政收入方面，实行分类分成的办

① 周太和主编：《当代中国的经济体制改革》，中国社会科学出版社1984年版，第505页。
② 国家劳动总局政策研究室编：《中国劳动立法资料汇编》，工人出版社1980年版，第17页。

法。属于地方财政的收入有三种：第一种是固定收入，包括原有地方企业收入、事业收入、其他收入以及7种地方税收；第二种是企业分成收入，包括中央划归地方管理的企业和虽然仍属于中央管理但地方参与分成的企业利润，20%分给企业所在省（市、区）作为地方收入；第三种是调剂分成收入，包括商品流通税、货物税、营业税、所得税、农业税和公债收入。这些收入划给地方的比例，根据各个地区财政平衡的不同情况，分别计算确定。②在财政支出方面，属于地方财政的支出有两种：第一种是地方的正常支出，由地方根据中央划给的收入自行安排；第二种是由中央专项拨款解决的支出（如基本建设拨款），每年确定一次，由中央拨付，列入地方预算。此外，对地方国营企业和地方公私合营企业需要增加的流动资金，30%由地方财政拨款，70%由中央财政拨款或者由银行贷款。③为了满足地方正常支出的需要，以省、自治区、直辖市为单位，按以下四种情况分别划定地方的收入项目和分成比例：第一种情况，地方用固定收入能够满足正常支出需要的，不再划给别的收入，多余部分按照一定的比例上缴中央；第二种情况，地方用固定收入不能满足正常支出需要的，划给企业分成收入，多余部分按一定比例上缴中央；第三种情况，地方用固定收入、企业分成收入仍然不能满足正常支出需要的，划给一定的调剂收入；第四种情况，以上三种收入全部划给地方，还是不能满足正常支出需要的，中央给予拨款补助。确定地方正常支出和划分收入的数字，都以1957年的预算数作为基数。收入项目和分成比例确定后，原则上5年不变，地方多收了可以多支。

（2）在税收管理方面，主要是减少税收，简化征税办法。把商品流通税、货物税、营业税和印花税等四种税合并为"工商统一税"，并且把原来的多次征税改为工业品在工厂一般只征一道税。同时，扩大地方对税收的管理权限。各省、自治区、直辖市可以在一定的范围内，根据实际情况，对某些税收采取减税、免税或加税措施。为了调节生产者的收入，平衡负担，开辟财源，或者为了有计划地安排生产，限制盲目的生产经营，在必要的时候，各省、自治区、直辖市可以制定税收办法，开征地区性的税收。对于工商税的征收环节和起征点的规定，省、自治区、直辖市凡是认为确实不合理的，可以机动处理。

（二）调整国家与企业的关系，扩大企业的管理权限

主要进行了四方面的改进：

1. 减少指令性指标，扩大企业计划管理权限。国家向国营工业企业下达的指令性指标由原来的 12 项减少为主要产品产量、职工总数、工资总额和利润 4 项，其他 8 项作为非指令性指标。规定利润指标只下达到地方，不再下达到各企业。国家只下达年度计划，季度、月度计划有些可以由企业自行制定。计划由下而上制定，把以前的两次下达、两次上报，改为两次下达、一次上报。

2. 实行企业留成制度。工业企业的利润，由国家和企业实行全额分成。具体办法是：①企业留成比例，以主管部为单位计算确定；确定以后，基本上 5 年不变。主管部可以在本部企业留成所得总数范围内，根据各个企业的具体情况，分别确定它们的留成比例。②留成比例以第一个五年计划期间各部所使用的下列资金作为计算基数：预算拨付的技术组织措施费、新种类产品试制费、劳动安全保护费、零星固定资产购置费四项费用；企业奖励基金和社会主义竞赛奖金；按规定提取的超计划利润留成部分。将上述基数与在同一时期内所实现的利润总数比较，算出企业留成的比例。③企业留成所得的使用原则是：大部分用于生产，同时适当照顾职工福利。用于社会主义竞赛奖金和其他不包括在工资总额以内的奖金支出，以及用于职工福利设施和职工生活困难补助支出三项合计，不得超过企业职工工资总额的 5%。[①]当时，规定企业留成比例为 13.2%。从 1958~1960 年，利润留成额逐年增加，分别为 30 亿元、51 亿元、60 亿元。其中用作自筹基建投资的金额分别为 6 亿元、16 亿元、30 亿元，它所占的比重分别为 20%、31.4% 和 50%。

3. 试行流动资金的"全额信贷"制度。1958 年，国营企业定额流动资金，实行 70% 由财政拨款、30% 银行贷款的办法。从 1959 年起，国营企业的流动资金，一律改由人民银行统一管理。过去，国家财政拨款给国营企业的自有流动资金，全部转作人民银行贷款，统一计算利息。在此以后，国营企业需要增加的定额流动资金，由各级财政在年度预算中

① 《中国工业经济法规汇编（1949~1981）》，第 118 页。

安排，交当地人民银行统一贷款。①

4. 改进企业的人事管理制度。除企业主要负责人（厂长、副厂长、经理、副经理等）、主要技术人员以外，其他一切职工均由企业负责管理。在不增加职工总数的条件下，企业有权调整机构和人员。

二、改进经济管理体制中出现的问题和初步调整

在 1958 年初提出社会主义建设"大跃进"方针以后，以实行地方分权为重点的管理体制改进，就成为加快发展地方工业、实现"大跃进"的一项主要措施。这样，就把这一次改进纳入了"左"倾思想的轨道，出现了下放管理权限过多、过急的现象。

首先是中央所属企业下放过了头，一些关系国民经济命脉的大型骨干企业也下放了。而且企业下放采取了政治运动的方式突击完成，时间过急，改变过快。企业下放到省、自治区、直辖市以后，多数地方又层层下放，有的下放到专区、县或城市的区，有的还下放到街道和公社。这样大量的复杂的企业在很短的时间里下放给地方，地方的管理工作一时难以跟上，其结果是管理混乱，协作关系被打乱。

其次是计划权、基建审批权、物资权、劳动管理权、财权下放过多，一些应由中央掌握的决策权也下放给了地方，而宏观经济控制不仅没有相应地加强，反而抛弃了一些原来行之有效的东西，以致出现了严重失控的现象。

上述问题在 1958 年下放管理权限后不久已经陆续出现，党中央有所察觉，采取了一些补救措施。

1958 年 12 月，中共中央武昌会议做出了关于工业建设中的几项规定，规定个别骨干企业，因建设任务过重或技术复杂等原因，地方管理确有困难的，可由省、自治区、直辖市提出，将各该企业的投资、原材料、设备以及主要技术人员，仍归中央主管部门负责管理和调度。1959年 6 月，毛泽东进一步指出：现在有些半无政府主义。"四权"（人权、财权、商权和工权）过去下放多了一些，快了一些，造成混乱。应当强调一下统一领导，中央集权。下放权力，要适当收回。② 根据上述规定和毛

---

① 国务院《关于人民公社信用部工作中几个问题和国营企业流动资金问题的规定》，《新华半月刊》1959 年第 1 期，第 65 页。

②《中华人民共和国国民经济和社会发展计划大事辑要（1949~1988）》，红旗出版社 1989 年版，第 132 页。

泽东的讲话，陆续收回了某些部门的若干企业的管理权限。

在收回若干企业管理权限的前后，中共中央、国务院还在财政、基本建设、物资、劳动工资、资金使用等方面采取了一些补救措施，进行了初步调整。

1. 整顿财经纪律，加强财政计划管理，适当集中财权。1958年9月，国务院通过了《关于进一步改进财政管理体制和相应改进银行信贷管理体制的几项规定》。[①] 决定从1959年起，在中央和地方的关系上，改变"以收定支，五年不变"的办法，实行"总额分成，一年一变"[②] 的财政体制，试图以此解决财力分散、财政计划同国民经济计划不相衔接的问题，但仍难奏效。

1960年1月，国务院发布《关于加强综合财政计划工作的决定》，指出：为了更全面、更有计划地反映国家财政资金的整个面貌，统筹安排资金支出，切实建立和健全综合财政计划制度，把国家预算内、预算外收支和信贷收支统一纳入计划，进行综合平衡，是十分必要的。编制综合财政计划，应当根据民主集中制和全国一盘棋的原则，把国家一切财政资金都纳入综合计划里来。

1960年12月，财政部进一步提出了改进财政体制、加强财政管理的意见。主要内容是：①国家财权基本上集中在中央、大区和省（自治区、直辖市）三级。②国家财政预算，从中央到地方实行上下一本账，坚持收支平衡，一律不搞赤字预算。③整顿预算外资金并加强管理，用预算外资金兴办的企业的收入一律纳入国家预算；把企业留成的比例减掉一半左右；不准化预算内收入为预算外收入，不准把预算外开支挤入预算内开支。④企业要严格实行资金管理和成本管理制度，不准将利润留成资金用于计划外基本建设和挪作行政开支；不准将属于大修理基金、利润留成资金和基本建设投资以及行政、事业经费中的开支挤入企业的成本。⑤工商统一税税目的增减和税率的调整，盐税税额的调整，必须报中央批准。凡属地方性税收的开征，地方税目税率的变动，必须报经中央局批准。

---

① 赵德馨主编：《中华人民共和国经济专题大事记（1949~1966）》，河南人民出版社1988年版，第909页。

② "总额分成"是地方负责组织的总收入和地方财政的总支出挂钩，以省、自治区、直辖市为单位，按地方财政总支出占地方财政总收入的比例，作为地方总额分成的比例。

2. 加强对基本建设的计划管理。1959 年 5 月，国务院在有关决定中，在肯定投资包干制度的积极作用的同时，强调要进一步加强国家计划管理，建设部门和建设单位必须执行统一的国家建设计划，保证完成国家既定的建设任务；强调要保证工程质量，不能片面地求多、求快、求省而忽视工程质量；建设单位节约下来的资金，用于增加新的建设项目时，必须事先报告；强调要加强经济核算，健全财务管理制度；对生产资金和基本建设资金严格分开管理，保证执行全国一盘棋的方针；各级财政部门要根据计划拨款，并监督使用。1960 年末，国务院又规定投资包干结余资金用于新增建设项目，必须经国家计划部门批准。

3. 上收招收新工人的审批权限和工资管理权限。1959 年，中共中央先后规定，自各基层单位到各省、自治区、直辖市到中央各部，都应该在编制生产事业计划的同时，编制劳动工资计划。计划必须逐级批准。计划一经确定，必须严格按照计划办事。各类人员的工资标准非经国务院有关部门批准一律不得变动，并把废除了的奖励制度改为综合奖。1960 年 9 月，中共中央又一次强调上述精神，并要求进一步加强工资基金管理、户口管理和粮食管理工作，对于任何单位不经批准私自增加的人员，银行不拨给工资基金，粮食部门不供应口粮。

4. 加强物资的集中管理。从 1959 年第二季度起，许多物资改变"地区平衡"、"差额调拨"的做法，逐步恢复"统筹统支"或改为"统筹统支和地区平衡相结合"的办法；分配供应仍以部门为主管理；1959 年下半年，统配、部管物资由第一季度的 132 种调整为 285 种。[①] 1960 年 5 月，在国家经济委员会内设立了物资管理总局，负责组织和实施物资分配计划。

5. 清理资金的使用状况，加强资金管理。针对许多地区和部门擅自挪用银行贷款和流动资金的混乱情况，1959 年 2 月，国务院要求各企业保证国家拨给的自有流动资金完整无缺，抽调企业流动资金运用于基本建设和其他用途的，应当设法补足，不得冲减企业法定基金，不得减少国家流动资金。同年 7 月，中共中央强调要划清基本建设投资和流动资

---

① 国家经济体制改革委员会历史经验总结小组：《我国经济体制改革的历史经验》，人民出版社 1983 年版，第 71 页。

金的界限。凡是1958年以来，动用银行贷款和流动资金进行基本建设，或者用于其他财政性开支的，都应当用财政拨款归还银行和企业。

综上所述，1958年工业经济管理体制的改进，对调动地方积极性、发展地方工业起了一定的积极作用。但是，这次改进只强调扩大地方管理工业的权限，根本忽视企业经营自主权。同时，把下放管理权限作为促进地方工业发展、实现工业生产建设"大跃进"的一项重大措施，过多过急地下放权限，而整个管理体制由"条条"为主变为"块块"为主，在宏观上却缺乏一套有效的控制办法。因此，使经济生活出现混乱的局面，加重了"大跃进"造成的经济失衡。最后，被迫重新恢复集中统一的管理体制，这项改进归于失败。

第二节　改进企业管理制度

从1956年起，中共中央和毛泽东就在探索建立适合中国具体情况的经济管理体制的同时，探索建立符合我国国情的企业管理制度。但这种探索特别是这方面的实践，更多的还是在1958年开始的"大跃进"期间。就理论上来说，主要又是集中在毛泽东概括的"鞍钢宪法"。1960年3月11日，中共鞍山市委向中共中央写了一个题为《关于工业战线上的技术革新和技术革命运动开展情况的报告》，介绍了他们在这方面初步取得的经验："第一，必须不断地进行思想革命，坚持政治挂帅，彻底破除迷信，解放思想。""第二，放手发动群众，一切经过试验。""第三，全面规划，狠抓生产关键。""第四，自力更生和大协作相结合。""第五，开展技术革命和大搞技术表演赛相结合。"3月22日，毛泽东在代中共中央草拟的批语中，高度评价了鞍钢的这些经验，把它称之为"鞍钢宪法"，并要求全国大中型企业学习这些经验。他指出：过去鞍钢"认为这个企业是现代化的了，用不着再有所谓技术革命，更反对大搞群众运动，反对'两参一改三结合'的方针，反对政治挂帅，只信任少数人冷冷清清的去干，许多人主张一长制，反对党委领导下的厂长负责制。他们认为'马钢宪法'（苏联一个大钢厂的一套权威性的办法）是神圣不可侵犯的"。现在这个报告"不是'马钢宪法'那一套，而是创造了一个'鞍钢宪法'。'鞍钢宪法'在远东、在中国出现了"。①

依据毛泽东所概括的"鞍钢宪法"的主要内容，"大跃进"期间，我国在建立社会主义企业管理制度方面，主要进行了以下探索和实践：加强党的领导，实行党委领导下的厂长负责制；坚持政治挂帅；大搞群众运动；实行"两参、一改、三结合"。

1. 加强党的领导，实行党委领导下的厂长负责制。

按照党的八大精神，"在一切企业中同样实行党委集体领导的制度，也就是党委集体领导下的厂长负责制或经理负责制等"。② 如前所述，这就不适当地否定了适应现代化生产要求的并且同党的领导和民主管理可以相容的厂长负责制，使我国企业领导制度在健康发展道路上发生了一次严重的曲折。在"大跃进"期间，在"左"的思想指导下，还把这一本来就不合理的制度又推向一个极端，几乎把企业管理工作都置于党委的绝对领导之下，车间的行政工作也要在党支部的统一领导下进行。

由此造成的恶果，一是用书记一长制代替了厂长负责制，妨碍了党委本身应该承担的工作，削弱了党的领导。二是削弱甚至取消了厂长的生产经营指挥权，使企业的生产指挥系统失灵。三是使正在推行的、作为企业民主管理基本形式的职工代表大会制度流于形式。

2. 强调政治挂帅。

如果就政治工作是经济工作的先行这个意义上来说，政治挂帅这个口号无疑包含了合理的内容，并有积极作用。但在"大跃进"期间，这个口号也被纳入了"左"倾路线的轨道，不仅成为推行"左"倾路线的工具，并因此而把它的作用夸大到超越政治工作所能达到的范围。其重要表现有：

（1）通过加强思想政治工作，不断批判所谓"右倾思想"，为贯彻"大跃进"方针开辟道路，并把生产建设的成就与缺陷都归结为是否实现了政治挂帅。

（2）通过加强思想政治工作，大兴共产主义协作之风，服务于社会主义建设的"大跃进"。毫无疑问，即使在社会主义初级阶段，提倡社会主

① 《中国工业经济法规汇编（1949~1981）》，第11~17页。
② 《中国共产党第八次全国代表大会文件》，人民出版社1980年版，第136页。

义协作，不仅是企业管理所必需的，同样也是整个国民经济管理所必需的。但像"大跃进"时期开展的那样的共产主义大协作，却是从根本上脱离社会主义初级阶段这个基本实际的。其主要表现是只讲政治挂帅，不讲等价交换，实行无偿调拨。

（3）只强调通过思想政治工作来提高劳动者的积极性。在这方面，虽然也讲政治挂帅第一，物质鼓励第二，实际上是只讲"政治挂帅"，否定按劳分配和物质利益。1958年8月后的一个时期内，流行的观点认为按劳分配、工资制度、脑力劳动与体力劳动的收入差别等，都是资产阶级法权的残余，把实行物质利益原则，实行等级工资制、计件工资制，统统斥之为实行"金钱挂帅"，主张立即取消工资制，实行供给制。按照这些观点，不少地区和部门先后废除了工矿企业的计件工资制度和奖金制度，甚至实行供给制。这就使"一五"时期还不突出的端"铁饭碗"、吃"大锅饭"的计划经济体制的弊病大大加重起来。

3. 大搞群众运动。

在生产建设中大搞群众运动，自始就是推行"大跃进"方针的基本方法。在运动中表现出来的职工群众的积极性是十分可贵的，对我国生产建设也起过有益的作用。但由于群众运动适合于组织战争和进行政治斗争，并不适合（至少不完全适合）生产发展的客观规律的要求，特别是由于它始终是为实现"大跃进"方针服务的，因而从根本上说来，是失败的，并导致了许多严重后果。诸如忽视甚至否定生产经营管理人员、科学技术人员和工程技术人员的作用，削弱甚至破坏合理的企业规章制度，助长生产建设上的高指标，导致企业不讲经济核算和国民经济比例关系的失衡等。

4. "两参、一改、三结合"。

两参，是指干部参加劳动，工人参加管理；一改，是指改革不合理的规章制度；三结合，是指领导干部、技术人员（专业管理人员）、工人结合起来，共同研究解决生产技术和企业管理中的问题。

关于这一方面的探索，最早取得经验的是黑龙江省庆华工具厂。它们的经验包括三方面内容：①科室车间管理干部每天参加半日劳动，厂级主要领导干部每周参加一天劳动。②工人在车间行政的领导下，直接参加生产小组的一部分日常管理工作。③改进企业管理业务，即改革不合理的规章制度。

1958 年 4 月 25 日，《人民日报》发表了中共黑龙江省国营庆华工具厂委员会《关于干部参加生产、工人参加管理和业务改革经验的初步总结》，在编者按语中指出：华庆工具厂党委关于干部参加生产、工人参加管理和业务改革的经验，是一项具有重大意义的创举，是对企业管理的一项重大改革和提高，是完全符合社会主义企业管理原则的。这项经验在全国一切具有条件的工业企业中都应当推行。①

庆华工具厂的管理经验很快在全国得到了推广，并发生过积极作用。但由于企业管理上的这项创造也被纳入了"左"倾路线的轨道，成为推进"大跃进"方针的手段，并且是采取群众运动的方式进行的，因此在推广过程中也发生了诸多严重后果。①许多企业忽略了生产管理方面的厂长负责，以至削弱甚至取消了厂长的职权，使企业的生产指挥系统失灵，生产工作处于调度不灵或缺乏统一指挥的状态。②不少企业在实行精简机构的时候，不考虑现代化企业管理的需要，把计划、设计、技术检验、技术安全、设备动力、工艺等必要的职能科室取消了，或者合并成一个或两三个办公室。有些企业甚至推行"无人管理"和"工人自我管理"，致使无人负责的现象相当严重。③不少企业在改革规章制度工作中，也只注意了破，忽略了"立"；把破除迷信同尊重科学对立起来，甚至把合理规章制度看成是束缚工人群众积极性的"教条主义"的东西；强调大搞群众运动，否定集中领导等，以至把一部分不应当破的规章制度也破了，或者虽然未宣布废除，但也无人执行，结果造成了许多工作无章可循、有章不循的混乱局面。这些管理混乱的状态，给生产带来了严重损害，如事故增多、设备超负荷运转、失修损坏严重、窝工浪费严重、产品质量下降等。

针对上述情况，1959 年 3 月 15 日《人民日报》发表了题为《有破必有立》的社论。明确提出，当前主要的任务应当是"立"，应当把破了以后没有立起来的规章制度立起来，特别是要把那些对生产建设关系重大的规章制度，例如党委领导下的厂长负责制、各种责任制、各种工艺规程和操作规程、各种检验制度和安全制度等建立起来，而且立了要行，

---

① 《新华半月刊》1958 年第 10 期，第 90 页。

行要彻底。1959年6月，中共中央要求各工业部门和各省、自治区、直辖市认真抓一下企业管理工作，发动干部和工人充分揭露企业管理中的问题，采取实事求是的态度，对原有的和新建立的规章制度进行审查、修订和补充。对于某些必须由上级管理部门统一规定的规章制度和直接掌握的重大问题，要求有关部门尽快做出具体规定，发布实施。但是在党的八届八中全会开展"反右倾"斗争后，改进企业管理、整顿工业生产秩序工作实际上又被打断了。

综上所述，"大跃进"期间我国在建立社会主义企业管理制度方面所做的各项探索，其中有科学成分，并起过积极作用，这是一方面；另一方面，又是局限于计划经济体制的框框内，许多方面脱离实际，特别是由于被纳入了推行"大跃进"方针的轨道，从而产生了严重后果。

第四章　1958~1960年，发展产业经济的成就和"大跃进"的严重后果及主要教训[①]

第一节　1958~1960年，发展产业经济的成就

在1958~1960年期间，由于全国上下自力更生，艰苦奋斗，团结协作，互相支援，动员了空前规模的人力、物力、财力，产业经济某些方面有很大的发展。这期间，生产建设的成就在工业和农业的某些方面表现得更明显。下面分别叙述这两方面的情况。

在工业方面的成就主要有：

1. 建成了一批重要的工业项目，新增了大量的生产能力。在这三年中，施工的大中型工业项目达到2200个左右，其中完工和部分完工而投入生产的有1100个左右；施工的小型工业项目有9万多个。不少重要的工业工程，如洛阳第一拖拉机制造厂、保定化学纤维联合厂、新安江水电站，以及我国第一座试验性的原子反应堆和回旋加速器等，就是在这一期间投产的。

由于进行了大规模的基本建设，主要工业部门，特别是重工业各部

---

① 1958~1960年，人民公社化运动也给我国经济造成了严重损失。但人民公社化也是"大跃进"的产物。从这种相互联系的根本的意义上说，这种损失也是"大跃进"造成的。因而本篇只叙述"大跃进"的严重后果。

门的现代化生产设备和生产能力有了很大的增长。

在这三年内，新建了石油化工设备、拖拉机制造、精密机械制造、有机合成等过去没有的重要工业部门。

在这期间，还增加了许多新的工业产品品种，工业产品的自给程度有了很大的提高。比如，钢材品种就由1957年的4000种增加到1958年的6000种。[①]

2. 工业总产值和主要工业产品产量，特别是钢铁等重工业产品产量迅速增长。1960年与1957年比较，工业总产值由704亿元增加到1637亿元，增加了1.34倍（详见附表13）。主要工业产品中除了少数产品产量下降以外，许多产品产量都有大幅增长。煤油由1957年的1.31亿吨增加到1960年的3.97亿吨，增长了197.7%；原油由146万吨增长到520万吨，增加了256.2%；发电量由139亿千瓦小时增加到594亿千瓦小时，增长了207.8%；钢由535万吨增加到1866万吨，增长了248.8%。[②]

3. 在我国工业发展史上，农村工业第一次有了迅猛的发展。到1960年，社办工业企业总数达到11.7万个，占工业企业总数的46.1%，占集体工业企业总数的74.1%。尽管当时这些工业技术水平和产品质量都比较低，经过1961~1965年的经济调整，这些工业保留下来的也不多，但为尔后（特别是1978年以后）农村工业的大发展提供了经验，起了先导的作用。

4. 工业物质技术基础有了加强。国营工业企业的固定资产原值由1957年的324.6亿元增加到1960年的721.8亿元，增长1.22倍，工程技术人员由17.5万人增长到40多万人，增长1倍多。

5. 工业地区布局有了进一步的改善。在工业总产值中，沿海地区工业产值的比重由1957年的67.9%下降到1960年的65.3%，内地由32.1%上升到34.7%（详见附表18）。

总起来说，这期间我国工业化的水平是有提高的。但是，在这期间，工业生产建设"大跃进"是在急于求成"左"的指导思想下进行的，大大超过了当时的国力；又是在"以钢为纲"的方针指引下进行的，突出一点，不及其余。因此，这一期间的发展是以投入超越实际可能的财力、

---

① 《伟大的十年》，人民出版社1959年版，第74页。
② 《中国统计年鉴》（1993），第446~447页。

物力、人力，破坏国民经济的合理比例关系，降低经济效益，降低人民生活水平，破坏生态环境为代价的。工业本身的某些成就，如主要工业产品的高产量，也是建立在不稳固的基础上的，是不能持久的。

在农业方面，主要是农田水利建设和土壤改良有了较大的发展，农业现代化水平也有一定的提高。1958~1960 年，兴建了数以万计的大、中、小型水利工程。其中，蓄水 1 亿立方米以上的大型水利工程有数十处，蓄水 1000 万~1 亿立方米的中型水利工程有数千处，在 4000 多万公顷的盐碱沙荒、红黄土壤、山岭薄地和低洼易涝地中，加工改造的达 2000 万公顷；全国机耕面积增长 1.72 倍；化肥施用量（按纯养分计算）增长 77.5%；农村用电量增长 3.93 倍。①但农业建设方面的成就，也存在上述工业建设方面的弊病。

第二节　"大跃进"对产业经济造成的严重后果

一、经济增速大幅下挫，波动幅度大得惊人

如果单从 1958~1960 年的情况看，那么，这 3 年国内生产总值平均每年增长速度达到了 9.6%，其中第一、二、三产业分别为-10.8%、26.7%（其中工业为 28.1%）、12.5%，人均国内生产总值为 5.8%。但这种增长是以社会生产力大破坏和后续年份（包括 1961~1962 年）经济增速大幅下挫为代价的。如果联系到这个情况，1958~1962 年总起来计算，在经济增速方面就完全是另一番景象。在这 5 年中，国内生产总值平均每年下降了 0.9%，其中第一产业下降 5.6%，第二产业上升了 1%（其中工业上升了 2.2%），第三产业下降了 0.8%，人均国内生产总值下降了 2.9%。国内生产总值增速最高年份 1958 年指数为 121.3，最低年份 1961 年仅为 72.7，落差为 48.6 个百分点，其中工业落差为 92.4 个百分点（详见附表 1~附表 3）。

二、产业经济各个部门的比例关系全面严重失调

（一）工业与农业的比例关系严重失调

"一五"期间工农业比例关系已经开始出现紧张局面。到了"大跃

---

① 《当代中国的农业》，当代中国出版社 1992 年版，第 181~183 页。

进"时期，由于推行"以钢为纲"的方针，过多占用农业的资金、生产资料和劳动力，使得这种关系发展到极度紧张的地步。与 1957 年相比，1960 年工业增加值上升了 110.1%，而农业下降了 29.4%（详见附表 3）。1960 年粮食总产量为 14350 万吨，比 1957 年减少 5155 万吨，比 1951 年还少 19 万吨；棉花为 106.3 万吨，减少 35.2%；油料为 194.1 万吨，减少 53.7%。[1] 这样，这期间农产品供应就出现了十分紧张的局面。

（二）工业内部各种比例关系严重失调

工业生产建设的急躁冒进以及实行"以钢为纲"的方针，也引起了工业本身内部各种比例关系的严重失调。

1. 轻重工业的比例关系严重失调，"一五"时期已开始出现重工业过重的倾向。重工业在"大跃进"3 年投资达 545.7 亿元，为"一五"时期重工业投资额的 2.6 倍。而轻工业投资仅 65.7 亿元，只比"一五"时期增加了 75.3%，投资比重由第一个五年计划期间的 15% 降低到 10.7%。同时，轻工业生产所需的燃料、动力、钢材、木材等原材料，以及运输能力经常被挤占，使轻工业生产能力不能得到充分的利用和发挥。例如，供机械制造用的钢材占整个钢材生产消费量的比重，1957 年为 34.8%，"大跃进"3 年上升到近 50%；而轻工产品消费的钢材占整个钢材生产消费量的比重，1957 年为 20.7%，1958 年下降到 13.8%，1959 年、1960 年又连续下降到 11% 和 10.2%。与此同时，由于受到"以钢为纲"发展工业的影响，1959 年、1960 年农业全面减产，轻工业所需的农产品原料也来源不足，很多轻工业企业开工不足。此外，原来生产日用消费品的部分轻工业企业和重工业企业，有的转产机电设备，有的改为为重工业服务。重工业产值从 1957 年的 317 亿元上升到 1960 年的 1090 亿元，而轻工业仅由 387 亿元增加到 547 亿元。这样，轻工业总产值与重工业总产值的比例发生了很大的变化，1957 年为 55∶45，1960 年变为 33.4∶66.6（详见附表 14）。因而"大跃进"期间轻工业产品供求矛盾也很尖锐。

2. 重工业内部加工工业和采掘工业的比例关系严重失调。采掘工业是原材料工业的基础，它的发展需要的投资大、周期长。在"一五"期间，在重工业内部投资的分配上，采掘工业占 28.6%，原材料工业占

---

① 《中国统计年鉴》（1993），第 364 页。

33.8%。但在"大跃进"3年中，采掘工业的投资比重下降到21.7%，原材料工业的投资比重增长到42.3%，两者的比例显然是不合理的。这种不合理的状态突出表现在采掘工业能力与冶炼加工业能力增长的关系上。"大跃进"期间，采取抓中间带两头的方针，钢铁冶炼工业一马当先，但是，铁矿石、辅助原料矿石的采选、烧结并未相应地带动起来，赶不上冶炼的需要。有色金属内部的冶炼和开采的关系也不协调。煤矿的发展同样跟不上冶炼生产的需要。1957年原煤产量1.3亿吨，"大跃进"3年新增机械化、半机械化采煤能力只有1.1亿吨，而1960年实际采煤达3.97亿吨，其余近1.6亿吨原煤是依靠老矿强化开采和小矿简易投产突击增产的，以致煤矿的开采与掘进比例也严重失调，设备损坏严重。即使如此，由于冶炼用煤大幅度增长，原煤供应十分紧张。1957年，炼焦用煤在煤炭消费量中的比重为11%，1960年提高到28.1%，从而使生活用煤比重相应地由43.4%下降到18.1%，铁路用煤的比重也由7.5%下降到5.9%。人民的正常生活和铁路运输都受到严重影响。不少工业企业，特别是轻、纺工业企业，因缺煤而停工、半停工。总之，当时整个采掘工业，包括煤矿、铁矿、有色金属矿、辅助原料矿、化学矿、石灰石矿的生产能力都落后于冶炼加工能力。

3. 加工工业内部各环节之间的比例关系失调。这突出表现在主机与配套设备的关系上以及生产与维修的关系上。由于在生产安排上重主机、轻配套，许多配套厂转产主机，不少设备往往缺这少那，不能成套供应使用。1960年，电力系统新增装机容量中，有1/3以上的机组缺乏配套设备不能充分发挥作用。冶金系统大中型项目中，轧机不配套的占30%，高炉不配套的占50%以上，平炉和铁矿山不配套的占80%以上。其他部门也都存在同样的问题。设备配套已经成为当时我国新建企业能否迅速投入生产的一个决定性环节。与此同时，在生产安排上，还重制造、轻维修，把许多承担修理和生产配件的工厂、车间升级制造设备。3年内机械制造能力增长很快，而维修和配件生产能力却有减无增。在原材料分配上又挤占了维修用料，从而使大量的因过度运转而损坏的设备无法修复。

（三）工业与第三产业的比例关系严重失调，这些产业受到严重损失

1. 工业与商业的比例关系严重失调。"大跃进"期间，工业增加值增

长了 110.1%；而批发和零售贸易、餐饮业仅增加了 0.1%（详见附表3）。这就必然形成市场上商品供应量和需求量严重失调。由于工业生产建设规模迅速膨胀，职工人数猛增，社会购买力迅速增长。1957 年社会购买力为 488.2 亿元，1958 年增加到 578.8 亿元，1959 年、1960 年又分别增加到675.1 亿元和 716.6 亿元，平均每年增加 76 亿元。其中，全民和集体所有制职工工资总额由 1957 年的 217.6 亿元增加到 1960 年的 324.1 亿元，平均每年增加 35.5 亿元。城镇集团购买力平均每年也增加 10.8 亿元。但是，市场上商品的供应，特别是吃穿方面商品的供应由于轻工业和农业减产，进口消费品又限于外汇短缺不能增加，缺口很大。为了缓和市场供求矛盾，不得不挖商品库存。如 1960 年底与 1957 年比，花纱布的库存减少了 1/3 左右。即使如此，1960 年社会商品购买力仍大于零售商品货源 74.8 亿元，占当年社会购买力的 10.4%。到年末，有 176.4 亿元的购买力未能实现，比 1957 年增加了 87.7 亿元，增长了 90.9%。1960 年，每元货币所有的国内贸易消费品库存，由 1957 年的 5.2 元减为 1.1 元，下降了78.8%。人民的基本生活必需品供应量也日益减少。到 1960 年全国每人平均的粮食、棉布和食油供应定量都降到了新中国成立以来前所未有的低水平。其他商品，如食盐、火柴、锅、盆、碗、筷之类的日用工业品也都严重供应不足。到 1960 年9 月，各地凭票、凭证限量供应的商品多达30 多种。在计划经济体制下，采取了各种抑制物价上涨的政策，但由于这期间商品供需矛盾的发展，物价仍有比较明显的上升。如果以1957 年物价指数为 100，则 1960 年全国商品零售物价指数为 104.2，职工生活费用价格指数为 101.7，农副产品的收购价格指数为 107.6，农村工业品零售价格指数为 103.1%（详见附表 4）。还需说明：在计划经济体制下，存在着相当严重的抑制型通货膨胀。所以，这期间实际上的物价涨幅比上述数字要大得多。

　　2. 基础设施受到严重损失。适应以钢为纲"大跃进"的需要，基础设施各个领域也掀起了"大跃进"，以致这期间交通运输、仓储、邮电通信业的增加值也增长了 111.3%（详见附表3）。但更严重的问题在于：这种"大跃进"也付出了沉重的代价。比如，1960 年铁路行车事故件数比1957 年增加了 2.23 倍，其中重大事故和大事故增加了 2 倍；客货列车正点率下降到 70%~80%。①

3. 破坏财政和信贷的收支平衡。"大跃进"期间基本建设投资总额比"一五"时期 5 年合计增加 418.94 亿元，其中用于工业投资的占86.2%。工业投资 3 年共达 611.42 亿元，比第一个五年计划期间增长 1.44 倍。工业投资额占整个基本建设投资额的比重，第一个五年计划时期为42.5%，"大跃进"期间上升到 60.7%。基本建设投资额的增长，大大超过了国家财政收入的增长。1960 年与 1957 年比，基建投资增长 1.7 倍，而国家财政收入仅增长 84.5%。基建拨款在国家财政支出中所占比重也提高得过大了。第一个五年计划期间，它的年平均比重为 37.6%，当时，各方面的关系都比较协调。"大跃进" 3 年猛升到 54%~56%。这不仅挤占了其他各方面发展所需的资金，而且使国家财政连续 3 年出现了巨额赤字。1958~1960 年，财政总收入 1439.03 亿元，总支出 1587.21 亿元，总赤字148.18亿元。其中 1958 年 20.74 亿元，1959 年 56.05 亿元，1960 年 71.39 亿元。与此同时，信贷收支也出现了巨大差额。1960 年末，国家银行各项存款459.8 亿元，各项贷款 968.7 亿元。财政和信贷收支不平衡，必然导致货币的过多发行。这 3 年，货币流通量增加了 43.1 亿元，1960 年比1957 年增长了 81.6%（详见附表 10、附表 11）。但如前所述，这 3 年国内生产总值只增加了 31.6%，批发和零售贸易以及餐饮业增加值仅增加了 0.1%。显然，货币发行量已经大大超过了经济正常发展的需要。这就是这 3 年物价明显上涨的根源。

4. 教育、科学、文化和卫生事业受到严重损失。这些部门也搞"大跃进"，盲目追求数量致使正常的制度和秩序受到严重破坏，质量明显下降。

三、经济效益全面下降，生态环境受到严重破坏

这一点涉及到社会经济生活各个方面，但在工业生产方面表现得尤为明显。一是产品质量下降。1960 年生铁合格率由 1957 年的 99.4%下降到74.9%，其中重点钢厂由 99.4%下降到 85.9%。中央直属煤矿所产煤炭的灰分由 "一五" 时期的平均 21%增加到 24%。二是劳动生产率降低。全国全民所有制工业企业全员劳动生产率，1957 年为 6362 元，1958 年后

①《当代中国的铁道事业》（上），中国社会科学出版社 1990 年版，第 46 页。

逐年下降，到 1960 年下降了 7.8%。三是物资消耗增加，成本提高。1960 年与 1957 年相比，全国工业企业每百元产值的生产费用从 51.1 元增加到 56.4 元，每亿元工业总产值平均耗用的电力由 2501 万千瓦时增加到 3443 万千瓦时，每亿元工业总产值平均耗用的煤炭由 10 万吨左右增加到 21 万吨。① 四是流动资金占用增加。每百元工业总产值占用的流动资金，由 1957 年的 19.4 元上升到 1960 年的 24.5 元。特别是在群众运动中仓促投产的小型企业，一般都消耗大、质量差、效率低、成本高。例如，小高炉生铁质量很差，成本每吨一般高达 250~300 元，比生铁调拨价格（每吨 150 元）高出 66%~100%；焦炭的消耗比大高炉一般超过 1~2 倍。小高炉生铁在生铁总产量中所占的比重很大（如 1959 年占一半左右），严重影响整个工业生产的经济效果。此外，物资报废、损坏、霉烂变质等现象也十分严重。因此，工业企业亏损激增。

在工业建设方面，同样存在着经济效益差的情况。建设项目建成投产少，建设周期长，占用资金多，固定资产交付使用率下降，报废损失严重。1960 年末，平均建设周期拉长到 9 年，比"一五"时期延长了 3 年；② 固定资产交付使用率降到 68.8%，比 1957 年降低 24.6 个百分点；③ 大中型项目投产率降到 9.8%，比 1957 年下降了 16.6 个百分点。

社会主义国家所有制独立核算工业企业全要素生产率由 1957 年的 4.4% 下降到 1960 年的 0.2%。④

1958 年全民大炼钢铁的运动，造成了新中国成立以后生态环境第一次大破坏！

四、人民物质生活水平大幅下降，民主生活和精神生活再次受到严重创伤，甚至发生人口大量非正常死亡

1958~1960 年，由于生产受到严重破坏，再加上物价上升和积累率高达 39.3%，导致人民生活消费水平下降。按可比价算，与 1957 年相比，1960 年全国居民平均消费水平下降了 11.8%，其中，农村居民下降了

---

① 周太和主编：《当代中国的经济体制改革》，中国社会科学出版社 1984 年版，第 79 页。

② 国家经济体制改革委员会历史经验总结小组：《我国经济体制改革的历史经验》，人民出版社 1983 年版，第 76 页。

③《中国统计年鉴》（1983），第 343 页。

④ 参见拙著：《工业经济效益问题探索》，经济管理出版社 1990 年版，第 78~79 页。

21%，城镇居民下降了 13.7%（详见附表 7）。与抑制型通货膨胀相联系，居民生活水平下降状况比上述数字也要严重得多。

1957 年反右派斗争，是我国人民民主生活和精神生活在新中国成立以后受到的第一次严重创伤。据统计，1957 年反右派运动结束时，被划成右派的多达 55 万人。其中绝大部分都搞错了。这是新中国成立以后我国知识界精英受到的第一次严重打击。据 1962 年甄别平反时统计，在 1959 年下半年开始的反右倾运动中，被重点批判和划为右倾机会主义分子的干部和党员有三百几十万人。[①] 这是对知识分子（包括干部）又一次严重打击。1958 年人民公社化运动中，许多农村掀起的带有军事化的集体生活，也是对广大农民精神生活的一种严重损害。

主要由于物质生活水平的严重下降，许多农民吃不饱，致使大量人口非正常死亡。据统计，1961 年我国人口总数比 1959 年减少了 1348 万人。[②] 据有的专家计算，在 1958~1960 年"大跃进"期间，我国非正常死亡人数达到 1700 万人。[③]

总之，"大跃进"时期，经济增速大幅下滑和严重失衡，物价上升，人民生活下降，宏观经济形势全面严重恶化。

第三节 "大跃进"的主要教训

前面的叙述表明：1958 年开始的"大跃进"是新中国建立以后在社会主义建设方面发生的第一次全局性的严重的"左"的错误。认真总结这次错误的教训，不仅对正确认识历史是必要的，而且有重要的现实意义。

这次错误发生的原因及其相应的教训主要有以下几点：

1. 社会主义建设经验不足，对经济发展规律和中国经济基本情况认识不足。1960 年 6 月，毛泽东在他写的《十年总结》一文中指出："对于我国的社会主义革命和建设，我们已经有了十年的经验了。""但是，我们

[①] 胡绳主编：《中国共产党的七十年》，中共党史出版社 1991 年版，第 358、379 页。
[②]《中国统计年鉴》（1986），第 91 页。
[③] 丛进：《曲折发展的岁月》，河南人民出版社 1989 年版，第 272 页。

对于社会主义时期的革命和建设，还有一个很大的盲目性，还有一个很大的未被认识的必然王国。""我们要以第二个十年时间去调查它，去研究它，从其中找出它的固有的规律，以便利用这些规律为社会主义的革命和建设服务。"①毛泽东这里分析的"大跃进"错误的原因及其得出的教训，无疑是正确的。问题是在尔后的年份里，他自己并没有认真地、全面地吸取这个教训。

2. 党中央和地方的许多领导人（尤其是毛泽东）在胜利面前滋长了骄傲自满情绪，急于求成，夸大了主观意志和主观努力的作用，忽视了客观经济规律的作用。当时，从中央到地方，各级领导普遍存在的浮夸风和瞎指挥风，就是这一点的突出表现。忽视客观经济规律的作用，重要的有以下五方面：

（1）由于片面强调重工业（特别是钢铁工业）的发展速度，否定国民经济按比例发展的规律以及与此相联系的综合平衡。"大跃进"主要是重工业的"大跃进"，特别是钢铁工业的"大跃进"。当时提出的"以钢为纲"的方针，就体现了这一点。还要着重指出，"大跃进"由于片面强调工业的发展速度，从根本上违反了农业作为国民经济发展基础的规律。

（2）由于片面强调工业的发展，根本违反了经济增长速度对于经济效益的客观依存关系。"大跃进"中盲目地、片面地追求经济增长速度，忽视甚至根本否定经济效益。当时提出的"要算政治账，不要算经济账"的口号，就是这方面最集中、最典型的表现。这就决定了经济的高速增长是不可能持久的。

（3）由于片面强调生产关系对生产力的促进作用，根本违反了生产关系适合生产力发展的客观要求。"大跃进"期间，完全无视我国社会生产力的发展状况，轻率地在全国农村发动了人民公社化运动，把农业生产合作社改造为农村人民公社；在全国城镇加速了手工业生产合作社向合作工厂甚至向国营工厂的过渡。与此同时，又对农业和手工业合作化过程中留下的和尔后又有发展的个体的农业和手工业实行了社会主义改造。这一切，又都是在社会主义改造本来已经速度过快、改造的面过宽、农业和手工业的生产合作社还不巩固的情况下，采取群众运动方式在很

---

① 《中国共产党历次重要会议集》下卷，上海人民出版社 1983 年版，第 43 页。

短的时间内实现的。

（4）由于片面强调思想教育和劳动者的觉悟在发展生产方面的作用，根本违反了物质利益规律的要求。在传统的计划体制下，国营经济虽然实行按劳分配原则，但在实际上，无论在国有企业之间，或者在国营企业内部，平均主义的分配状况是很严重的。到了"大跃进"期间，由于过于夸大思想教育的作用，根本忽视按劳分配规律的作用，致使本来实行范围不大的计件工资制被大大缩小了，本来数额不多的奖金基本上被取消了。

（5）由于片面强调和不适当地在工业生产建设中采取了群众运动的方式，使得反映社会化生产客观要求的企业管理制度遭到了严重的破坏。本来在1956年生产资料私有制的社会主义改造基本完成以后，工业企业管理方面的一个重要任务，就是要健全和完善企业的规章制度，但"大跃进"的群众运动却背离了这个方向。

由于在上述五个重要方面严重违反了经济规律的客观要求，就决定了"大跃进"必然归于失败，导致了社会生产力的大破坏。

把上述五个方面总结起来，就是从根本上违反了党的实事求是的思想路线。诚然，我国是一个经济落后的农业大国。力争以比较高的速度发展工业，迅速改变贫穷落后的面貌，是全国人民长期以来梦寐以求的愿望。充分调动广大职工建设社会主义工业的积极性和创造性，不论是过去、现在或将来都是发展我国工业生产建设的根本因素。但是，把人的主观作用强调到不适当的地步就不对了。比如，经过毛泽东审阅和修改过的党的八大二次会议的报告中说："我们有六亿多人口，我们党同六亿人口结成了血肉的联系，依靠这个伟大的力量，凡是人类能够做的事，我们都能够做，或者很快就能够做，没有什么事，我们不能够做到。"[1]但在一定时期、一定条件下，主观能动作用并不是无限的，它要受客观条件的制约。人们只能在既定的客观物质条件基础上发挥作用，力争实现经过努力可以做到的事业。超越客观条件的可能，夸大主观意志和主观努力的作用，急于求成，必然欲速则不达，往往适得其反。

这里还应着重提到："大跃进"期间，从根本上违反了党的实事求是的思想路线，首先表现在毛泽东身上。这当然不是说"大跃进"失败的

---

[1]《新华半月刊》1958年第11号，第11页。

责任应由毛泽东一人负责，党的领导集体在不同程度上都有责任，但毛泽东作为党中央主席首先要负责任。

3. "左"的阶级斗争理论进一步发展，以及与之相联系的阶级斗争扩大化向党内延伸。1957 年夏天，我国在反右派斗争中发生了严重的阶级斗争扩大化，造成了严重的损失。与此同时，毛泽东又对这种阶级斗争扩大化的实践做了理论上的概括。比较集中的是 1957 年 10 月 9 日他在扩大的党的八届三中全会上的讲话。他说："无产阶级和资产阶级的矛盾，社会主义道路和资本主义道路的矛盾，毫无疑问，这是当前我国社会的主要矛盾。"[①] 1958 年 5 月在毛泽东主持下召开的党的八大二次会议，对上述的阶级斗争扩大化的实践做了肯定，并对上述的"左"的阶级斗争理论做了进一步发展。会议首次对我国生产资料私有制社会主义改造完成以后的阶级构成做了分析，作出结论："在整个过渡时期，也就是说，在社会主义社会建成以前，无产阶级同资产阶级的斗争，社会主义道路同资本主义道路的斗争，始终是我国内部的主要矛盾。这个矛盾，在某些范围内表现为激烈的、你死我活的敌我矛盾。"[②]这样，会议对我国阶级斗争状况做了错误的分析，轻率地否定了八大一次会议关于我国阶级斗争形势的正确估计，并轻率地把知识分子又划为资产阶级范畴，否定了1956 年 1 月周恩来代表党中央关于知识分子是工人阶级一部分的正确分析。这些重大的改变给后来的阶级斗争扩大化，首先是 1959 年夏天开始的党内阶级斗争扩大化，提供了理论依据。如前所述，庐山会议掀起的"反右倾"斗争打断了 1958 年底开始的纠正"左"的错误的进程，使1958 年开始的"大跃进"又延续了一年半（1959 年 7 月~1960 年）的时间，给我国社会主义建设造成了极为严重的损失。

4. 经济、政治、文化和社会等方面实行中央高度集权的管理体制。前面说过，在新中国成立初期，建立这种管理体制，有其历史必然性，并起过重要的积极作用。但这种体制开始就有其弊病。特别是在 1956 年生产资料私有制的社会主义改造完成以后，这种体制的弊病就更加严重了。就这种体制与"大跃进"及其延续时间之长的关系来说，其弊病的

---

① 《毛泽东选集》第 5 卷，人民出版社 1977 年版，第 475 页。
② 《新华半月刊》1958 年第 11 期，第 2~3 页。

重要表现有以下三个方面：

（1）计划经济体制本身内含着投资膨胀机制。1958 年开始的"大跃进"，主要是依靠扩大基本建设规模。而这种大规模的基本建设急剧扩张的机制正是内含于计划经济体制。

（2）1958 年计划经济体制的改进，成为助长"大跃进"的一个很重要的因素。这次改进没有也不可能以建立社会主义市场经济为目标，而是一种行政性的分权，即主要是在中央政府和地方政府之间划分经济管理的权限，只是对企业下放了部分的权限。而且这次下放管理权限是在一个很短的时间内，采取群众运动的方式进行的。这些都不符合社会主义条件下经济体制改革规律的要求。这样，这次计划经济的改进不仅没有获得成功，而且成为助长地方政府盲目扩大投资，推进"大跃进"的一个重要因素。

（3）在经济、政治、文化和社会等方面实行的中央高度集权的管理体制，是民主集中制遭到破坏的根源，从而成为"大跃进"的发动和持续的制度性根源。毛泽东从遵守民主集中制到破坏民主集中制，从根本上说来，就是同实行这种中央高度集权的管理体制相关的。"从遵义会议到社会主义改造时期，党中央和毛泽东同志一直比较注意实行集体领导，实行民主集中制，党内民主生活比较正常。"但是，"从 1958 年批评反冒进，1959 年'反右倾'以来，党和国家的民主生活逐渐不正常，一言堂、个人决定重大问题，个人崇拜、个人凌驾于组织之上一类家长制现象，不断滋长"。这个历史经验表明："即使像毛泽东同志这样伟大的人物，因受到一些不好的制度的严重影响，以至对党对国家对他个人都造成了很大的不幸。""不是说个人没有责任，而是说领导制度、组织制度问题更带有根本性、全局性、稳定性和长期性。"[①]这样，邓小平就说明了毛泽东由遵守民主集中制到破坏民主集中制的根源，从而说明了包括"大跃进"错误在内的终极根源。

上面的叙述说明：如果我们在分析"大跃进"的原因及其教训时只讲第一点，而不讲第二、三、四点，那不仅是不全面的，而且没有抓到问题的根本。所以，我们对第二、三、四点所做的分析，绝不是超出了本书论述的范围，而是题中应有之义。

---

① 《邓小平文选》第 2 卷，人民出版社 1993 年版，第 330、333 页。

当然，50年代末和60年代初我国经济遭遇的严重困难，也不完全是由上述原因造成的。在这方面还有两个重要原因值得提出。

第一，1959~1961年连续三年严重自然灾害的影响。1958年，我国自然灾害受灾面积仅为3096万公顷，成灾面积为782万公顷，成灾面积占受灾面积的25.3%。但在1959~1961年的三年，上述三个数字分别依次增长为4463万公顷，1373万公顷，30.8%；6546万公顷，2498万公顷，38.2%；6175万公顷，2883万公顷，46.7%。[1]在农业在国民经济中还占有很大比重的条件下，这样严重的自然灾害大大增加了我国经济的困难。

第二，1960年7月苏联政府单方面中断合同的影响。据有关部门统计，"一五"时期以来，苏联援助中国建设的项目共有304项。到1960年上半年，已经建成的有103项，还有201项正在建设之中。当时在我国帮助建设这些项目的专家共有800多人。而这些项目都是重大的建设项目。但这年7月16日苏联政府突然照会我国政府，单方面决定召回其在华的全部专家，并撕毁经济援助合同，停止供应重要设备，企图以此对我国施加经济压力。[2]这就使得我国一些重大的设计、科研项目被迫中断，一些正在施工的建设项目被迫停工，一些正在试验生产的厂矿不能按期投产，严重地打乱了我国的经济建设，加重了我国的经济困难。

但上述两点并不是这个时期我国经济遭遇严重困难的主要原因。主要原因还是经济工作中的"左"的错误。1961年5月31日，中共中央副主席刘少奇在中共中央工作会议上指出："这几年发生的问题，到底主要是由于天灾呢，还是由于我们工作中间的缺点错误呢？""总起来，是不是可以这样讲，从全国范围来讲，有些地方，天灾是主要原因，但这恐怕不是大多数；在大多数地方，我们工作中的缺点错误是主要原因。"[3]在这里，刘少奇没有提出与当时工作成绩相比错误是主要的问题，也没有把错误的性质归结为"左"的路线错误。但在当时条件下，他能把发生问题的主要原因归结为工作中的缺点错误，是需要有很大勇气的，并对尔后总结这次路线错误起了有益的启迪作用。

---

① 《中国统计年鉴》（1981），第201页。
② 《中华人民共和国经济大事记（1949~1980）》，中国社会科学出版社1984年版，第274~275页。
③ 《刘少奇选集》下卷，人民出版社1982年版，第337页。

第四篇

实行计划经济体制时期的产业经济（二）
——经济调整阶段的产业经济
（1961~1965 年）

导　论

　　如前所述，1958~1960 年的 3 年"大跃进"，使得我国经济遭到严重的破坏，经济处于严重的全局失衡状态。当时虽然还没有从根本上认识经济工作指导思想上的"左"的错误，也没有从根本上否定"大跃进"，但客观的经济现实迫使人们不得不提出国民经济的调整问题。1960 年 7 月 5 日~8 月 10 日，党中央在北戴河召开工作会议。国务院副总理兼国家计划委员会主任李富春建议 1961 年对国民经济实行整顿、巩固、提高的方针。后来周恩来对这个方针提出完善意见，形成了完整的调整、巩固、充实、提高"八字方针"。1961 年 1 月 14~18 日在北京举行了中共八届九中全会。全会听取和讨论了李富春关于 1960 年国民经济计划执行情况和 1961 年国民经济计划主要指标的报告，正式批准了调整、巩固、充实、提高的"八字方针"，九中全会建议国务院根据全会确定的方针，编制 1961 年国民经济计划，交全国人民代表大会审议。

　　九中全会根据我国当时经济工作中出现的严重不平衡问题，决定从 1961 年起，在两三年内实行调整、巩固、充实、提高的方针。这个方针的基本内容是：调整国民经济各部门间失衡的比例关系，巩固生产建设取得的成果，充实新兴产业和短缺产品的项目，提高产品质量和经济效益。这个方针以调整为重点，其内容是：适当调整国民经济各部门的发展速度，即尽可能提高农业的发展速度，提高轻工业的发展速度，适当控制重工业的发展速度，特别是钢铁工业的发展速度，同时适当缩小基本建设的规模；在劳动力的安排方面，要求有计划地精简和下放国营企业、事业和行政机关的职工，以加强农业生产第一线。[①]

适应经济调整工作的需要。1961 年起，中共中央还在农业、工业、手工业、商业、科学研究和高等教育等方面制定和实行了一系列工作条例，以调整企业体制和整顿企业管理，并对经济管理体制再次进行了调整。

1963 年 9 月召开的中共中央工作会议，依据当时贯彻"八字方针"的情况，决定从 1963 年起，再用 3 年的时间，继续执行调整、巩固、充实、提高方针。其主要目标是：①农业生产达到或超过 1957 年水平。②工业生产在 1957 年基础上提高 50%左右。③国民经济各部门的主要比例关系，如工业和农业，工业内部和农业内部以及积累和消费之间的关系，应力争在新的基础上，取得基本协调，主要是工业的各个部门，要认真做好填平补齐，使之成龙配套，并搞好设备更新和专业化协作。④国民经济各部门的经济管理工作走上正常轨道。[②]

这样，调整经济比例关系，调整企业体制和整顿企业管理，以及调整经济管理体制，就成为 1961~1965 年产业经济运行的主要内容。本篇就是叙述这些历史过程。

①《中国共产党历次重要会议集》下卷，上海人民出版社 1983 年版，第 144~147 页；《中国共产党第八届中央委员会第九次全体会议公报》，《新华月报》1961 年第 2 期，第 1~2 页。

① 柳随年、吴敢群主编：《中国社会主义经济简史（1949~1983）》，黑龙江人民出版社 1985 年版，第 306~308 页。

第一章　调整经济

1958~1960 年"大跃进"造成的国民经济严重失衡，主要是由以钢铁为中心的工业"大跃进"造成的。因此，工业生产建设规模和速度的调整具有决定意义。而且，总体说来，国民经济（主要是工业）调整是一个艰难曲折的过程。所以，尽管调整农业居于首位，而且起步较早，但本章前三节还是侧重叙述了工业调整。当然，在这三节中也会涉及国民经济的调整。第四节叙述农业调整。第五节叙述第三产业的调整。

第一节　1961 年，工业初步调整

一、1961 年上半年在调整中徘徊

在三年"大跃进"和 1959 年"反右倾"那种经济过热和政治气氛紧张的形势下，人们对于国民经济的调整，并不是一下子就能充分认识的。有些人还对经济形势持盲目乐观态度，不甘心后退。有些人则因害怕犯右倾错误而受批判，不敢后退。这样，经 1960 年 12 月召开的中共中央工作会议讨论确定的 1961 年国民经济计划指标，尽管放慢了重工业的发展速度，但是钢、铁、煤、电等主要工业生产指标仍然过高，基本建设规模仍然过大。比如，同 1960 年 11 月中下旬国家计委在京召开全国计划会议所定指标相比，钢由以前拟定的 2010 万吨调低到 1900 万吨，当年施工

建设的大中型项目由 1200 个左右再减少到 900 个。^①但这些生产建设指标仍然过大。所以，调整方针在具体实施时被延误了。这一徘徊的直接后果是，1961 年第一季度的工业生产没有完成计划。4 月 2 日，国家计委不得不再次调整基本建设计划，将预算内投资由 167 亿元减少到 129 亿元，当年施工的大中型项目控制在 771 个。^②但是，第二季度工业各主要产品的计划仍然完成得不好。

于是，5 月下旬，中共中央在北京召开工作会议。在主要研究农村工作、商业和手工业工作的同时，会议还根据国家计委和国家经委的测算，决定将当年的钢产量再调低到 1100 万吨。^③

接着，7 月 17 日~8 月 12 日，国家计委在北戴河召开全国计划会议。这次会议以前几个月各部门、各地区贯彻实施调整方针的实际情况为基础，经过调查研究，重新讨论拟定了 1961 年、1962 年国民经济计划的控制数字。钢产量，1961 年预计达到 850 万吨，1962 年拟定为 750 万吨。国家预算内基本建设投资，1961 年预计完成 78 亿元，1962 年拟定为 42.3 亿元。^④这次会议为做出后退的决策作了准备。

8 月 9 日，邓小平在中共中央书记处听取这次计划会议汇报时批评了调整不力的状况，强调指出："去年北戴河会议提出'八字方针'，究竟怎样贯彻，一年多了还没有具体化，各部、各地区和计委都没有具体安排。去年钢完成了 1840 万吨，还是一马当先，影响了'八字方针'的贯彻。今年又是高指标，1800 多万吨钢，基本建设规模过大，还是影响'八字方针'的贯彻。""要确实贯彻'八字方针'，调整什么，巩固什么，充实什么，提高什么，各部、各地区、各行业都要搞清楚，具体安排，不要再拉长战线了。'八字方针'的贯彻，至少要五年时间。"^⑤邓小平的讲话对于解放思想、实事求是，从以前的"大跃进"的思路中解脱出来，切实贯彻"八字方针"，集中精力搞好调整，起到了促进的作用。

可见，1961 年 8 月以前的调整，就其进展情况来看，农业方面成效较大，而工业方面因诸多原因又徘徊了半年多时间。

---

① 薄一波：《若干重大决策与事件的回顾》下卷，中共中央党校出版社 1993 年版，第 893~895 页。

② 《中华人民共和国经济大事记（1949~1980）》，中国社会科学出版社 1984 年版，第 301 页。

③④ 薄一波：《若干重大决策与事件的回顾》下卷，中共中央党校出版社 1993 年版，第 897 页。

⑤ 薄一波：《若干重大决策与事件的回顾》下卷，中共中央党校出版社 1993 年版，第 897~898 页。

二、1961 年 8 月以后，开始切实贯彻调整方针

为了改变工业调整的徘徊局面，中共中央于 1961 年 8 月 23 日~9 月 16 日在庐山召开了工作会议。李富春在会上总结了这方面的经验。他认为，"八字方针"提出后，想调整，但总想在重工业生产已经达到的水平上调整，结果延误了时间。现在认识到，整个工业不后退、不退够、不松动一个时期，就不能调整。毛泽东和中共中央其他领导人赞成李富春的意见，认为只有退够，调整好比例关系，才能使国民经济健康发展。这次会议通过的《关于当前工业问题的指示》提出："所有工业部门，在今后七年内，都必须毫不动摇地切实地贯彻执行调整、巩固、充实、提高的方针。在今后三年内，执行这个方针，必须以调整为中心。只有经过一系列的调整，才能建立新的平衡，才能逐步地巩固、充实和提高，为工业和整个国民经济的进一步发展做好准备。""为了有效地进行调整工作，必须下最大的决心，把工业生产和工业基本建设的指标降下来，降到确实可靠、留有余地的水平上。""一定要从实际出发，从全局出发，在必须后退的地方，坚决后退，而且必须退够；在必须前进和可能前进的地方，必须积极前进。只有这样，才有利于工业的调整，才能够在比较松动的情况下，掌握主动，加强必须加强的方面，把工业内部的比例关系调整好，把工业生产的秩序安排好，把工业企业的管理工作整顿好，扭转工业生产和工业基本建设的被动局面，逐步发挥在过去三年大发展中增加的工业生产能力。"[①]

这次庐山工作会议以后，中共中央批转了国家计委《关于第二个五年计划后两年补充计划（控制数字）的报告》。该报告对中共八届九中全会所定的当年计划做了大的调整。基本建设投资降到 78 亿元；钢的指标降为 850 万吨；煤降到 2.74 亿吨；粮食降到 1350 亿公斤。该报告还提出了1962 年产钢 750 万吨、产煤 2.5 亿吨、产粮 1450 亿公斤等计划指标。这次庐山工作会议做出的决定，是调整的真正开始。

从 1961 年计划执行结果来看，由于 1958~1960 年"大跃进"造成的经济严重失衡，国民经济总量指标和大部分产量都下降了。其中，工业总产值比上年下降了 38.2%；钢 870 万吨，下降 53.4%；原煤 2.78 亿吨，

---

① 《中国工业经济法规汇编（1949~1981）》，第 25~26 页。

下降 30%。①需要指出：这些指标同时表明，1961 年工业生产计划虽然几经减少性的调整，但其完成情况，不仅远远低于 1960 年 12 月中共中央工作会议确定的计划指标，而且大大低于 1961 年 5 月中共中央工作会议确定的计划指标。比如，1961 年钢产量比前一次会议确定的指标要低 1030 万吨，比后一次会议确定的数字要低 230 万吨。这表明这两次会议确定的钢产量仍然在不同程度上是高指标。

第二节　1962 年，全面调整的决定性阶段

1962 年是全国调整工业和国民经济的决定性阶段。在这一年里，中共中央就进一步统一党内认识和采取决定性的调整两方面采取了一系列有力措施，使得以调整为中心的"八字方针"真正落到了实处，使得调整工作迈入决定性的阶段。

一、进一步统一认识

1961 年 8~9 月中共中央工作会议决定工业调整要实行后退以后，虽然提高了大家对调整工作的认识，但还有相当一部分党员领导干部，其中包括一部分高层领导干部在思想上还没有转过弯来。为了进一步统一认识，全面推行以调整为中心的"八字方针"，中共中央于 1962 年召开了一系列会议，主要有"七千人大会"、"西楼会议"和 5 月的北京会议。

（一）"七千人大会"

中共中央扩大的中央工作会议于 1962 年 1 月 11 日~2 月 7 日在北京举行。参加会议的有各中央局，中央各部门，省（市）、地、县及重要厂矿的负责干部，解放军的一些负责干部，共 7000 余人，因此又称"七千人大会"。毛泽东主持了会议并讲话，刘少奇代表中共中央做了书面的《在扩大的中央工作会议上的讲话》，②周恩来、朱德、邓小平、陈云等分别做了讲话。会议充分发扬民主，开展批评和自我批评，对 1958 年以来经济建设工作的成就、错误及其产生的原因，以及 1962 年的调整任务进

①《中国统计年鉴》（1984），第 25、225 页。
②《刘少奇选集》下卷，人民出版社 1982 年版，第 418~443 页。

行了广泛的讨论。

　　这次扩大的中央工作会议，对于统一全党思想，纠正 1958 年以来工作中的错误，动员和组织全党全国人民进一步贯彻调整、巩固、充实、提高"八字方针"，克服经济困难，恢复和发扬党的优良传统作风等方面，都起了重大作用。但是，大会对经济困难的严重性的估计尚不一致，有些人甚至过早地认为"最困难的时期已经渡过"。

　　（二）"西楼会议"

　　"七千人大会"之后，财政部向国务院和中共中央反映：1962 年财政支出安排有二三十亿元赤字。由于每月的货币回笼量不足以满足每月的必需支出，只有继续增加市场货币投放量。据统计，1961 年 12 月底货币流通量达到 125.3 亿元，比同年 2 月的 117 亿元增加了 8.3 亿元。到 1962 年 1 月底，进一步增加到 135.9 亿元，2 月 8 日达到 137 亿元。通货膨胀的势头愈来愈大。

　　2 月 21~23 日，中共中央在北京举行政治局常委扩大会议。会议由刘少奇主持，专题讨论 1962 年国家预算和调整任务及措施。因该会在中南海西楼举行，又称"西楼会议"。陈云在会上做了题为《目前财政经济的情况和克服困难的若干办法》的重要讲话，指出：目前的处境是困难的。对于存在着困难这一点，大家的认识是一致的。但是，对于困难的程度，克服困难的快慢，在高级干部中看法并不完全一致。他认为，困难主要表现为农业在近几年有很大的减产；已经摆开的基本建设规模超过了国家财力、物力的可能性；钞票发得太多，通货膨胀；投机倒把在发展；城市人民的生活水平下降。陈云在分析了克服困难的有利条件以后，提出 6 条克服困难的办法：①把今后 10 年经济规划分为两个阶段。从 1960 年算起大约 5 年时间为恢复阶段，后一阶段是发展阶段。②减少城市人口，"精兵简政"。③采取一切办法制止通货膨胀。④尽力保证城市人民的最低生活。⑤把一切可能的力量用于农业增产。⑥计划机关的主要注意力应从工业、交通方面，转移到农业增产和制止通货膨胀方面来，并且要在国家计划里体现出来。[①]

　　"西楼会议"及陈云的这个讲话，对当时进一步统一认识，切实贯彻

---

　　① 《陈云文选》第 3 卷，人民出版社 1995 年版，第 191~206 页。

调整方针起了巨大作用。

（三）5 月的北京会议

"西楼会议"后，刘少奇、周恩来和邓小平于 2 月 24 日赴武汉向毛泽东汇报了会议情况和决定，得到毛泽东的同意。并且一致商定成立中央财经小组，由陈云任组长、李富春任副组长，统一管理经济工作。

同年 3 月上旬，中央财经小组议定了调整国民经济的三条方针：①把 10 年规划分为两个阶段，前 5 年恢复，后 5 年发展。②对重工业的生产指标和基本建设要"伤筋动骨"地砍掉一些，只有这样，才能把重点真正放在农业和市场上。③坚持搞综合平衡，只有按短线平衡才有真正的平衡，才能扭转比例严重失调的局面，才能使经济协调、健康地发展。

依据这些方针，同年 4 月初，中央财经小组起草了《关于讨论 1962 年调整计划的报告（草稿）》。这个报告全面地分析了当时国民经济的基本形势，如实地指出了经济生活中存在的严重困难，提出了克服困难的措施。同时，中央财经小组对 1962 年国民经济计划做了进一步的调整。调整计划把原定的工农业总产值由 1400 亿元降到 1300 亿元，农业总产值由 450 亿元降到 420 亿元，工业总产值由 950 亿元降到 880 亿元，原煤、钢、粮食分别由 2.51 亿吨、750 万吨、1493 亿~1507 亿公斤降到 2.39 亿吨、600 万吨、1445 亿公斤，基本建设也由 60.7 亿元减为 46 亿元。

为了进一步统一全党的思想，讨论中央财经小组的报告，实施调整国民经济计划的部署，同年 5 月 7~11 日，刘少奇在北京主持召开了中共中央工作会议。会上，刘少奇、周恩来、朱德和邓小平一致要求大家以历史唯物主义的态度充分估计困难，扎扎实实地工作，把经济调整好。他们还特别强调：如果对困难估计不够，自己安慰自己，又不采取积极措施克服困难，那才是真正的右倾。

这次会议同意中央财经小组报告中提出的实行调整工作的具体方针，这就是：要退够，争取快，准备慢。

这次会议还对大幅度调整经济做了几项果断决策：①决定进一步大力精简职工和减少城市的人口。在以前精简的基础上，于 1962 年和 1963 年两年内，再减少城镇人口 2000 万，精简职工 1000 万以上。②进一步缩小基本建设规模。③降低绝大多数重工业产品指标。④对现有工厂企业进行"关、停、并、转"。①

从 1961 年 8~9 月庐山中央工作会议，到这次北京中央工作会议，前后历时 9 个月，终于统一了全党对经济调整工作的认识，下定了坚决后退的决心。正是这一点，使得 1962 年的经济调整工作进入了决定性阶段，并成为国民经济摆脱困境的重大转折点。

二、坚决贯彻调整措施

1962 年经济调整工作全面铺开，主要围绕以下七个方面进行。前四个方面主要讲后退，后三个方面主要讲加强。

（一）降低工业生产计划指标

把包括工业在内的生产高指标降下来，既是经济调整的首要一环，又是经济调整能否顺利进行的关键。

在 1960 年秋提出调整方针后，进入 1961 年时，由于急于求成的"左"倾思想没有得到必要的清算，加上对于整个经济困难的严重程度、恢复的快慢，尤其是工业生产规模是否过大、要不要大幅度压缩等问题上，党的高级干部中，认识并不完全一致。所以，虽然当时放慢了重工业的发展速度，但 1961 年工业生产主要指标仍然维持在 1960 年的高水平上，同实际的水准相差甚远。从 1961 年实际执行结果看，工业总产值只达到 1062 亿元，为原定计划的 46%，尚不足一半。② 后来，经过 1961 年 8 月庐山会议和 1962 年"七千人大会"、"西楼会议"及 5 月的北京会议，对 1962 年工业生产建设计划，特别是原煤、钢、铁、木材等主要工业品生产指标，一再进行降低性调整，使它基本上落到了实处。

工业生产指标的大幅度降低，为工业本身乃至整个国民经济的各个方面的调整创造了一个较为宽松的环境。

（二）压缩工业基本建设规模，缩短工业基本建设战线

调整国民经济，最重要的就是把同工农业生产不相适应的投资规模压缩下来，把基本建设战线缩短。

但这同样是一件十分困难的事情，在这方面人们也有一个认识转变的过程。而且，"大跃进"形成的高指标和浮夸风仍有强大的惯性，遍及

---

① 薄一波：《若干重大决策与事件的回顾》下卷，中共中央党校出版社 1993 年版，第 898~899、1053~1058 页；《中国共产党历次重要会议集》下卷，上海人民出版社 1983 年版，第 159~160、187~188 页。

②《中国统计年鉴》（1984），第 20 页。

各个经济领域的过热空气，不可能马上冷下来。这样，在 1960 年 9 月安排 1961 年国家预算内基本建设投资规模时仍为 275 亿元，只比预计的 1960 年基本建设投资额 344.8 亿元减少 20.3%。1960 年 11 月全国计划会议虽有调整，仍为 194 亿元。1961 年初，中共八届九中全会把基本建设投资计划再次调整到 167 亿元，比原来的计划指标减少 108 亿元，即减少了 39.3%。其中，工业投资 94.58 亿元，比 1960 年预计的 139.5 亿元减少近 50 亿元。即使做了这些调整，规模仍然过大，战线仍然过长。而且各地在国家计划之外又上了很多大中型项目。过大的投资规模，致使国家计委又在年度执行中连续做了两次压缩。同年 4 月间把年度投资计划指标由 167 亿元调减到 129 亿元，6 月又由 129 亿元压缩到 70 亿元。7 月，全国计划会议预计 1961 年基本建设投资额为 78 亿元而年终实际完成的投资额仍然达到 127.42 亿元（其中，预算内投资为 93.87 亿元）。虽然比 1960 年的实际完成投资额 389 亿元减少了 261.6 亿元，仍比 7 月份预计数超出近 50 亿元。这说明在实际执行中，各部门、各地区对大幅度调整基本建设的工作决心并不大，行动上迟缓，而且尚有不少单位采取各种办法继续施工。

经过 1961 年 8 月和 1962 年 1~5 月一系列中共中央工作会议，才有效地把各部门、各地区盲目增加投资、上项目的做法控制住，把基本建设规模大幅度压缩下来。1962 年初安排的基本建设投资为 67 亿元，退到只能维持简单再生产的程度。年末实际完成的基本建设投资额为 71.26 亿元（其中预算内投资为 60.25 亿元），比 1961 年减少 56.16 亿元。

在压缩国家预算内的基本建设投资的同时，还采取措施严格控制地方和企业用自筹资金进行基本建设，使自筹资金投资额逐步下降。1960 年，全国自筹资金投资 86.9 亿元，占全部投资额的 22.4%，1961 年压缩到 33.6 亿元，1962 年进一步压缩到 11 亿元，只占全部投资额的 15.6%。[①]

通过对国家预算内外基本建设投资的压缩，1961 年基本建设总投资额下降到 127.42 亿元，比 1960 年减少 67.2%；其中工业投资 76.79 亿元，比上年减少 66.6%。1962 年基本建设投资总额为 71.26 亿元，比 1961 年

---

① 《中国统计年鉴》（1984），第 301 页。

又减少了 44.1%；其中工业投资 40.09 亿元，比上年减少 47.8%。[1]这是"一五"时期以来投资额最低的一年。

大规模地压缩基本建设投资规模，是同大量削减建设项目、缩短建设战线同时进行的。以工业建设为主的全国施工基本建设项目，1960 年达 82000 多个，1961 年减为 35000 多个，1962 年又进一步削减为 25000 多个。其中，大型项目也由 1815 个减为 1409 个，再减为 1003 个。对于继续施工的项目，也区别不同情况加以调整。有的缩小建设规模；有的放慢建设进度；有的合并相同项目；有的节约资金，简易投产。对于重点项目则集中财力、物力，坚决保证按计划建设，按计划投产。

经过上述调整，①减少了对资金的需要。"大跃进"期间工业基本建设投资额为 611.42 亿元，调整时期减为 327.06 亿元。整个基本建设拨款占财政支出的比重也由"大跃进"期间的 55%左右大幅度下降。1961 年下降到 30%，1962 年下降到 18.2%，1963 年略有回升，为 23.6%。[2]②减少了对材料设备的需要量。基本建设用的钢材消耗量占生产建设全部钢材消耗量的比重，1960 年为 30.2%，1962 年下降到 16.6%；木材消耗量的比重由 37.8%下降到 16.5%；水泥消耗量的比重由 91.1%下降到 68.6%。③减少了对基本建设工人的需要。基本建设职工人数，1960 年末为 692.8 万人，1961 年末减少到了 397.2 万人，1962 年末又减为 244.5 万人，[3]这样，就减轻了对物资供应的压力，缓和了对农业劳动力的冲击，不仅使国民经济得到休养生息的机会，而且把减少下来的财力、物力、人力用在急需的事业上，搞好生产维修，搞好市场供应，把国民经济严重失调的比例关系逐步调整过来。

（三）精简职工、压缩城镇人口

"大跃进"期间生产建设的高指标，劳动管理权限的下放，加上大批集体所有制企业过早地过渡为全民所有制企业，使国家职工人数急剧膨胀。1958 年末，国家职工总数达到 4532 万人，其中工业部门职工为 2316 万，分别比 1957 年末增加了 2081 万人和 1568 万人。增加的国家职工人

① 《中国统计年鉴》（1984），第 301 页。
② 《中国统计年鉴》（1984），第 35 页。
③ 《中国统计年鉴》（1984），第 114 页。

数中 3/4 是工业职工。[1]在国家职工人数增加的同时，城镇人口也大幅度地增加。因此，重新调整劳动力的分配比例，把工业生产建设战线和其他部门的劳动力精简下来，充实农业生产第一线，增强农业生产能力并缓和市场供应压力，是调整国民经济的一项关键性的措施。

1959 年 6 月，中共中央指示：在 1959 年内要把县以上企业职工人数减少 800 万~1000 万人。根据这一指示，工业部门在 1959 年内净减了职工 323 万人。到年底，职工人数减少到 1993 万人。但是，在"反右倾"斗争的影响下，1960 年又回升到 2144 万人，国民经济各部门中国家职工总数突破了 5000 万人的大关，[2]职工人数和城镇人口过多、农村负担过重的问题并未得到解决，粮食供应紧张的状况日益严重。

针对上述情况，1961 年 5 月中央工作会议制定了《关于减少城镇人口和压缩城镇粮食销量的九条办法》，决定在 1960 年底城镇人口 1.3 亿人的基础上，3 年内减少城镇人口 2000 万人以上，并且要求 1961 年至少减少 1000 万人，同时，压缩粮食销量 15 亿~20 亿公斤。由于措施对头，很快见效。1961 年，国家职工减少了 873 万人，其中工业职工减少 547 万人。[3]城镇人口减少了 1000 万人左右，粮食销售量减少了 20 亿公斤，基本上完成了当年的精简任务。

但 1962 年财政经济的困难还很严重，职工人数仍大大超过农业的生产水平。5 月，中共中央政治局常委会议再次提出把城镇人口减少到同农业提供商品粮、副食品的可能性相适应的程度，要求全国职工人数再减少 1056 万~1072 万人，城镇人口再减少 2000 万人。这一精简任务要求在 1962 年、1963 年内基本完成，1964 年上半年扫尾。实际上，从 1961 年初到 1963 年 6 月，两年半内共精减职工约 2887 万人，城镇人口减少 2600 万人。[4]

大量职工和城镇人口下乡，不仅减少了粮食的销量（减少销量 140 亿公斤），减轻了农民的负担（国家向农民少购粮 110.5 亿公斤），而且加强了农业战线。到 1962 年底，农业有劳动力近 2 亿人，比 1957 年增加 1000 多万人，有力地促进了农业生产的恢复和发展。并且有利于工业企

①②③《中国统计年鉴》（1984），第 110、114 页。
④《中国统计年鉴》（1984），第 458 页。

业经营管理的改善、劳动生产率的提高和工资的节约。据统计，1962 年工业全员劳动生产率比 1961 年提高 15.3%，1963 年又比 1962 年提高 26.7%。1963 年在对 40%职工调整工资的情况下，全民所有制工业部门职工工资总额还比1960 年减少 52 亿元。[①]

（四）关、停、并、转部分工业企业

"大跃进"期间，全党全民办工业，从中央各部门、省、自治区、直辖市，到专区、县、公社、街道或生产队，层层都办工业企业，工业企业数量骤然增长，1959 年末达到 31.8 万个，其中国营企业 11.9 万个。增加的企业，主要是地方小企业。这类企业，用人多，效率低，物资消耗高，产品质量差，不少企业还与大企业争原料、争材料，加剧了大企业原材料供应的紧张，因而也必须调整。

1960 年，中共中央决定精简职工，工业企业数开始逐步减少。1960 年减少 6.4 万个，其中全民所有制企业 0.3 万个；1961 年又减少 3.7 万个，其中全民所有制企业 2.5 万个。[②]

但 1962 年工业生产指标大幅度降低后，大多数工业企业任务不足，能力过剩，人浮于事。5 月 27 日，中共中央、国务院正式做出《关于进一步精简职工和减少城镇人口的决定》，提出：精简职工的工作与工业的调整和企业裁并结合起来进行。于是，工业企业的关、停、并、转工作进入一个有计划、有步骤进行的新阶段。

按照中共中央、国务院上述决定，首先分地区对各个行业的所有企业，根据原材料、燃料、动力的供应的可能，农业和市场的需要，以及企业的具体情况，通盘考虑，综合平衡，进行排队，然后制定出统一的关、停、并、转的调整计划，经国家计委批准下达，限期执行。调整的大原则是保留骨干企业，重点裁并中小企业。具体做法主要是：农村社办工业企业，劳动生产率低，原材料浪费大，一般地应当停办；城市人民公社工业企业也基本上应停办；县办工业企业至少应当关掉 2/3；省辖市和专区所属的工业企业也必须关一批；省、自治区、直辖市和中央直属的工业企业，该关闭、合并、缩小、改变任务的，坚决关闭、合并、缩小和改变任务。在具体排队时，主要把握两条原则：一是经济合理；二是社会需要。

---

①②《中国统计年鉴》（1984），第 193 页。

实施上述措施后，1962 年内，国营工业企业数就由上年底的 7.1 万个减少到 5.3 万个，减少 1.8 万个。如果加上 1961 年已经减少的，共减少 4.3 万个，为 1960 年末工业企业总数 9.6 万个的 44.8%。1962 年末国营企业数已经低于 1957 年末数（5.8 万个）。在后来的两年中，企业数仍在继续减少，到 1964 年末为 4.5 万个。集体所有制工业企业数则从 1963 年起急剧下降，到 1965 年末降到 11.2 万个，比 1960 年末的 15.8 万个减少 4.6 万个，减少29.1%；与 1959 年末 21.96 万个相比，则下降 49.0%，基本上退到 1957 年末的数量。[①]

工业企业的前期调整工作，重点在关、停，是"后退"。但通过并、转，也有加强和充实的"前进"的一面，实际上是一次工业大改组和工业内部结构的调整。在 1962 年的调整中，企业裁并幅度大的是冶金、建材、化工和机械工业，企业数目分别减少 70.5%、50.7%、42.2% 和 31.6%。生产能力调整幅度大的是钢铁冶炼、水泥加工和机械工业中的重型设备、电钻设备、汽车、机床、电动机等 17 种长线产品，它们的综合生产能力都减少 50% 左右。而煤炭、石油、纯碱、化肥、合成氨、聚氯乙烯、搪瓷制品、自行车、合成洗涤剂等 14 种短线产品和拖拉机、内燃机、交通运输车辆配件的生产能力，都保留下来。并且由于恢复了一批"大跃进"转产的企业，选择了一批企业改产这些产品，或者给生产这些产品的企业充实设备和扩大厂房，这些产品的生产能力得到了充实和加强。

通过关、停、并、转、缩，保留了国民经济必需的企业，它们生产所需的原材料、燃料、动力的供应基本上得到了保证。同时，加强了工业短线产品的生产，为农业服务、为满足市场需要服务的生产，提高了工业生产的经济效益。

（五）加强支农工业

加强农业是 20 世纪 60 年代初经济调整的根本方针。1961 年 1 月党的八届九中全会决定，国民经济各部门都应毫无例外地加强对农业的支援，重工业部门尤其应当加强对农业的支援。1962 年 10 月党的八届十中全会再次提出，工业部门的工作要坚决地转移到以农业为基础的轨道上来，

①《中国统计年鉴》(1984)，第 193 页。

要制定计划，采取措施，面向农村，把支援农业、支援集体经济放在第一位；要有计划地提高直接为农业服务的工业的投资比例；要适应农业技术改革的要求，帮助农业有步骤地进行技术改造，为加速实现我国农业现代化而奋斗。

按照上述精神，工业部门在调整中，停止从农村招收工人，并通过大力精简职工、城镇人口，以支援、充实农业生产第一线；努力改进工业基本建设工程项目的设计，缩小土地占用面积，少占耕地特别是少占好地，以保证耕地面积。此外，还重点抓了以下三个方面的工作。

1. 大力抢修农业机械。"大跃进"期间，农业机械大量损坏。据1961年秋检查，全国4万多台（混合台）拖拉机（不包括农垦部直属农场拥有数）中，需要修理的约有24000台，占拖拉机拥有数的56%。为了抢修农业机械，所有拖拉机厂、动力机械厂都暂时停止生产农机主件，先集中力量生产修理拖拉机和排灌机械急需的配件。其他的机械厂也拿出一部分力量来生产这些零、部件，同时还派出技术工人下乡帮助修理机械。

2. 充实中小农具和农业机械的生产能力。在加快天津、沈阳拖拉机厂等农业机械企业建设的同时，在关、停、并、转中，把一部分企业转产农业机具、拖拉机和内燃机配件，加强农业机械系统的生产能力。此外，有关工业企业还对小农具和农业机械生产维修所需的材料、燃料给予优先保证。再则，国家还加大了农机制造工业的投资比重。据统计，1961~1965年，农业机械工业投资占机械工业投资的比重由"大跃进"时期年平均11.7%，提高到23.2%，其中1963年达到28.5%。国家分配给农机制造的钢材占全国钢材产量的比重也由"大跃进"3年年均为3.0%，提高到1961年的4.4%和1962年的4.7%。经过努力，1962年农村小农具已经恢复到1957年的水平，每个劳动力有近5件农具。1961~1965年共生产拖拉机4.21万台，手扶拖拉机5300台。农业机械总动力1960年为801万马力，到1965年达到1494万马力，增加86.5%。[①]

3. 加快化肥、农药工业的建设。1961~1964年，化肥和农药投资占化学工业投资的比重由"大跃进"时期年平均38.8%上升为46.0%，保证了许多大中型化肥厂的建设，并陆续建设了一批小型化肥厂。因而化肥产

---

①《中国统计年鉴》（1984），第169、229页。

量迅速增加。1965 年，全国化肥产量达到 172.6 万吨，是 1960 年40.5 万吨的 4.26 倍。农药产量 1961 年、1962 年下降较多，以后恢复也很慢，但到 1965 年年产量达 19.3 万吨，比 1960 年增加了 19.1%。[①]

工业加强了对农业的支援，对农业生产的恢复和发展、调整农业与工业的比例关系起了积极的作用，也使工业内部产品结构逐渐趋向合理。

（六）尽可能地提高轻工业发展速度，积极恢复和发展日用工业品和手工业产品的生产

"大跃进"期间，在"以钢为纲"的口号下，轻工业被迫"停车让路"，手工业集体经济又多被平调，生产遭到严重挫折。这样，"大跃进"后轻、重工业比例严重失调，轻工市场供应十分紧张。这一点已经成为关系整个国民经济能否稳定的大问题。因此，尽可能提高轻工业发展速度，是调整工业结构的一个十分重要的方面。

当时，轻工业和手工业生产的主要问题是原料、燃料、电力供应不足。为了加速恢复和发展轻工业和手工业的生产，除了在燃料、电力的分配上优先保证轻工业生产的需要外，着重解决了原料供应的问题。

1. 努力促进经济作物生产的恢复和发展，增加轻工业所需的农产品原料。当时，在轻工业总产值中以农副产品为原料的比重占 75% 左右，而 1961 年许多重要的经济作物，如棉花、油料、黄麻、甘蔗、桑蚕、茶叶、烤烟等的产量都低于甚至大大低于 1952 年的产量。因此，国家从多方面采取了措施来促进经济作物的增产。例如，为了鼓励农民种植经济作物的积极性，把经济作物的种植面积大体上稳定下来。在 1961~1963 年粮食年度里，对收购重要经济作物，实行了奖励粮食政策。每收购一担棉花，奖励 17.5 公斤粮食。每收购一担花生仁、芝麻或烤烟，奖励 10 公斤粮食。同时，还有计划地提高了部分经济作物的收购价格。1963 年，各地的棉花收购价格平均比 1960 年提高 10%，油料的价格提高 18.5%。经过努力，经济作物产量到 1965 年，已经接近或者超过新中国成立以来的最高水平，为轻工业的恢复和发展提供了物质基础。

2. 充分发展和利用各种非农产品原料，尽可能地增产以工业品为原料的日用品。首先，冶金、化工、燃料、建筑材料、机械等工业部门在

①《中国统计年鉴》（1984），第 247、349 页。

加强燃料和轻工设备的生产的同时，还努力生产轻工业所需要的原料。例如，在解决穿的问题上，提出了发展天然纤维和发展化学纤维并重的方针，化学纤维有了很大发展。这一时期从国外引进相关的技术和成套设备，建成北京维尼纶厂和兰州化纤厂等。1960年生产化纤1.06万吨，到1965年达到5.01万吨，比1960年增长近4倍，比1957年增长250倍。[1]其次，在物资分配上，采取多种措施，解决轻工业生产所需的原材料：①给轻工业部门尽可能多地安排一些钢、铁、煤、木等物资。②把小商品生产所需的国家统配物资、部管物资、地方平衡物资，分别纳入国家和地区分配计划。③为了弥补计划的不足，各地物资部门和商业部门恢复了固有的零售点，销售小工具和零星材料。④商业部门收购的废旧物资，凡是适应小商品生产的废料、次料、下脚料，优先供应小商品生产。⑤某些原料和废料经过当地政府批准，允许自购自用，并以和大厂挂钩利用边角余料的形式确定下来。采取这些措施以后，以工业品为原料的轻工业产值占轻工业总产值的比重从1957年的18.4%上升到1965年的28.3%。

3. 合理分配原材料，特别是农产品原料，把有限的资源优先安排给那些原材料消耗低、产品质量高的轻工业企业，争取用有限的原材料多生产出好的产品。1962年以后，中共中央对轻工业和纺织工业的产供销采取了统一安排、统一调度的方针。哪些工厂应当优先开工，哪些工厂应当暂时停工，由中央全盘进行规划；原材料在全国范围实行统一分配。具体办法主要有两种：①对某些轻工行业实行集中管理。例如，全国肥皂工业和与肥皂有关的产品全部交由轻工业部归口管理，其生产和基本建设统由轻工业部规划和安排。原有的肥皂工厂，除保留83家外，其余一律关闭，从而保证了油料的合理使用。②限制土法生产，集中供应现代化企业。如限制土纺土织，除按政策规定给社员留下的棉花以外，所有棉花全部由国家统购，进行分配。

4. 迅速恢复和发展手工业传统产区和传统产品的生产。大量生产市场奇缺的锄、镰、锨、锹、锅、碗、罐、缸、盆、桶、勺等小农具和日用品，是当时国民经济战线上一项重要任务。除了在物资分配上首先满足

这些产品生产的需要外，在安排小农具和日用品的生产中，还以传统产区、传统产品为重点，同时适当发挥一般产区和新兴产区的作用。国家调给的原料、材料，有重点地供给传统的集中产区，用传统的合理的生产方法，制造历来为群众所欢迎的传统产品。

这个时期，尽管轻纺工业的投资在基本建设投资以及在工业投资中所占的比重都有所下降，但由于对有限的投资进行了合理的调度，优先保证国家计划规定的产品生产的需要，保证名牌优质产品生产的需要，保证重点地区和重点企业的需要，轻工业生产效率提高，因而得到了迅速的恢复和发展。1962年，轻工业总产值为395亿元，下降到最低点，比1957年的705亿元还要低。但是从1963年就开始回升，1965年达到703亿元，比1962年增长78%。

（七）加强采掘、采伐工业的建设

采掘、采伐工业与加工工业的发展不相适应，是"大跃进"期间重工业内部比例关系严重失调的重要表现之一，因而加强采掘、采伐工业的建设也极为重要。

党的八届九中全会提出先采掘、后加工的方针后，对工业部门的基本建设投资做了相应的调整。据统计，在重工业投资中，采掘工业所占比重由"大跃进"时期的年平均21.5%提高到1961年的38.7%和1962年的45.3%。森林工业投资在基本建设投资中的比重由"大跃进"时期年平均1.3%，提高到调整时期年平均的3.22%。增加的投资，优先满足采掘、采伐工业简单再生产的资金需要，主要用于采掘、采伐工业的开拓、延伸工程，补偿报废的生产能力，维修损坏的机器设备。此外，国家还采取一系列措施，加快采掘、采伐工业的恢复和发展。国家规定，从1962年起，森林采伐和矿山开采行业采取按生产产量从生产成本中提取费用的办法，用于矿山开拓和延伸、森林采伐、运材道路延伸、河道整治及有关的工程设施等维持再生产的投资。另外，各行业还着重抓了以下几方面的工作。

（1）重点加强现有矿山的掘进与剥离工作。"大跃进"期间实行强化开采，采掘比例失调，掘进、开拓的投资欠账严重。1960年，黑色金属矿山共欠剥离3800万吨；煤炭部直属煤矿开拓欠账到1962年底还有1.4亿吨。根据掘进欠账过多、采掘接替紧张的情况，从1961年下半年开始，利用加工工业在调整中大踏步后退的有利时机，采掘、采伐行业集中力量加强掘进、开拓和剥离工程。经过几年的努力，到 1965 年，矿山如煤矿、金属矿、化学矿山、建筑材料矿山等都先后达到采掘（采剥）的正常比例。开拓、准备和可采数量基本上达到了规定的要求。只有非金属矿山由于基础薄弱，对掘进工作又未抓紧，采掘关系没有调整好。

（2）加强采掘工业的勘探工作。针对矿山地质勘探严重落后的局面，增拨了经费，提高了地质队伍的技术装备，并且逐步充实了地质队伍，把地质勘探力量集中起来加以使用，加强了矿山地质勘探工作，为以后矿山建设打下了基础。

（3）整顿生产管理工作。①努力充实了生产第一线的回采和掘进力量，努力恢复合理的开采方法，制止了乱采乱挖和吃富丢贫的现象，努力提高采矿、选矿的回收率，保护和充分利用矿山资源。②加强了矿井、矿山设备和巷道的维修工作，抓紧解决矿井、矿山生产所必需的雷管、炸药、轴承和坑木等。③针对煤矿生产第一线工人不稳定、出勤率下降、井下劳动力不足这个突出问题，对煤矿工人的粮食、副食品、劳动保护用品、日用工业品的供应做了妥善安排，并且实行了粮食专用的办法，保证矿山的粮食供应。同时，还改进了工资奖励制度。

（4）抓紧木材生产。1962 年 1 月，中共中央依据国家经委的意见，成立木材七人小组，负责解决木材生产过程中的关键问题。这个小组的主要任务是：抓劳力，抓物资供应，抓生产，抓调度，抓分配，抓木材的节约、回收和综合利用，抓森林工业的基本建设工作。经过努力，1961~1963 年，全国修建了林区道路 6874 公里，扩大了现有企业的采伐面积，缓和了东北、内蒙古主要林区集中采伐过度问题。但是，采育失调问题仍没有得到解决。

这一时期，采掘、采伐工业虽然属于加强的部门，但不少部门本身尚处在调整过程中，更多的是力求保持产量水平，努力提高质量，并为以后年度的发展创造条件。但石油工业在 20 世纪 60 年代初则有了较大的发展。

到 1962 年底，我国国民经济的全面调整取得了决定性的进展，经济形势开始好转。主要表现在：农业生产扭转了前 3 年连续下降的状况，开始回升。国家财政扭转了前 4 年出现大量赤字的被动局面，实现了收支平衡，略有节余。市场供应紧张的情况有所缓和，城乡人民的生活水平略有回升。在工业方面，经过一年多的艰苦奋斗，工业内部的比例关系以及工业与其他经济部门之间的比例关系得到调整，工业生产大踏步后退和退够的目的基本实现。1962 年工业总产值比上年下降 16.6%；轻工业产值在工业总产值中的比重由上年的 42.5% 提高到 47.2%，重工业的比重相应由 57.5% 下降到 52.8%；农业产值在工农业产值中所占比重由上年的 34.5% 提高到 38.8%，工业由 65.6% 下降到 61.2%。1962 年主要工业品产量，钢为 667 万吨，比上年减少 200 多万吨；原煤 2.20 亿吨，减少 5800 万吨。[①]

第三节　1963~1965 年，工业继续全面调整

国民经济经过 1962 年的大幅度调整，可以说最困难的时期已经渡过，国民经济开始摆脱困境，出现了从下降到回升的决定性转折，贯彻调整、巩固、充实、提高"八字方针"已经初见成效。但是，经济严重困难的局面并未根本改变，特别是国民经济中的各种比例关系远未理顺，经济调整和经济恢复的任务仍然很繁重。为此，中共中央于 1963 年 9 月召开工作会议，决定再用 3 年时间，即 1963~1965 年，对国民经济继续实行调整、巩固、充实、提高的方针，作为以后发展国民经济的过渡阶段。

在继续调整阶段，工业部门除了继续加强前一时期已经进行的支农工业以外，还加快发展了轻工业生产，使得轻工业从 1963 年起产值逐年增加。同时，加快了燃料、原材料工业建设。

此外，工业部门还主要抓了以下几个方面具有充实、提高意义的工作。

一、加强设备修理和生产能力配套

"大跃进"期间，不少产品产量的迅速增长，是以拼设备和挤维修、挤配件生产为代价的。1960 年，各种设备的完好率下降到惊人的地步，有的设备新增加数量还抵不上损坏的数量。在新增产品中，又只重视主

---

① 《中国统计年鉴》(1984)，第 25、27、225 页。

机的生产，忽视配套件的生产，形成不了生产能力。为了充分发挥已有设备的能力，并使新建的、扩建的企业能得到成套设备，尽快地投入生产和正常生产，把设备的维修和配套列为调整的主要内容之一。为此，按照先维修、后制造，先配套、后主机的方针，着重抓了三方面的工作。

1. 加强设备维修工作。主要措施有：①在原材料上给予充分的保证，先照顾维修，以维持简单再生产。②充实修理力量，把一部分转入制造、转为生产主机的工厂转回来承担维修任务或生产配件，把一部分机械工业企业转产配件和进行维修。动员冶金和机械部门的技术力量，试制某些进口的关键设备的配件和生产这种配件所需的钢材品种；对其中生产条件比较成熟的，立即安排一些项目组织生产。③把设备维修列为工业部门的重点工作，并且按照轻重缓急进行排队，先集中力量修复农业机械、汽车、矿山掘进和剥离所需的设备以及生产短线产品的设备，然后修理其他的设备。④进口一些机型比较特殊的备品、配件。在作为各行各业生产主力的一批大型、精密、专用设备中，不少是进口的。这些设备在前几年的使用中损坏相当严重，影响正常生产。它们所需的备品、配件，国内一时还不能解决。除积极安排有关部门进行试制，力求在短时期内自力更生解决外，还利用有限的外汇组织进口。⑤有计划地更换已失去生产效能和不能保证安全生产的设备。为保证更新设备所需的资金，1964 年 9 月中共中央决定在三四年内，基本折旧基金全部由企业留用，扩大了企业利用折旧基金更新陈旧设备和改造关键性设备的自主权，有效地促进了老企业、老基地设备更新和技术改造工作，到 1964 年底，失修的设备大部分修复。黑色金属和有色金属矿山的设备完好率达到80%左右，一般企业的设备完好率达到 85%~90%。

2. 有计划地进行填平补齐、成龙配套工作，努力形成综合生产能力。"大跃进"造成的工业内部比例失调也表现为生产能力不协调，设备不配套，有些部门过分突出，有些部门则极为薄弱。据统计，1960 年电力系统新增装机容量 1300 万千瓦，但其中有 215 万千瓦由于工程不配套、设备制造质量差、设备失修等原因不能发电，综合能力只有 1085 万千瓦。1963 年以后，国家在强调重工业内部要在现有数量的基础上，加强薄弱环节，填补缺门，完成配套工作。对于基础工业企业，主要解决配套工程与辅助设施问题，以及改善交通运输、原材料、燃料、动力供应等外部协作的条件。如对矿井的回采、推进、提升、排水、通风、供电、排矸、筛分、井上和井下运输等设备，按矿井的综合生产能力，逐步填平补齐。对于机械工业则着重于现有生产能力的扩大和现有工程的成龙配套，填平补齐，如集中发展化肥设备、精密机床、炼油设备、军工配套设备和原子能设备、仪器仪表等短线产品。电力工业集中力量，增加配套，提高工程质量，填平补齐了 200 多万千瓦的机组设备，使已有的 1300 万千瓦发电设备基本实现安全、满发、稳发。此外，国家还拨专款，用于上海、北京、天津、沈阳等一些老工业基地的老企业设备更新欠账和铁路机车、汽车、锅炉、柴油机等更新欠账，效果十分明显。到 1964 年底，工业企业内部的生产能力绝大部分已经填平补齐，成龙配套。

3. 整顿设备机型。我国工矿设备由于进口的国别多，国内生产的型号多，更新的少，机型很杂很乱。据 1963 年 6 月对 40 种工矿设备的调查，全国共拥有 125475 台，而机型就有 5856 种，平均每种机型只有 20 多台。其中进口的设备有 22000 多台，有 3590 种机型，平均每个机型只有 6 台。设备型号过于繁杂，给维修工作带来很大困难，特别是要把这些机型复杂的配件都统一组织生产供应，不但是不经济的，也是不可能的，因此必须大力整顿、简化。

1965 年 2 月，中共中央和国务院指出：逐步简化机型，是改善工矿设备维护、修理，合理组织工矿配件生产的一项重大措施，同时也便于今后有计划地进行设备更新。并且同意实施第一机械工业部关于整顿、简化机型的方案。这个方案根据产品系列化、标准化的原则，把 40 类主要工矿设备的机型分为三种：①凡是符合我国产品系列型谱和打算将来列入系列型谱的品种、规格的设备，列入基本机型。②有些设备不符合系列型谱，但拥有量较多，某些大型关键设备近期内还不能以相近的产品代用的，列入保留机型。③凡是机型陈旧，技术性能较差，拥有量又少，国内已有相近产品可以代用的，作为淘汰机型。对列入基本目录和保留目录的机型，由有关部门做好配件的生产和供应工作，争取在第三个五年计划期间在品种上、数量上得到比较彻底的解决。对列入淘汰目录的机型，不再组织进口，原则上国家也不再统一安排配件的生产和供应，采取拼修、更换等办法逐步淘汰。

二、努力提高产品质量和增加产品品种

进入调整时期后，增加品种、提高质量，是工业部门一项十分重要的任务。为实现这一任务，首先，采取了保重点企业的方针，发挥那些产品质量高、品种多、原材料消耗低的重点企业的能力，减少那些产品质量低、品种少、原材料消耗高的一般企业的生产。其次，加强生产技术指导，有重点地对"小洋群"企业进行技术指导和改造。再次，整顿工业企业管理，对企业的技术管理工作提出了严格要求，要求企业的技术工作必须由总工程师全面负责。企业必须保证各种设备经常处在良好状态，保证产品质量符合标准，充分发挥工人、技术人员、职工革新技术的积极性。最后，国家颁布条例，鼓励技术发明和技术的推广应用。1963 年 11 月 3 日，国务院同时发布施行《发明奖励条例》和《技术改进奖励条例》。[1] 这两个条例的实施，对于发明新的产品，改进原来产品、工艺方法、工具、设备、仪器、装置，有效利用原料、材料、燃料、动力、设备和自然条件，以及其他技术的改进，发挥了很重要的作用。在提高质量、增加品种的工作中，还特别加强了国防工业所需的新型材料的研究、试制和生产，充实国防工业生产能力。经过上述努力，产品品种有了比较快的增加，产品质量有了显著的提高。

三、积极引进新技术

在 20 世纪 50 年代，苏联及东欧国家是我国技术设备的主要供应国。1960 年 7 月，苏联突然终止了同我国的大多数经济贸易合作项目，从而迫使我国开始转向寻找同西方发达国家发展包括技术引进在内的经济贸易关系。由于这是建立新的渠道，当时国内生产建设又处于调整时期，加之西方各国对我国的政治、经济状况缺少了解，使我国工业大型技术项目的引进工作基本中断达两年之久。直到 1962 年 9 月，我国才从日本引进了第一套维尼纶设备。1963~1966 年，我国先后与日本、美国、法国、意大利、联邦德国、奥地利、瑞典、荷兰等国签订了 80 多项工程合同，用汇 2.8 亿美元。同期，我国还从东欧各国引进成套设备和单项设备，用汇 2200 万美元，两者合计 3 亿多美元。其中成套设备 50 多项，用汇 2.8 亿美元，占用汇总额的 92.7%。

---

[1]《中国工业经济法规汇编（1949~1981）》，第 91~93 页。

50年代我国从苏联引进的成套项目中，大型成套项目占绝大部分。60年代以后，由于国际国内环境的变化，我国技术引进主要是配合经济调整目标的实现，因而有以下新的特点。

1. 成套设备项目中中小型居多而大型的少，且主要用于现有企业的技术改造和填补缺门。这个时期，我国工业生产建设是在经济大调整的背景下，努力改善产业内部结构，对已经形成的生产能力填平补齐，使其充分发挥效益，以及提高产品质量和现有企业的生产技术水平。我国在这个时期的技术引进工作遵循这个原则，在引进成套设备时，明显提高了中小型项目的比例。规模稍大的只有北京维尼纶厂、兰州化学工业公司有机合成厂和太原钢铁公司三个新建、扩建工程，各支付外汇4000万美元左右，合计共占全部用汇的39.5%。其次是四川特殊合金钢材项目、泸州天然气化工厂和淮南电厂，各支付外汇1000多万美元，共占全部用汇的15%。其余的项目都是1000万美元以下的中小型项目，约占这一时期用汇总额的一半，主要用于现有企业的技术改造。

2. 重视引进支农项目和轻工业原料项目。1962年9月，我国从西方国家引进技术的工作开始后，第一个项目就是从日本引进的维尼纶设备。1963年，我国同英国签订的第一个引进成套设备合同是合成氨项目，以后又向英国订购了生产聚乙烯成套设备。我国首次从意大利引进的技术项目，是两套化肥生产设备和一套石油加工联合装置成套设备。我国还从联邦德国和法国引进了化工生产的成套设备，这些成套设备的引进，对于解决吃、穿、用等与人民生活相关的问题起了一定的作用。同50年代相比，化学工业项目比重由6%上升到28%，纺织工业项目比重由1.5%上升到11%，能源工业和军工生产的比重显著下降。

3. 配合国内工业生产建设的巩固、充实和提高，引进国内空白的关键技术。如基础化学工业、合金钢冶炼、特种钢材轧制等我国工业生产技术中明显的薄弱环节。这个时期，我国集中引进了合成纤维、乙烯、塑料的生产技术，以油、气为原料制造合成氨等基础化工技术，氧气顶吹转炉制钢，密闭鼓风炼铝、锌，大型炼钢电炉，8轧机合金钢冶炼、轧制等金属冶炼和加工技术，新型建筑材料加气混凝土和半导体材料的制造技术，以及24吨柴油载重卡车和液压元件的制造技术等。这些项目有些填补了我国工业中的空白，有些明显提高了相应行业的生产技术水平。

经过这个时期的技术引进，我国石油化工和其他化学工业的生产能力有了迅速的发展，冶金工业的某些关键生产技术有明显提高，半导体、原子能等工业也取得了较快的发展。

60 年代的这次技术引进，是我国解放后从西方国家引进技术的初始阶段。引进工作比较谨慎，引进项目整体上看符合当时我国的实际需要。不少项目基本上做到投产顺利，较快地达到或超过设计能力，取得了比较好的技术与经济效果。

在叙述 1963~1965 年我国工业生产建设的发展时，还要提到加强战备、建设"三线"工业问题。这个问题详见后述，这里只是指出：这一点，对调整时期工业乃至整个经济建设的成就都有不利的影响。

但是，全国人民经过整整 5 年的艰苦奋斗，工业终于于 1965 年基本上完成了调整任务。工业在内部比例关系日趋协调的基础上，1963~1965 年生产有了较大幅度的增长。工业总产值，1965 年比 1962 年提高了 64%（详见附表 13）。

第四节　调整农业

"大跃进"和人民公社化运动使得我国农业受到严重破坏。因而恢复和发展作为国民经济基础的农业，应该处于经济调整首位。而且，经济调整工作确实首先是从农业开始的。[①] 1960 年 8 月，中共中央发出了《关于全党动员，大办农业、大办粮食的指示》，11 月，又发出《关于农村人民公社当前政策问题的紧急指示信》（即《十二条》），1961 年 5 月又修订和发出了《农村人民公社工作条例（草案）》（简称《农业六十条》）。这些文件制定了一系列恢复农业生产的政策措施，其中根本性的政策措施是调整农村人民公社体制（详见后述）。此外，还有以下四项：

1. 充实农业第一线的劳动力。1958 年以来，由于大办农田水利建设和大办钢铁等原因，占用了过多的农村劳动力特别是青壮年劳动力，致使出现了劳动力紧张的局面。中共中央于 1960 年 1 月发出《关于农村劳

---

① 从经济调整的角度来说，调整农业，也就是恢复和发展农业。

动力安排的指示》，要求统筹安排农业劳动力的使用，要求用于生活服务、文教卫生和行政管理的农村劳动力，只能占 10%；用于基建建设的，只能占 10%~15%；用于林渔副业和社办工业的，可占 15%；用于农业和牧业生产的，应当不少于 60%~65%，农忙季节用于农业生产的应当达到 80% 以上。1960 年 11 月，中共中央在《关于农村人民公社当前政策问题的紧急指示信》中又明确规定公社和生产大队两级占用的劳动力不能超过农村劳动力总数的 5%，其余 95% 左右都归生产队支配。在城市，则精简和动员了一批从农村招收的工人和盲目流入城市的人口回到农村。这样，到 1961 年春，新增农业生产第一线的劳动力就有 2913 万人，其中，社内调整的有 2191 万人，占 75%。农村劳动力占农村人口的比重增加到 39%，固定归生产队支配的劳动力占农村劳动力总数的比重增加到 89.1%，农业劳动力占农村劳动力总数的比重增加到 67.4%，都较接近中央关于上述各方面的比重分别达到 40%、95% 和 80% 的要求。[①]

2. 减轻农民负担，并增加农民收入。主要包括：

（1）减少粮食的征购量。为此，一是精简职工，压缩城镇粮食销量。1961 年 6 月，中央规定 3 年内城镇人口必须比 1960 年底减少 2000 万人以上。二是进口粮食。1961 年，中国的粮食进口由 1960 年的 6.64 万吨增至 580.97 万吨，1962 年为 492 万吨。[②]三是在上述条件下，调整征购政策，减少征购任务。1961 年，粮食征购量为 4047 万吨，比 1960 年减少 1060 万吨，1962 年又减少到 3685 万吨；占当年粮食产量的比重由 1960 年的 35.6% 分别下降到 27.4% 和 23.8%。[③]

（2）降低农业税。1961 年 6 月，政府把农业税的实际负担率，即农业税正税加地方附加税的实际税额占农业实际收入的比例，全国平均由 1957 年的 11.6% 降为不超过 10%。调整以后的新税率稳定 3 年不变。按照新税率计算，1961 年农业税的征收额计划为粮食 600 万吨，比 1960 年减少 245 万吨，减少 29%；比 1957 年减少 382.5 万吨，减少 38.9%。[④]

（3）实行退赔政策。1960 年 12 月，中共中央规定，要彻底清算"平

① 柳随年、吴群敢：《中国社会主义经济简史》，黑龙江人民出版社 1985 年版，第 276 页。
②《中国对外贸易年鉴》（1984），第 VI–88 页。
③ 柳随年、吴群敢：《中国社会主义经济简史》，黑龙江人民出版社 1985 年版，第 277~278 页。
④ 房维中主编：《中华人民共和国经济大事记（1949~1980 年）》，中国社会科学出版社 1984 年版，第 308 页。

调"账，对社队和社员个人的各种财务和劳力进行认真清理，坚决退赔。政府拿出 25 亿元作为退赔补贴。退赔的原则是有实物的退实物，并付给合理的租金或折旧费，无实物的作价赔偿；借用社员多余房屋和家具的，须经本人同意，并付给租金；无偿调用的劳动力应给予补偿。对退赔有困难的社队，政府还给予必要的资助。

（4）提高农副产品的收购价格。1960 年开始对主要产粮区实行超购加价奖励办法，全国平均加价 5%。1961 年 1 月，规定在产区收购时应给农民留下必要的自用量，增产多的要适当多留一些。同时，决定提高收购价格，平均提高幅度是：粮食 20%，油料 13%，生猪 26%，家禽和蛋 37%。同年 4 月，又决定对收购棉花、茶叶等主要紧急作物实行奖励粮食的政策。据统计，1961 年农民从提高农副产品收购价格中，大约增加了 60 亿元的收入。同 1957 年相比，1962 年农副产品价格平均提高32.3%。[1]

3. 各行各业支援农业，主要是加强工业对农业的支援。主要包括：①增拨钢材、木材等物资，组织手工业和部分工业企业全力修复、赶制中小农具、农业机械和运输工具。1960 年和 1961 年用于农业、农业机械的钢材分别为 81 万吨和 70 万吨，比 1959 年增加 65% 和 43%。到1962年，农村中小农具已恢复到 10 亿件，平均每个农业劳动力有近 5 件。农业机械总动力 1960 年为 801 万马力，1961 年已增加到 911 万马力，比 1959 年分别增加 46% 和 66%。②增加化肥、农药等农业生产资料的供应。1960 年化肥和农药供应量分别为 316 万吨和 66 万吨。③加快支农工业的建设。在建设规模不断压缩的情况下，对农业和化肥、拖拉机等支农工业的投资在整个基本建设投资中的比重，1960 年为 16.7%，1961 年增加到 18.4%，1962 年为 24.7%。[2]

4. 大幅度增加政府财政用于农业的支出。1960 年，这方面的支出（包括支援农业生产支出和农林水利气象等部门的事业费，农业基本建设支出以及农村救济费）由 1959 年的 58.24 亿元增加到 90.52 亿元，增长了 55.4%；占当年国家财政支出的比重由 10.72% 上升到 14.06%。[3]

---

① 赵德馨主编：《中华人民共和国经济大事记（1949~1966 年）》，河南人民出版社 1984 年版，第 610 页。
② 柳随年、吴群敢：《中国社会主义经济简史》，黑龙江人民出版社 1985 年版，第 277~278 页。
③ 楼继伟主编：《新中国 50 年财政统计》，经济科学出版社 2000 年版，第 139 页。

5. 开展了"农业学大寨"运动。1963 年，全国农村掀起了社会主义劳动竞赛运动。在这个过程中，各地农业涌现了一批先进典型。山西省昔阳县大寨大队是一个突出典型。大寨位于太行山区的虎头山下，是个百户村庄，全村耕地分散在七沟八梁一坡上，自然条件极差。但在中共大寨党支部书记陈永贵的领导下，从 1952 年起，大寨人经历 11 年艰苦奋斗，把亩产不到 100 斤的山坡地改造成了旱涝保收的稳产高产田。1963年又遭到特大暴雨，山洪暴发，损失极大。但经过奋力抗灾，1964 年全大队粮田亩产仍然高达 930 斤，向国家交售粮食 175.8 万斤。[①]

同年，毛泽东向全国人民发出了"农业学大寨"的号召。现在看来，尽管大寨经验有一定局限性，并且也受到了某些"左"的影响，但它所体现的"自力更生，艰苦奋斗"精神以及"爱国家、爱集体"的风格确属难能可贵，并对农业的发展起了积极的促进作用。

上述各项措施，既增加了农业的各项生产要素（包括劳动力、物资和资金），又增加了农民的物质利益，从而提高了他们的生产积极性，这就有力地促进了农业生产的恢复和发展。1965 年农业总产值比 1957 年增长了 9.8%。[②]这不仅恢复了 1958~1960 年"大跃进"给农业生产带来的严重破坏，而且有了一定的发展。

第五节　调整第三产业

一、调整商业

为了恢复"大跃进"给商业带来的破坏，1961 年也开始了商业的调整。为此，同年 6 月中共中央在北京召开工作会议，通过了《关于改进商业工作的若干规定（试行草案)》（即《商业四十条》），对于商业工作的各个方面，都做出了初步的总结和规定。1962 年 9 月，中共八届十中全会通过的《关于商业工作问题的决定》，系统地总结了 10 多年来商业工作的经验教训，进一步明确了社会主义商业的地位、作用和基本方针政策，

[①]《当代中国农业》，当代中国出版社 1992 年版，第 227~228 页。
[②]《中国统计年鉴》(1986)，第 37 页。

并对商业工作的各项重要原则做出了明确的规定。

上述决定再次明确供销合作社是社会主义集体所有制经济。按照中央的指示，供销合作社恢复了集体经济的组织形式和管理办法。1962年5月，商业部、中央工商行政管理局发布《关于合作商店、合作小组的若干政策问题》，其基本精神是：①1957年以前进入国营商业和供销合作社的小商小贩，基本不动，1958年后进入的调整出一部分。②调整出的小商小贩的股金退还，合作商店、合作小组过渡为国营商业时上缴的公益金退还，上缴的公积金一般不退还。③合作商店、合作小组只能经营零售业务，主要为国营商业或供销合作社经销、代销、代购，也可以从货栈进货，经批准可到农村集市采购。④合作商店成员的工资标准按行业计算，以相当于国营商业、供销合作社职工的工资标准为原则，经营好的允许高一些。据1962年9月统计，从国营商业、供销合作社中退出的小商小贩共88万人。这样，到1964年底，全国小商小贩又恢复到247万人，其中，合作商店160多万人，合作小组20多万人，个体商贩50多万人。①这种所有制的调整，调动了人们的积极性，促进了商业的恢复。

1961年以后，市场商品十分匮乏，物价上涨，商业部门依据上述文件精神，把主要力量用于稳定市场、安排人民生活上面。包括安排好城乡人民对粮食的基本需要，稳定人民基本生活必需品的商品价格，安排特殊需要的供应，扩大商品凭票证和定量供应的范围，以及采取必要的、暂时性的特殊措施，开展高价商品供应。到1965年，商业伴随国民经济调整也得到了恢复和发展，副食品和工业日用品供应充足，人民生活必需品价格稳定，高价商品都已改为平价，集市贸易价格在许多地方已接近国家牌价。

二、调整科学、教育和文化事业

在经济调整时期，科学、教育和文化等工作领域也进行了调整，并取得了成效。

1961年7月，中共中央政治局讨论批准和发布试行由副总理聂荣臻主持的国家科委党组和中国科学院党组提出的《关于自然科学研究机构当

---

① 《当代中国商业》（上），中国社会科学出版社1988年版，第93~94页。

前工作的十四条意见（草案）》（简称《科学十四条》）。在邓小平主持下，中央宣传部和教育部党组起草了《教育部直属高等学校暂行工作条例（草案)》（简称《高教六十条》），经庐山中央工作会议讨论和通过，同年 9 月发布试行。在周恩来督促下，中央宣传部和文化部党组、文联党组 8 月还提出《关于当前文学艺术工作若干问题的意见（草案）》（简称《文艺十条》），1962 年 4 月，由中共中央批准发布。1963 年 4 月中共中央还批准发布《中学五十条》和《小学四十条》。

　　这些条例要解决的中心问题有二：①调整党和知识分子的关系。"大跃进"以来，拔"白旗"，批"白专"道路，破"资产阶级学术权威"，在知识分子中进行了许多错误的批判。有些文教单位的干部甚至认为知识分子既然绝大多数属于资产阶级，他们就是社会主义革命时期的革命对象。这就使得广大知识分子精神生活受到严重创伤，极大地挫伤了他们的积极性。对此，中共中央在批转《科学十四条》时指出：近几年来不少同志在对待知识、对待知识分子的问题上有片面的认识，简单粗暴的现象也有滋长，必须引起严重的注意，并且要求一切有知识分子工作的部门和单位，对反右派斗争以后在知识分子中进行的批判加以清理：凡是批判得对的，当然仍需肯定；凡是批判错了，或者有一部分错了的，都要甄别事实，分清是非，纠正错误，由党的负责干部采取适当方式向他们讲清楚，戴错了帽子的要摘掉，以利于解除思想疙瘩，发扬民主，增强团结。②贯彻落实科学和文艺工作中百花齐放、百家争鸣的方针。针对科学、文艺领域出现的问题，这些条例分别规定了执行双百方针的一系列具体政策，要求在批评被认为是错误的观点的时候，要严格划分政治问题和学术、艺术问题的界限，严格划分敌我矛盾和人民内部矛盾的界限，不允许用政治斗争的方法，更不允许用对敌斗争的方法去处理人民内部在学术、艺术问题上的不同观点。

　　这些条例还针对科学、教育、文化部门中出现的生产劳动过多、社会活动过多的混乱现象和业务工作中的浮夸风和瞎指挥风，明确规定科学研究机构的根本任务是出成果，出人才，为社会主义服务；必须保证科研工作的稳定性，保证科研人员至少有 5/6 的时间用于业务工作；学校以教学为主，学生以学习为主；文艺为政治服务不能理解过分狭隘，文艺不仅应该鼓舞人民的革命热情，提高人民的思想觉悟，而且也应该使他们得到正当的艺术享受和健康的娱乐，凡能满足以上任何一种要求的作品，都是为人民服务、为社会主义服务的。

这些条例的执行，使党和知识分子的紧张关系得到缓解，工作秩序得到恢复，对科学、教育、文化事业形成自己的一套方针政策和具体制度，起了重要的作用。这时，虽然反右派斗争扩大化的问题还没解决，但大多数知识分子心情已较为舒畅，专心从事业务工作的条件也已大体具备。

但要解决上述问题，必然要求对知识分子的阶级属性重新做出科学判断。这些条例还没有涉及这个根本问题，《工业七十条》接触这个问题，重申企业中的技术人员和职员是"工人阶级的一部分"，但没有涉及科学、教育、文化机关的知识分子。为了进一步解决这个根本问题，在1962年3月于广州召开的科技工作会议和文艺工作会议上，周恩来在会上讲话，毅然从性质上恢复1956年知识分子会议上党对我国现在的知识分子的阶级状况所做的基本估计，肯定我国知识分子的绝大多数已经属于劳动人民的知识分子，而不是属于资产阶级的知识分子。副总理陈毅讲话特别强调，经过12年的考验，尤其是这几年严重困难的考验，证明我国广大知识分子是爱国的，相信共产党的，跟党和人民同甘共苦的。8年、10年、12年，如果还不能鉴别一个人，那共产党也太没有眼光了。他宣布给广大知识分子"脱帽"（脱"资产阶级"知识分子之帽），"加冕"（加"劳动人民"知识分子之冕）。随后经党中央批准，周恩来在二届全国人大三次会议上做政府工作报告，再一次宣布这一科学论断。需要指出，周恩来在广州会议上所做的《论知识分子问题》的报告，同他1956年所做的《关于知识分子问题的报告》和1951年所做的《关于知识分子的改造问题》的报告一脉相承，是新中国成立以后党对知识分子的正确政策的代表作。但是，周恩来、陈毅在广州会议上关于知识分子问题的讲话，在党中央内部有少数人不同意甚至明确反对，在周恩来要求毛泽东对这个问题表示态度时，毛泽东竟没有说话。[①] 这表明毛泽东对1957年以来在知识分子问题上犯的"左"的错误还没有从思想上根本扭转。

但总起来说，1961~1965年的经济调整取得了巨大成就，第一、二、三产业都得到了恢复和发展，详见后述。

---

① 胡绳主编：《中国共产党的七十年》，中共党史出版社1991年版，第387~390页。

第二章　调整企业体制和整顿企业管理

本章叙述的内容包括三部分：一是调整农村人民公社体制。当然，其中也有整顿公社管理的内容，但不是主要的。二是整顿国营工业企业的管理，包括国家对企业的管理和企业内部的管理。三是调整手工业集体企业的体制和整顿企业内部的管理。

第一节　调整农村人民公社体制

一、调整农村人民公社体制的历史背景：制定《农业六十条》的起因

如果不说 1958~1960 年农村人民公社体制的曲折变化过程，仅就其原来形态说，其主要特征是：实行人民公社所有制，公社是基本核算单位，在公社范围内统一调配生产资料和劳动力，实行统一的生产经营，集中劳动，取消按劳分配原则，实行"按需分配"的供给制和公共食堂制，取消社员自留地和家庭副业。与此相联系，农村集市贸易也被否定了。显然，这种体制根本不适合农业生产发展的要求。因此，在调整时期开始以后，要恢复农业，就必须从根本上调整这种体制。

为此，中共中央制定和发布了一系列的重要文件。主要有 1962 年 2 月《关于改变农村人民公社基本核算单位问题的指示》，1962 年 9 月《关于进一步巩固人民公社集体发展农业生产的决定》和《农村人民公社工作条例(修正草案)》(简称《农业六十条》)。就调整农村人民公社体制来说，最完整的还是《农业六十条》。

二、调整农村人民公社的指导文件：《农业六十条》的主要内容

1. 关于公社基本核算单位的规定。

1961 年 9 月，毛泽东曾经提出人民公社应该是三级所有，队为基础，即基本核算单位是生产队而不是生产大队。1962 年 2 月，中共中央《关于改变农村人民公社基本核算单位问题的指示》，正式决定全国绝大多数的人民公社，原来以生产大队为基本核算单位的，普遍改为生产队，规模大体相当于过去的初级社，平均每队二三十户人家。

《农业六十条》又进一步规定：生产队是人民公社中的基本核算单位。它实行独立核算，自负盈亏，直接组织生产，组织收益的分配。这种制度定下来以后，至少 30 年不变。

生产队范围内的土地，都归生产队所有，劳动力都由生产队支配，生产队集体所有的大牲畜、农具，公社和大队都不能抽调。集体所有的山林、水面和草原，凡是归生产队所有比较有利的，都归生产队所有。

生产队对生产的经营管理和收益的分配有自主权。在接受国家计划指导和不破坏自然资源的前提下，生产队有权因地制宜、因时制宜地进行种植，决定增产措施。在保证完成国家规定的农副产品交售任务的前提下，生产队经营所得的产品和现金，在全队范围内进行分配。

2. 关于公社各级规模的规定。

人民公社各级规模的规定应该由社员民主决定。各级规模大小的规定，都应该对生产有利，对经营管理有利，对团结有利，并且便利群众进行监督。

人民公社的规模，是一乡一社。有的是小乡一社，有的是大乡一社。

生产队的规模，应该根据土地的数量和远近、居住的集中或者分散、劳动力能够搭配得开、畜力和农具能够配套、有利于发展多种经营等条件规定。

各个公社和生产队规模定下来以后，长期不变。

3. 关于生产责任制的规定。

生产队为了便于组织生产，可以划分固定的或者临时的作业小组，划分地段，实行小段的、季节的或者常年的包工，建立严格的生产责任制。畜牧业、林业、渔业和其他副业生产，牲畜、农具、水利和其他公共财物的管理，也都要实行责任制。有的责任到组，有的责任到人。

对于劳动积极、管理负责、成绩显著或者超额完成任务的小组和个人，要给以适当的奖励。对于那些劳动不积极、管理不负责、没有完成任务的小组和个人，要适当降低劳动报酬，或者给以其他的处分。

4. 关于贯彻按劳分配原则的规定。

生产队对于社员的劳动，应该按照劳动的质量和数量付给合理的报酬，避免社员和社员之间在计算劳动报酬上的平均主义。生产队应该逐步制订各种劳动定额，实行定额管理。凡是有定额的工作，都必须按定额记分，对于某些无法制订定额的工作，可以按照实际情况，采用评工记分的办法。在制订劳动定额的时候，要根据各种劳动的技术高低、辛苦程度和在生产中的重要性，确定合理的工分标准。生产队制订、调整劳动定额和报酬标准，不仅要注意到农活的数量，尤其要注意到农活的质量，并且都要经过社员大会讨论通过。不论男女老少，不论干部和社员，一律同工同酬。生产队必须认真执行按劳分配、多劳多得，避免社员和社员之间在分配上的平均主义。

生产队对于社员粮食的分配，应该根据本队的情况和大多数社员的意见，分别采取各种不同的办法，可以采取基本口粮和按劳动工分分配加照顾的办法，也可以采取其他适当的办法。不论采取哪种办法，都应该做到既调动最大多数社员的劳动积极性，又确实保证烈士家属、军人家属、职工家属和劳动力少、人口多的农户能够吃到一般标准的口粮。社员的口粮，应该在收获以后一次分发到户，由社员自己支配。

5. 关于总收入分配的规定。

生产队扣留的公积金的数量，要根据每一个年度的需要和可能，由社员大会认真讨论决定，一般地应该控制在可分配的总收入的 3%~5% 以内。少数经济作物区、林区、城市郊区等收入水平较高的生产队，扣留的公积金可以多一些。受了严重自然灾害的生产队，可以少留或者不留公积金。

公积金怎样用，应该由生产队社员大会讨论决定，不能由少数干部自由支配。生产队兴办基本建设和扩大再生产的投资，应该从公积金内开支。基本建设用工和生产用工，要分开计算。对于每一个有劳动能力的社员，经过生产队社员大会通过，可以规定他每年做一定数目的生产性的基本建设工，一般地应该控制在每个社员全年基本劳动日数的 3% 左右，超过这个规定的基本建设用工，必须从公积金内发给应得的工资。在生产队范围内的，维修渠道和塘堰等小型水利的用工、改良土壤的用工，都可以同生产用工一样记工分，参加当年分配。

生产队可以从可分配的总收入中，扣留一定数量的公益金，作为社会保险和集体福利事业的费用，扣留多少，要根据每一个年度的需要和可能，由社员大会认真讨论决定，不能超过可分配的总收入的2%~3%。公益金怎样用，应该由生产队社员大会讨论决定，不能由少数干部自由支配。生产队对于生活没有依靠的老、弱、孤、寡、残疾的社员，遭到不幸事故、生活发生困难的社员，经过社员大会讨论和同意，实行供给或者给以补助。对于生活有困难的烈士家属、军人家属和残废军人，应该给以适当的优待。对于家庭人口多、劳动力少的社员，生产队应该根据他们的劳动能力，适当安排他们的工作，让他们能够增加收入，除此以外，经过社员大会讨论和同意，也可以给他们必要的补助。这些供给和补助的部分，从公益金内开支，对于因公负伤的社员的补助，对于因公死亡的社员的家庭的抚恤，也都从公益金内开支。

6. 关于勤俭办社和民主办社的规定。

生产队必须实行勤俭办队。办任何事情，都要精打细算，讲求经济效果，坚决反对大手大脚，铺张浪费。生产队必须建立和健全财务管理制度。一切财务开支，都要遵守规定的批准手续，凡是不合规定的开支，会计有权拒绝支付。一切收支账目，都要按月向社员公布。属于生产队所有的粮食和其他农副产品，都要认真保管好，防止贪污、盗窃和损失。管粮，管物资，管钱，管账，都要有人负责。生产队长要经常检查和监督财务工作和物资保管工作，但是不要经管现金和物资。

生产队必须实行民主办队，充分发挥社员当家做主的积极性。生产队的生产和分配等一切重大事情，都由生产队社员大会讨论决定，不能由干部决定。生产队的队长、会计和其他管理委员、监察委员或者监察员，都由生产队社员大会选举，任期一年，可以连选连任。

7. 关于社员家庭副业的规定。

人民公社社员的家庭副业，是社会主义经济的必要的补充部分。它附属于集体所有制经济和全民所有制经济，是它们的助手。在积极办好集体经济，不妨碍集体经济的发展，保证集体经济占绝对优势的条件下，人民公社应该允许和鼓励社员利用剩余时间和假日，发展家庭副业，增加社会产品，增加社员收入，活跃农村市场。

人民公社社员可以经营以下的家庭副业生产：①耕种由集体分配的自留地。自留地一般占生产队耕地面积的 5%~7%，归社员家庭使用，长期不变。②饲养猪、羊、兔、鸡、鸭、鹅等家畜家禽，也可以饲养母猪和大牲畜。③经过生产队社员大会讨论和公社或者生产大队批准，在统一规划下，可以开垦零星荒地。④进行编织、缝纫、刺绣等家庭手工业生产。⑤从事采集、渔猎、养蚕、养蜂等副业生产。⑥经营由集体分配的自留果树和竹木。

社员家庭副业的产品和收入，都归社员所有，都归社员支配。在完成同国家订立的订购合同以后，除了国家有特殊限制的以外，其余的产品都可以拿到集市上出售。社员的自留地和开荒地生产的农副产品，不算在集体分配的产量和集体分配的口粮以内，国家不征收农业税，不计统购。

三、调整农村人民公社体制的措施：贯彻《农业六十条》

为了贯彻《农业六十条》，中共中央采取了一系列措施。在通过《农业六十条》的八届十中全会上，同时通过了《关于进一步巩固人民公社集体经济发展农业生产的决定》。这个决定涵盖了巩固公社集体经济，发展农业生产带有全局性的各项政策措施。就同贯彻《农业六十条》直接相关的（当然也是同发展农业生产相关的）方面来说，值得着重提出的有以下几点：①加强对农村人民公社集体经济的领导。为此，中央和省、市、自治区党委，要选择一批忠于人民事业的、有相当工作能力的、懂得群众路线工作方法的干部，到专区、县、乡、村去，长期参加工作，对于公社各级组织的干部，应该轮流地进行训练，帮助他们提高政治水平和工作能力。②认真实行民主集中制。要求各级党委和人民公社各级干部都应该倾听群众的意见，总结群众的经验，并且在这个基础上，建立正确的领导。③要实行统一领导，分级管理的制度。强调发挥地方积极性，发挥因地制宜的灵活性，这在农业工作上是特别重要的。

由于采取了得力措施，《农业六十条》得到了较好的贯彻，农村人民公社体制实行了根本性调整。主要是：①改变公社的基本所有制为生产队的基本所有制，同时把公社的基本核算单位由公社下移到生产队。②取消了"按需分配"供给制①和公共食堂制，实行按劳分配原则。③重新恢复了社员家庭副业制度。此外，《农业六十条》还恢复了农村集市贸易。这些制度从根本上调动了农民的劳动积极性，成为促进农业生产恢复的根本动力。

但是，《农业六十条》也有根本性的缺陷。它不仅没有否定总路线、"大跃进"、人民公社三面红旗，也没有摆脱计划经济体制，还否定了适合农业特点的、具有强大生命力的农业生产责任制——包产到户。

如前所述，在农业合作化中全国许多地方都实行过包工包产为主要内容的农业生产责任制。1960年冬，为了克服人民公社化给农业造成的严重破坏，调动农民积极性，安徽省有些农村又恢复了包工包产的生产责任制。中共安徽省委（当时曾希圣任第一书记）经过总结，并于1961年3月决定扩大责任田（即包产到户）。到年底，实行责任田的生产队占到总数的90.1%。

安徽省委责任田的主要内容，是让社员以户为单位承包生产队的土地，并负责完成定产指标，实行超产全奖、减产全赔。实际上就是包产到户。只是因为当时在"左"的指导思想影响下，包产到户被视为"单干"，而"单干"又被视为"资本主义自发势力"，名声很坏，从上到下都忌讳，所以起名为责任田。责任田的具体做法是：①按田块定工定产。②按每户劳动力的数量和强弱，承包相应数量的田块。③定工以后，把工分（劳动日）分为两部分，一部分叫大农活，即抗旱、防涝、收割等需要集体干的农活，由三五个或六七个劳动力组成作业组承包；另一部分叫小农活，即田间管理等适宜分散干的农活，实行包工到户。④定产指标为常年产量。在正常年景下，超减产实行全奖全赔。奖赔按大小农活占包工总数比例分摊。⑤土地仍旧归集体所有，生产队实行"五统一"，即计划统一、包产部分分配统一、大农活统一、用水管水统一、抗灾统一。根据1961年10月对36个县的典型调查，实行责任田的36个生产队，粮食平均亩

---

① 1958年，人民公社成立时分配给社员的收入中，供给部分同工资部分的比例各占50%。1959年8月，根据毛泽东关于坚决压缩供给部分、实行按劳分配为主的意见，中共中央在批转一份报告中规定："在目前的生产技术水平上，供给部分一般应当限制在只占分配部分的30%左右，最多不超过40%，即工资部分应当占70%左右，最少不少于60%。"1960年11月《关于农村人民公社当前政策问题的紧急指示》规定："在现阶段，在很长时间内，至少在今后20年内"为"三七开"，即供给部分占30%。

产比上一年增产 38.9%，而另外 36 个条件大体相同、没有实行责任田的生产队，平均每亩产量只比上年增产 12%。

同时，其他一些省、自治区农村也出现了各种形式包产到户。如甘肃、宁夏达到 74%，全国约占 20%。[①]

但在 1962 年 2 月在北京召开的中共中央扩大会议之后，中共安徽省委因此受到批评，曾希圣调离安徽，改组安徽省委。在同年 3 月，中共安徽省委《关于改正责任田办法的决议》下达后，引起了激烈争论。

同年 7 月，中共安徽省委宿县符离集区委会的全体人员写信给毛泽东，驳斥了反对责任田的几种论调，说明责任田不是方向错误，没有复辟资本主义的危险。并且认为：责任田办法，在现阶段不仅不违背社会主义原则，而且简便易行，容易为广大农民群众所接受。它是与当前农业生产力水平、群众觉悟水平和干部管理水平相适应的。它可以发挥每个社员的生产积极性，又使每个社员的生活都有保障。实行以生产队为基本核算单位，克服了队与队之间的平均主义，调动了生产积极性，而推行责任田的办法，则比较彻底地克服了社员与社员之间的平均主义，可以充分调动社员的积极性。

当时，中共中央农村工作部部长邓子恢，是积极主张推行农业生产责任制的。他依据对农村的调查，在中共中央书记处开会讨论上述报告直言指出，责任田这种生产责任制很好，没有改变所有制形式，可以在农村普遍推广。不久，1962 年 9 月在北戴河召开的中共中央工作会议上，邓子恢又一次提出这个意见。然而，当时他的意见不但没有被理解，反而受到严厉批评。[②]

在 1962 年 9 月 24~27 日召开的中共八届十中全会上，以安徽省责任田为代表的包产到户，被当作"复辟资本主义的单干风"而受到严厉批判。邓子恢也因支持包产到户而被撤职。这次会议通过的作为调整公社体制指导文件的《农业六十条》，提到了农业生产责任制，但不提包产到户。从这方面说，它的发布标志着包产到户又一次被根本否定。

但是，从主要方面来说，《农业六十条》的贯彻在当时对恢复农业生

---

① 薄一波：《若干重大决策与事件的回顾》下卷，中共中央党校出版社 1993 年版，第 1084 页。
②《当代中国农业》，当代中国出版社 1992 年版，第 217~221 页。

产还是起了积极作用。

党的八届十中全会采取积极措施贯彻《农业六十条》的同时，又实行了一些"左"的政策，在客观上干扰了《农业六十条》的贯彻。这主要是由于毛泽东在党的八届十中全会的公报中提出："在无产阶级革命和无产阶级专政的整个历史时期，在由资本主义过渡到共产主义的整个历史时期（这个时期需要几十年，甚至更多的时间）存在着无产阶级和资产阶级之间的阶级斗争，存在着社会主义和资本主义两条道路的斗争。"这样，毛泽东就把他在 1957 年以后提出的"左"的阶级斗争理论大大向前推进了。1957 年反右派斗争后，他只是断言两个阶级斗争、两条道路的斗争在社会主义建成以前的整个过渡时期（那时估计是十几年）始终是我国内部的主要矛盾。1959 年"反右倾"时又断言党内斗争是一场阶级斗争，这一类斗争至少还要斗 20 年，可能要斗半个世纪。到党的八届十中全会，又进一步断言以阶级斗争为主要矛盾的过渡时期应该延伸共产主义的高级阶段到来之前，并且说这个时期比几十年要更长，可能是 100 年或几百年。后来这个论断称为党的"基本理论和基本路线"，在"文化大革命"中被称做"我党在整个社会主义历史阶段的基本路线"。[①]

在上述"左"的阶级斗争理论指导下，从 1963 年开始，全国就连续不断地进行了农村社会主义教育运动。到 1966 年上半年，全国农村约有 1/3 的县、社作为重点进行了"细线条"的社会主义教育运动，其余县、社也进行了"粗线条"的社会主义教育运动。为此，党中央制定了一系列文件。包括 1963 年 5 月制定的《关于目前农村工作中若干问题的决定（草案）》（即《前十年》），同年 9 月制定的《关于农村社会主义教育运动中一些具体政策的规定（草案）》（即《后十年》），1964 年 1 月制定的《农村社会主义教育运动中目前提出的一些问题》（即《二十三条》）。《二十三条》不仅没有改变此前对于阶级斗争形势的过于严重的估计（如认为全国基层有"1/3 的领导权不在我们手里"），而且把原来偏重于解决经济问题的清账目、清仓库、清财务、清分工的"四清"，扩展为清政治、清经济、清组织、清思想。更为严重的是《二十三条》提出两条根本性的"左"的指导思想：一是规定工作要抓住阶级斗争这个纲，抓住社会主义和资本

①　转引自胡绳主编：《中国共产党七十年》，中共党史出版社 1991 年版，第 405~406 页。

主义两条道路这个纲。二是提出这次运动的重点是整党内那些走资本主义道路当权派。[1]

社会主义教育运动的开展，使得《农业六十条》规定的各级经济政策（包括生产队所有制、农业生产责任制、按劳分配、社员家庭副业和集体贸易等方面）都受到了不同程度的干扰。当然，还没有造成"文化大革命"那样全面性的严重破坏。但这个运动预示着"文化大革命"风暴的即将到来。

第二节　整顿国营工业企业

一、整顿国营工业企业的历史背景：制定《工业七十条》的起因

1958~1960年的"大跃进"，不仅造成了国民经济比例关系的严重失衡，而且造成了企业管理的极度混乱。这样，不仅调整经济成为首要的紧迫任务，而且整顿企业也成为一项刻不容缓的重要任务。

《工业七十条》就是在这种背景下，在"治乱"的思想指导下，在深入调查研究、总结经验的基础上产生的。

60年代初，党中央、毛泽东号召大兴调查研究之风，要求工业和其他部门都要依照实际情况，更好地总结经验，逐步地把各个方面的具体政策定出来，制定出具体的工作条例。

1961年6月12日，在北京召开的以修改《农村六十条》为主要议题的中共中央工作会议进入最后一天，毛泽东在全体会议上讲话时谈到要用《农村六十条》教育干部，并且指出城市也要参照农村的做法搞出几十条规章制度。6月17日中共中央总书记邓小平召开书记处会议，正式确定由薄一波主持起草工业条例。[2]

在这次会议之后，薄一波以北京第一机床厂调查组部分成员为基础组建了一个起草小组，到沈阳市继续搞调查研究，并在调查研究中形成条例的初稿。参加执笔写作的有马洪、梅行等。这个初稿总题为《国营工

---

① 《当代中国的农业》，当代中国出版社1992年版，第242~243页。
② 薄一波：《若干重大决策与事件的回顾》下卷，中共中央党校出版社1993年版，第952~954页。

业企业管理条例》。在这个草稿的基础上，又经过征求企业的意见，形成了题为《国营工业管理工作条例（草案）》的初稿，于1961年7月16日呈报中共中央书记处。

7月29日，中共中央书记处在北戴河开会，讨论了薄一波关于《国营工业管理工作条例（草案）》的说明。题目定为《国营工业企业管理工作条例（草案）》。经过修改后的草案于8月10日又送报中共中央书记处。8月11~14日，邓小平在北戴河主持中央书记处会议，对条例进行了细致的讨论和修改。

8月23日，中共中央庐山工作会议正式讨论了中央书记处提交的《国营工业企业管理工作条例（草案）》，会上就条例的内容展开了激烈争论。虽然存在许多意见分歧，但讨论的总的评价是，制定工作条例有利于兴利除弊，对于整顿工业企业、搞好企业管理是非常必要的。普遍认为条例草案条文很实际，针对性强，总的倾向还是积极的。

中共中央书记处认真研究了各种批评意见，并尽可能地加以吸收，对原稿进行了重大修改。在此基础上，中共中央又增补了一封指示信。信中全面论述了"大跃进"的成就，并对制定这一条例的目的、意义、重要内容进一步加以说明。例如，这封信将社会主义建设总路线和一整套两条腿走路的方针，以及"大跃进"时期的许多流行口号都吸收进去。并肯定了工业企业在"大跃进"中取得四个方面的成绩：生产有了飞速发展，技术力量有了迅速增加，管理工作有了许多创新和经验，以及职工的政治觉悟大大提高等。由于有了这封指示信作为补充说明，一些持不同意见的人改变了对条例（草案）的态度。

1961年9月16日，指示信和修改后的条例草案呈报中共中央政治局常委，9月17日，毛泽东和周恩来对条例作出肯定批复，并且将文稿最后定为《国营工业企业工作条例（草案）》。该条例（草案）共70条，故又简称为《工业七十条》。

二、整顿国营工业企业的指导文件：《工业七十条》的主要内容

《工业七十条》的基本精神，正如邓小平所指出的，是"治乱"，是要把企业管理上的混乱局面扭转过来。它全面、系统地总结了新中国成立以来，特别是1958年"大跃进"以来在领导工业企业方面的经验教训，并根据当时的实际情况提出了国营工业企业管理工作的一些指导原则。

它对克服"大跃进"期间许多企业出现的混乱现象，把企业的各项工作引上正常的轨道，起到了重大的作用。它的主要内容如下：

1. 对国营工业企业的性质、根本任务和管理原则的规定。

国营工业企业是社会主义全民所有制的经济组织，它的生产活动服从国家的统一计划。它的产品由国家统一调拨。它按照国家的规定，上缴利润和缴纳税款。国营工业企业的职工报酬实行各尽所能、按劳分配的社会主义分配原则。同时，国营工业企业又是独立的生产经营单位，都有按照国家规定独立进行经济核算的权利。它对国家交给的固定资产和流动资金负全部责任，没有国家管理机关批准，不能变卖或者转让。它有权使用国家交给的固定资产和流动资金，按照国家计划进行生产，有权同别的企业订立经济合同，有权使用国家发给企业的奖金来改善企业的劳动条件和职工生活。

国营工业企业的根本任务是全面完成和超额完成国家计划，增加社会产品，扩大社会主义积累。

统一领导、分级管理，是国家对国营工业企业的管理原则，也是国营工业企业内部的管理原则。

国家对国营工业企业的管理，一般地分为三级：①中央和中央局。②省、自治区、直辖市和大工业市。③专区、县、中等工业市、直辖市的区和大工业市的区。

重要的企业分别由中央和省、自治区、直辖市或者大工业市管理，但工业管理体制调整的权力集中在中央。每个企业在行政上，只能由一个行政机关负责管理，不能多头领导。

国营工业企业内部的管理，一般地也分为三级：①厂部。②车间或者分厂。③工段或者小组。

企业的主要管理权力，集中在厂级。联合企业的主要管理权力，集中在公司。

2. 对加强计划管理、正确处理国家和企业的关系的规定。

为了加强整个工业生产的计划性，保证企业生产正常进行，为了在计划管理工作中正确处理国家和企业的关系，在计划方法上真正自下而上和自上而下的结合，国家对企业必须实行"五定"，企业对国家必须实行"五保"。"五定"是国家对企业规定的生产要求和提供的生产条件，

"五保"则是企业对国家必须承担的责任和义务。

国家对企业实行"五定"的内容是：①定产品方案和生产规模。②定人员和机构。③定主要的原料、材料、燃料、动力、工具的消耗定额和供应来源。④定固定资产和流动资金。⑤定协作关系。

企业对国家实行"五保"的内容是：①保证产品的品种、质量、数量。②保证不超过工资总额。③保证完成成本计划，并且力求降低成本。④保证完成上缴利润。⑤保证主要设备的使用期限。

"五定"、"五保"一经确定，3年基本不变，但每年可以按照国家年度计划调整一次。企业对分厂、车间，车间、工段对小组、个人也可以参照"五定"、"五保"办法实行几定和几保。

3. 对企业内部的计划管理的规定。

每个企业要在"五定"、"五保"的基础上，根据国家的年度计划，采取领导和群众相结合的方法，编制本企业的生产、技术、财务计划，提出完成和超额完成国家计划的增产节约指标。非经上级行政主管机关的批准，任何企业都不得挪用国家计划内的物资去进行国家计划产品以外的生产和基本建设。

企业的生产、技术、财务计划一般应当包括：①产品的品种、规格、质量、数量计划。②技术组织措施计划。③设备维修计划。④辅助生产计划。⑤劳动、工资计划。⑥物资、技术供应计划。⑦运输计划。⑧成本计划。⑨财务计划。企业应当根据国家批准的企业年度计划和各种有关的经济合同，编制季度计划、月度计划和作业计划。不过，企业的季度计划要报告上级行政主管机关核准。企业应当通过季度计划、月度计划和作业计划，从人员、设备、工具、原料、材料、燃料、动力、运输以及技术资料等方面，做好生产准备工作和生产调度工作，并且要检查和督促生产作业计划的执行，及时发现问题，保证工厂生产的连续进行。

4. 对企业技术管理的规定。

其主要内容是：每个企业都必须执行国家的技术政策，加强技术管理工作；总工程师在厂长或者生产副厂长领导下，对企业的技术工作负全部责任；每个企业都要加强设备管理，使设备经常处在良好状态，能够正常运转，设备要按照计划进行大修、中修和小修；要加强工艺管理工作，按照科学要求和工人实践经验，正确地制定工艺规程；要把保证产品质量和不断提高产品质量当成首要任务；必须完成国家规定的品种、规格计划；企业要密切结合生产，经常地充分地发动群众提合理化建议，进行技术革新工作等。

5. 对企业劳动管理的规定。

每个企业都必须做好定员工作，改善劳动组织，提高职工的思想觉悟、技术熟练程度和业务水平，加强劳动保护，不断地提高劳动生产率；企业必须根据自己的生产条件，按照国家确定的生产规模、生产任务和劳动定额，认真进行定员工作，坚决消除人浮于事、效率低下的浪费现象；企业要根据设备的生产、技术要求，合理地配备人员；应当根据生产的需要和技术的状况，采取有计划地举办业余文化、技术学校，开办短期技术训练班等办法，来提高职工的技术水平；企业还必须实行安全生产制度，认真做好劳动保护工作，改善劳动防护设施，教育工人严格执行安全操作规程，切实避免工伤事故。

6. 对职工的工资、奖励和生活福利的规定。

职工劳动报酬应贯彻社会主义的按劳分配原则，反对平均主义。应当按照每个人的技术水平，按照每个人的劳动数量和质量来确定报酬，而不应当按其他标准。工人的工资形式，应当根据各个企业、各种工种的实际情况，根据对提高劳动生产率是否有利，实行计时工资制或者计件工资制。企业的领导人员，必须经常关心职工的生活，切实做好生活福利工作。同时，每个企业都要加强劳动管理，严格执行考勤制度，对于经常旷工、破坏劳动纪律的职工，应当给以纪律处分。情节严重、屡教不改的，企业有权开除。

7. 对企业的经济核算和财务管理的规定。

每个企业都必须实行全面的经济核算。凡是产品方案和生产规模的确定，技术措施和生产方法的制定，综合利用和多种经营的安排，以及一切生产、技术、财务活动都要保证质量，讲究经济效果。企业必须编制成本计划，加强定额管理，不断降低产品成本；企业的成本计划要交给群众讨论，降低成本的指标要落实到车间、工段、小组甚至个人。

企业要根据已经达到的水平，制定平均先进的技术经济定额。定额的制定和修改要经过群众讨论，主要定额要经过上级行政主管机关批准。

企业必须加强对原料、材料、燃料、动力、运输力的管理，建立和健全领料、退料制度和物资保管制度，改进仓库工作，切实防止物资的损耗变质。

企业必须加强资金的管理，严格按照主管部门核定的流动资金定额，节约地使用资金，加速资金的周转。

每个企业都要努力增加社会主义积累。企业的厂部、车间、小组三级都要实行经济核算，建立和健全经济活动分析制度。

企业必须严格按照国家规定的工业产品出厂价格出售产品。必须建立财产的保管和使用制度，管好用好国家财产。

企业的财务机构必须单独设置，车间也要设置财务机构或专职人员，有条件的企业可以设置总会计师。

为了促进企业的经济核算，上级管理部门应当正确制定计划，做好物资供销工作。

对于企业在正常条件下，由于经营管理不善而发生亏损，应当给予有关人员批评教育。严重失职或屡教不改的，应当给予处分。

8. 对企业间的协作关系的规定。

每个企业都必须根据国家规定的任务和本企业的具体情况，提出自己需要的协作要求，提出自己能够承担的协作任务，分别同有关企业、有关单位建立协作关系。原有的协作关系已经中断而需要恢复的，要尽可能迅速恢复。不能恢复的协作关系，要另行安排。原来没有协作关系的，要迅速建立。企业在协作关系建立以后，必须按照合同的规定，切实保证完成自己承担的对别的企业的协作任务，不能采取不负责任的态度。企业要通过各种形式有计划地组织协作，实行物资的定点供应。凡是需要和能够固定的协作关系，都必须固定下来。在地区经济分工的基础上，应当组织地区之间的生产协作。凡是全国需要的产品，各地区必须按照国家计划，首先完成和超额完成生产和外调的任务。协作双方必须签订经济合同，具体规定产品的品种、规格、质量、数量、价格和交货期限，具体规定双方承担的义务。

9. 对企业各项责任制的规定。

每个企业都要根据本企业的特点，总结已有的经验，经过群众充分讨论，建立和健全厂部、车间、工段、小组各级的行政领导责任制，建立和健全生产、技术、劳动、供销、运输、财务、生活、人事等专职机构和专职人员的责任制，建立和健全每个工人的岗位责任制。

责任制的核心是行政管理方面的厂长负责制。每个企业都应当在党委领导下建立以厂长为首的全厂统一的生产行政指挥系统，集中领导企业的生产、技术、财务等活动，保证全厂生产有秩序地进行。

企业行政工作的指挥中心是厂部。凡是计划的制定、生产的调度、财务的管理、产品的设计、质量的检验以及厂以下各车间之间的人员、材料、设备的调动等，都由厂部负责。

在厂长的领导下，各个副厂长、总工程师、总会计师都要有明确的分工，分别负责企业的生产、技术、劳动、供销、运输、财务、生活、人事等工作。要建立和健全必要的科室等专职机构，分别在厂长、副厂长、总工程师、总会计师的领导下进行工作。企业要建立强有力的生产调度机构，由生产副厂长领导。要以厂部的生产调度机构为中心，组成全厂的生产调度网。厂长要定期召开由副厂长、总工程师、总会计师和其他有关人员参加的厂务会议，集体讨论和研究行政工作中的重大问题，具体安排和解决日常工作问题。

在厂部的统一领导下，车间、工段、小组和厂部的专职机构都应在各自的职责范围内负责管理工作。企业中的主要责任制应当通过规章制度明确地规定出来。这些制度包括：有关计划管理的制度；有关技术管理、质量检查、安全生产和事故分析报告的制度；有关劳动、工资的制度；有关物资供应、产品销售的制度；有关经济核算和财务管理的制度；有关奖惩的制度等。企业的领导干部和全体职工都必须明确了解自己的职责，严格遵守规章制度。

企业的规章制度应当有一定的稳定性和权威性。原有规章制度的修改、废除以及新规章制度的建立都应当由厂部统一负责。重要的必须报请上级行政主管机关批准。

10. 对党委领导下厂长负责制的规定。

在企业的生产行政上，实行党委领导下的厂长负责制，实行集体领导和个人负责相结合的制度。

企业党委对于生产行政工作的领导责任是：①贯彻执行党的路线、方针、政策，保证全面完成和超额完成国家计划，保证实现上级行政主管机关布置的任务。②讨论和决定企业工作中的各项重大问题。③检查和监督各级行政领导人员对国家计划、上级指示、企业党委决定的执行。在企业党委的领导下，企业生产行政工作的指挥由厂长负责。

企业生产行政中的下列重大问题，必须由企业党委讨论和决定。①企业的年度计划、季度计划、月度计划和实现计划的主要措施。②企业的扩建、改建和综合利用、多种经营的方案。③生产技术、供销、运输、财务方面的重大问题。④劳动、工资、奖励、生活福利方面的重大问题。⑤重要的规章制度的建立、修改和废除。⑥企业主要机构的调整。⑦车间、科室以上行政干部和工程师以上技术干部的任免、奖惩，职工的开除。⑧企业奖励基金的使用。⑨企业工作中的其他重大问题。但是，企业党委无权改变国家计划。企业党委的决定不能同中央决定、指示和企业上级行政主管机关布置的任务和下达的指示相抵触。

企业党委对生产、技术、财务、生活等重大问题做出决定以后，应当由厂长下达，并且由厂长负责组织执行。

企业党委应当积极支持以厂长为首的全厂统一的行政指挥，应当认真维护各级的和各个方面的责任制。

车间、工段和专职机构的党总支委员会、支部委员会的主要任务是，做好思想政治工作和党的建设工作，团结全体工人、技术人员和管理人员，贯彻执行企业党委会的决议，贯彻执行厂部的指示、命令。如果对上级行政的决议、指示、命令有不同意见，应当请示企业党委会处理，不能自行决定。

车间、工段党总支委员会、支部委员会对本单位生产和行政工作的完成，起保证和监督作用。在车间、工段不应当实行党总支委员会、支部委员会领导下的车间主任、工段长负责制。

专职机构的党支部委员会的作用相当于机关党支部委员会的作用。在专职机构中，不应当实行党支部委员会领导下的科长、室主任负责制。

11. 对工会和职工代表大会的规定。

每个企业都必须加强工会工作。企业中工会的主要任务是：发动和组织职工积极生产，提高职工的思想政治觉悟和文化技术水平，及时反映职工的意见和要求，维护职工的民主权利，改善职工的生活福利。应当使工会真正成为党在企业中联系群众的有力助手，真正成为吸引全体职工参加企业管理的群众组织，真正成为共产主义的学校。

企业的职工代表大会制，是吸收广大职工群众参加企业管理和监督行政的重要制度。企业各级职工代表大会和职工大会，要讨论和解决企业管理工作中的重要问题，要讨论和解决职工群众所关心的问题，有权对企业的任何领导人提出批评，有权向上级建议处分、撤换某些严重失职、作风恶劣的领导人员。

工人参加生产小组的日常管理是工人参加企业管理的一个重要内容。

12. 对技术人员和管理人员的地位和作用的规定。

技术人员和管理人员是工人阶级的一部分，要给他们一定的条件，鼓励他们认真学习马列主义、毛泽东思想，学习经济业务，钻研科学技术，又红又专，成为通晓本职工作的内行。不能把他们钻研技术、钻研业务看作是"走白专道路"。

13. 对党的工作的规定。

企业党委会是中国共产党在企业中的基层组织。在当地党委领导下，企业党委会是企业中一切工作的领导核心。企业中党的主要领导权力，应当集中在企业党委会。企业中各级党组织都应当遵守党章的规定，健全党的生活，加强党的思想建设和组织建设。应充分发挥党支部的堡垒作用和党员的模范作用。企业党委会应当把做好思想政治工作放在重要地位。企业党委会必须加强对工会、共青团的领导，使它们真正发挥党联系群众的纽带作用。要教育党员经常注意加强同非党群众的团结。要教育全体干部认真执行党政干部三大纪律、八项注意，贯彻群众路线，坚持民主作风。

三、整顿国营工业企业的措施：试行《工业七十条》

《工业七十条》颁布后，中共中央指示将其一直发放到企业党委，传达给全体职工。在各地区、各部门，选择不同行业和大中小不同类型的企业试行，根据条例的规定整顿企业。国家经委于1961年9月、10月两个月分别邀请各中央局经委负责人和国务院工业、交通各部负责人开会研究实施办法。根据中共中央指示，整顿企业计划在两年内分三批进行。第一批主要是整顿试点企业，大中小各种类型的企业都有；面上的企业主要是向职工宣讲条例，进行学习讨论，并尽可能整改。第二批是集中整顿大中型企业。第三批主要是整顿县级企业。那时全国几十万个工业企业中，重要的企业在1万个左右，当时拟花两年时间逐个进行整顿。

准备从"五定"入手，严格实行责任制和经济核算制，以提高产品质量和增加产品品种为中心，全面整顿国营工业企业。

但是，由于当时整个国民经济还没有走上轨道，又没有长期规划作为指导，很难给每个企业固定产品方向、生产规模、原材料、燃料来源，以及外部的协作关系等。因此，条例草案的试行和企业的整顿主要通过几项全国性的经济整顿，如清仓核资、清理拖欠、扭亏增盈、增产节约运动等进行的。

1. 清仓核资。

"大跃进"期间，由于不讲经济效益，放松了资金管理，全民所有制工、商、交通等企业占有的流动资金迅速增加，到1960年时达800亿元左右。其中工业企业为270多亿元，主要原因是库存积压过多。1962年3月，国务院决定彻底清理仓库，重新核定流动资金，把它作为1962年的十项任务之一。

根据上述决定，从1962年开始，对全国县及县以上的全民所有制单位的物资，包括在库的和在途的，生产资料和生活资料，成品、半成品和在制品，合格品和残次废品等，都进行清查。其中工业企业和工业管理部门是清查重点。这项工作到1963年9月基本结束。

通过清查，针对工业企业管理中暴露出来的问题进行了以下几项整顿工作：①重新核定流动资金。各企业根据生产任务，考虑到当时生产不正常、物资供应不及时等情况，制定出物资消耗、周转、储备的定额，并且据此重新核定了流动资金。1962年工业企业占用的流动资金总额为208亿元，比1960年减少了160多亿元。②合理处理超定额的物资。对所有的物资重新进行了质量鉴定。对可用的物资根据需要及时进行了调剂，用于供应生产建设和人民生活方面的需要。对残次废品，及时进行了处理和核销。③建立和健全有关的管理制度和机构。针对清仓查库中暴露出来的问题，按照《工业七十条》的要求，加强了计划管理，严格按照生产计划与作业计划采购物资、投料生产，逐步建立健全各种卡片账目，配备物资供应、仓库管理和财务管理人员，健全各项物资管理制度和财务管理制度，整顿和加强了企业管理。通过整顿，企业占用的流动资金明显下降。1965年，全民所有制工业企业每百元产值占用的流动资金降到25.5元，比1962年下降了34.1%。

2. 清理拖欠。

在"大跃进"期间，各企业间相互拖欠货款的现象十分严重，影响了企业的正常经营活动。1962 年 3 月、4 月，中共中央和国务院一再做出决定，坚决制止各单位之间相互拖欠货款。从 5 月份开始，在县以上的工业企业和基建单位展开了清理拖欠货款的工作。

这项工作进展相当顺利。截至 12 月 31 日，在几万个企业之间几年内积累下来的数十万件债权、债务基本上清理完毕。国营工业企业清理偿还了欠人货款 18.1 亿元，占欠人货款总数 19.5 亿元的 93%；被人拖欠的货款已经收回 26.1 亿元，占人欠货款总数 29.8 亿元的 88%。

通过清理拖欠，清理了多年的老账，解决了许多长期没有解决的经济纠纷，扭转了企业之间普遍相互拖欠的严重局面，使很多企业流动资金的紧张状态得以缓和，恢复了支付能力，促进了正常经济秩序的恢复。

3. 扭亏增盈。

在"大跃进"期间，国营工业企业亏损激增。1961 年，国营工业企业亏损数达 46.5 亿元，相当于整个工业税利的 1/3。

1962 年 4 月，中共中央和国务院确定要扭转企业大量亏损的状况。当时规定了哪些企业允许亏损经营，哪些企业允许暂时亏损经营、限期扭转亏损，必须按隶属关系，由主管机关认真审查，提出方案，分别报国务院和省、自治区、直辖市批准。对于这两种企业，要核定年度和分季、分月的亏损数额，严格计划补贴。根据这一规定，各地区、各部门在扭亏增盈方面做了不少工作，亏损的企业和亏损的金额都有所减少。但是，亏损情况仍然严重。同年 10 月，中共中央、国务院又发出通知，进一步要求各部门、各地区坚持扭转工商企业的亏损，增加盈利，争取 1963 年全国工商企业的亏损数比 1962 年减少 30 亿~40 亿元。为了实现这个目标，中央要求，那些由于管理不善而造成亏损的企业，要力争在 1962 年第四季度或 1963 年第一、二季度内，基本上做到不亏损。那些产品质量低劣，成本很高，短期内又不可能扭转亏损的企业，要坚决停止生产。并且要求国务院各部门立即派出工作组分赴重点城市、矿区、林区，会同地方有关部门，就地解决企业亏损的问题。

根据中央上述要求，全国工业企业在 1962~1964 年间，大力开展扭亏增盈工作。①制定明确的计划指标。限期消灭亏损企业与亏损产品，不仅要扭转亏损，还要增加盈利。②结合贯彻《工业七十条》，努力改进企业经营管理。③结合增产节约运动，发动群众揭露矛盾，比先进找差距，对症下药，进一步解决企业存在的问题。

通过上述各项工作，既整顿了工业企业管理，又扭转了企业的亏损，增加了企业的盈利。全国工业企业亏损额逐年大幅度下降。1962年亏损额为26.85亿元，1963年降为12.8亿元，1964年降为6.81亿元，1965年降为6亿元。①

4. 开展增产节约运动。

为了恢复和发展整个国民经济，特别是工业生产，1963年3月中共中央部署开展增产节约运动。这次运动是从整顿工业企业、巩固和建立正常的生产秩序入手，以开展比学赶帮，赶上国内或国际先进水平为中心的。

这次增产节约运动的主要形式是广泛开展比学赶帮活动。1963年末、1964年初召开的全国工业、交通工作会议，号召所有企业都开展比学赶帮活动，继续克服骄傲自满、固步自封思想，掀起增产节约运动的新高潮。凡是产品技术经济指标落后于1963年底国内先进水平的企业，都要努力追赶这个先进水平；现在已经达到国内先进水平的，应当努力追赶国际先进水平。同时，比学赶帮运动是同五好竞赛结合起来进行的。所有工业、交通企业都开展了"五好"企业和五好职工的社会主义竞赛，积极争当"五好"企业和五好职工。所谓"五好"企业，即政治工作好、完成计划好、企业管理好、生活管理好、干部作风好。所谓"五好"职工，即政治思想好、完成任务好、遵守纪律好、经常学习好、团结互助好。

这次增产节约运动还同"五反"运动，同"工业学大庆,②全国人民学习解放军"的运动密切相结合。它既是在整顿企业、改进管理中进行的，又是在加强政治思想工作和逐步开展阶级斗争中进行的。因此，它的积极作用也是多方面的。它对于推动企业改进经营管理，提高产品质

---

① 周太和主编：《当代中国的经济体制改革》，中国社会科学出版社1984年版，第115页。
② 大庆是1964年中共中央、国务院树立的全国工交战线的先进典型。大庆油田的建设成功，在1963年我国实现石油基本自给方面起了决定作用。在此后石油发展中也起了很重要的作用。大庆经验是在计划经济体制下形成的，因而有局限性。但是，大庆在发展石油地质理论和勘探开发技术、探索企业管理制度、培养职工队伍等方面的经验，特别是它的自力更生、艰苦创业的精神，十分可贵，对调整时期经济的发展起了重要的积极作用。

量，降低原材料消耗，降低成本，提高效率，缩短落后与先进的差距，促进生产的发展起了重要的作用。对于改进干部多吃多占、瞎指挥、官僚主义等不良作风，对于打击贪污盗窃、违法乱纪行为，对于发扬艰苦奋斗、自力更生的精神都起了积极的作用。但是，也有它的消极作用。由于毛泽东提出无产阶级同资产阶级的矛盾仍然是我国社会的主要矛盾，在整个社会主义历史阶段资产阶级都将存在和企图复辟，并成为党内产生修正主义的根源，使这次运动也把阶级斗争扩大化。在运动中把大量属于人民内部的问题看成了阶级斗争，不仅打击了一批干部，挫伤了群众的积极性，而且把国营工业企业搞经济核算当做"利润挂帅"、"奖金挂帅"、"资本主义经营管理"来批判，使当时试行按照经济规律管理经济的改革探索趋于夭折。

但是，总的说来，通过以上各项经济整顿工作，《工业七十条》的不少规定逐步在工业企业中得到试行。这对于贯彻执行调整、巩固、充实、提高的方针，恢复和建立正常的生产秩序，提高企业的经营管理水平、技术水平、生产水平，起到了积极的作用。"大跃进"运动所造成的企业管理混乱的局面发生了很大的改变。全国有相当多的企业出现了产品质量、产量、劳动生产率三提高和原材料消耗、成本两降低的新气象，经济效益有了明显的提高。我国工业得到了迅速恢复和发展。

1965 年，中共中央书记处指示国家经委组织对条例草案进行修订。从 3 月 18 日开始，国家经委主任薄一波组织有关人员比较系统地调查了条例草案试行情况和整顿结束后企业面临的新问题，对条例草案进行了几次修改，于 9 月 17 日上报中共中央书记处。

但是，中共中央书记处还未来得及组织讨论这一修改稿，"文化大革命"就开始了。在"文化大革命"中，《工业七十条》被诬蔑为一棵修正主义的大毒草。[①] 但是，《工业七十条》是在党中央提出的实事求是原则的指导下，在总结我国"一五"时期和"大跃进"时期的经济建设的正反两个方面经验与教训基础上提出的，其中许多方面都是我国企业管理的宝贵精神财富。它对于纠正"大跃进"的"左"的错误，迅速恢复我国工业生产，起到了重要的积极作用，取得了巨大成就。当然，在当时的历史

---

① 薄一波：《若干重大决策与事件的回顾》下卷，中共中央党校出版社 1993 年版，第 976~978 页。

条件下，《工业七十条》既不可能从根本上摆脱计划经济体制的框框，也不可能从根本上摆脱日趋发展的毛泽东"左"的阶级斗争理论和日趋加剧的"左"的阶级斗争实践的影响，因而它在许多方面存在着时代的局限性。这一点，1965年9月的条例草案修改稿表现得更为明显。

第三节　调整和整顿手工业集体企业

一、调整和整顿手工业集体企业的历史背景：制定《手工业三十五条》的起因

"大跃进"期间，在盲目追求"一大二公"的"左"的思想指导下，手工业生产合作社也急于实现转厂过渡，由此造成了手工业生产的急剧萎缩，手工业产品市场出现了严重的供不应求的局面。为了扭转这种局面，中共中央在1959年8月发出了《关于迅速恢复和进一步发展手工业生产的指示》，其中包括调整手工业所有制和企业规模在内的措施，共有18条。但由于同年庐山会议后在全党普遍开展的"反右倾"斗争，这个指示没有得到认真的贯彻。因而，手工业生产方面存在的严重问题，并没有得到解决。

进入调整时期后，根据毛泽东提出的要搞调查研究、要有章程的指示，有关部门和地区对手工业进行了调查研究。

1961年5月，朱德在调查研究后提出，1958年转厂并社时，由集体所有制改为全民所有制的手工业合作社面过大了，目前，仍保留着集体所有制的工厂，也很少实行原来合作社时的经营管理制度。这表现在：理事会、监事会和社员大会等组织形式没有了；分红、公积金、公益金等制度也取消了；计件工资制绝大部分改为月薪制。因此，在手工业生产中，普遍存在着"磨洋工"的现象。要改变这种状况，必须恢复手工业合作社时的组织形式和经营管理制度。

同年5月21日~6月12日，在北京召开的中共中央工作会议对手工业工作进行了研究，制定了《关于城乡手工业若干政策问题的规定（试行

草案)》，即《手工业三十五条》。①

二、整顿手工业集体企业的指导文件：《手工业三十五条》的主要内容

《手工业三十五条》是当时为了克服手工业急于过渡、合并过多、限制过死的弊端而制定的重要文件。它的主要内容有：

1. 调整手工业的组织形式。

在整个社会主义阶段，我国手工业应该有三种所有制形式：全民所有制、集体所有制和个体所有制。其中，集体所有制是主要的，全民所有制只能是部分的，个体所有制是社会主义经济的必要补充和助手。

集体所有制手工业的组织形式有手工业生产合作社、手工业供销生产社、手工业合作小组、手工业合作工厂；有城市人民公社的社办工业和手工业生产小组；有农村人民公社的社办工业，社社联营工业和生产大队、生产队的手工业生产小组。从全国范围来说，手工业生产合作社是手工业的主要组织形式，有些城市也可以人民公社为主要组织形式。

不论采取哪种组织形式，原则上都要实行入社自愿、退社自由、经济民主、自负盈亏，反对不讲经济核算的"吃大锅饭"做法，反对依赖国家包下来的"铁饭碗"思想。

为了迅速恢复和发展手工业生产，必须对当时手工业所有制进行必要调整。调整所有制的原则是：有利于调动手工业工人的生产积极性，提高劳动生产率；有利于增加产品品种和数量，提高产品质量；有利于节约原料材料，降低成本；有利于适应农业生产和人民生活的需要；有利于更好地实行"各尽所能，按劳分配"，在发展生产的基础上逐步增加手工业工人的收入。

调整手工业所有制是一件复杂细致的工作，必须按照实际情况办事，必须实行群众路线，必须保证生产正常进行，必须对一切人员做好妥善安排，必须使手工业工人的收入不致减少，要根据不同地区、不同企业和不同生产情况区别对待。对于改变所有制、调整组织形式、确定经营方针、处理公共财产等重大问题都必须经过干部和群众的充分酝酿，反复讨论，民主决定。反对草率从事，防止发生新的命令主义和瞎指挥。调整

---

① 《中国共产党历次主要会议集》下卷，上海人民出版社1983年版，第154~155页。

手工业所有制必须有计划、有步骤地进行，各地必须先做试点，取得经验后再逐步推广。

对于已转变为国营工业和公社工业的原手工业生产合作社，凡是不利于调动手工业工人的积极性、不利于恢复和增加产品品种和质量、不便利群众的，都必须坚决采取适当的步骤，改为手工业生产合作社或合作小组；而确实办得好的，能够适应社会需要的，就不再变动。农村人民公社兴办的工业，如农业机械修配、农副产品加工、矿产开采和建筑材料工业等，凡是适宜于集中生产又能办得好的，可以仍然保留公社的集体所有制，由公社继续经营，分别核算，各计盈亏。凡是不适宜于集中生产，不改变所有制就办不好的，应该经过人民公社社员代表大会和企业职工的同意，改为手工业生产合作社、合作小组，或者改为生产大队、生产队的手工业生产小组。凡是没有发展前途和没有经营条件的，应该停办。城市人民公社兴办的工业也应该结合实际进行合理调整，家庭妇女参加公社工业做工的要特别注意完全自愿，不得勉强。

手工业生产合作社和合作小组属于参加这些合作组织的手工业工人集体所有。在农村，它是人民公社这个联合经济组织当中的一个独立经营单位，是人民公社经济的一个组成部分，受公社和县手工业联社双重领导。在城市和集镇，它可以是人民公社经济的一个组成部分，也可以是手工业联社直接领导下的一个独立经营单位，不作为人民公社经济的组成部分。

农村人民公社的手工业工人同农业的关系特别密切。除了某些手工业集中地区以外，一般不建立手工业生产合作社。这些手工业工人可以继续参加生产大队或者生产队的手工业生产小组。但是，计算劳动报酬的方法应该和农业劳动不同，可以按件计工，可以按产值计工，可以按收入比例分成，也可以让他们自负盈亏，缴纳少量的公积金。

农村人民公社的社办工业、手工业合作组织，生产大队和生产队的手工业生产小组，除了某些必须常年生产以外，都应该实行亦工亦农的原则，农闲多办，农忙少办或者不办。

某些适宜于单独经营的个体手工业者，应该允许他们在手工业合作组织、公社或者生产大队的领导管理下进行独立劳动、自产自销，收入归己，同时向手工业合作组织、公社或者生产大队缴纳少量的公积金。

城乡家庭手工业是整个手工业的一个组成部分，应该积极发展。家庭手工业可以自产自销，可以由商业部门加工订货，可以由人民公社或者手工业联社组织手工业供销生产社或者生产小组，统一领导，分散生产，发原料和收成品。家庭手工业的收入应该归个人所有和支配。

对于确定由国营工业和公社工业恢复为手工业生产合作社的，在国营和社营期间发生的盈亏和债权债务，由国营工业主管部门和人民公社负责处理；在这个期间新增加的设备和其他资产，凡是手工业生产合作社需要的，应该拨给他们继续使用，折价由手工业生产合作社分期偿还，或者作为国家和人民公社的投资；过去手工业生产合作社的资产和社员股金被无偿调用的，必须坚决退赔，谁调用谁退赔；原手工业生产合作社社员股金和合作社的公积金、公益金和其他资金、设备、厂房等全部归还原主，已经动用和损坏了的必须如数赔偿。继续作为国营工业和公社工业的，对于原来社员的股金和个人工具折价，也必须认真清理，如数退还给本人。过去各级手工业联社的积累和资产已经交给国家有关部门的，应该由有关部门负责退还。

2. 调整组织规模和恢复充实手工业生产队伍。

手工业企业的规模不宜过大，行业不宜混杂。规模过大的应该坚决分小，行业混杂的应该坚决划开。组织起来不等于集中生产，过分集中的应该坚决分散。但是，也要区别不同情况，不要强求一律。手工业行业复杂，小而灵活，经营方式应该多种多样，可以集中生产，可以分散生产，可以固定设点，可以流动服务，可以在当地串街串乡，可以到外地串街串乡。手工业工人到外地串街串乡，人民公社应该给予方便。

凡是原来生产手工业产品的企业和人员，特别是生产传统名牌手工业产品的企业和技术工人，已经改行转业的，除了少数特殊情况，都必须坚决归队。原来的手工业修理服务人员，也必须归队。组织企业归队要按行业、按产品分类排队，认真做好生产安排，有计划、有步骤地进行，以此恢复和充实手工业生产队伍。同时，必须大力培养手工业的新生力量，提倡师傅带徒弟和尊师爱徒。手工业部门、人民公社和生产大队要有计划地安排青年学艺。

3. 贯彻执行"按劳分配，多劳多得"的原则，正确处理国家、集体、个人三者之间的关系。

集体所有制手工业工人的工资水平，在城市应该大体相当于当地同工种、同等技术条件的国营工厂工人的工资水平。现在工资水平偏低的，应该随着生产的发展逐步提高。在农村，应该按照历史习惯，高于当地农民收入的水平。手工业企业职工的福利待遇，应该根据企业生产的发展水平和经营的好坏来决定。城市手工业工人的口粮原则上应该同当地同行业、同工种的国营工厂工人享受同等待遇，具体标准由各地自行规定。农村手工业工人的口粮应该根据不同行业给予适当照顾，他们的家属的口粮和烧柴应该和当地农民享受同等待遇，并且同样享有一份自留地。

4. 统筹安排、分级管理手工业的产供销。

既要有中央和地方的统一计划，又要有企业安排生产的灵活性；既要使主要产品、名牌产品在中央和地方计划中列入，又不要管得过多过细。集体手工业企业的生产计划应该根据为农业生产服务、为人民生活服务、为出口服务、为工业建设服务的方针，在国家计划的指导下，结合单位的具体情况进行编制。计划需要调整时，国家计划部门可以提出意见，但不准强迫实行。

手工业产品的生产安排，要特别注意发挥传统产区的生产基地作用，保持和发扬传统名牌产品的特色，迅速恢复传统的合理的供销关系和经营方式，以适应市场的需要。手工业集中产区的名牌产品，必须兼顾当地和外地的需要，切实保证外调外销任务。生产这些产品所需要的原料、材料、劳动力和口粮补助，各省、自治区、直辖市应该进行全面安排。手工业的技术革命和技术革新，必须注意提高和保证产品的质量，不能减少品种、花样，并且注意继承和发扬一切传统的优良的生产方法，已经行之有效的、群众公认的好经验，应该肯定下来。制造新产品，必须经过试产试销。成功以后，再逐步扩大生产。

手工业生产所需要的原料、材料，应该根据国家分配和自力更生相结合的原则解决。属于国家统一分配的一、二类主要物资和进口物资，由手工业部门提出申请，分别纳入中央和地方计划，单列户头，由国家物资部门和有关部门拨交手工业部门安排使用。属于商业部门经营的一、二类物资，由商业部门负责供应。手工业生产所需要的三类物资，一部分由商业部门负责供应，另一部分由手工业部门和企业自购自用。到外县、外省采购三类物资，应在县以上手工业部门的统一领导下，有组织进行。进入集市贸易的二类物资，手工业部门和企业也可以进行采购。手工业部门和企业采购原材料，必须服从当地市场管理，有关地区给以协助。

地区之间传统的供销协作关系必须迅速恢复，新的供销协作关系要积极建立。手工业部门和企业，可以向原料产地的供销合作社和人民公社直接采购原料、材料，可以用自销的产品换取所需要的原料、材料。应该鼓励手工业生产利用废品、废料。工矿企业、铁道交通、基本建设等单位的边角下料和废品、废料，原则上应该由手工业部门收购使用。有些工矿企业的边角下料有上缴任务，或者要自己利用，应该由计划部门根据经济合理的原则，适当确定上缴、本厂留用和拨给手工业企业使用的比例。手工业企业可以和厂矿单位直接挂钩，固定边角下料的供应任务。社会上的各种废品，由商业部门或者物资部门收购的应该优先供应手工业企业使用。手工业企业可以按照传统习惯，接受来料加工和带料修理，也可以收购某些自用的废品。过去手工业部门建立的原料生产企业和原料改制加工企业，应该尽可能交回手工业部门自产自用。

过去手工业部门所属的机械厂，也应该拨回一部分，或者由国家另外拨给必要的机械厂。国营企业替换下来的旧设备，应该恢复过去作价拨给手工业部门使用的办法。手工业基本建设所需要的国家统一分配物资和设备，采取分级包干的办法，分别列入中央和地方计划。

手工业产品中，由国家供应原料、材料的计划产品，原则上由商业部门包销，也可以留出一部分由手工业部门和企业自己销售。由手工业部门和企业自购原料、材料的产品和由国家供应部分原料、材料的非计划产品，原则上由手工业部门和企业自己销售，也可以由商业部门选购和推销一部分。提倡手工业企业同基层商店直接挂钩。

手工业产品的价格必须合理，保证生产有合理的利润。由于原料、材料价格变动，成本提高或者降低的，应该适当地提高或者降低出厂价格和销售价格。由于企业经营管理不善而增加成本的，应该限期改进。手工业产品的价格，由各地物价管理委员会负责掌握。商业部门包销和选购的产品的价格，由工商双方合理议定。手工业部门自产自销的产品有的可以按照国营商业牌价，有的可以同行议价，某些零星产品也可以由买卖双方自行议价。对手工业产品应该实行"优质优价，分等论价"的原则。

5. 坚持民主办社、勤俭办社的方针。

手工业生产合作社要恢复过去行之有效的民主管理制度，民主选举理事会、监事会，定期向社员公布账目，一切重大问题都要经过社员大会或者社员代表大会讨论决定。公社工业要总结自己的经验，吸收手工业生产合作社好的民主管理经验。国营的手工业企业，也要结合手工业的特点，扩大民主范围，可以试行民主选举厂长，经上级批准的办法。

一切手工业企业，都必须严格实行经济核算，加强财务管理，发扬手工业因陋就简、精打细算的优良传统。认真控制一切非生产性开支，力求减少脱离生产的管理人员。一切手工业企业，都必须建立和健全生产责任制度，定额管理制度，产品检验制度和原料、材料领发保管制度。切实注意提高产品质量，恢复和提倡包退、包换、包修的传统做法。手工业企业的工作时间和营业时间，应该根据不同行业、不同特点和不同季节来规定。

手工业干部必须发扬民主作风，处处为群众打算，遇事同群众商量，不许独断专行。必须从实际出发，实事求是地反映情况，不许弄虚作假。必须和群众同甘共苦，不许特殊化，不许使自己和自己的亲属享受特殊待遇。认真执行干部参加劳动，工人参加管理，企业改善经营管理，干部、工人、技术人员三结合的制度。

6. 建立和健全手工业企业的领导机构。

中央、省（自治区、直辖市）、专区、县各级都必须建立和健全手工业和公社工业的管理机构，并且配备同它们任务相适应的干部，统一管理各种所有制的手工业企业。恢复各级手工业合作社联合社（简称"手工业联社"）。各级手工业联社和手工业、公社工业管理机构可以合署办公，只设一套人员。各级手工业联社的主要任务是：编制供产销计划，组织原料、材料供应和产品推销；指导企业经营管理，帮助技术改造，推广先进经验；训练企业管理干部、财会人员和技术工人；协同基层企业举办集体福利事业；对个体手工业工人进行组织、教育和业务指导，并且在供销上给以必要的帮助。各级手工业联社都要设立供销机构。这个供销机构，是整个社会主义商业的一个组成部分。

7. 加强党的领导和思想政治工作。

在一切手工业企业中，中国共产党的组织是领导的核心。共产党员和共青团员应该在各项工作中起模范作用和带头作用。手工业企业中的党组织，必须根据党的政策方针，加强对这些企业的领导。但是，不应该包办代替理事会或者管理委员会的日常业务工作。手工业企业中的党组织，应该定期讨论和检查理事会或者管理委员会、社员代表大会或者职工代表大会的工作。对于生产、财务、群众生活、执行国家政策法令、执行国家计划和其他方面的重要问题，一般地应该在党内进行充分酝酿，并且同职工群众和非党干部共同研究，然后再把党组织的意见提交理事会或者管理委员会、社员代表大会或者职工代表大会讨论。通过以后，保证实行。

在手工业企业中还必须加强党的政治思想工作。要采取适合职工群众的生产生活情况和政治文化水平的方式，经常向他们宣传马克思列宁主义和毛泽东思想，进行社会主义教育、爱国主义教育和时事政策教育。要使职工群众充分理解手工业生产的重大意义，手工业劳动和大工业劳动同样光荣。要教育职工群众进一步树立当家做主、关心企业的思想。加强老工人和青年工人的团结，充分发挥老工人在企业中的作用，教育青年工人勤勤恳恳、老老实实地学习老工人的长处。

三、调整和整顿手工业集体企业的措施：试行《手工业三十五条》

1961 年 6 月 19 日，中共中央将《手工业三十五条》发放到全国各基层单位，要求认真贯彻执行。尔后，又采取了一系列措施落实《手工业三十五条》。为了加强对手工业的管理，9 月 30 日中共中央决定将中央手工业管理总局与轻工业部分开，由邓洁主持中央手工业管理总局和全国手工业生产合作总社的工作。11 月，全国手工业生产合作总社又发出《巩固提高手工业生产合作社的指示》。指示规定了办好手工业生产合作社的"五条标准"，主要内容是：①认真按照社章办事，实行民主管理。②生产方向明确，管理制度健全。③实行经济核算，财务管理健全。④收益分配合理，符合按劳分配的原则。⑤干群团结好，社会主义思想占上风。指示还要求各级手工业生产合作联社定出切实可行的、办好手工业生产合作社的规划。11 月 28 日，中央手工业管理总局和全国手工业生产合作总社召开全国手工业厅局长和联社主任会议，总结贯彻《手工业三十五条》的经验。这些都推动了《手工业三十五条》的贯彻。

贯彻《手工业三十五条》，对发展集体和个体手工业起了积极作用。在调整初期，由于加强日用工业品生产，压缩滞销积压的生产资料生产，集体所有制手工业产值虽然一度下降，但品种花色大大增加，适销产品的产量也急剧增加。在调整后期，产值迅速上升。按1957年不变价格计算，集体所有制手工业产值（含社办工业）由1960年的155.1亿元下降到1961年的117.1亿元，1962年又降到103.7亿元，1963年再下降为98.4亿元，1964年回升到115.4亿元，1965年再回升到138.4亿元。[①]这5年集体所有制手工业产值占工业总产值的比重由9.4%回升到11.5%、12.2%，再下降到10.7%、10.5%、9.9%（详见附表13）。后3年集体所有制手工业产值比重下降，是由于国营工业恢复速度超过集体工业。但1965年集体所有制手工业比重仍超过了1960年。

当然，《手工业三十五条》也像《工业七十条》一样，不可避免地存在某些时代局限性，它既不可能跳出计划经济体制的框框，也不能摆脱"左"的阶级斗争理论的束缚。

---

①《中国统计年鉴》（1983），第214页。

第三章 再次调整经济管理体制

第一节 再次集中经济管理权限

为了贯彻调整、巩固、充实、提高的方针，恢复和发展国民经济，客观上要求改变经济管理体制。这种改变的指导思想是强调全国一盘棋，实行高度的集中统一，以克服工业生产中的分散、无序状态。1961 年 1 月，中共中央正式做出《关于调整管理体制的若干暂行规定》，强调集中统一，以利克服经济困难。规定提出：经济管理的大权应当集中到中央、中央局和省（自治区、直辖市）委三级，最近两三年内，应当更多地集中到中央和中央局。1958 年以来，各省、自治区、直辖市和中央各部下放给专区、县、公社和企业的权限，放得不适当的，一律收回；中央各部直属企业的行政管理、生产指挥、物资调动、干部安排的权力，统归中央主管部门；国防工业企业一律由国防工委直接领导，过去下放的国防工业企业一律收回；全国铁路由铁道部统一管理，铁路运输由铁道部集中指挥；凡需在全国范围内组织平衡的重要物资，均由中央统一管理，统一分配。国家按行业分配给各"口"的统配物资和部管物资，由中央主管各"口"负责进行安排。中央局和省（自治区、直辖市）在保证完成国家计划的条件下对中央直属企业的物资进行调整时，必须商得主管部门的同意；财权必须集中，各级都不许搞赤字预算，货币发行权归中央；国家规定的劳动计划，各部门、各地方都不许突破；所有生产、基建、收购、财务、文教、劳动等各项工作任务，都必须执行全国一盘棋、上下一本账的方针，不得层层加码。①

根据上述指导思想，实行经济管理权限的集中统一领导，主要有以下几个方面：

一、上收一批下放不当的企业

"大跃进"期间，把一些产供销面向全国的大型骨干企业下放给地方管理后，因地方很难保证这些企业的正常生产条件，企业之间以前形成的协作关系也被破坏，不少物资、资金被挪用，造成企业不能完成国家计划，中央的财政收入大幅度减少。

针对上述情况，从1961年起，经济部门把许多企事业单位的隶属关系做了调整。1961年，第三机械工业部将26个国防工业企业收回，由部直接领导；全国铁路由铁道部统一管理，铁路运输由铁道部集中指挥；交通部也将一些重要的沿海港口及长江干线上的重点港口等收归交通部领导；等等。1962年以后，又继续上收了一些企业。到1963年，全国120个机械工业骨干企业中有110个由第一机械工业部上收；冶金工业部上收的直属的大型钢铁企业有鞍山钢铁公司、武汉钢铁公司、包头钢铁公司、本溪钢铁公司、石景山钢铁公司、太原钢铁公司等24个，钢产量占全国钢产量的65.6%，生铁产量占86.8%。在轻工业方面，1961~1965年共上收企业308个。其中，烟草行业收回全部的61个企业；盐业收回39个企业，其生产量占全国产量的70%以上。同时，收回24个省、自治区、直辖市的供销企业，其销售量占全国销量的90%以上。1963年，纺织工业部把1958年下放给地方的10个纺织机械厂和分公司全部收回，由纺织机械制造局直接管理。从1958年管理权限下放后，中央直属企事业单位只剩下1200个。到1965年，包括中央各部在"大跃进"期间和以后新建的企业，增加到10533个。中央各部直属企业的工业总产值占全国工业总产值的42.2%，其中属生产资料的部分占55.1%。②

二、加强计划的集中统一管理

在这期间，经济方面的计划集中统一管理，主要抓了以下几项工作。

---

① 《中华人民共和国经济大事记（1949~1980）》，中国社会科学出版社1984年版，第297~298页。

② 周太和主编：《当代中国的经济体制改革》，中国社会科学出版社1984年版，第99、100、295、134、380、417、418页。

1. 强调全国一盘棋，加强综合平衡工作。按照全国一盘棋、上下一本账的方针，改变了"大跃进"期间"两本账"的做法，克服了各自为政、层层加码、指标越加越高、国家计划失控的现象。同时，为了纠正"以钢为纲"、一马当先，不顾其他的偏向，由国家计委负责全面的综合平衡，搞好国民经济的综合平衡工作。在工业方面，注意正确处理工业与国民经济其他各部门之间的关系，工业各部门之间的关系，以及各工业部门内部各环节之间的关系，合理分配人力、物力、财力，确保重点，照顾一般，瞻前顾后，留有余地，使工业按比例协调发展。

2. 改变"大跃进"期间自下而上编制计划的程序，实行"两下一上"的程序。即先由国务院自上而下地颁发控制数字，然后自下而上编制计划草案，最后由国务院批准，自上而下地下达计划。这种做法，有利于中央的方针政策的贯彻执行，有利于统一计划，能有效地防止计划的失控。

3. 增加计划指标。调整时期，国家计划不仅基本上恢复了"一五"时期的一套计划指标，有的比"一五"时期还要细。工业计划包括工业总产值、商品产值、主要产品产量、主要技术经济指标、工业设备大修理等。对国营工业企业的考核指标由主要产品产量、职工总数、工资总额和利润 4 项，增加到 6 项，即主要产品产量、品种、规格，商品产值和完成订货合同的情况，产品质量，主要技术经济定额（主要原材料消耗定额、设备利用率、工时定额），劳动生产率（按全员计算和按生产工人计算两种），成本降低率（按主要可比产品单位成本计算和按总成本计算两种）。

4. 扩大计划范围。这个时期中央直接管的指标占了各项经济活动的大部分。中央管理的工业产品从 215 种恢复、增加到 400 种左右，这些产品的产值占工业总产值的 60% 左右；农、林、牧、渔主要产品有 30 种左右，产值占农业总产值的 70% 左右；主要零售商品有 90 种左右，其零售额占社会商品零售总额的 70% 左右；进口商品有 50 种左右，进口额占进口贸易总额的 90% 左右；出口商品有 80 种左右，其出口额占出口贸易总额的 85% 左右。中央统一分配的主要生产资料 200 种左右，主要生活资料 10 种左右。调整时期，计划分三级管理，中央直接管理国民经济中关键性指标，各部门管理本行业全国性的重要指标，省、自治区、直辖市管理本地区的重要指标。在加强计划集中管理的同时，对不同性质的经济成分，实行了不同的计划管理方法。对国营企业和事业单位，实行直接计划；对集体所有制农业、手工业企业实行间接计划管理。

三、加强基本建设的集中统一管理

"大跃进"期间，基本建设投资规模膨胀的一个非常重要的原因，就是基本建设管理权限在计划经济的前提下，下放得过多、过散。虽然在名义上，基本建设都有计划，但实际上各部门、各地区、各企业都有项目的审批权，又有相应的财权，又可以合法地层层加码，使得基本建设投资活动失去控制，处于无政府状态。所以，调整时期要降低高指标，压缩基本建设投资规模，就需要恢复基本建设的集中统一管理，收回被不适当地下放了的基本建设项目审批权和计划权。

在1961年1月中共中央做出《关于调整管理体制的若干暂行规定》以后，中共中央又陆续颁发了一系列的详细规定，以恢复集中统一的投资管理体制。1962年5月31日，中共中央同意国家计委的《关于加强基本建设管理问题的报告》，由国务院正式颁发了《关于加强基本建设计划管理的几项规定》、《关于编制和审批基本建设设计任务书的规定》和《关于基本建设设计文件编制和审批办法的几项规定》三个文件。其主要内容如下：

1. 收回基本建设项目审批权。1958年权力下放时规定，除特别重大的建设项目由国务院批准外，一般的大中型项目都由各主管部门和各省、自治区、直辖市批准。调整开始时，中央决定大中型项目的建设，都报中央批准；地方小型项目的建设由中央局批准；中央各部直属的小型项目的建设由国家计委批准；未经批准的项目，各级财政部门和银行一律不予付款。上述国务院颁发的三个规定对审批权限进一步定为：中央各部直属的大中型项目，一律由国家计委审核，报国务院批准，小型项目由各部批准。地方大中型项目中的重大项目由国务院批准，其余大中型项目由国家计委批准，小型项目由各省、自治区、直辖市批准。

2. 收回投资计划管理权。每年分部门和分地区的基本建设投资额即年度投资规模由国家确定，年度施工的大中型建设项目（包括重要的单项工程）由国家在年度基本建设计划中确定；计划批准后，需要增减变动的，由国务院或国务院授权国家计委批准。只允许小型建设项目分别由主管部门或省、自治区、直辖市自行安排。自筹资金除少数报经国务院批准者外，一般不能用于大中型项目。

3. 严格基本建设程序。所有基本建设投资和大中型项目，都要按照国家规定的审批权限报请批准，按照基本建设程序办事；所有建设项目的设计任务书也要经过批准，才能列入年度计划；所有建设项目要在设计文件经过批准和各种建设条件落实以后，才能动工。此外，一律不准再搞计划外的基本建设。

4. 加强对基本建设拨款的监督。基本建设资金不再由地方财政包干，改由中央财政专项拨款，严加控制，并减少部门、地方和企业的预算外资金。1963 年 12 月，针对当时一些建设单位不断安排计划外工程，擅自提高建筑标准等情况，进一步加强了拨款的监督工作；严格按照国家计划和基本建设程序监督拨款，认真审查基本建设预算，核实工程造价，并且依此监督拨款。同时，加强基本建设储备资金的管理，进一步加强基本建设财务管理，严格执行财政制度和结算纪律，加强建设银行的机构，发挥建设银行的监督作用。

四、加强财政、信贷的集中统一管理

1. 集中财权，加强财政管理。1961 年 1 月 15 日，中共中央批转财政部《关于改进财政体制加强财政管理的报告》，同月 20 日又发布《关于调整管理体制的若干暂行规定》，都强调集中财权，改进财政管理体制。其主要内容有：①国家财权基本上集中到中央、大区和省、自治区、直辖市三级。大区是一级财政，大区的财权有：对各省、自治区、直辖市财政指标的分配调剂权；对所属省、自治区、直辖市财政工作的领导和监督权；国家从总预备费中分离一部分给大区直接掌握使用。对各省、自治区、直辖市财政，继续实行"收支下放、地区调剂、总额分成、一年一度"的办法。但在收入方面，收回了一部分重点企业、事业单位的收入，作为中央的固定投入；在支出方面，收回了基本建设拨款权。②国家财政预算，从中央到地方实行一本账，坚持"全国一盘棋"。各级财政预算的安排，必须根据既积极又落实的收入，合理安排支出，坚持收支平衡，略有节余，一律不准打赤字预算。③对各地区、各部门及各企事业单位的预算外资金，采取"纳、减、管"的办法进行统一管理。即有的纳入预算，有的减少数额，都要加强管理。

2. 改进企业财务管理体制，恢复和健全企业成本、资金管理制度，加强经济核算。①改进企业利润分配制度。1961年1月23日，中共中央批转财政部《关于调低企业利润留成比例，加强企业利润留成资金管理的报告》，决定调低企业利润留成比例，要求全国企业平均利润留成比例从13.2%降低到6.9%，而且明确规定企业利润留成资金必须绝大部分用于"四项费用"①、进行技术革新、技术革命和实行综合利用所需的支出，同时按照国家的规定安排奖金和职工福利开支。企业主管部门集中的留成奖金，不得超过企业留成资金总额的20%，并且只能用于企业之间的调剂，不得用于其他开支。1962年1月，财政部和国家经委联合发布了《1962年国营企业提取企业奖金的临时办法》，财政部同国家计委又发布了《国营企业四项费用管理办法》，决定自1962年起，除了商业部门仍实行利润留成办法外，其他部门的企业停止实行利润留成办法，改为提取企业奖金的办法。企业所需"四项费用"改由国家拨款解决。②健全企业成本管理制度，严格执行成本开支范围的规定。1961年2~11月，国家计委和财政部先后发出了《关于加强国营企业成本管理工作的通知》、《关于加强成本计划管理的通知》、《关于1962年国营企业若干费用划分的规定》，要求企业加强成本管理的基础工作，明确规定大修理基金、基本建设投资以及行政、事业经费中的开支，严禁挤入企业成本等。③加强资金管理，严禁乱挪、乱用国家资金。要求必须严格划清流动资金和基本建设资金的界限，两种资金严禁互相挪用，要分别管理、使用。流动资金只能用于生产周转和商品流转的需要，决不能用于基本建设或其他财政性开支。严禁一切机关和个人，挪用国家的资金和物资，挪用国营企业的产品和原材料等。

这个时期，财政上实行集中统一的管理体制，使中央直接掌握的财政收入，由原来的50%提高到60%左右，有效地保证了国家有限资金用于发展和充实薄弱环节，促进了国民经济的调整。

关于银行信贷工作的集中统一，主要是执行《银行工作六条》。1962年3月，中共中央、国务院发出了《关于切实加强银行工作的集中统一，严格控制货币发行的决定》（简称《银行工作六条》）。"大跃进"期间，乃

---

① 所谓"四项费用"，是指企业所需的技术组织措施费、新产品试制费、劳动安全保护费和零星固定资产购置费。

至在调整的初期，许多地方违反财经纪律，随意要银行增加贷款，企业大量亏损靠银行贷款维持，以及擅自挪用银行贷款作为财政性开支，造成财政赤字，货币透支，商品严重不足，物价猛涨，国家经济形势十分严峻。所以，加强财政、银行工作的集中统一，把国家资金管紧，严格控制货币发行，严肃财经纪律，无疑是非常得力的举措。

《银行工作六条》的主要内容有：①收回银行下放的一切权力，银行业务实行完全彻底的垂直领导。中国人民银行总行下达的重大计划和制度，地方在未经许可时不得自行变更。②严格信贷管理，非经中国人民银行总行批准，任何地方、部门和企业、事业单位，不得在计划以外增加贷款。计划指标层层负责，不准突破。③严格划清银行信贷资金和财政资金的界限，不许用银行贷款作财政性支出。中共中央和国务院重申：银行贷款绝对不准用于基本建设开支，不得用于弥补企业亏损，不准用于发放工资，不准用于缴纳利润，不准用于职工福利开支和"四项费用"开支。④加强现金管理，严格结算纪律。中国人民银行还要负责对企业、事业等单位的工资监督工作。⑤各级人民银行定期向当地党委、政府报告货币投放和回笼流通情况，报告企业亏损及财政弥补情况等。⑥在加强银行工作的同时，必须严格财政管理。对于企业亏损必须做出计划，经国家批准，由财政按计划弥补。计划外亏损，按其发生的原因，另做处理等。

《银行工作六条》下达后，有些企业出现乱挤财政的现象。为此，中共中央和国务院又发出了《关于严格控制财政管理的决定》（简称《财政工作六条》）。其主要内容有：①切实扭转企业大量赔钱的状况。一切国营企业，除了国家特别批准的以外，都必须盈利，不准赔钱。国家允许赔钱经营的企业，由国家按计划给予补贴。那些允许暂时赔钱经营的企业，应限期转亏为盈，由国家在一定时期内给予补贴。应当立即停产或者关闭的企业，要认真审查，逐个安排，具体确定。②坚决制止一切侵占资金的错误做法，不许挪用上缴利润和税款；不许挪用银行贷款；不许挪用应当归还其他单位的货款；不许乱挤生产成本；不许挪用企业的定额流动资金；不许挪用固定资产的变价收入；不许挪用折旧基金和大修理基金；不许自行提高企业各项专用基金的提取比例；不许挪用企业的"四项费用"；不许挪用基本建设单位储备材料和设备的资金。③坚决制止各单位间相互拖欠货款，工业企业购进货物，必须持有中国人民银行签署的关于该企业有支付能力的证明。④坚决维护应当上缴国家的财政收入，凡拖欠或者挪用上缴利润的单位，要查明情况，加以处理。⑤严格控制财政支出，各单位只许减少，不许超过。⑥切实加强财政监督。

此外，国营企业所需流动资金从 1961 年 7 月 1 日起，由银行全额信贷改为 80%由财政部门拨款，20%由银行贷款。从 1962 年 1 月 1 日起，银行不再参与国营企业流动资金的贷款。

五、实行物资流通集中统一管理

为了改进"大跃进"期间物资工作中存在的各自为政、调度不灵、物资分散、管理混乱，而导致物资供需矛盾剧烈，正常的经济体系遭到破坏的状况，中共中央决定对物资流通实行集中统一、全面管理的方针。依据这个方针，物资管理体制进行了以下几方面的变动。

1. 建立全国统一的垂直领导的物资管理系统。1960 年 5 月，中共中央批转国家经委党组向中共中央提出《关于加强物资供应工作和建立物资管理机构的请示报告》。根据中央决定，在国家经委内设立了物资管理总局。其任务是按照国家计划，对全国生产资料的收购、供应和调度工作实行统一组织和管理，要求各生产部门的销售业务和经营销售业务的组织机构、人员，由国家经委物资管理总局统一领导和管理。在此基础上物资管理总局在各主要城市建立了 61 个一级站。同时，物资管理总局加强了对省、自治区、直辖市物资厅（局）的业务领导。

1962 年 5 月 18 日，中共中央再次批转国家经委党组《关于在物资工作上贯彻执行集中统一方针，实行全面管理的初步方案》。方案的核心是要尽快建立全国统一的物资管理系统和业务经营网，从中央一级到省、自治区、直辖市，建立起一套垂直领导的物资管理机构和业务经营网。随后于 1963 年 5 月，成立国家物资管理总局，对地方的专业物资供应公司实行垂直领导。1964 年，国家物资管理总局改为物资管理部，与各省、自治区、直辖市物资厅（局）建立领导关系，实行资金、物资、人员垂直管理，统一组织物资供销工作，从而建立起全国统一的物资管理机构。

2. 统一管理统配物资的销售工作。国家物资管理总局成立时，就建立了金属、机电、木材、建材、化工五个专业公司，统一管理产品的销售工作。

在加强销售管理的同时，按照中共中央和国务院于 1962 年 1 月 6 日下发的《关于在重点煤矿和林业局设立煤炭、木材调运专员的通知》精神，对冶金、机电、建材、煤炭、林业部门的重点企业建立了驻厂（矿）代表和调运专员制，监督检查销售合同的执行。

3. 统一设置和管理中转仓库。在统一管理供销工作的同时，把各部各自设立、分散管理中转仓库保管物资的做法，改由物资部门统一设库保管的办法。1963 年各主要工业部门的中转供销仓库，有 88.5% 交由物资部门统一管理。地方工业厅（局）的中转仓库，多数也实行统一管理。在统管各部中转仓库的基础上，物资部门先后在天津、沈阳、上海、武汉、西安、成都、石家庄、郑州、重庆等大城市设立了直属物资管理总局的储运公司或仓库。各省、市在接管各工业厅（局）仓库的基础上，绝大部分也都成立了省、市物资厅（局）的储运公司。由于实行了中转仓库的统一管理，仓容利用率一般平均提高 20%~30%，提高了仓库的保管质量。

4. 扩大物资管理范围。如前所述，由于物资管理体制的变动，1959 年第一季度，统配、部管物资分配目录缩减到 132 种，比 1958 年减了 70%。由于这种过急过多的下放，中断了过去正常的物资供应关系，造成了经济秩序的极大混乱。因此，1959 年中共中央在武昌会议上决定停止分区订货，仍旧改由中央部门统一组织订货。于是从 1959 年第二季度起，统配、部管物资分配目录逐步增加。1964 年增加到 592 种。其中，统配 370 种（国家计委管 190 种，国家物资管理总局管 180 种），各工业部管 222 种。这样，就超过了 1957 年的品种数。[1]

此外，还加强了对三类物资[2]的统一管理。以前，由于三类物资没有专门机构管理，所以货源不稳，流通不畅，计划生产、分配等方面的管理制度、机构设置与三类物资的流通不相适应。1963 年，国务院批转了国家物资管理总局《关于召开全国三类物资管理工作座谈会情况的报告》。在这次会议上，制定了《国营商业部门对国营工业、交通部门需用生产资料供应管理及货源组织试行办法》、《供销合作社系统对国营工业、交通部门需用农副生产资料供应管理试行办法》、《工矿产品中生产资料三类物资

---

① 中国物资经济学会编：《中国社会主义物资管理体制史略》，中国物资出版社 1983 年版，第 21~22 页。
② 所谓三类物资，是指除了统配、部管物资和商业部统一经营的一、二类产品以外的生产资料。

管理试行办法》。实行这些办法的主要目的在于划清各级、各部门之间的具体分工，规定产需之间计划衔接的责任制度。与此同时，各级物资部门都建立了三类物资管理机构，配置了人员。

六、加强劳动工资的集中统一管理

在"大跃进"刚刚开始的 1958 年，中央政府放松了对招收新工人的审批管理，造成职工人数急剧膨胀。为了控制职工队伍的急剧增长，1959年 1 月 5 日，中共中央发出关于立即停止招收新职工和临时工的通知。1961 年，中共中央做出精简职工和城镇人口的决策，工业企业的劳动就业审批更加严格。1963 年 3 月，中共中央和国务院又进一步规定，国家计划规定的职工人数指标必须严格遵守，任何地方、任何部门、任何单位都不得超过。各地方、各部门在国家计划外增加职工，必须单独做请示报告，经过中央主管部门审批后，转报中央批准。破坏计划，违反制度，私自招收和增加职工的单位和人员，应受一定的处分。

在调整时期，还试行了两种劳动制度和两种教育制度。这一制度是指我们国家应该有两种主要的学校教育制度和工厂农村的劳动制度。一种是全日制的学校教育制度和工厂、机关实行的八小时工作制；另一种是半工半读的学校教育制度和半工半读的劳动制度。关于两种劳动制度，还有另外一个含义：即除了已有的固定工以外，"还要使工业劳动制度与农业劳动制度相结合，就是实行亦工亦农制度。即要尽量用临时工、合同工。这种临时工、企同工，也是正式工"。[①]

为了实现中央对经济的集中统一管理，调整时期，除了上收了上述的各项权力，还在国务院下增设了若干新的管理工业生产建设的部、委，即第四机械工业部、第五机械工业部、第六机械工业部、第七机械工业部、第二轻工业部、物资部、基本建设委员会、全国物价委员会，并把建筑工程部分为建筑工程部和建筑材料工业部。

在此期间，除了在体制上加强了对生产建设的集中统一管理外，还对工业交通部门政治工作实行了集中统一领导。根据毛泽东的指示精神，1964 年初在全国工业交通工作会议上，决定在工业交通部门从上而下地建立相应的政治工作机构，以加强思想政治工作，保证党对工业交通等

[①]《刘少奇选集》下卷，人民出版社 1982 年版，第 465~472 页。

部门的绝对领导。根据以上决定，中共中央专门设立了中央工交政治部。尔后不久，工业交通系统的 15 个部和 2 个局都相继建立了政治部。

在国民经济遭到"大跃进"严重破坏的条件下，上述集中经济管理权限的各项措施，对于贯彻以调整为重点的"八字方针"起了有益的作用。但不仅没有改变计划经济体制，反而加强了它，因而不可能根本解决经济失衡问题。

第二节　试办托拉斯

经过调整，经济下滑的势头被遏制，混乱的经济秩序得到改变。但是，过度集中的体制必然带来地方和企业的主动性的丧失。再则，这种体制强调垂直领导，使经济活动又更多地受"条条"的限制。正是这种情况促使人们思考经济体制的改进问题。在工交领域试办托拉斯，是这方面的一次重要尝试。

一、试办托拉斯思想的提出

刘少奇依据列宁关于无产阶级专政条件下采用帝国主义时代产生的新的企业组织形式——托拉斯的思想，在 1949 年 6 月构想新中国经济建设的蓝图时，就提出：要"按各产业部门成立公司或托拉斯经营国家的工厂和矿山"。[①] 1960 年春，中共中央领导人在讨论"二五"计划后 3 年的规划时，刘少奇等也议论过托拉斯问题。

组织托拉斯的问题虽然早已明确提出，但由于当时国民经济正在调整之中，没有做具体部署。1963 年国民经济开始好转，中央决定对经济管理体制进行改革，逐步减少行政管理办法，增加经济管理办法，在工交企业组织托拉斯。

1963 年夏，国家经委派工作组在沈阳进行调研。当时沈阳市 463 户国营工业企业中，中央直属企业 102 户，省属企业 54 户，其余为市属企业。它们又分别隶属于中央 17 个部委的 38 个局、省的 18 个厅和市的 20 个局或公司，再加上其他经济部门，管理企业的机构纵横交错，关系复

---

①《刘少奇选集》上卷，人民出版社 1982 年版，第 429 页。

杂。而且各级主管部门都有自身的利益。企业在这种情况下，只能走"大而全"、"小而全"的道路，造成资源和设备的严重浪费和闲置。许多企业的领导干部强烈要求改变这种管理体制，采取托拉斯式的专业公司。

同年12月，国家经委召开全国工业、交通工作会议，会上就试办托拉斯的问题进行了讨论。同月26日，刘少奇听取薄一波、余秋里关于这次会议情况的汇报，再次就如何组织托拉斯问题做了指示。他说，我们过去都是行政机关管理工厂，用行政办法管理企业，实践证明这种办法行不通，应该把这些行政机关改为公司。组织托拉斯，把中央各部的一些局改成公司，是用经济办法来管理企业，它将使经济管理体制发生变革，并由此推动上层建筑也发生变革。实行托拉斯之后，中央各部的工作内容将由直接管理工厂变为管理计划、平衡、检查、仲裁、监督和思想政治工作，不再直接管理生产，这使得部的职能由具体管理转向宏观调控，使之更趋合理。①

1964年1月7日，薄一波等向毛泽东、刘少奇汇报全国工业、交通工作会议情况时，刘少奇再次系统地重申了他对组建托拉斯、改善我国经济管理的意见。毛泽东也指出："目前这种按行政方法管理经济的办法，不好，要改。比如说，企业里用了那么多的人，干什么，——用那么多的人，就是不按经济法则办事。"②

2月26日，煤炭工业部党组向国家经委和中央书记处提交了关于华东煤炭工业公司组织领导关系的请示报告。报告提出："根据少奇同志关于组织托拉斯、用经济办法管理工业的指示，今年我们准备首先在徐州成立华东煤炭工业公司进行试点，国务院已经正式批准。"4月30日，中共中央批准这个报告。这样，我国试办的第一个托拉斯企业正式成立。

根据中共中央和国务院的决策，国家经委当即会同工业、交通各部门开始研究试办托拉斯的具体方案。

二、试办托拉斯方案

1964年6月，国家经委在反复调查研究的基础上，草拟了《关于试办工业、交通托拉斯的意见报告（草稿）》。7月17日，正式向中共中央提

---

① 《刘少奇论新中国经济建设》，中共文献出版社1993年版，第529页。
② 转引自薄一波：《若干重大决策与事件的回顾》下卷，中共中央党校出版社1993年版，第1175页。

交了这个报告。周恩来十分重视，亲自主持会议讨论这个文件，并提出原则性意见，强调托拉斯要按照经济的办法来办，按照经济规律的要求来管理。8月17日，中共中央、国务院批转了国家经委党组的这个报告，要求各中央局，各省、自治区、直辖市党委，中央各部、委，国家各部委党委、党组参照执行。

这个报告的主要内容如下：

1. 我国经济管理体制存在的弊端，主要是不能很好地适应现代化工业生产发展的要求。

2. 试办托拉斯的意义，是改进工业、交通企业管理工作的一次带有革命性的重要措施。

3. 托拉斯的组织形式，应根据各工业、交通部门和各行业的不同情况来确定。有的可以是全国性的，有的可以是地区性的，有的也可以既有全国性的又有地区性的。组织全国性的托拉斯，可以采取两种做法：一是一开始就建立全国统一的托拉斯，一是先在一个或者几个地区建立地区性的托拉斯，然后再逐步建立全国统一的托拉斯。报告提出在1964年内先试办第一批共12个工业、交通托拉斯。其中，全国性的9个，地区性的3个。

4. 在试办工业、交通托拉斯中，需要明确和解决的几个问题：①托拉斯的性质和经营范围。托拉斯的性质是社会主义全民所有制的集中统一管理的经济组织，是在国家统一计划下的独立的经济核算单位和计划单位。大体有两种组织形式：一种是产品单一，对生产同类产品的厂（矿）实行集中统一管理的公司；另一种是以某一行业为主，也生产一部分其他行业的产品的公司。在试办期以前一种为先。托拉斯经营范围的大小和收归其直接管理的厂（矿）多少，应根据是否有利于发展生产、有利于专业化协作和有利于经营管理而定。全国性的托拉斯，对不属于它直接管的同行业其他企业，在主管部授权下，统筹兼顾，把这些企业的计划纳入全行业的统一规划。②托拉斯的管理办法。在计划管理方面，托拉斯作为独立的经济核算单位和计划单位，国家通过主管部向它下达计划，它对完成国家计划全面负责，并对所属单位实行统一经营管理；在基本建设方面，托拉斯的基本建设，统一纳入国家计划；在科学技术工作方面，应大力抓技术革新和革命，采用新技术，发展新产品，迅速提高本行业的技术水平；在产、供、销方面，托拉斯内部实行产、供、销的统一管理；在财务方面，国家将固定资产和流动资金拨给托拉斯，它根据国家的规定，在所属厂（矿）之间进行调剂。托拉斯按照国家规定，按时上缴利润、基本折旧基金和税款。托拉斯对所属的不同地区、不同厂（矿）生产的同样规格质量的产品，实行统一价格；在劳动管理方面，国家批准的劳动计划和工资总额，由托拉斯统一掌握，有权在所属单位内调剂。③全国性托拉斯同地方的关系。托拉斯要依靠地方党委的领导，接受地方经委的指导，在条件许可的情况下，承担一些地方的生产任务。各地方对于全国性的托拉斯在本地区内的厂（矿），应加强领导、监督，还应负责同对方的协作，帮助各个托拉斯解决某些物资和劳动的调配。④托拉斯中的政治工作。托拉斯的总公司设立党委和政治部，专门做思想政治工作。⑤托拉斯的组织机构。托拉斯的管理机构力求精干，减少层次，减少管理人员。要求各个试办的托拉斯在试办的一两年内，争取将全行业的管理人员和管理费用减少 10% 左右。⑥总公司的设置地点。总公司应当接近生产、接近基层，以便加强对生产的具体领导。

三、托拉斯试办的状况

在托拉斯试办方案出台之前，实际上已经开始组织专业性工业公司的工作。1963 年 3 月 16 日，中共中央批转轻工业部党组《关于烟草工业集中管理方案的报告》。① 4 月 7 日，中共中央、国务院批转轻工业部《关于肥皂工业集中管理方案的报告》。② 9 月 18 日，国务院同意并转发国家经委《关于橡胶工业集中统一管理的报告》。这些按行业集中统一管理的部门实际上就是托拉斯的雏形，而且为后一阶段组建较为正规的托拉斯打下了基础。

国家经委的方案出台以后，正式的托拉斯纷纷组建起来。由于情况不同，它们各具特色。第一批获准试办的 9 个全国性托拉斯中，烟草公司和医药公司具有全行业的性质，集中管理全国所有的烟厂和药厂；地质机械仪器公司仅限于管理原有的中央直属企业；另有 6 个全国性托拉斯，除管理原有中央直属企业外，还各自上收了数量不等的地方企业。

---

① 《中华人民共和国经济管理大事记》，中国经济出版社 1987 年版，第 189 页。
② 《中华人民共和国经济管理大事记》，中国经济出版社 1987 年版，第 190 页。

先后共有 300 多个地方企业收归托拉斯管理。与此同时，部分省、市也试办了一些由地方管理的托拉斯。1965 年，国务院又试办了石油工业公司、仪器仪表工业公司和木材加工工业公司。同年 10 月，全国基本建设工作会议也决定把工业、交通各部的专业安装队伍和专业性很强的土建队伍，按行业或联合相近行业组成若干个全国性的建设托拉斯。1966 年 7 月，国家经委又批准几个地方性的托拉斯。

从托拉斯试办的情况来看，它们在组建之后，即着手改组生产组织，改革管理制度，建立适合社会化大生产和专业化分工协作的经营管理方式，促进了设备的利用和生产技术水平的提高。试办的时间虽然不长，但却收到了较好的经济效果。比如，中国烟草工业公司，成立于 1963 年 7 月，1964 年 8 月正式列入托拉斯。它对全部卷烟工业企业实行集中统一管理，统一经营烟叶的收购、复烤、分配和调拨。对烟草工业实行集中统一管理之后，按照合理的布局和专业化协作的原则，对全行业的工厂进行了调整，有力地促进了生产的发展。1964 年，卷烟厂由 104 个调整为 62 个，职工人数由 5.9 万多人减为 4.1 万多人，而卷烟生产能力却从 330 万箱提高到 480 万箱，卷烟牌号由杂乱的 900 多种减为 274 种。1964 年劳动生产率比 1963 年提高 42.4%，卷烟的加工费用降低了 21%。而且，中国烟草工业公司还协同农业部门抓烟叶的生产，开展科研工作，扩大高级烟原料基地，派技术员进行技术指导，提高农民种烟积极性，烟叶产量大幅度上升，质量也有所提高。1966 年收购烤烟 1200 万担，比 1963 年增长 1.7 倍，中上等烟叶由 23% 提高到 30% 以上。由于上等烟叶比重增加，卷烟产品质量有明显提高，甲级烟的产量增加了 1 倍以上。从 1963 年成立烟草公司，到 1965 年末，共上缴利润 56 亿元。

在试办托拉斯过程中，也遇到了一些问题，主要有以下三个方面：

（1）全国性和跨地区性的托拉斯与地方的矛盾。这个矛盾突出地反映在：①在第一批试办的 12 个托拉斯中，有些托拉斯是把所有的同类企业统统上收，有些则把主要的企业收了上来。一些地方有不同意见，以致有些原定要收的企业收不上来。②在改组生产、调整企业方面，因地方有不同的看法，调整方案有些未能实行。③有些托拉斯考虑行业内部的协作较多，而对地方的协作则注意不够。

（2）托拉斯内部统一经营与所属企业分级管理的矛盾。有些托拉斯为了统一经营管理，着手将过去由各厂矿企业分散管理的计划、财务、供销、劳动等项业务权集中到分公司或总公司，实行产、供、销和人、财、物的统一管理。这就同曾经是独立核算单位的厂矿产生了许多摩擦，也不利于及时了解和解决生产中的问题。

（3）托拉斯同原有经济管理体制的矛盾。主要表现在三方面：①财政管理体制方面。当时，地方的财政收入主要依靠工业利润和税收。托拉斯上收的企业，多半是效益较好的企业，必然减少了地方财政的收入，这是许多地方不赞同上收企业的重要原因之一。②物资管理体制方面。当时，物资是按企业隶属关系分配的。托拉斯对归口管理的地方企业，只管计划，不管物资供应。物资分配渠道没有打通，这些企业就很难完成计划任务。③物价管理方面。有些企业划归托拉斯领导以后，其产品价格仍由地方物价部门制定，对托拉斯的统一经营不利。

托拉斯经过一年来的试办，一方面由于采用经济的办法来管理工业、交通生产，取得了一定的成绩；另一方面由于是试办，遇到了一些问题。因此，需要对经验加以总结，对出现的问题找到相应的对策。1965年5月10日~6月7日，国家经委党组召开了托拉斯试点工作座谈会。各个托拉斯和中央有关工业、交通部门，综合经济部门的负责人以及9个省、市党委和经委的有关负责人参加了会议。刘少奇、邓小平听取了汇报，并作了指示。

这次会议，经过讨论，明确了工业必须组织起来，必须根据经济合理的原则解决各项矛盾。会议提出：托拉斯试办中暴露出的矛盾，其实质是中央同地方的矛盾。这可以有几种解决办法：①国民经济中的重要行业，如煤炭、石油、重要机械、基本化工、纺织等应当办全国性的托拉斯，由中央部门直接管理。有些行业，如玻璃、塑料制品、某些通用机械、铸锻件等，宜办地方性的托拉斯，由市和省直接管理。②在托拉斯内部，有些行业需要而且能够高度集中统一管理的，应当把同一行业的全部工厂收上来。有些行业可以只收重要的企业，其余的企业，隶属关系仍可不变。托拉斯可以负责统筹安排其生产和建设，统一下达计划，有些还可以逐步把重要原材料的申请分配、产品的调拨或销售统一管理起来。这样的托拉斯可以建立若干分公司，把一个地区同一行业的工厂组织起来。分公司有的由托拉斯领导，有的也可以由托拉斯和地方双重领导。③托拉斯按"全国一盘棋"的方针，对全行业工厂的分工进行统一调整，有利于工业的合理布局和协作，有利于平战结合，有利于提高技术、增加品种、提高质量、降低成本、提高劳动生产率，对国家、地方和整个社会都有利。④托拉斯在对全行业的厂矿实行集中统一管理时，要注意适当划分总公司、分公司和厂矿三级的管理权限。应根据各个不同行业的具体情况，分别做出具体规定。要给分公司一定的独立地位，在分公司间开展必要的竞赛。同时，随着托拉斯的建立，财政管理需要做相应的改革，计划、物资、统计等方面的问题也需要解决。

座谈会还决定，把 1965 年工作的重点继续放在办好现有的托拉斯上，暂不扩大全国性托拉斯的试点范围；少数条件比较成熟的行业和地方，可再试办若干区域的或地方的托拉斯。

但正当中央决定试办托拉斯，并以此为契机，逐步改变中央经济管理权力过分集中的经济体制时，"文化大革命"开始了，这个具有深远意义的探索就终止了。

第三节　调整后期重新扩大地方和企业的管理权限

为了改变"大跃进"造成的经济管理中既散又乱的局面，为了把过热的经济降下来，调整被严重破坏的产业结构，使整个生产走上正常发展的轨道，中共中央果断地采取了高度集中统一管理的应急措施，这在当时是非常必要的。随着整个生产、建设的恢复和发展，为了调动各方面的积极性，在调整的后期重新开始扩大地方和企业一部分管理权限。

一、放权思想的重新提出

1964 年 8 月 27 日，毛泽东在有关文件上批示："计划工作方法，必须在今明两年内实行改变。"[①] 9 月 21 日~10 月 19 日，全国计划会议召开，按照毛泽东批示的精神，会议集中讨论了计划工作如何改进的问题。会议提出"大权独揽、小权分散"，"统一领导、分级管理"的原则。

1965 年 11 月 30 日，国务院将国家计委、国家建委、财政部、物资

---

① 《中华人民共和国经济大事记》，中国社会科学出版社 1984 年版，第 382 页。

部四个部门拟定的《关于改进基建计划管理的几项规定（草案）》、《关于国家统一分配物资留给地方使用的几项规定（草案）》和《关于国营工业、交通企业财务管理的几项规定（草案）》颁发给各级政府和企业。这几个规定的出台，实际上是对1964年提出的"集中领导、分级管理"原则的具体贯彻。

依据上述原则和规定，调整后期又重新扩大了地方和企业的管理权限。

二、扩大地方的管理权限

1. 扩大地方的计划管理权。中央各部直属企业、事业单位的各项计划指标，仍由中央主管部门安排。地方管理的企业、事业单位的计划指标，改由省、自治区、直辖市根据中央精神和当地的实际情况统筹安排。地方对计划控制数字有一定的机动性，地方可以先提出安排意见，经过逐级平衡，再纳入国家计委。对于超计划生产的产品，各大区可以按照规定的比例提取一部分，用以解决本地区的需要。国家计委管理的产品和平衡表也大大减少，1964年计划表格比1963年减少一半以上，管理的工业产品在同期内也由340种减少到63种。

2. 扩大地方的基本建设管理权。地方农牧业、农业机械站和修理网、农垦、林业、水利、气象、水产、交道、商业、银行、高教、卫生、文化、广播、体育、科学、城市建设18个部门的投资，继续划归地方统筹安排，中央各部门不再下达建设项目和投资指标。农田水利事业费和地方水利基本建设投资可以合并使用，统筹安排。地方的工业基本建设，大中型项目由中央安排，小型项目由中央各有关部门同有关地方具体安排，此类项目节约的投资归地方调剂使用。地方用自筹资金进行的基本建设，由省、自治区、直辖市自行安排，其中大中型项目应报国家计委审批。

3. 扩大地方的物资分配权。现有地方小钢铁企业生产的产品，超过国家计划的部分，凡是主要原料、燃料由地方自己解决的，留给地方使用；主要原料、燃料由中央和地方共同解决的，由中央和地方对半分成；主要原料、燃料由中央分配的，留给地方20%。地方企业生产的铁矿石和生铁，在完成国家计划上调任务后，多缴的部分按照50%折算换给钢材。企业在生产中产生的废次材、边角料，由地方分配。地方回收的废次钢铁，除去国家计划规定地方企业炼钢和铸造任务需要的炉料以外，其余部分七成上缴中央，三成留给地方。地方统销煤矿生产的煤炭，超过国家计划的部分，由中央和地方对半分成。森林工业企业生产的小规模材、等外材归地方使用。用地方外汇进口和分成的原料、材料，在地方企业安排生产的产品，由省、自治区、直辖市自行分配。

此外，基本折旧费用由财政收入中划出来，全部留给地方和企业支配。临时工的使用人数，在工资总额不突破的前提下，各部门和各地方可以自行安排。

三、扩大企业的经营自主权

随着调整任务逐步完成，扩大企业经营自主权的需求日益迫切。于是对企业的经营自主权做了重新规定。

1. 把技术组织措施费、零星固定资产购置费、劳动安全保护措施费中一部分划给企业，由企业自己掌握使用。这三项费用和固定资产更新资金，可以合并使用。

2. 企业小型技术改进措施需要的费用，在完成国家的财政任务和成本计划以及不要求增拨材料的条件下，每项措施的费用大中型企业在1000元以下的，小型企业在500元以下的，可以摊入成本。

3. 除了购置主要生产设备作固定资产处理外，企业购置辅助性生产工具和其他低值易耗品，每种的购置费，小型企业在200元以内，中型企业在500元以内，大型企业在8000元以内，可以摊入成本。超过以上规定数额的，经有关部门批准，可以作为低值易耗品处理。

4. 企业修建生产上零星、小型、简易的建筑物，在不影响完成当年企业成本和财务计划的前提下，并且建筑面积不超过20平方米的，所需费用可以摊入成本。

5. 将企业的大修理基金和中小修理费用合并称修理费。这项费用，企业可以临时用做流动资金参加周转，也可以用于结合大修工程进行必要的技术改造，但不能移做他用。

6. 取消企业从超过国家计划收入中提取奖金的办法，提高企业在完成国家计划后提取奖金的比例，按企业的工资总额计算，由原来的3.5%提高到5%。

以上措施都在一定程度上扩大了地方和企业的管理权限，有利于发挥地方和企业的积极性。

第四章 调整时期恢复、发展产业经济的主要成就和经验

第一节 调整时期恢复、发展产业经济的主要成就

从 1961 年起，生产建设贯彻执行调整、巩固、充实、提高的方针，经过两年后退和三年恢复、发展的过程，到 1965 年取得了巨大的成就。

1. 产业经济总量和第一、二、三产业都有很大的恢复和发展。

经济调整时期不仅改变了 1961~1962 年国内生产总值大幅下降的状况，1963~1965 年还赢得了较大程度的恢复性增长，从而使得 1965 年比 1960 年增长了 4.7%。详见附表 3。

其中，农业增加值 1965 年比 1960 年增长 46.1%。主要农产品产量也大幅增长。1965 年，全国粮食产量达到 1945.3 万吨，比 1960 年增长 35.6%；棉花产量达到 209.8 万吨，比 1960 年增长 97.4%；油料产量达到 362.5 万吨，比 1960 年增长 86.8%。[①]

1965 年工业增加值虽然比 1960 年下降了 7.8%，但许多重要工业产品的生产能力以及产量、质量和品种都有很大的增长。

（1）工业生产能力有了新的增长。在调整时期，工业建设以成龙配套、填平补齐为重点，使前几年建设起来的许多工矿企业逐步发挥了作

---

① 《中国统计年鉴》（1993），第 364~365 页。

用。同时又新建设了若干必要的工业项目，工业生产能力有了新的增长。

1961~1965 年，工业虽然处在调整时期，但工业建设投资额仍达 327.1 亿元，超过"一五"时期投资额的 30.7%；占国民经济投资总额的比重为 45.4%，高于"一五"时期 2.9 个百分点。工业基本建设新增固定资产 269 亿元，比"一五"时期多 34.1%。经过"大跃进"时期突击性的大规模建设和调整时期以成龙配套、填平补齐为中心的建设，到 1965 年，全国工业固定资产原值已达到 1040 亿元，比 1957 年增长了 2 倍。

1963~1965 年施工建设的大中型工业项目有 1097 个，其中建成投产的有 243 个。主要工业产品的新增生产能力都有很大发展。其中，石油工业、化学工业和包括电子工业、原子能工业、导弹工业的新兴工业的生产能力有了突出的发展。在石油工业方面，到 1965 年，我国原油开采能力比 1957 年增长了 6.5 倍，达到 1131 万吨。我国国内消费的原油以及石油产品实现了全部自给，我国已由一个依赖进口的缺油国转变为石油输出国。这是调整时期我国自力更生进行社会主义建设取得的一项重大成果。在化学工业方面，由于强调工业要加强支援农业，以及解决人民"吃、穿、用"的问题，化学工业的建设受到了应有的重视。1965 年与 1957 年比，硫酸生产能力增长了近 3 倍，烧碱生产能力增长了 2 倍，化肥生产能力增长近 11 倍，农药生产能力增长 2 倍。与此同时，随着石油产量的增长，开始建立起自己的以石油、石油产品或天然气为原料的石油化学工业。电子工业、原子能工业、导弹工业从无到有、从小到大逐步发展起来，成为国民经济中重要的工业部门。1964 年 10 月成功地爆炸了第一颗原子弹，集中地标志着我国科学技术和工业生产所达到的新水平。这一期间轻工业的生产能力也有较快的发展。1965 年与 1957 年比，棉纺锭增长了 29%，机制纸及纸板生产能力增长 57.9%，机制糖生产能力增长 84%，缝纫机生产能力增长 3.2 倍，自行车生产能力增长 1 倍多。

这样，到 1965 年，我国已经初步建成了一个具有相当生产规模和一定技术水平的工业体系，工业化水平有了很大提高。

（2）工业产品产量有了较大的恢复和增长。1965 年，原煤 2.32 万吨，比 1960 年下降 41%；原油 1131 万吨，增长 117.5%；发电量 676 亿千瓦小时，增长 13.8%；钢 1223 万吨，下降 34.5%。[①]

（3）工业产品质量普遍有了提高。虽然 1965 年钢铁冶炼、煤、主要机械设备和棉布等的产量未达到"大跃进"时期的水平，但它们的质量大大提高了。1965 年生铁合格率达到 99.85%，钢材合格率达到 98.39%，原煤灰分和含矸率分别降到 19.56% 和 0.64%，棉布一等品率达到 97.4%。有些机械工业产品性能、质量已接近或达到世界先进水平。在 1965 年前后，生铁合格率，铜、铝、铅的品位、回收率，商品煤灰分和含矸率，原油损耗率，铸铁、铸钢、机械加工件的废品率，出厂水泥合格率，棉布、印染布、精纺毛织品和粗纺毛织品的一等品率以及出口合格率，都创造了历史上最好的水平。

（4）工业产品新品种大量增加。主要工业产品品种增加了 3 万多种。在冶金工业中，据 1964 年统计，钢的品种达 900 多种，钢材的品种达 9000 多种，都分别比 1957 年增加了 1 倍多。已经能够炼制出高温合金钢、精密合金钢、高纯度合金钢、有色稀有金属等。钢材自给率达到 95%。在机械工业方面，1964 年机床品种达到 540 种，比 1957 年增加了 1.8 倍。"一五"时期，还只能制造一些中小型的普通的机械产品，如车、铣、刨、钻、磨、镗等通用性机床。到 1965 年，已能够制造大型的、复杂的、成套的和精密度要求很高的设备。我国主要机器设备的自给率由 1957 年的 60% 以上提高到 90% 以上。

2. 产业经济结构有很大的改善。

经过调整，工业与农业的比例关系有很大的改善。工业总产值与农业总产值的比例，1960 年为 78.2：21.8，到 1965 年调整为 62.7：37.3。这样的比例关系比较接近我国当时工农业发展的客观需要。这一期间还大力发展了支农工业，化肥、农药和农业机械等产值在工业总产值中的比重由 1957 年的 0.6% 提高到 1965 年的 2.9%。

工业内部结构也有很大的改善。

首先，工业部门结构的改善。轻、重工业之间的比例 1957 年是 55.0：45.0；1960 年为 33.4：66.6；1965 年为 51.6：48.4，基本上恢复到 1957 年的状况（详见附表 14）。这是一个可以兼顾国家建设和人民生活、

[①]《中国统计年鉴》（1993），第 446~447 页。

基本适应客观需要的比例关系。采掘工业与加工工业的比例关系大体上恢复到 1957 年的水平，改变了"大跃进"时期加工工业过重的不协调的状况。各工业部门内部各环节之间的比例，如采掘工业中的回采与掘进（剥离）的关系，机械工业内部的主机与配套、制造与修理之间的关系，也趋于合理。

其次，工业地区结构有了改善。调整时期，沿海工业基地进一步得到充实和加强。东北地区由于大庆油田的开发，重工业基地更加强大。华东地区发展了冶金、煤炭工业，充实了机械、化学工业，加强了重工业的基础。内地建设在调整时期后期也有进一步加强。内地建设投资额占总投资额的比重在"一五"时期为 47.8%，在"二五"时期提高到 53.7%，1963~1965 年又上升到 58%。从 1964 年开始，钢铁工业的投资重点转向内地，在大力建设攀枝花钢铁公司的同时，新建和扩建了江汉长城钢厂、成都无缝钢管厂、西宁钢厂、陕西钢厂和贵阳钢铁厂等企业。新建的煤炭工业大多设在缺煤的西北、西南和华东地区，开始改变煤炭生产集中于华北、东北的状态。机械工业在进一步发展和利用原有基地的同时，又建设了武汉、湘潭、开封、洛阳、郑州、重庆、成都、昆明、贵阳、西安、兰州等 10 多个新的机械工业基地。森林采伐除进一步建设东北、内蒙古林区外，开发了华北、中南和西南、西北的森林资源。其他如化工、建材、轻纺工业，在充分利用当地资源的基础上，各地都已建设了一些骨干企业。我国广大腹地形成了不少工业中心，如以武汉、包头为中心的钢铁基地，山西、内蒙古、河南的煤炭基地，甘肃兰州的石油化工中心，四川成都、重庆的钢铁、机械基地等。内地工业的产值在全国工业产值中的比重，由 1957 年的32.1%提高到 1965 年的 35%（详见附表 18）。

市场商品供求失调的关系趋于改善，物价全面下降。1965 年末结余购买力总额由 1961 年的 201.6 亿元下降到 177.1 亿元，下降了 12.2%。[1] 以 1961 年物价指数为 100，1965 年全国商品零售物价指数为 91.5，职工生活费用价格指数为 92.9，农副产品收购价格指数为 93.4，农村工业品零售价格指数为 97.7（详见附表 4）。

---

[1]《中国统计年鉴》（1986），第 526 页。

国家财政收支由"大跃进"时期的巨额赤字转变为盈余。1961~1965年，财政总收入为1884.72亿元，总支出为1836.78亿元，盈余为47.94亿元（详见附表10）。

信贷收支状况也趋于改善。到1965年末，国家银行各项存款为481亿元，各项贷款647.4亿元。这年存贷款差额比1960年末减少了342亿元。与此相联系，货币流通量由1960年的95.9亿元减少到1965年的90.8亿元。在经济发展和商品流通增加的情况下，货币流通量还减少了5.1亿元（详见附表11）。

3. 生产建设的经济效益显著提高。

与1961年相比，国营独立核算工业企业1965年的资金利税率，每百元工业总产值占用的流动资金和劳动生产率，分别由15.9%提高到29.8%，由39.6元下降到25.5元，由4188元/人·年提高到8995元/人·年；工业固定资产交付使用率和大中型项目建成投产率分别由71.5%提高到94.9%，由3.3%提高到22.9%。[1]1963~1965年这3年，社会主义国家所有制独立核算工业企业全要素生产率和全要素生产率在产出增长率中的比重分别依次高达27.1%、15.2%、18.9%；96.4%、71.4%、68.5%。[2]就整个产业经济来看也是如此，全社会固定资产投资效果系数由1961年的−1.215提高到1965年的0.966；社会劳动生产率由378.7元/人提高到486.8元/人（详见附表8、附表9）。

4. 居民物质生活显著提高，民主生活和精神生活也有改善。

1965年，全国居民消费水平由1960年的111元提高到133元，农村居民由73元提高到104元，城镇居民由236元提高到259元，三者分别提高了23.3%、35.5%、26.8%（详见附表7）。当然，这种提高在很大程度上带有恢复性。

如前所述，在1959年夏季以后开展的反右倾运动中，大批的干部和党员受到了错误批判。1962年4月，在邓小平主持下，中共中央书记处发出《关于加速进行党员、干部甄别工作的通知》。到同年8月，全国有600多万干部和党员得到了平反。[3]这表明民主生活和精神生活都有改善。

---

[1]《中国统计年鉴》（1993~1998）。

[2] 参见拙著：《工业经济效益问题探索》，经济管理出版社1990年版，第79页。

[3] 胡绳主编：《中国共产党的七十年》，中共党史出版社1991年版，第395页。

但在 1963~1965 年开展的社会主义教育运动中，民主生活和精神生活又受到很大损害。

但总体来说，调整时期，经济恢复发展很快，结构协调，物价下降，经济效益改善，人民生活提高，宏观经济又恢复了良好的发展势态。

第二节　调整时期恢复和发展产业经济的主要经验

1961~1965 年，不仅在恢复和发展工业生产建设方面取得了重要成就，而且在这方面取得了重要经验。概括这些主要经验，不仅是研究历史的需要，而且有现实的意义。

1. 较好地贯彻了党的实事求是的思想路线。

1960 年 6 月，毛泽东在他写的《十年总结》中总结的主要经验，就是"实事求是"。1961 年 1 月 13 日，毛泽东在中共中央工作会议的讲话中，着重提出了调查研究的问题。他认为调查研究极为重要。他希望1961 年成为一个调查年，实事求是年。① 1962 年 1 月 11 日召开的中共中央扩大的工作会议在总结经验时，也提出了要实事求是，要摆正主观能动性与客观可能性之间的关系。在这次会上，周恩来强调指出："说真话，鼓真劲，做实事，收实效。"这四句话归纳起来就是："实事求是。"②

在党的实事求是的思想路线指引下，在大兴调查研究的基础上，制定了《农业六十条》、《工业七十条》、《商业四十条》、《手工业三十五条》、《科学十四条》和《高教六十条》等。这些条例以及其他的有关决议，对迅速地、顺利地完成经济调整工作起了重要的推进作用。

2. 较好地协调了经济比例关系，整顿了企业。

这个时期较好地贯彻了以农业为基础和农、轻、重为序的方针，实现了国民经济各部门之间（主要是工业和农业之间以及重工业和轻工业之间）的协调发展；着力地发展了工业的薄弱环节和新兴工业，使得石油工业以及电子工业、原子能工业和导弹工业获得了突破性的进展，大

---

① 《中国共产党历次重要会议集》下卷，上海人民出版社 1983 年版，第 144 页。
② 《周恩来选集》下卷，人民出版社 1984 年版，第 350 页。

大改善了工业的部门结构；整顿了工业企业，加强了工业企业管理，重建了企业规章制度，推行了企业经济核算。这就从宏观、中观和微观三方面促进了产业经济的恢复和发展。

3. 较好地调整了经济体制（包括基本生产关系和作为这种关系表现形式的经济管理体制）。

上述各项条例的贯彻执行，使得这个时期调整体制工作成为该时期产业经济得以迅速恢复和发展的最重要的动因。

但在这方面，也存在很大的局限性。这突出表现在对待农村包产到户问题上。如前所述，在1962年7~9月召开的中共中央工作会议和党的八届十中全会上，根本否定了包产到户。在全会上毛泽东多次批评中共中央农村工作部搞资本主义，邓子恢是"资本主义农业专家"。这次全会在毛泽东主持下通过的《关于巩固人民公社集体经济、发展农业生产的决议》，完全否定了包产到户的正确主张。不仅撤了邓子恢的职，而且，随后又撤销了中共中央农村工作部。①

直到1981年3月，中共中央为邓子恢平了反。1981年6月27日党的十一届六中全会通过的《关于建国以来党的若干历史问题的决议》，肯定了邓子恢提出的"农业中要实行生产责任制的观点"。②

但这样一来，就把本来可以在1962年普遍推广的包产到户，推迟了约20年的时间（从60年代初到80年代初）。这不仅对调整时期农业和整个国民经济的发展，而且对尔后一个长时期内农业和整个国民经济的发展，都起了很大的限制作用。

4. 较好地坚持了以发展生产为中心的方针。

这样做，是鉴于1959年庐山会议的教训。1959年在庐山召开的政治局扩大会议的前期（7月2~15日）大体上是围绕纠正1958年开始的"大跃进"的"左"的错误这个主题进行的。但在这个会议的后期（7月16日~8月1日）和相继召开的党的八届八中全会（8月2~16日）却急剧地由反"左"转到反右，并把这种反对所谓"右倾机会主义"的斗争迅速

---

① 薄一波：《若干重大决策与事件的回顾》下卷，中共中央党校出版社1993年版，第1079~1080、1086~1089页。

②《中国共产党中央委员会关于建国以来党的若干历史问题的决议》，人民出版社1981年版，第17页。

地扩大到全党。由此打断了纠"左"的过程，使得"大跃进"这种"左"的错误又延续了一年半（1959 年下半年到 1960 年），造成了极为严重的后果。

1962 年 9 月召开的党的八届十中全会及此前的相关会议，在毛泽东主持下，又重新强调阶级斗争，并开展了声势颇大的对所谓"黑暗风"、"单干风"和"翻案风"（即所谓"彭德怀翻案"）的批判。但鉴于庐山会议的教训，在上述会议上，刘少奇提出，这次会议精神的传达应该有个范围，不向下面传达，免得把什么都联系到阶级斗争上来分析，也免得把全党的力量都用去对付阶级斗争。毛泽东表示赞同这个意见。[①]这就从一个最重要方面保证了在这次全会以后以生产为中心的方针仍然能够得到比较顺利的贯彻。

但这绝不是说，党的八届十中全会重新强调阶级斗争，对贯彻以生产为中心的方针没有影响。比如，党的八届十中全会在毛泽东进一步发展的"左"的阶级斗争理论指导下，为了"反修防修"，防止"和平演变"，毛泽东又决定在全国城乡发动一次普遍的社会主义教育运动，开展大规模的阶级斗争。即先是农村的"四清"运动（即以清理账目、清理仓库、清理财务、清理工分为主要内容）和城市的"五反"运动（即以反对贪污盗窃、反对投机倒把、反对铺张浪费、反对分散主义、反对官僚主义为主要内容），后又将上述城乡两种运动统称为"四清"运动（即清政治、清经济、清组织、清思想）。在这些运动过程中，不仅分散了广大干部群众从事生产的精力，而且发生阶级斗争扩大化的错误，挫伤他们的积极性。再进一步说，由毛泽东在党的八届十中全会上进一步发展的"左"的阶级斗争理论，成为发动"文化大革命"的指导思想。这次全会以后开展的社会主义教育运动，特别是"四清"运动，是以整"党内走资本主义道路的当权派为重点的"。这就直接成为"文化大革命"的先导。而"十年动乱"又给我国经济造成了极为严重的后果。

但是，如果仅就调整时期来看，并相对 1959 年庐山会议造成的由反"左"转向反右来说，仍然可以讲，党的八届十中全会以后，以生产为中心的方针得到了比较顺利的贯彻。这样，也就保证了以调整为中心的"八

---

① 薄一波：《若干重大决策与事件的回顾》下卷，中共中央党校出版社 1993 年版，第 1103 页。

字方针"的贯彻。

5. 较好地实现了社会稳定。

这个期间的社会稳定是在很困难的条件下实现的。其突出表现是：①从1958年开始的3年"大跃进"给我国国民经济和人民生活造成了极为严重的困难。②为了实现经济调整，需要动员数以千万计的城市职工返回农村。

但这期间终于实现了社会稳定，并为贯彻以调整为中心的"八字方针"创造了重要的社会条件。其重要原因在于：①60年代初虽不是全国解放初期，但距此不远。而全国解放给广大劳动人民带来了巨大的根本的政治经济利益。②中国共产党及其领袖毛泽东在人民中享有极为崇高的威望。③党风正，廉政建设搞得好。在60年代初那些生活困难的日子里，各级党政领导人（包括毛泽东在内）都同人民共患难，过着艰苦的生活。④从新中国成立到60年代初思想教育工作做得好，社会风气正，广大人民能够自觉遵守法纪。

当然，说这个期间实现了社会稳定，也是从相对意义上讲的。如前所述，毛泽东在党的八届十中全会上所发展的"左"的阶级斗争的理论，以及尔后开展的阶级斗争的实践，已经酝酿着"文化大革命"的即将到来。

概括起来说，调整时期在恢复和发展产业经济方面取得了丰富的经验。但这些经验又有很大的局限性，主要是局限在维护"三面红旗"和传统的计划经济体制的框框内，也没有摆脱由毛泽东提出并加以发展的"左"的阶级斗争理论和调整后期又重新加剧起来的阶级斗争实践的影响。所有这些又都限制了调整时期经济可能进一步取得的成就。调整后期由于过高地估计了帝国主义发动侵略战争的危险而开展的"三线"建设，也起了消极作用。

第五篇

实行计划经济体制时期的产业经济（三）
——"文化大革命"阶段的产业经济
（1966~1976 年 9 月）

导　言

　　按照周恩来在三届全国人大一次会议上的报告，1965 年我国完成了经济调整任务以后，从"三五"计划时期（1966~1970 年）开始，进入了一个新的发展时期。这个时期发展国民经济的主要任务，就是要在不太长的历史时期内，把我国建设成为一个具有现代农业、现代工业、现代国防和现代科学技术的社会主义强国。①但是，由毛泽东发动和领导的、持续 10 年之久的"文化大革命"，打断了这个前景十分美好的进程，使得社会主义现代化建设，受到了空前未有的、极严重的损失。

　　毛泽东发动"文化大革命"是以"无产阶级专政下继续革命"的思想为依据的。按照毛泽东提出的并被概括成的"无产阶级专政下继续革命"的思想，一大批资产阶级的代表人物、反革命的修正主义分子，已经混进党里、政府里、军队里和文化领域的各界里，相当大的一个多数的单位的领导权已经不在马克思主义者和人民群众手里。党内走资本主义道路的当权派在中央形成了一个资产阶级司令部，它有一条修正主义的政治路线和组织路线，在各省、自治区、直辖市和中央各部门都有代理人。过去的各种斗争都不能解决问题，只有实行"文化大革命"，公开地、全面地、自下而上地发动广大群众来揭发上述的黑暗面，才能把被走资派篡夺的权力重新夺回来。这实质上是一个阶级推翻另一个阶级的政治大革命，以后还要进行多次。②1966 年 5 月 16 日，中共中央政治局通

---

　　① 周恩来：《在第三届全国人民代表大会第一次会议上政府工作报告》，人民出版社 1965 年版，第 8 页。
　　②《中国共产党中央委员会关于建国以来党的若干历史问题的决议》，人民出版社 1981 年版，第 22 页。

过《中共中央通知》和同年 8 月中共八届十一中全会通过的《关于无产阶级文化大革命的决定》，是指导"文化大革命"的纲领性文件。而这两个文件就是依据上述思想制定的。

还要指出，按照毛泽东的说法，这场大革命之所以冠以"文化"二字，是因为它是由文化领域开始的。"文化大革命"实质上是一场政治大革命。阶级斗争是纲，其余是目。[①]这样，由"无产阶级专政下继续革命"思想指导的"文化大革命"，不仅支配了政治、文化活动，而且支配了经济活动。这是第一。

第二，1963 年，在即将着手制定"三五"计划的时候，党中央根据"二五"时期的经验和当时的国际环境，确定把"解决吃穿用，加强基础工业，兼顾国防和突破尖端"作为经济工作的指导方针。不久，党中央和毛泽东基于对帝国主义可能发动侵略战争危险过于严重的估计，提出加快"三线"战略后方建设、积极备战、准备打仗的思想，根本改变了原定的指导方针。

1965 年 4 月，中共中央鉴于美国扩大侵略越南战争步骤、严重威胁我国安全的严重形势，发出《关于加强备战工作的指示》，做出了火速集中力量，加快全国和各省区战略后方建设的决策。根据党中央指示的精神，同年 10 月，中共中央工作会议讨论通过了国家计委提出的《关于第三个五年计划安排情况的汇报提纲》。这个提纲指出："三五"计划的方针和任务是：立足于战争，从准备大打、早打出发，积极备战，把国防建设放在第一位。加快"三线"建设，逐步改变工业布局。[②]

鉴于 1969 年 3 月发生的苏联边防军入侵我国黑龙江省珍宝岛事件，同年 4 月召开的党的九大政治报告又强调准备同苏联、美国早打、大打、打核战争。据此，1970 年 9 月，国务院提出的《第四个五年国民经济计划纲要》指出：狠抓备战，集中力量建设"大三线"战略后方，建立不同水

---

① 胡绳主编：《中国共产党七十年》，中共党史出版社 1991 年版，第 422 页。

② 《中国工业五十年》第五部上卷，中国经济出版社 2000 年版，第 656 页。说明：第三个和第四个五年计划时期，根据各地区战略位置的不同，将全国划分为一、二、三线三类地区。"一线"地区处战略前沿，包括东北和沿海的 12 个省、自治区、直辖市。"三线"地区为全国的战略后方，包括腹地的 11 个省、自治区的全部或一部。"二线"则是介于"一线"与"三线"之间的地区。在一、二线地区内，又依本地区情况，划出若干地方为区内的"三线"地区。习惯上，称前者为"大三线"，后者为"小三线"。在举全国之力重点建设"大三线"战略后方的同时，发挥各个地方的积极性，搞好区内的"小三线"建设。本节只叙述"大三线"建设。

平，各有特点，各自为战，大力协同的经济协作区，初步建成独立的、比较完整的工业体系和国民经济体系。①

这样，积极备战，准备打仗，就成为"三五"、"四五"期间经济发展的一个根本指导思想。

第三，计划经济体制是急于求成的"左"的经济发展战略形成和赖以发生作用的土壤。因而在这种体制下，一遇适当气候，它就会冒出来。而相对 1966~1968 年来说，在 1969 年上半年召开党的九大以后，国内政治局势暂时处于相对稳定的状况。这样，在 1970 年初，在制定和实施"四五"计划纲要的过程中，毛泽东急于求成的"左"的思想在这种特殊的历史条件下，又一次抬头，成为经济发展的指导方针。他当时提出了经过四个五年计划可以年生产 3500 万~4000 万吨钢的设想。林彪及其同伙乘机提出庞大的国防建设计划，在这方面也起了极为恶劣的推波助澜作用。

依据上述指导思想，"四五"计划纲要提出：要坚持以阶级斗争为纲，狠抓备战，促进国民经济的新飞跃。1975 年粮食产量达到 6000 亿~6500 亿斤，比 1970 年增长 30%~41%；钢产量达到 3500 万~4000 万吨，比 1970 年增长 106%~135%。② 这个计划号称为"跃进的计划"。实际上，是一个脱离实际的急于求成的冒进计划。正是这个指导思想又导致了严重的经济失衡。

这样，在"文化大革命"支配下经济运行跌宕起伏（其中 1971~1972 年"三个突破"与急于求成的指导思想也紧密联系），在备战战略指导下超常规的"三线"建设，以及与之相联系的经济体制调整，就成为这个时期产业经济运行的主要特征。本篇主要就是叙述这些历史过程。

---

①《中国工业五十年》第五部上卷，中国经济出版社 2000 年版，第 697 页。
①《中国工业五十年》第五部上卷，中国经济出版社 2000 年版，第 696~697 页。

第一章 "文化大革命"支配下的经济运行的曲折进程

第一节 1966~1968年，全面内乱与经济衰退

1965年我国生产建设取得了显著成绩。1966年上半年，生产建设继续保持稳定增长的势头。但是，同年5月中共中央政治局扩大会议通过的《五一六通知》和8月党的八届十一中全会通过的《关于无产阶级文化大革命的决定》，标志着"文化大革命"的开始。"文化大革命"的爆发，对于我国蓬勃发展中的经济，不啻是一场腥风浊雨，大好局面顿遭摧残。

在这种情况下，围绕稳定局势保证生产顺利进行的问题，党中央与林彪、江青一伙展开了多次反复较量，并采取一系列措施。在刘少奇、邓小平的主持下，7月2日，中共中央和国务院针对当前生产建设出现的问题，发出了《关于工业交通企业和基本建设单位如何开展文化大革命运动的通知》，要求这些单位分期分批地、有领导有计划地开展运动，不要一哄而起，使生产建设遭到损害。刘少奇、邓小平被打倒后，在周恩来的主持下，9月14日，中共中央又发出《关于抓革命促生产的通知》，要求已经开展"文化大革命"的工矿企业等单位，应当在党委统一领导下，组成"抓革命"和"抓生产、抓业务"的两个班子，职工的"文化大革命"放在业余时间去搞；还未开展"文化大革命"、生产任务又重的单位，运动可以推迟进行；学校的红卫兵和学生不要到工矿企业串联；对

领导干部的撤换应通过上级党委，不采取群众直接罢官的做法。①同日，中央发出了《关于县以下农村文化大革命的规定》。同前一个文件的基本精神是一致的。它的贯彻基本上实现了农村稳定，保证了当年"三秋"任务的完成。11月17日召开的全国计划工业交通会议上，周恩来提议，组织国务院业务组，抓工交企业的生产保证经济活动的正常进行。

这样，经过中央的艰苦努力，在很大程度上抵制了林彪、江青一伙的破坏。因而，总体说来，1966年的生产，在激烈的较量中，还是保持了发展的势头。这年国内生产总值比上年增长了10.7%（详见附表3）。

但进入1967年，一场危害更烈的夺权风暴波及整个国民经济。

1月1日，《人民日报》、《红旗》杂志联合发表题为《把无产阶级文化大革命进行到底》的社论，提出1967年要展开全国全面的阶级斗争，把"文化大革命"从机关里、学校里和文化各界里，发展到工矿企业和农村。声称"一切抵制在工矿企业和农村中大搞无产阶级文化革命的论调，都是错误的"。接着，王洪文纠集上海32个"造反派"组织夺取了上海市的党、政、财、文大权，掀起了所谓"一月风暴"。各地区、各部门、各单位也层层夺权，工作、生产秩序大乱。在王洪文带头掀起的夺权风暴中，从国家计划委员会、经济委员会到各个工业部，从中央到各级地方，大批从事经济工作的、有丰富经验的领导干部，被当做"走资派"揪斗；机构大撤、大并，工作人员下放劳动，使正常的经济管理职能陷于瘫痪和半瘫痪状态。国家计划委员会在1967年、1968年两年，实际上停止了工作，没有编制国民经济计划。1968年12月，才组成一个十几人的业务班子。国家经济委员会停止工作的时间更长。其他各部也因动乱难以行使正常的职权，不得不由军管会或军代表暂时维持局面。同时，企业管理组织和管理制度也受到了极大的破坏。许多企业领导人被打成所谓"走资本主义道路的当权派"，关进"牛棚"；生产指挥系统和规章制度遭到严重破坏。在夺权风暴中，职工队伍又分裂成对立的两派，酿成全面内战，造成许多企业停工、停产。

这期间，在全国农村的人民公社、生产大队和生产队也进行了层层夺权，致使生产管理陷入瘫痪状态。《农村六十条》规定的有利于农业发

---

① 《中国工业五十年》第五部上卷，中国经济出版社2000年版，第199~201页。

展的政策（包括以生产队为基础核算单位、农业生产责任制、社员家庭副业和集市贸易等）也受到了严重干扰。这一切就造成了生产连年下降。1967 年，国内生产总值比上年下降了 5.7%；1968 年比上年又下降了 4.1%（详见附表 3）。

第二节　1969~1973 年，"三个突破"与经济调整

经历 1966~1968 年全面内乱以后，广大干部和群众对于"打倒一切"、"全面内战"表示了极大的厌恶。党的九大于 1969 年 4 月召开前后，也需要政治团结、经济发展的局面。在上述形势下，从 1968 年第四季度起，剧烈动荡的局势开始趋向和缓，出现了一个相对稳定的间歇时期。

同时，为了恢复生产秩序，党中央和国务院采取了一系列步骤。

派出人民解放军对交通、铁路等重要部门和单位实行军事管制，对工矿企业派出军代表帮助恢复生产秩序；发布一系列政令，支持坚守工作和生产岗位的干部和职工群众，打击少数违法乱纪的坏人，维持铁路交通秩序和工业生产秩序；在职工群众中进行说服教育工作，停止武斗，消除分歧；着手重建各省、自治区、直辖市领导机构和经济管理部门、厂矿企业的领导机构。

接着，又恢复了中断两年的计划工作。1968 年 12 月 12 日，周恩来指示成立计划起草小组，编制 1969 年国民经济计划。1969 年 2 月 16 日召开的全国计划座谈会，讨论了起草小组编制的《一九六九年国民经济计划纲要（草稿）》，决定边执行、边讨论、边补充。还恢复了各工业主管部和其他综合经济部门的工作。1970 年 6 月，国务院原有的部委和直属机构进行调整、合并，并确定了编制。在这前后，煤炭、冶金、电力、轻工等几个工业部和财政部、中国人民银行等单位相继召开了专业会议，部署了工作。

周恩来还做了大量艰苦细致的工作，推动各省、自治区、直辖市和中央各部门分裂成两派的群众联合起来，建立临时领导机构，恢复秩序，恢复工作。

为了恢复农业生产，1970 年 12 月，中共中央转发了国务院《关于北

方地区农业会议的报告》。报告针对"文化大革命"的破坏，要求坚持《农业六十条》规定的各项基本政策：以生产队为基本核算单位，按劳分配和社员家庭副业等。1971年12月，中共中央又发出了《关于农村人民公社分配问题的指示》，针对当时农村存在的分光吃净和平均主义等问题，要求应在生产发展的基础上逐步增加积累，坚持按劳分配，口粮分配要采取基本口粮和按工分粮相结合的办法。

　　在上述各项政策和工作的推动下，1969年国内生产总值比1968年增长了16.9%，1970年又比1969年增长了19.4%（详见附表3）。这在很大程度上是恢复性增长。但也开始出现了经济过热的苗头。

　　以上各点，就是"三个突破"出现的历史背景。但"三个突破"产生的根本原因，是计划经济体制下片面追求经济高速增长的发展战略。如前所述，"四五"计划本身是一个冒进的计划。而且，各个地区、部门和企业在落实计划的时候，又层层加码，比赛"跃进"，形成了一股产量翻番风。例如，1970年4月，在江西萍乡召开的全国煤炭工业会议提出：大干3年，扭转北煤南运，实现江南9省煤炭基本自给；力争1975年煤炭产量超过美苏，跃居世界第一位。1975年，美国煤炭产量为5.93亿吨，苏联为6.44亿吨。我国1969年煤炭产量为2.66亿吨，要实现上述目标，5年中需翻一番还要多。轻工业部也提出，主要轻工产品5年翻一番。生产高指标使得基本建设规模急剧扩大。1969年，基本建设投资额由1968年的113.06亿元上升到200.82亿元，1970年又猛增到312.55亿元，1971年再增长到340.84亿元。[①]

　　这样，1971年就出现了"三个突破"。即全国职工人数达到了5318万人，突破5000万人；工资总额达到302亿元，突破300亿元；粮食销量达到427.5亿公斤，突破400亿公斤。"三个突破"超过了我国农业和轻工业的承受能力，超过了我国财力和物力所能允许的限度，必须进行调整。

　　1971年9月，林彪反革命集团的政变阴谋被粉碎以后，在毛泽东的支持下，周恩来主持了党中央的日常工作。周恩来在批判林彪反革命集团的过程中，联系经济战线的实际，着手解决林彪一伙干扰破坏造成的

[①]《中国统计年鉴》（1984），第301页。

恶果。他首先以很大的精力，解决"三个突破"的问题。他在 1971 年 12 月 16 日~1972 年 2 月 12 日举行的全国计划会议上，就严肃地指出了"三个突破"的危害，要全党注意解决。但是，由于开展"批林整风"，又有江青一伙的干扰，以致这个指示在实际工作中没有得到具体的贯彻。

1972 年，"三个突破"还在继续发展，年底职工人数达到了 5610 万人，又超计划招收职工 183 万人；职工工资总额达到 340 亿元，比 1971 年又增加 38 亿元；粮食销量达到 463.6 亿公斤，比 1971 年又增加 36.1 亿公斤。而当年的粮食统购量只有 396.35 亿公斤，差额很大。为了解决这个问题，除增加了进口以外，不得不挖粮食库存。这就又出现了粮食工作上的"一个窟窿"。在这种情况下，周恩来 1973 年 2 月再一次提出了这个问题。他要求一定要狠抓一下"三个突破"、"一个窟窿"的问题。[①]

根据周恩来的指示，陆续采取了以下的调整措施。①压缩基本建设规模。1972 年和 1973 年，基本建设投资为 327.98 亿元和 338.1 亿元，均少于 1971 年。②压缩工业生产高指标。经中共中央 1973 年 5 月召开的工作会议讨论，同意对"四五"计划原定的一些主要指标进行压缩和调整。决定适当放慢大"三线"建设的进度。"四五"计划原定的工业年平均增长速度为 12.8%，下调为 7.7%。1975 年钢的生产指标，由原定 3500 万~4000 万吨，下调到 3000 万吨。③精减职工。把 1972 年超计划招收的职工精减下来，再动员一部分 1970 年从农村招收的临时工和基本建设占用的常年民工以及不符合国家规定进入城镇的人口返回农村，减少 500 万吃商品粮的人口。1973 年，不再从社会上招收新职工。上述措施，对于纠正"三个突破"，堵塞"一个窟窿"，产生了积极的作用。

周恩来为了克服企业和工业管理方面的混乱状态，推动经济的发展，在解决"三个突破"的同时，还领导工业部门展开了对于极左思潮和无政府主义的批判，整顿了企业的管理工作，加强了经济的集中统一管理。

整顿工业企业管理工作的内容包括：①按照党委领导下的厂长负责制的原则，建立生产指挥系统。②恢复和健全七项管理制度，即岗位责任制、考勤制度、技术操作规程、质量检验制度、设备管理和维修制度、安全生产制度以及经济核算制度。③抓七项指标，即产量、品种、质量、

---

① 《周恩来选集》下卷，人民出版社 1984 年版，第 463~465 页。

原材料燃料动力消耗、劳动生产率、成本和利润。④贯彻按劳分配原则，实行正常的考工晋级制度，进行计时工资加奖励和计件工资的试点工作。⑤落实对干部、工人和技术人员的政策。

加强集中统一管理的具体措施是：①坚持统一计划，搞好综合平衡，主要是中央和省、自治区、直辖市两级的平衡，反对各行其是。②不许乱上基本建设项目，不许随意扩大建设规模和增加建设内容。③职工总数、工资总额以及物价的控制权属于中央，任何地区、部门和个人无权擅自增加和改变，企业单位的劳动力要服从中央和省、自治区、直辖市的统一调度。④严格执行物资分配计划和订货合同，保证物资调得动，不准随意中断协作关系。⑤加强资金管理，严禁拖欠、挪用税款和利润，不准用银行贷款和企业流动资金搞基本建设。⑥中央下放的大中型企业，由省、自治区、直辖市或少数省属市管理，不能再层层下放。⑦加强纪律性，对于违反纪律的行为，要给予批评教育，违法乱纪的要按照党纪国法给予处分和制裁。

在这期间还加强了农业生产。这除了继续抵制"文化大革命"中"左"的政策、坚持《农业六十条》以外，还在增加农业投资和引进化肥设备等方面采取了重要措施。国家财政支援农业资金由1972年的65.13亿元增加到1973年的85.17亿元，增长了30.8%，占国家财政总支出的比例由8.5%上升到10.5%。1972年，中共中央批准燃化部引进13套30万吨合成氨、48万吨尿素成套装置。[①]这些都大大促进了农业的发展。

经过调整和整顿工作，1969年开始出现的经济过热状态逐步降温，增速趋于下降。国内生产总值增长速度，1971年为7%，1972年为3.8%，1973年为7.9%（详见附表3）。

第三节　1974~1976年，经济整顿的成效与夭折后经济增幅的急剧下滑

在周恩来主持中央日常工作期间，国民经济出现转机。这不但是纠

---

①《当代中国的农业》，当代中国出版社1992年版，第282~285页。

正"三个突破"的结果，也是在经济领域批判极左思潮的初步成效。但是，这种批判不仅极大地激怒了"四人帮"（江青、张春桥、姚文元和王洪文在党的十大以后中央政治局内结成"四人帮"，他们就是利用极左思潮发迹的），而且为毛泽东所不容（因为这种批判最终会导致从根本上否定"文化大革命"）。这样，当时毛泽东竟然也认为林彪不是极左，而是极右，当前的主要任务仍然是反对极右。江青一伙在批判极右的幌子下，于1974年发动了所谓"批林批孔"运动，并提出了所谓"批回潮"的口号。他们还别有用心地提出"不为错误路线生产"的口号，支持少数野心分子、打砸抢分子重演"文化大革命"初期对各级领导干部肆意辱骂、揪斗的故技。

"批林批孔"使经济重新陷于严重混乱的状态。许多企业停工停产，处于瘫痪、半瘫痪的局面，无法正常生产。以致1974年国内生产总值仅比上年增长2.3%，比1973年下降了5.6个百分点，经济又陷于停滞状态（详见附表3）。

"批林批孔"使有所转机的经济状态再度恶化的严峻事实，引起了党内外广大干部和群众的极大不满。于是1974年10月4日，毛泽东提议邓小平出任国务院第一副总理。接着，他陆续发表了"以安定团结为好"和"把国民经济搞上去"的指示。1975年1月13~17日，四届全国人大第一次会议在北京举行。周恩来在政府工作报告中，重申了三届全国人大关于20世纪实现"四化"的宏伟设想。但在大会以后，周恩来病重住院，邓小平在毛泽东支持下主持中央的日常工作。

邓小平在主持中央工作期间，以无产阶级革命家的伟大气魄，在极其困难的情况下，同"四人帮"的疯狂破坏和捣乱进行了针锋相对的斗争。邓小平提出，把国民经济搞上去，是摆在全党和全国人民面前的最紧迫的任务。他为此用了最大的努力，排除"四人帮"的干扰，召开一系列的重要会议，制定一系列重要文件，采取一系列果断措施，对各个方面的工作进行全面的整顿。

1. 整顿铁路交通秩序。

"批林批孔"以来，徐州、郑州、南京、南昌等铁路局运输堵塞，津浦、京广、陇海、浙赣四条干线不能畅通，交通运输问题已经成为生产建设顺利进行的重大障碍，并影响到职工的生活。邓小平决定首先从整顿铁路入手，打开局面。2月25日~3月8日，党中央在北京召开了解决铁路问题的全国工业书记会议。他在会上提出，解决铁路问题的办法就是要加强集中统一。邓小平郑重宣布：大派小派都要解散，对闹资产阶级派性的头头只等他一个月，再不转变，性质就变了。①根据邓小平的讲话精神，中共中央于3月5日做出了《关于加强铁路工作的决定》。规定全国铁路由铁道部统一管理，在铁路系统大力恢复和健全各项必要的规章制度，整顿铁路秩序。会后，雷厉风行地贯彻决定的精神，形势迅速好转。到4月份，堵塞严重的几个铁路局都已疏通；全国20个铁路局，除南昌局以外，都超额完成装车计划。铁路运输的好转，推动了工业生产。1~4月，全国工业总产值比上年同期增长了19.4%。

2. 整顿钢铁工业生产秩序。

铁路整顿工作的成功，全国为之震动，广大职工欢欣鼓舞。党中央决定乘胜前进，整顿钢铁生产秩序，解决前4个月欠产195万吨钢的问题。5月8~10日，党中央在北京召开钢铁工业座谈会。邓小平提出了四条整顿办法：①从冶金部到工厂都要建立起强有力的、敢字当头的、有能力的领导班子，不能软、懒、散。②发动群众同资产阶级派性做斗争，寸土必争，寸步不让。③落实好政策，把受运动伤害的老工人、老干部、老劳模和技术骨干的积极性调动起来。④把必要的规章制度建立起来，大钢厂要有单独的、强有力的生产指挥系统。②座谈会确定，全年2600万吨钢的生产指标不能降，欠产要补上，几个大钢厂要限期扭转局面。冶金部根据中央的指示和座谈会的精神，对企业进行了初步整顿。6月份，钢铁日产水平就超过年计划的平均日产水平，达到72400吨。

3. 着手整顿整个工业。

6月16日~8月11日，国务院召开计划工作务虚会，就经济工作的路线、方针和政策问题进行讨论。会议指出，当前经济生活中的主要问题是乱和散，必须狠抓整顿，强调集中。要整顿软、懒、散的班子；对职工要严格训练和严格要求；要建立岗位责任制等各项生产管理制度；等等。会议还对国家计委起草的《关于加快工业发展的若干问题》（即《十

---

① 《邓小平文选》第2卷，人民出版社1994年版，第4~7页。
② 《邓小平文选》第2卷，人民出版社1994年版，第8~11页。

四条》）进行了讨论。在讨论过程中，邓小平又提出了一些重要补充、修改意见。①国家计委根据这些意见加以修改，由《十四条》发展为《二十条》。

《二十条》的主要内容是：①不能把搞好生产当做"唯生产力论"和"业务挂帅"批判，学习理论必须促进安定团结、促进生产发展。②要调整"勇敢分子"当权的领导班子，把坏人篡夺的权力夺回来。③要划清造反派、反潮流分子同先进分子的界限，继续在职工中划分造反派和保守派是错误的。④要建立以岗位责任制为中心的生产管理制度，建立强有力的、独立工作的生产指挥系统。⑤必须虚心学习外国的一切先进的东西，有计划、有重点地引进国外的先进技术。⑥不劳动者不得食，各尽所能、按劳分配是社会主义的分配原则。在现阶段，它是适合生产力发展要求的，必须坚持实行。不分劳动轻重、能力强弱、贡献大小，在分配上都一样，不利于调动群众的社会主义积极性。⑦所有干部、工人、科技人员都要走又红又专的道路。⑧必须加强纪律性，对违反纪律的行为要批评教育，严重的要给予处分，直至开除厂籍。《关于加快工业发展的若干问题》实际上是在工业方面首先提出的系统地进行拨乱反正的指导性文件。

然而，由于江青一伙从中作梗，《二十条》没有形成正式文件。但是，它的基本精神对工业部门具有很大影响。国务院有关部纷纷学习这种做法，起草关于企业管理、基本建设管理、物资管理、财政管理、物价管理和劳动管理等专门条例。

4. 整顿农业。

在1974年江青一伙发动的"批林批孔"运动中，《农业六十条》的贯彻再次受到严重干扰，农业生产又受到破坏。

为此，中共中央在1975年10月15~19日先后在山西省昔阳县和北京召开了全国农业学大寨会议。会议期间还召开了农村工作座谈会。在会上，邓小平强调了发展农业的重要性，指出：实现四个现代化，关键是农业现代化。他还强调"农业要整顿"，"要通过整顿解决农村的问题"，"整顿的核心是党的整顿"。"整党主要放在各级领导班子上，农村包括公社大队一级的。""要在整党的基础上挑选干部。一个大队，一个公社，一

---

① 《邓小平文选》第2卷，人民出版社1994年版，第28~31页。

个县，选好了一二把手，整个领导班子就带动起来了。"①会后，中央从全国抽调百万干部到农村帮助社队整顿。这些就促进了《农业六十条》的贯彻，推动了农业的恢复。

当然，这次农业学大寨会议没有也不可能从根本上改变农村工作中"左"的错误。如前所述，大寨大队是1964年由中共中央和国务院树立起来的先进典型。它所体现的依靠集体力量、自力更生、艰苦奋斗进行农业生产建设的精神确实可贵，并在经济调整时期起过推动农业发展的积极作用。但它本身也有缺陷，特别是分配上的平均主义。而在"文化大革命"发生以后，全国农业学大寨运动就被纳入了"左"的路线的轨道，并被林彪、江青两个反革命集团所利用。而且，大寨大队从本身也在经济、政治、组织和思想等方面实行了一套"左"的做法。因而，在指导"文化大革命"这条"左"的路线没有根本改变以前，在江青一伙没有被打倒以前，这次会议不可能根本解决农业工作中的"左"的错误。只有在党的十一届三中全会以后，1980年11月，中共中央在批转山西省委《关于农业学大寨经验教训的初步总结》中，才正式为全国农业学大寨运动画上了句号，并最后结束了这方面"左"的错误。

5. 整顿科学、教育、文化和军队。

在"文化大革命"中，我国科学、教育和文化教育事业受到了极为严重的摧残。科研、教育和文化等方面的制度破坏殆尽，许多科研机构瘫痪，学校停课，大学不招生；许多学者和教师被剥夺了工作权利；学生普遍厌学；文艺呈现出"百花凋零"的凄惨景气。

针对这种严重状况，邓小平选择科学研究工作作为整顿的突破口。他首先为科技人员正名，旗帜鲜明、不畏风险地提出："科学技术是生产力，科学技术人员就是劳动者！"他强调了科研工作的重要性，指出："如果我们的科学研究工作不走在前面，就要拖整个国家建设的后腿。"②中共中央还派胡耀邦等人去中国科学院工作。他们在邓小平支持下，采取果断措施，落实知识分子政策，调动科技人员积极性，整顿工作取得了显著成效。同时，教育和文艺的整顿工作也开始取得进展。

---

① 《邓小平文选》第2卷，人民出版社1994年版，第35~36页。
② 《邓小平文选》第2卷，人民出版社1994年版，第32~34页。

这时，邓小平还针对"文化大革命"给军队造成的"肿、散、骄、奢、惰"的严重状况进行了整顿。这对消除林彪在军队中造成的恶劣影响，抵制江青一伙插手军队，起了重要作用。

经过 1975 年短短一年的整顿，我国经济形势出现了明显的好转。正气抬头了，林彪、江青两个反革命集团长期培植的一小撮野心家、打砸抢分子及其煽动的极左思潮和无政府主义受到了打击，生产秩序大为好转，各项工作都有起色。这一年，国内生产总值比上年增长了 8.7%（详见附表 3）。

邓小平所进行的一系列整顿工作，实际上触及了对于"文化大革命"这一全局性错误的批判，不但为"四人帮"所反对，也为毛泽东所不容。所以，在 1976 年 1 月 8 日周恩来逝世后，就发动了所谓"批邓、反击右倾翻案风"运动。经济整顿从此夭折，经济好转的形势毁于一旦，生产秩序受到严重破坏，经济发展又一次经受曲折。1976 年，国内生产总值比 1975 年下降了 1.6 个百分点（详见附表 3）。

同周恩来主持工作期间所进行的调整工作一样，邓小平主持工作期间所进行的整顿，都不可能真正进行到底。这就充分证明：不从全局上否定由毛泽东的"无产阶级专政下继续革命"理论指导的"文化大革命"，不粉碎江青反革命集团，国民经济的发展是不可能的。

第二章 备战战略指导下的"三线"建设

第一节 "三线"建设的实施

根据党中央和毛泽东关于加快"三线"建设的战略决策，1965 年拉开大会战的序幕，1966 年在更大的规模上展开。

关于加快"三线"建设的决策的实施，大体可以划分为两个时期。

前 5 年即"三五"计划时期，主要是以西南为重点开展"三线"建设。铁路运输修筑连接西南的川黔、成昆、贵昆、襄渝、湘黔等几条重要干线；钢铁工业建设攀枝花、酒泉、武钢、包钢、太钢 5 大钢铁基地；煤炭工业重点建设贵州省的六枝、水城和盘县等 12 个矿区；电力工业重点建设四川省的映秀湾、龚咀、甘肃省的刘家峡等水电站和四川省的夹江、湖北省的青山等火电站；石油工业重点开发四川省的天然气；机械工业重点建设四川德阳重机厂、东风电机厂、贵州轴承厂等；化学工业主要建设为国防服务的项目。5 年累计，内地建设投资达到 611.15 亿元，占全国基本建设投资的 66.8%。其中，"三线"地区的 11 个省、自治区的投资为 482.43 亿元，占基本建设投资总额的 52.7%。

后 5 年即"四五"计划时期，"三线"建设的重点转向"三西"（豫西、鄂西、湘西）地区，同时继续进行大西南的建设。这期间，根据经济发展状况和战备的要求，将全国划分为西南、西北、中原、华南、华东、华北、东北、山东、闽赣和新疆 10 个经济协作区。要求在每个协作区内逐步建立不同水平、各有特点、各自为战、大力协同的工业体系或经济体系，特别是要有计划有步骤地发展冶金、国防、机械、燃料和化学等工业部门。这5年，内地投资所占的比重稍有下降，5年累计为898.67亿元，占全国基本建设投资的53.5%。其中，"三线"11个省、自治区的投资额为690.98亿元，占全国基本建设投资总额的41.1%。

加快"三线"战略后方的建设，是循着两种方式进行的。一种方式是投资新建；一种方式是沿海地区老企业向"三线"地区搬迁。后一种方式也伴有部分的新投资，以搬迁的部分为基础，加以补充或扩建；前一种方式，也主要采取老工业区、老企业支援新建项目的办法，而且强调支援"三线"，"人要好人、马要好马"，对口包干，负责到底。这就加快了建设进度，使建设项目能在较短的时间内竣工投产。

因此，"三线"建设是我国沿海地区工业生产能力向腹地的一次大推移。在工业技术和管理经验上，是继"一五"时期之后，又一次全国性的传播与扩散。1965年，国家基本建设委员会在北京专门召开全国搬迁工作会议，研究布置1966年的搬迁工作，就"三五"计划期间的搬迁规划交换意见。会议确定，搬迁项目要实行大分散、小集中的原则，少数国防尖端项目要分散、靠山、隐蔽，有的还要进洞。1966年5月9日，国家计委和国家建委就老工业基地、老企业支援内地建设问题，要求担负支援任务的地区和单位，要从筹建、施工到建成投产一包到底。包括为新厂配备领导班子和技术骨干，提供设备和材料，承担试验研究工作和提供技术资料，为投产初期提供必需的备品备件等。据1971年统计，1964年以来，全国内迁项目共计380个，包括145000名职工和38000多台设备。

林彪一伙对"三线"建设进行了严重的干扰和破坏。他们片面地强调"三线"工厂布点要靠山、分散、可隐蔽，要进洞，人为地割断生产的有机联系。同时，他们又在全国范围内搞独立的、完整的大军工体系，盲目批项目、要投资。他们鼓吹要"用打仗的观点，观察一切、检查一切、落实一切"，"打仗就是比例"，为他们盲目扩大军工生产、冲击国家计划制造论据。1969年6月，黄永胜、吴法宪、叶群、李作鹏、邱会作等人把持的军委办事组召开会议，提出了一个庞大的国防建设计划，对国民经济的发展造成了很大的冲击。当年的国防战备费比1968年猛增了

34%。1970年和1971年又分别递增25%和17%。1969~1971年，国防工业和国防科研投资在国家总投资中的比重增长了很多。这不仅是造成"三个突破"的重要因素，严重地影响了国民经济的发展，而且也给"三线"建设带来了极大的危害，造成了惊人的浪费。

"三线"建设是采取中央、西南"三线"建设委员会和建设项目现场指挥部三级分权管理的体制。中央一级负责制定"三线"建设的方针和政策，规划建设的布局，决定具体项目和投资计划，审查批准西南"三线"建设委员会的实施方案。西南"三线"建设委员会是中央设在西南地区负责直接领导和指挥"三线"建设的权力机构，由中央有关部委、中共中央西南局和四川、贵州、云南3省领导干部组成，具体负责贯彻落实中央关于"三线"建设的方针、政策和建设计划，审定各个建设项目的设计方案、厂址选择和施工计划，并对实施情况进行督促、检查。建设项目现场指挥部由建设单位、设计单位、施工单位、所在地区的地方党委和物资、银行等有关部门的领导干部或代表组成，一般由建设单位的领导人"牵头"，实行党委领导下的指挥部首长负责制。指挥部的职责主要是负责具体实施项目建设计划，统一指挥和协调各有关方面的工作，保证建设项目建设任务的完成。

同上述管理体制相适应，一些部门突破传统的管理办法，采取了一些新措施。物资部门在物资管理方面，改变按行政区划设置供应机构、按行政渠道调拨物资的老框框，按建设布局和合理的物资流向设置物资供应机构，就近组织供应。当时，物资部在西南专设了指挥部，在成都、重庆、自贡、渡口等中心城市和重点建设地区设立物资局，划分供应范围，负责区内建设项目的物资供应。中央各部把一、二类物资指标交物资部，由物资部统一向生产企业订货，然后直供到建设单位所在地的物资局，再配套供应给建设单位。机器设备由国家设备成套总局按每个项目提出的设备清单，向有关生产企业订货，组织成套供应。三类物资由国务院财贸办公室派驻在西南的工作组（包括商业、粮食、供销社等部门的代表），会同当地财贸部门组织货源，由所在地区物资局统一供应给建设单位。这种物资管理办法，在很大程度上克服了以往建设物资的供应不配套、不及时、不对路以及环节多、流向不合理等缺点。在劳动管理方面，广泛推行了两种劳动制度。例如，建筑施工采取中央主管部门的专业建筑队伍、地方专业建筑队伍和农民建筑队伍"三结合"的办法，负责各项工程的施工任务，加快了施工进度；生产企业采取固定工、合同工和轮换工相结合的形式，节省不必要的支出，使生产第一线经常保持最佳年龄的劳动力。[①]

第二节　"三线"建设的主要成就和严重后果

"三线"建设的成就主要有：

1. 建成了一批重要项目。包括四川攀枝花钢铁厂，甘肃酒泉钢铁厂，成都无缝钢管厂，贵州铝厂，湖北十堰汽车厂，四川大足汽车厂，四川德阳第二重型机械厂，贵州六盘水、四川室顶山和芙蓉山等大型煤矿，甘肃刘家峡、湖北丹江口等大型水力、火力发电厂，等等。

2. 形成了若干新的工业中心。包括川、贵、云在内的基本上完整的西南机械工业基地；包括鄂西、湘西、豫西在内的华中地区新的机械工业中心；以机床、轴承制造为特色的汉中工业区；以机床、工具、农机配件制造为特色的关中工业区；以仪表、低压电器、农机、轴承制造为特色的天水工业区；以仪表、机床制造为特色的银川工业区；以机床、拖拉机、内燃机制造为特色的西宁工业区；攀枝花大型钢铁基地；黔西大型煤炭、电力基地；西安、成都等新兴技术中心和高、精、尖产品生产基地。

3. "三线"地区的某些省份一跃成为工业门类齐全、机械装备程度很高的地区。整个"三线"地区的工业生产能力，在全国占有很大的比重，四川省尤其占有重要的位置。"三线"建设期间，四川省基本建设投资规模达到 393 亿元，在"三线"建设总投资中占 33.5%，在国家基本建设投资总额中占 16%。这期间，四川省新建、扩建、内迁来的以重工业为主的项目 250 多个。1975 年，全省固定资产原值已达到 182.3 亿元，超过上海、黑龙江，仅次于辽宁，位居全国第二。在四川省的工业部门中，各类机床的拥有量为 12.4 万台，占当年全国机床拥有量的 6.5%；锻压设备

拥有量占全国的 5.5%；炼钢能力占全国的 7.1%；原煤开采能力占全国的
6.8%；发电装机容量占全国的 6.4%。其他如湖北、河南、陕西等省，经
过"三线"建设时期的工作，都建立起了相当规模的工业基础。

这些成就凝结了"三线"建设领导者、工程技术人员和工人的辛勤
劳动。

但是，"三线"建设是基于毛泽东对战争危险的过于严重的估计，又
时值由他发动的"文化大革命"时期。所以，"三线"建设的规模安排得
过大，建设速度要求过快，而且没有经过充分准备，决策以后就立即上
马，全面铺开。在具体实施过程中，缺乏前期的准备工作，往往是边勘
探、边设计、边施工，抢进度、抢时间。有些项目的选点定址都很匆忙，
搞所谓"跑马选址"。摊子铺开以后，又受到了"文化大革命"的干扰。
因而，"三线"建设不仅在进行过程中出现了不少问题，而且留下许多长
期不易甚至无法解决的问题，成为影响我国经济发展的重要因素。

1. 建设不配套。有些工业项目与城市或工矿区的建设不配套，生活
服务和公用事业跟不上；有些工业项目内部也不配套，辅助部分上不去，
形不成综合生产能力。

2. 选址失误，或者厂区布置不当。有的项目虽然建成了，因为缺水、
缺电，或者交通运输有问题，根本不具备正常生产的条件。厂址靠山、
分散、隐蔽甚至进洞的结果，使一些项目的厂区布置极不合理，增加了
投资，加大了以后的生产费用。有的工厂进洞过深，成为长期的隐患。

3. 生产成本高。许多项目地处山区，搞了大量防洪工程、厂外管线、
道路和社会服务设施。这类固定资产的比重大，运输费用高，增加了生
产成本。

4. 有的建设项目生产方向不明确，建成以后没有具体任务；有的建
设项目原定的生产方向不适合需要，有待转产；有的连转产都困难；有
的虽然能够转产，经济上也不合算。

5. 企业管理工作薄弱，职工队伍不稳定。

6. 区域工业组织工作跟不上，外部生产协作条件差。

这些问题使"三线"地区的工业生产能力不能充分发挥作用，设备
的利用率很低。1975 年，"三线"地区工业固定资产原值占全国工业固定
资产原值的 35%，而工业产值在全国工业总产值中仅占 25%。西南地区

的机械工业，每个职工平均拥有的固定资产在全国占据第一位，而按每万元固定资产计算的产值和劳动生产率，在全国却是倒数第一位。

　　除了"三线"建设本身存在问题以外，要求过快过急的"三线"建设，对我国整个工业乃至对国民经济的全局，都产生了重大消极作用。这主要表现在以下几个方面：①影响了沿海地区工业的发展。"三五"时期，沿海地区的投资降到了新中国成立以来各个时期的最低点，在全国基本建设投资总额中仅占30.9%，比"一五"时期下降了10.9个百分点。"四五"时期，沿海地区的投资虽然有所回升，比"一五"时期还是低2.2个百分点。这就直接影响了老企业和老工业基地的技术改造，不利于充分发挥沿海原有工业基础的作用。"三五"时期，用于老企业和老工业基地的改建和扩建项目的投资额比"一五"时期下降了12.4个百分点；"四五"时期又下降了2.6个百分点。②影响了轻工业的发展。"三五"时期，轻工业投资在全国基本建设投资总额中占4.4%；"四五"时期，占5.8%，都低于"一五"时期6.4%的水平。[1]造成轻工业投资下降的一个直接原因，就是大量投资用在"三线"地区的重工业建设。③国民经济许多部门的发展都受到了不同程度的影响。在国民经济基本建设投资总额构成中，低于"一五"时期投资比重的部门还有：建筑业、地质勘探、商业饮食服务业、物资供销、科研文教卫生、社会福利以及城市公用事业等。

---

[1]《中国统计年鉴》(1984)，第308页。

第三章 经济管理体制的再次改进与企业领导制度的变动

第一节 经济管理体制的再次改进

一、经济管理体制再次改进的历史背景

从 1970 年开始，我国又进行了一次经济管理体制改进。这是继 1958 年以后的又一次改进。50 年代后期的改进，不仅没有解决原有体制的弊病，而且由于受"大跃进"时期"左"倾思想的影响，导致经济工作的半无政府状态。尔后进行的经济调整，不得不重新强调集中统一，收回下放的权力。这样，不仅在事实上取消了大部分的改进措施，而且原有体制中的高度集权在某种程度上较前更为严重。我国管理体制从"一放就乱"又走到了"一收就死"。

其主要表现是：企业上收过头，地方的管理权限又缩小了。1957 年，企业下放地方以前，中央各部所属企事业单位共计 9300 多个，工业产值占整个工业总产值的 39.7%。1958 年，企业下放地方以后，中央各部所属企事业单位减少到 1200 个，工业产值所占比重降低 13.8%。下放企业上收以后，包括新建的企业在内，1965 年中央各部直属企事业单位达到 10533 个，工业产值在整个工业总产值中的比重上升到 42.2%，其中属于

生产资料的部分占到 55.1%。① 中央各部管理这样多的企业，不得不把主要的精力用在日常供、产、销的调度上，去管那些不该管、也管不了的事情。与此同时，地方管理工业的权限大大缩小了，企业的自主权也缩小了。不仅在许多方面恢复到改革以前的状况，而且有些方面的集权程度比过去更厉害了。例如，在财权方面，原来从 1957 年起实行的利润留成制度又被停止执行，缩小了企业的财权。

工业管理体制的更加集权，有利于国民经济的调整，较快地渡过了经济困难时期，但又把经济活动管死了，不利于调动地方和企业的积极性。这样，地方和企业都迫切要求改变现状。

这次改进工业管理体制，又是实现"四五"计划高指标的需要。

调整时期，党和政府对于集权过多带来的问题实际上已有觉察。随着调整工作的完成，党中央和国务院也已经着手采取措施，适当扩大地方的权限，对工业管理体制的某些环节进行改革性的试验。

1966 年 2 月，毛泽东在给刘少奇的一封信中说："一切统一于中央，卡得死死的，不是好办法。"② 接着，他在杭州政治局扩大会议上又提出"虚君共和"的主张。他说：中央还是虚君共和好。中央只管虚，只管政策方针，不管实，或少管点实。他批评中央部门对下放的工厂收多了，凡是收的都叫他们调出中央，到地方去，"连人带马"都出去。

但是，由于"文化大革命"的发动，推迟了这一行动。然而，"四五"计划提出建设不同水平、各有特点、各自为战、大力协同的经济协作区和各省、自治区、直辖市的地方工业体系的目标，要求扩大地方的管理权限。这样，在经过 1967~1968 年最混乱的两年以后，1969 年动荡的局面稍有平息，有可能重新提出经济管理体制改进的问题。

这次经济管理体制改进提出的主要课题，还是解决中央集权与地方分权问题，扩大地方对于经济的管理权。这样，下放中央直属企事业单位，并相应地下放财政管理权、物资管理权和计划管理权，就成为改革的主要内容。同时，适当调整国家与企业之间的关系，扩大企业的权力。

---

① 周太和主编：《当代中国的经济体制改革》，中国社会科学出版社 1984 年版，第 70、100 页。
② 毛泽东：《关于农业机械化问题的一封信》，《人民日报》1967 年 12 月 26 日。

二、经济管理体制再次改进的过程

（一）经济管理体制再次改进的措施

1. 下放企业。1969 年 2 月 26 日~3 月 24 日，在全国计划座谈会上，曾经就经济管理体制改进问题进行专门讨论。当时，首先考虑的是企业管理体制问题。会议提出，要以"块块"（即地方）管理为主。中央直属企业可以分为地方管理、中央管理和双重领导这三种形式。

1970 年 3 月 5 日，国务院发布关于工业交通各部直属企业下放地方管理的通知，要求国务院工交各部把绝大部分直属企业、事业单位下放给地方管理；少数由中央主管部和地方双重领导，以地方为主；极少数的大型或骨干企业，由中央和地方双重领导，以中央为主。正在施工的基本建设项目也按这样的精神，分别下放给地方管理。通知规定，企业下放要在 1970 年内完成。根据国务院通知的要求，一场以下放企业为中心的改进管理体制的工作，便在全国范围内展开了。经过 1970 年这次大规模的企业下放，连同在这以前煤炭工业部先行下放的 22 个矿务局，中央部属企业（不含军工企业）共剩下 142 家，比 1965 年的 10533 家减少了 98.6%；这些企业的工业产值在全民所有制工业总产值中的比重下降为 8%左右。①其中，机械工业部系统，在第八机械工业部与第一机械工业部 1970 年 4 月合并后，共有部属企业 310 个，到年底，共下放 277 个，占 89%。第一汽车厂、第二汽车厂、第一重机厂、第二重机厂、洛阳拖拉机厂、西安电力机械制造公司等关系国民经济全局的重点骨干企业，也都下放给地方。冶金工业部原有70 个直属大型联合企业、重点建设单位和主要特殊钢厂，除两个独立矿山、攀枝花钢铁公司和长城钢厂外，包括鞍山钢铁公司、武汉钢铁公司、包头钢铁公司、太原钢铁公司、首都钢铁公司等 24 个钢铁企业在内，都下放给省、自治区、直辖市管理，或双重领导（以地方为主）。煤炭工业部系统原有 72 个直属矿务局，全部下放给地方管理。纺织工业部系统的棉、毛、麻、丝等纺织加工行业的企业，自 1958 年下放以后，一直由地方管理；主要是纺织机械行业的企业自 1963 年上收以后，由纺织工业部归口管理。1970 年，又将这个行业的 24 个骨干厂全部下放给地方管理。中央部属企业、事业单位的下放，有

---

① 周太和主编：《当代中国的经济体制改革》，中国社会科学出版社 1984 年版，第 137、297 页。

两种情况：多数下放到省、自治区、直辖市一级；一部分下放到省、自治区、直辖市后又继续下放，有的下放到省属市，有的一直下放到区、县、市，出现层层下放的情况。

随着中央部属企业的下放，有些省属企业也纷纷下放。冶金系统有的省属企业下放到了专区，有的一直放到县或镇。

2. 下放财权、物权和计划管理权。下放财权、物权和计划管理权是扩大地方管理权限的必要组成部分，也是企业下放提出的要求。在这些方面主要采取了以下措施：

（1）实行财政大包干。以扩大地方财权为重要内容的财政体制改革，基本的办法是实行大包干。1971~1973 年，实行收支包干的体制，即"定收定支，收支包干"。凡地方收支核定后收入大于支出的，包干上缴中央财政；支出大于收入的，由中央财政按差额包干补助；结余留用、或者实行全额分成。关于收支的划分范围是，国家财政收入中，除中央部属企业收入和关税收入归中央外，其余全部归地方；国家财政支出中，除中央部门直接管理的基本建设、国防战备、对外援助、国家物资储备等支出归中央外，其余划归地方。地方的预算收支，经中央综合平衡，核定下达。

大包干以后，短收和超支，地方自求平衡；超收或者结余，也归地方使用。这就调动了地方努力增收节支的积极性；同时，随着大批中央部属企、事业单位的下放，也进一步扩大了地方财权。但在执行中遇到了一些新的矛盾。一是收入打不准。年初分配给地方的财政收入指标，很难做到完全符合实际。结果，有的地区超收很多，有的地区没有超收甚至短收，造成地方机动财力过于悬殊，苦乐不均。二是留给地方的机动财力不稳定。因为即使是同一个地区，也存在有的年份超收很多，有的年份又超收很少甚至短收的情况，机动财力极不稳定，不利于地方统筹安排各项收支。三是包不死。因为超收的全部归地方支配，短收的不能保证上缴，还要中央补贴，实际上只包了一头。四是有些地区把包干指标又层层下包，导致地方机动财力分散。

为了克服这些缺陷，新办法实行一年后，做了部分改变，即超收不满 1 亿元的，全部归地方；超过 1 亿元的，超收部分上缴中央财政50%。但是，1972 年预算执行的结果，上述问题仍然没有解决。当年 14

个地区超收，地方共留成9.3亿元；15个地区短收，共计21.8亿元。这些地区不仅不能保证上缴，中央还补贴他们8亿元。这就增加了中央财政的困难。

1974~1975年，在华北、东北地区和江苏省试行"收入按固定比例留成"办法，即地方从负责组织的收入中，按一定的比例提取地方机动财力，超收另定分成比例，支出按指标包干。这个办法，在肯定包干的前提下，对原来的办法做了较大的变更，既使地方在固定留成中保持一个相对稳定的机动财力，又鼓励地方努力增收，以获得一部分超收分成。但这种办法也存在缺陷，即在执行过程中，收支脱钩，短收不影响支出，地方无压力，平衡的任务都落在了中央财政的身上。

1976年改行"收支挂钩、总额分成"的体制，即在地方定收定支后，多收可以多支，少收就要少支，总额分成，一年一定，类似1959年实行的"总额分成"制度。

在实行财政大包干的同时，还对基本建设管理体制进行改革，实行基本建设投资大包干，扩大地方的基本建设投资权。具体的办法是：按照国家规定的基本建设任务，由地方负责包干建设，投资、设备、材料均由地方统筹安排，调剂使用，结余归地方。少数重点项目，地方单独承担有困难的，实行双重领导。从1974年起，基本建设投资改按"四、三、三"的比例分配，即基本建设投资额中的40%由中央主管部掌握使用；30%由中央主管部商同地方共同安排；其余30%由地方自行掌握使用，以扩大地方对于基本建设投资的管理权。

为了支持"五小"工业的发展，中央财政从1970年起的5年内，拨出80亿元作为发展"五小"工业专项基金，交各省、自治区、直辖市掌握使用。

（2）下放物资管理权，实行物资分配大包干。下放物资管理权，一是减少国家统配和部管物资的种类。从1972年起，国家统配和部管物资的种类，由1966年的579种减少到217种。其中，国家统配物资由326种减少到49种，部管物资从253种减少到168种，其余的物资管理权一律放下去。二是把下放企业的物资分配和供应工作同时下放给地方管理。1972年，首先在华北地区和江苏省进行试点，有400多个下放企、事业单位的物资分配和供应工作移交给了地方。

对部分重要物资试行"地区平衡，差额调拨"，即在国家统一计划下，实行地区平衡，差额调拨，品种调剂，保证上缴的大包干办法。从1971年起，在全国范围内对水泥实行"地区平衡，差额调拨"；煤炭在20个省的范围内实行这一办法；钢材、纯碱、烧碱、汽车、轮胎等产品在辽宁、上海、天津等省、直辖市实行地区平衡。从1972年起，在华北协作区和江苏省对国家统配和部管物资全面试行地区平衡的包干试点，以地方为主组织物资的分配和供应工作。

（3）改进计划管理体制，计划管理体制改进的目标是实行在中央统一领导下，自下而上、上下结合，"块块"为主、"条""块"结合的管理体制，在地区和部门计划的基础上，制定全国统一的计划。但由于扩大地方经济管理权出现了一些新的问题，更由于"文化大革命"内乱不止，实际上，计划管理体制的改进大半并没付诸实施。

3. 简化税收、信贷和劳动工资制度。在税收、信贷、劳动工资等方面的措施，是循着缩小它们的职能、削弱它们的作用的方向进行变动的，是同改进的要求背道而驰的，并不能算是改进的措施。

（1）简化税制。1957年以前，适应我国当时多种经济成分并存的情况，采用的是多种税、多次征的复税制。1958年曾经进行过一次简化税制。1970年，再次提出改进国营企业的工商税制度，并在一些地区进行了同一行业大体采用同一税率计征纳税的试点。1972年3月30日，国务院颁发《中华人民共和国工商税条例（草案）》，对这次税制改进的具体办法，做了以下规定：①合并税种，把工商统一税及其附加、城市房地产税、车船使用牌照税、盐税、屠宰税等几个税种统一合并为工商税一个税种。对国营企业，只征收工商税；对集体所有制企业，在征收工商税以后，再征所得税，改变了对一个企业征多种税的做法。②简化税目、税率。税目由过去的108个减为44个，税率由过去的141个减为82个。多数企业可以简化到只用1个税率征税。③一部分税收管理权下放给地方，赋予地方对当地新兴工业、"五小"企业、社队企业以及综合利用、协作生产等确定征税或减免税的权力。

（2）简化信贷制度。具体做法是合并机构、下放权力、改变信贷方式、简化利率种类、下调利率水平等。1970年5月12日，国务院根据中国人民银行军代表的报告，决定撤销华侨投资公司。同年6月11日，国务院批转财政部军代表和中国人民银行军代表《关于加强基建拨款工作改革建设银行机构的报告》，决定撤销建设银行，并入中国人民银行。

1971 年 8 月 11 日，经国务院批准，全面调整银行利率；调整的原则是：适当降低利率水平，简化利率种类，取消某种优待利率。根据调整方案，对社队企业的贷款利率，由 7.2‰降低为 3.6‰。国营工商企业和城镇集体企业实行统一利率，存款利率由 1.8‰降低为 1.5‰，贷款利率由 6‰降低为4.2‰；城乡居民定期存款利率，原来存半年以上的为 2.7‰，一年以上的为 3.3‰，这次统一调整为 2.7‰。各项利率的调整，一般的情况是贷款利率降低 30%左右，存款利率降低 20%左右。调整方案规定，调整利率以后，国营企业少支付的利息部分，要作为利润上缴国家。

（3）简化劳动工资制度。1971 年 11 月 30 日，国务院发出通知，决定改革全国全民所有制企业、事业单位的临时工、轮换工制度，规定在常年性的生产和工作岗位上的临时工，凡是确实需要，本人政治历史清楚，表现好，年龄和健康状况又适合于继续工作的，可以转为固定工。只有临时性、季节性的生产、工作岗位，才允许使用临时工。他们在工作期间的政治待遇、粮食定量和劳动保护用品等与同工种的固定工一样，凡因工死亡致残的，按固定工的劳动保险待遇执行。对于矿山井下的生产、工作岗位，从保护工人身体健康出发，可以继续试用轮换工。同时，国家还把增加临时工的批准权，下放到省属市和地区。当时，全国共有900多万临时工和轮换工，其中从事常年性生产的大约有 650 万人。根据国务院的规定，大批临时工和轮换工转为固定工。1971 年以前，临时工在职工总数中占 12%~14%，改革以后下降为 6%。

在工资制度上，实际上已经停止执行正常的晋级制度，计件工资制度也废止了。1969 年，又把企业综合奖改变为附加工资，固定发放，取消了奖励基金制度。

4. 在一定程度上对国家与企业之间的关系进行调整。调整国家与企业之间的关系，主要的措施是改革固定资产管理制度，适当扩大企业的财权。

我国的固定资产管理制度，既繁琐，又僵化，把企业的手脚捆得紧紧的，不利于企业进行技术改造。主要表现在：①资金渠道多，不利于统筹安排。有的从基本折旧基金抵留，有的由财政拨款。在财政拨款中，又划分为三项费用（技术组织措施、零星固定资产购置和劳动保护）、固定资产更新和各项专款等。②基本建设投资中，有一部分是为老企业安排的属于简单再生产性质的投资，项目小，工程简单，放在一起用同样的办法管理，容易误事。③各项资金条条控制过死，企业的机动比较少，不利于调动企业的积极性。

针对这些问题，国家计委、财政部于 1966 年 12 月发出了《一九六七年固定资产更新和技术改造资金的管理办法和分配计划（草案）》，提出了以下的改革办法：①把三项费用、固定资产更新和基本建设中属于简单再生产性质的投资，合并为一个渠道。②固定资产更新和技术改造资金，实行基本折旧基金抵留的办法，不再由预算拨款和采取利润留成的办法。③煤炭、林业、冶金等采掘、采伐企业的开拓延伸费用、固定资产更新和技术改造资金，按产量提取，摊入成本，不再提取基本折旧基金。④取消短线产品措施费，锅炉、柴油机、汽车、机车四种设备更新费等专款，统一并入固定资产更新和技术改造资金开支。⑤扩大企业机动权。基本折旧基金必须留给企业一部分；留多少，由中央各主管部或省、自治区、直辖市确定。⑥实行基本折旧基金和大修理基金分提合用。在保证设备完好的前提下，大修理基金有多余，可以根据生产发展的需要，由企业统筹安排，但不得用于非生产性建设。⑦在基本折旧率、大修理折旧率和煤炭、林业、冶金等采掘、采伐企业按产量提取费用的标准，由财政部统一管理。改变折旧率和提取标准，必须报财政部审批。

根据新办法，从 1967 年起，将四项费用、固定资产更新资金、从成本中提取的开拓延伸费等项资金合并，统称固定资产更新和技术改造资金，从企业提取的基本折旧基金中抵留，不再由预算拨款。地方企业，因为设备陈旧，需要更新改造资金比较多，基本折旧基金全部留做更新改造资金使用。中央各部，根据设备新旧情况，以 1966 年财政拨给的四项费用和固定资产更新资金占基本折旧基金的比例为基础，协商确定。最高全部留用，最低留用 30%，平均留用 56.8%。煤炭企业更新改造资金的提取标准，每吨原煤规定为 1.5 元。森林采伐企业更新改造资金的提取标准，每立方米原木规定为 6.5 元。煤炭和森林采伐企业按产量提取更新改造资金以后，不再提取开拓延伸费和基本折旧基金。1971 年，随着中央企业的下放，下放企业原来上缴财政的基本折旧基金部分，也同时下放给地方留作更新改造资金使用；中央各部，除第二机械工业部和水利电力部继续上缴60%以外，都留给企业作为更新改造资金使用。

（二）经济管理体制改进中的问题和采取的措施

1. 以"块块"为主管理企业有利于地方统一规划、发展地方需要的工业。但是，用行政手段斩断地区之间的经济联系，助长了地区封锁的倾向。这次下放的企业，一般具有超越所在地区的、更为广泛的经济联系，物资供应一般依赖众多的地区、甚至全国，销售市场也往往面对众多的地区或全国。"条条"管理时期，流弊虽然很多，但大体适合它们经济联系范围宽广的需要。企业下放到地方以后，各个地区先从地区利益出发，相互切断一时看来不利于本区经济发展的经济联系，这就造成了原有协作关系的破坏，使企业面临严重的困难。

2. 以"块块"为主管理工业，有利于繁荣地区经济。但是，同整个国民经济综合平衡、协调发展的要求也产生了较大的矛盾。这特别表现在地方竞相扩大基本建设投资规模和盲目发展上，这从局部看来有利、从全局看来未必有利的项目。1970年、1971年两年，基本建设失控，出现"三个突破"，同上述情况有密切的联系。

3. 由于简化税制和信贷，进一步削弱经济调节机制，加重了经济体制中的僵化弊病。

为了解决上述问题，先后采取了以下措施：

第一，对一部分下放企业实行变通管理办法，不改变下放后的财务隶属关系，由原主管部代管。即生产计划仍由部安排，所需物资也由部"戴帽"直接供应，基本建设由部商同地方安排；劳动工资则归地方管理。这些企业称之为"代管企业"或"直供企业"。这类企业在全国有2000家。

第二，采取若干加强集中统一的措施。已见第一章叙述。

第三，恢复建设银行，加强监督措施。1972年4月，根据国务院的决定，恢复建设银行，加强对基本建设财务的管理和监管。省、自治区、直辖市设分行，省以下建设任务比较集中的地点、大中型建设工程所在地、跨省（自治区）施工的大型建设工地等，设分行、支行或办事处，实行银行和地方双重领导、以地方为主的体制。

三、经济管理体制再次改进失败的原因

主要从1970年开始进行的、以下放企业为中心的我国管理体制改进，同主要从1958年开始进行的第一次改进，极为相似。从它的基本指导思想到重大措施，都没有超出前次的范围。

这次改进的积极意义，主要是扩大了地方的管理权限，特别是扩大了地方的财权，壮大了地方的财力，有利于发展地方工业，繁荣地区经济。但这次改进的结果，管理体制中原有的弊病不但没有任何实质性的改善，而且增加了经济生活中的混乱。

这次改进失败的原因，首先，由于改革的指导思想像 1958 年那次一样，局限于行政性分权的框框，没有走上市场取向的轨道。正是这一点从根本上决定了这次改进的失败。

其次，工业经济管理体制的再次改进，正值"文化大革命"期间。在经济方面，70 年代初又发生了"三个突破"。处在这样险恶的政治、经济环境下，改革不能不遇到严重困难，以致妨碍改革措施的推行，有的改革措施不得不中途改变或废止。

再者，也像 1958 年那次改进一样，改进的方法带有强烈的政治运动的色彩。但这种突击的、群众运动的方法，根本不适合经济管理体制的改进。

尽管这次改进没有成功，但它提供的这些教训，对 1978 年以后的经济改革来说，却是有益的启示。

第二节　企业领导制度的变动

我们在本篇第一章已经指出：在 1966~1976 年期间，国民经济的运行都受到"无产阶级专政下继续革命理论"的支配以及在这个理论指导下的"文化大革命"实践的左右。在这期间，企业领导制度的变动也是这方面的突出表现。随着"文化大革命"的进展，企业领导制度经历了三次变动。①按照"无产阶级专政下继续革命理论"，"文化大革命"实质上是一个阶级推翻另一个阶级的政治大革命。相当大的一个多数的单位（包括中央和地方政府以及企业、事业单位）的领导权是掌握在党内走资本主义道路当权派手里。只有造反的群众组织才是无产阶级革命派。由此推得的结论：要实现"文化大革命"，必然要由无产阶级革命派夺取党内走资本主义道路当权派的领导权。林彪、江青等人正是利用了这个极左的、荒诞不经的理论，指使张春桥、王洪文等人在 1967 年初首先在上海掀起了"一月风暴"，夺取了中共上海市委和上海市人民政府的领导权。接着，这场夺权风暴席卷全国，许多中央和地方政府以及几乎全部企业和事业单位的领导权都遭到了篡夺。于是，1956年9月党的八大以后在全国普遍推行的企业党委领导下的厂长负责制都遭到了破坏，代之而起的是造反派群众组织掌握领导权。②造反派群众组织掌权，事实上不可能消除各种群众组织之间的派性斗争，进一步加剧了无政府状态，严重破坏了生产，各种社会矛盾趋于激化。在这种背景下，1968年8月，毛泽东提出：建立三结合的革命委员会，大批判，清理阶级队伍，整党，精简机构，改革不合理的规章制度，下放科室人员，工厂里的斗、批、改，大体经历这么几个阶段。在这个号召下，包括企业在内的各个单位先后相继建立了革命委员会，取代了造反的群众组织，掌握了领导权。③军队介入"文化大革命"的宗旨，本来就是在各派群众的派性斗争异常激烈的情况下，为了维持秩序，继续推进"文化大革命"。但在各单位已经建立革命委员会和党委的情况下，军队介入"文化大革命"的必要性就不存在了。于是，1972年8月，中共中央、中央军委决定：凡建立党委的地方和单位，军管会、军宣队、支左领导机构一律撤销，"三支两军"人员撤回军队，少数人员转业留在地方工作。在"三支两军"人员撤回以后，各级地方党委成员做了适当调整，主要由地方干部担任领导职务。企业通过整党，也陆续恢复了党的生活，建立了党委。这时虽然还保留了革命委员会，但是，革命委员会的领导权已经转到党委，进入党委一元化领导的时期。

可见，"文化大革命"期间企业领导制度的变动，是在极端错误的"无产阶级专政下继续革命理论"指导下进行的，是极端有害的"文化大革命"实践的组成部分。它毫无革命可言，也毫无改良可言。在这方面，它与"文化大革命"期间进行的工业经济管理体制的改进也有原则的区别。诚然，工业经济管理体制的改进是在计划经济体制框架内进行的，是不成功的，还产生了负面效应。但就它扩大地方管理权限这个主要点来说，毕竟有改进意义。还要提到：1956年以后普遍的党委领导下厂长负责制，在促进生产方面，远不如新中国成立初期在东北等地实行的厂长负责制。但"文化大革命"期间企业领导制度变动的最后结果，却是党委一元化领导，进一步强化了在这以前企业领导制度的弊病。

第四章　1966~1976年，产业经济的进展和"文化大革命"的严重破坏及主要教训

第一节　1966~1976年，产业经济的进展

这一点突出表现在工业生产、建设的进展上。1966~1976年，由于"文化大革命"的严重破坏，我国工业生产、建设遭到巨大损失。但是，在全党和全国人民的努力下，仍然取得了一定的进展。主要表现在以下几方面：

1. 工业生产能力扩大。这期间，正是执行第三、第四个五年计划的时期。在这两个五年计划期内，累计用于工业方面的基本建设投资为1519.48亿元，包括工业在内的更新改造和其他措施投资745.48亿元。建成投产的大中型建设项目共计1083个，新增固定资产907.68亿元。截止到1975年底，全国全民所有制工业固定资产原值达到2290.3亿元，为1965年的2.38倍。1976年比1975年又有进一步的增长。

2. 在工业生产能力扩大的基础上，工业产值和产量有很大增长。1976年工业总产值达到3277.9亿元；1966~1976年平均每年增长9.9%（详见附表13）。主要工业产品产量也有不同程度的增长。其中，原煤产量

---

① 《中国统计年鉴》（1993），第444~449页。

4.83 亿吨，比 1965 年增长 108.7%；原油产量 8716 万吨，增长 670.6%；发电量 2031 亿千瓦小时，增长 200.4%；钢产量 2046 万吨，增长 67.3%。[①]

3. 工业部门结构和技术的某些方面有了改善和提高。能源工业是这期间发展比较快的部门，尤其是石油工业的发展更为迅速。1976 年，石油占能源生产总量的比重由 1965 年的 8.6% 上升到 24.7%，占能源消费总量的比重由 10.3% 上升到 23%。石油工业的迅速发展，又为作为新兴工业的现代石油化工的发展奠定了基础。

这一时期机械工业发展了一批重大新设备。除完成调整时期开始研制的 3 万吨模锻水压机等 9 套大型成套设备外，还提供了高精度精密机床，冷加工成套设备，年产 700 万吨的大型金属露天矿设备，年产 150 万吨钢铁联合企业的成套设备，年产 300 万吨的井下煤矿设备，年产 250 万吨的炼油厂成套设备，年产合成氨 6 万吨、尿素 11 万吨的化肥设备，年产 1 万吨维尼纶、丙烯脂的合成纤维设备，20 万~30 万千瓦水力和火力发电成套设备，33 万伏高压输变电设备，以及 4000 马力的电力传动内燃机车、5000 马力的液力传动内燃机车和 2.5 万吨级的轮船等。其中，有的产品具有较高的技术水平。

这期间，我国电子工业在若干领域也有所前进。10 年间，国家对电子工业预算内投资 27.15 亿元，占全国基本建设投资的 1.17%，为以往 10 年国家投资额的 1.9 倍。其中，地方电子工业 9.56 亿元，比以往 10 年增加 11.9 倍。1976 年，电子工业产值比 1966 年增长了 5.6 倍，其中地方电子工业增长 12.5 倍。收音机、电唱机、录音机、电视机等增长 11~53 倍，电子元件、半导体分立器件、电子应用产品、无线电通信导航设备、电子管等增长 6~85 倍。1966 年，我国研制出第一块集成电路并实现了批量生产，1976 年达到 2000 万块以上。

4. 工业地区分布的进一步改善。加快"三线"建设，是这个时期工业发展的显著特点。"三五"、"四五"时期，国家分别以 52.7% 和 41.1% 的基本建设投资投入"三线"建设，使我国工业的地区分布发生了进一步的变化。西南、西北、豫西、鄂西、湘西和晋南等一系列新兴工业基地逐步形成。截止到 1975 年底，划为"三线"地区的 11 个省、自治区，全民所有制工业固定资产（按原值计算，下同）在全国全民所有制工业固定资产总额中的比重，由 1965 年的 32.9% 提高到 35.3%。同一时期，工业总产值由 22.3%提高到 25%。全国将近 1506 家大型企业，分布在 11 个省、自治区的占 40%以上。

5. 工业方面的核技术、火箭技术和空间技术连续取得突破性进展。继 1964 年 10 月成功地爆发了第一颗原子弹之后，1966 年 10 月又成功地完成了导弹核武器试验；1967 年 6 月又成功地进行了第一颗氢弹爆炸试验；1970 年 9 月第一颗人造卫星——"东方红一号"发射成功；1971 年第一枚洲际火箭飞行试验基本成功；同月自己制造的第一艘核潜艇也安全下水。

以上叙述了这期间工业的发展。此外，这期间其他产业也有一定的发展。比如，1976 年农业增加值比 1965 年增长了 35.2%（详见附表 3）。

这期间产业经济获得进展的原因主要是：

1. 60 年代初期经济调整为"文化大革命"时期工业的发展创造了良好的条件。在调整时期，较好地解决了"大跃进"年代积累下来的工业和国民经济比例关系失调的问题，实现了财政收支的平衡和物价的基本稳定，人民生活有所改善。在"大跃进"中建立起来的大批工业企业，经过整顿明确了生产方向，固定了协作关系，形成了新的生产能力。

2. 这期间粮食生产的较快发展是对经济发展的有力支持。由于农业实行以生产队为基础核算单位，没有国营企业的"铁饭碗"制度，农民难以长期停产闹"革命"，也由于《农业六十条》深受农民的拥护，因而相对工业说来，"文化大革命"对农业的冲击比较小。这期间，粮食还是有较大增长。粮食由 1965 年 19453 万吨增长到 1976 年的 28431 万吨，增长了 47.2%。[①]

3. 这期间，小型的国营地方工业和城乡集体工业的发展，是促进经济发展的一个重要因素。当然，这期间这些小型工业的发展，也面临许多困难。但它们也拥有许多有利条件。

就发展小型国营地方工业来说，经过 20 世纪 60 年代前半期的国民经济调整，在"大跃进"年代发展起来的地方"小、土、群"工业纷纷下马。进入 60 年代后半期，随着"三五"计划的执行，发展地方"五小"工业的问题又重新提了出来。

---

① 《中国统计年鉴》（1993），第 364 页。

这一次提出加快发展地方"五小"工业，是服从于急于求成的片面追求经济增长速度的发展战略，特别是直接服从于加速实现农业机械化任务的需要。即以支援农业为主要目标，举办为农业服务的小钢铁、小机械、小化肥、小煤窑、小水泥等"五小"工业。而且，60年代末和70年代初进行的经济管理体制的改进，也为地方"五小"工业的发展创造了有利的体制条件。再者，为了促进地方"五小"工业的发展，中央政府提供了重要的财政支持。从1970年起的5年内，中央财政安排了80亿元专项资金，由省、自治区、直辖市统一掌握，重点使用，扶植"五小"工业的发展；新建的县办"五小"企业，在两三年内所得的利润，60%留给县级财政，继续用于发展"五小"工业；对于暂时亏损的"五小"工业，经省、自治区、直辖市批准，可以由财政给予补贴，或者在一定时期内减免税收，资金确有困难的，银行或信用社还可以给予贷款支持。地方对于发展"五小"工业更有巨大的积极性。这是因为举办"五小"工业不仅可以满足当地的需要，支援农业的发展，同时能够解决日益突出的劳动就业问题，增加地方的财政收入，解救地方的财政困难。所以，除中央财政支持之外，地、县两级的投资也逐年增加。1970年，地方财政预算外资金用于发展"五小"工业的投资只有100万元，1975年增加到2.79亿元。"五小"工业在上述多种因素的推动下，很快又发展起来。1970年，全国有将近300个县、市办起了小钢铁厂，有20多个省、自治区、直辖市建起了手扶拖拉机厂、小型动力机械厂和各种小型农机具制造厂，有90%左右的县建立了农机修造厂。到1975年"五小"工业中的钢、原煤、水泥和化肥年产量分别占全国总产量的6.8%、37.1%、58.8%和69%。

就农业城镇集体工业来说，"文化大革命"时期对城镇集体工业的管理，在许多方面还采取了类似对待国营工业的管理办法。

然而，城镇集体工业毕竟不同于全民所有制工业的"大锅饭"那样，搞什么"停产闹革命"，大体上还能够进行正常生产。再加上"文化大革命"时期，有大量知识青年待业，城镇集体工业成为他们就业的重要出路。

在城镇集体工业的发展中，街道工业是一支活跃的力量。街道工业被称为"小集体"。它的发展，完全靠自己筹集资金，自己寻找原材料，自己打开产品销路，实行完全意义上的独立核算，自负盈亏。在隶属关系和管理体制上，既不属于各级政府的主管部、局，也不属于二轻系统，一般都是街道办事处为解决待业青年的就业问题和困难户的生计问题办起来的。1970年以后，一些国营厂矿、机关和事业单位，为解决本单位子女和家属的就业问题，也纷纷仿照街道工厂的办法办起家属工厂。这些企业由于有本单位的支持，比一般街道工厂的条件要好一些。

这样，按不变价格计算，1965~1976年，城镇集体工业产值由133.1亿元增加到489.4亿元，占工业总产值的比重由9.9%上升到15%。[①]

就发展农村社队工业来说，在50年代末和60年代初大发展以后，经历了一个收缩的时期。1958年，社办工业产值达到60多亿元，1963年下降为4.2亿元，1965年，恢复到5.3亿元。[②]"十年动乱"虽然给社队工业的恢复和发展设置了许多障碍，但并没能挡住农村社队工业勃兴的势头。因为，其一，它是我国农村经济发展的产物，是广大农民要求开辟新的生产门路、改变穷困状况的产物。粮食生产的发展，提供了社队工业发展的基础。60年代后期，劳动力过剩已经成为广大农村的一个大问题。这就推动农民千方百计去开辟新的生产门路，走办工业的道路。其二，城市党政机关、科学研究机构、大专院校下放的各类人员和上山下乡知识青年，给农村带来了科学文化、技术知识和经济信息，加上当时大工业开工不足，市场又有急迫的需求，这些就成为社队工业赖以发展的有利因素。其三，社队工业经济体制比较灵活。主要是：①由于它处在"两不管"的夹缝，即身在农口，工业不管它；在农口又不务农，农口也管不了多少，这就使它得以享有比较完全的经营管理自主权，谋求生存和发展。②因为计划部门没有它的户头，所以它一开始就同市场建立起密切的联系，在竞争中安排供、产、销活动，并接受市场机制的考验与检验，使它具有较强的应变能力和竞争能力。③它同农业有着直接的联系，较早地吸收了农业劳动管理中的优点，实行了比较灵活的劳动制度和分配制度，没有城市工业中吃"大锅饭"的弊病。所以，在装备程度低的情况下，能够有较高的劳动生产率。

---

① 《中国统计年鉴》(1993)，第213~215页。
② 《中国统计年鉴》(1993)，第214页。
③ 《中国统计年鉴》(1983)，第214~215页。

这样，在 1965~1976 年期间，按不变价格计算，社队工业产值由 5.3 亿元增长到 123.9 亿元；在工业总产值中的比重由 0.4% 上升到 3.8%。③社队工业的发展，显示出其在繁荣农村经济中越来越重要的作用。据统计，1971 年时，社队工业在农、林、牧、副、渔、工六业总产值中的比重还只有 6.9%；1976 年，已经提高到 16.9%。1976 年，在社队工业中务工的社员达到了 1769.8 万人，约占农村劳动力的 6%。

4. 能源工业特别是石油工业的高速增长，是带动整个经济发展的重要因素。①保证了经济发展所需要的能源。按一次能源折合标准煤计算，1966 年为 20833 万吨，1976 年增长到 50340 万吨，平均每年增长 9.2%，高于同期工业总产值平均每年增长 8.5% 的速度。①②直接带动了石油化工的发展，进而又推动了轻纺工业的发展。我国的现代石油化工，正是这个时期开始建立并逐步得到发展的。石油化工的发展，又为轻纺工业开辟了更为广阔的原料来源。1965 年，轻工业产值 702.8 亿元，其中以工业品为原料的产值为 198.8 亿元，占 28.3%。1976 年，轻工业产值增加到 1392.6 亿元，增长了 98.2%，其中以工业品为原料的产值占 416.7 亿元，增长了 109.6%，在轻工业产值中的比重提高到 30.8%（详见附表16）。③增加了财政收入，从而增加了发展工业资金的来源。1966~1975 年，能源工业部门提供的税利总额高达 577.15 亿元，扣除同期国家用于发展石油工业的投资后，净为国家贡献 449.26 亿元，为这个时期整个工业基本建设投资额的 29.6%。

5. 引进的一批重大项目，促进了经济的发展。1971 年以后，我国在联合国的合法地位得到恢复，又与美国、日本等国建立外交关系。在这种国际关系改善的情况下，我国于 20 世纪 70 年代初，先后从日本、美国、荷兰、法国等国家，购买了 13 套以天然气和轻油为原料、年产 30 万吨合成氨和 48 万吨尿素的大型化肥成套设备装置。1974 年以后，陆续建成投产。到 1976 年，我国合成氨新增生产能力 558.4 万吨，当年的化肥产量达到 524.4 万吨，比 1970 年增长 1.2 倍。从日本引进的一套年产 30 万吨乙烯的设备及其配套装置，在石油化工的初期发展中起了骨干和示范的作用。从联邦德国和意大利等国引进的，包括杭州汽轮机厂的工业汽

---

① 《中国统计年鉴》（1984），第 230 页。

轮机、南京汽轮发电机厂的燃汽轮机、沈阳鼓风机厂的透平压缩机以及 3 条轴承生产线、精炼炉、摩擦材料、汽车玻璃的 7 个成套项目，对提高机械工业的制造能力起了积极的作用。武汉 1.7 米轧机的引进有助于改善我国钢铁工业品种稀缺的状况，缩短我国冶金工业同世界先进水平的差距。这是新中国成立以来引进的最大项目之一，具有大型化、自动化、高速化、连续化的优点，具有 70 年代的先进水平。

6. 1966~1967 年经济的发展在更大的程度上是靠压低人民的消费水平实现的。新中国成立以后，为了高速度地发展工业，在一定程度上都妨碍了人民生活水平的提高。但这期间的特点是：人民生活水平总体上并没有得到应有的提高，甚至是下降的。详见后述。

7. 从根本上说来，这期间经济的发展得益于党领导的社会主义国家制度。正是这种制度才顶住了长达 10 年的"文化大革命"大风大浪的巨大冲击，为经济发展保住了必要的最低限度的宏观经济、政治和社会环境。这里需要着重提到周恩来、邓小平等党和国家重要领导人在这方面所做的卓越的、令人永世难忘的伟大贡献！他们凭着一颗忠于党和人民的赤子之心和高超的政治斗争艺术，在一定程度上抵制了毛泽东在这期间推行的"左"倾路线，并同林彪、江青两个反革命集团进行了殊死的斗争。周恩来真正完全彻底地实践了蜀汉名相诸葛亮在《出师表》中提出的名言："鞠躬尽瘁，死而后已。"

总之，这期间经济发展同毛泽东的"左"倾路线是无关的，同林彪、江青两个反革命集团更是无缘的。但对毛泽东还要做全面的具体分析。就全局说，毛泽东在这期间推行的"左"倾路线，是从根本上破坏经济发展的。但局部地说，他对经济发展又起过一些积极作用。摘其要者有：①他纠正过由他的"左"倾路线造成的，他自己又没有意想到的某些错误。如面对全国各地区各派武斗的严重情况，他发出要文斗、不要武斗的号召。这对制止武斗的发展起了重要的作用。②他在一定程度制止了林彪、江青的破坏活动，在粉碎林彪反革命集团上起了决定性作用。③他在林彪反革命集团覆灭后支持周恩来主持中央日常工作，在周恩来病重后又支持邓小平主持中央工作。④这期间中国核技术、火箭技术和空间技术的突破性发展，不仅得益于他在 1955 年 1 月首次做出建设核工业的重大决策，而且得益于他在"十年动乱"期间支持周恩来在发展核工业方面采取特殊的保护和支持政策。还要着重提出：毛泽东发动"文化大革命"，其出发点还是为了防止资本主义复辟。但其结果却几乎把中国社会主义事业推到了极其危险的边缘。这是这位为创立新中国建立了无比卓越功勋的伟大人物一生中的最大悲剧！

第二节 "文化大革命"对产业经济的严重破坏

在 1966~1976 年期间，主要由于"文化大革命"的严重破坏，也由于急于求成的"左"倾错误，以及基于对战争形势过于严重的估计而导致的"三线"建设规模过大和速度过快，给我国产业经济的发展造成了一系列严重后果。

1. 经济增速下降，反复大幅波动。我国经济正常发展的 1953~1957 年，国内生产总值平均每年增长 9.3%，而 1966~1976 年只有 5.7%，下降了 3.6 个百分点。即使考虑基数加大的情况，也可判定经济增速下降了。其突出表现是：由于"文化大革命"的破坏，1967 年经济增速比1966 年下降了 16.4 个百分点，1976 年又比 1975 年下降了 10.3 个百分点（详见附表 3）。

2. 产业经济各个部门的比例关系再次陷于严重失衡。

（1）工业与农业的比例关系失衡。1976 年，农业增加值占国内生产总值由 1965 年的 37.9%大幅下降到 1976 年的 32.8%，而工业增加值则由 31.8%猛增到 40.9%（详见附表 2）。在工业化时期，在适度的限度内，工业增加值在国内生产总值中上升，农业比重下降是正常的。但是，工业比重过快增长，显然表明工业的发展超过了农业的承受能力。

（2）工业内部的比例关系严重失调。主要有三方面：①轻、重工业的比例关系再度失调。经过调整，到 1965 年，轻工业和重工业的比例为51.6：48.4。按当时的情况看，这大体上是协调的。到 1976 年轻工业和重工业的比例又变为 44.2：55.8（详见附表 14）。②原材料工业和加工工业比例进一步失调。在工业内部，盲目发展加工工业，尤其是机械工业，忽视采掘工业和原材料工业，造成加工工业与采掘工业、原材料工业的比例更趋失调。在重工业产值中，1965 年，采掘工业、原材料工业和加工工业的比例为 11.1∶39.7∶49.2；1976 年三者的比例为 12.1∶35.1∶52.8（详见附表15）。采掘工业和原材料工业的发展，落后于加工工业，虽然是老问题，但是，"文化大革命" 10 年中发展得更为严重了。③能源工业中采掘、采储比例失调。"文化大革命" 的 10 年中，能源工业的发展，在很大的程度上是依靠 "吃老本" 和 "欠新账" 的办法勉强维持下来的。"三五" 时期，主要依靠吃过去积累的 "老本"，维持较高速度的增长。"四五" 时期，已经开始暴露出采取这种 "急功近利" 的能源政策不能持久的问题。所以，在投资的安排上，略有增加，以加强接续能力的建设。但是，能源需求量增加得更快，现在投资已是 "远水不解近渴"。1963~1965 年，能源基本建设投资占工业投资的比重为 30.3%，"三五" 时期不仅没有增加，反而下降到 28.5%，"四五" 时期才上升到31.6%。煤炭是我国的主要能源，1966~1975 年，包括新建和老矿改造增加的煤炭开采能力，平均每年增加 1493 万吨，比 1953~1962 年平均每年增加 2130 万吨的水平减少 637 万吨，降低 29.9%。这样，"四五" 时期，缺煤、缺电的现象日益严重。为了缓和矛盾，煤炭和石油部门大量采取强化开采措施，电力部门超发水电和火电。例如，煤炭产量 1966~1975 年平均每年增加 2500 万吨左右，大大超过了新增生产能力。1976 年，原煤产量比 1966 年增长了 91.7%；同一时期，开拓进尺反而减少了 4 万米，下降了 6%。石油工业强化开采的结果，到 "四五" 后期也已难以为继。1976 年，原油产量比 1965 年增长了 6.7 倍；同一时期，可采储量仅增长 0.94 倍。储采比大幅度下降，1966 年为 73.4%，1970 年下降为37.8%，1976 年再下降到 15.6%。电力工业，"四五" 时期在建电站装机容量，大体只能适应新建企业投产后的用电需要，老企业大约有 20% 的生产能力因为缺电不能发挥作用。

（3）工业与第三产业的比例关系失调。这表现为以下重要方面：

第一，总体说来，1976 年工业增加值占国内生产总值的比重比 1965 年上升了 9.1 个百分点，而第三产业比重却下降了 5.3 个百分点。这种强烈反差不仅表明这期间工业与第三产业的发展是极不协调的，而且也是违反工业化的一般发展规律的。

第二，这期间第三产业中交通运输、仓储和邮电通信业增加值在国内生产总值中的比重仅增长了 0.2 个百分点（详见附表2），因而工业与这些产业的关系也很紧张。这在作为主要运输工具的铁路方面表现得尤为明显。1965 年，铁路基本建设投资占整个国民经济投资的比重为 12.5%，"三五"时期下降到 12.3%，"四五"时期再下降到 10.3%。而在铁路建设投资中，主要是用于"三线"地区的新线建设。对运力已经很紧张的老线改造，投资很少。据统计，老线改造投资在整个铁路投资中的比重，1966~1975 年，从"一五"时期的 24.8%降低到 10%。所以，铁路线路运输能力利用率在 80%以上的线路的比重，逐年提高，"卡脖子"区段逐年增多。1965 年，运输能力利用率在 80%以上的线路的比重占 10%；1978 年，达到 30%。同一时期，"卡脖子"区段也由 4 个增加到 10 个。

第三，这期间，第三产业中批发和零售贸易以及餐饮业在国内生产总值中的比重还下降了 1.9 个百分点（详见附表 2）。这突出地反映了工业的过快发展与商品供应之间的比例关系也极不协调。1976 年末，结余购买力总额由 1965 年的 177.1 亿元增长到 423.8 亿元，增长了 1.4 倍。但在"文化大革命"的政治气氛下，即使是很低水平的消费，也受到极大的压抑。因而结余购买力的大幅增长，不仅没有引起物价明显上升，甚至部分物价还有小幅下降。如以 1965 年为 100，1976 年全国商品零售物价总指数为 98.5，职工生活费用价格总指数为 100.9（详见附表 4）。

第四，这期间，由于"文化大革命"的破坏，国家财政收入都受到影响，但"三线"建设又耗费了巨资，因而又出现了财政赤字。1966~1976 年，财政总收入为 7225.27 亿元，总支出为 7234.74 亿元，赤字为 9.47 亿元（详见附表 10）。

第五，这期间信贷收支状况也趋恶化。1976 年末，国家银行各项存款 978.5 亿元，各项贷款 1541.8 亿元，这年末存贷款差额比 1965 年扩大了 396.9 亿元。与此相联系，货币流通量由 1965 年的 90.8 亿元，增加到 1976 年的 204 亿元，增长了 124.7%；而同期国内生产总值只增长了 83%（详见附表 3、附表 11）。所以，这期间货币发行量的增长包括超经济发行的因素。

第六，这期间，科学教育、文化和卫生事业受到了严重摧残。1965 年，中国科学院共有 106 个研究单位和 6 万名职工。到 1973 年只剩下 53 个研究单位和 2.8 万职工，二者分别下降了 50%和 53%。1965~1976 年，高等学校在校学生由 67.4 万人下降到 56.5 万人，研究生由 4546 人下降到零，出国留学人员由 454 人下降到 277 人；文艺表演团体由 3458 个减少到 2906 个，减少了 16%；图书出版由 20143 种下降到 12842 种，杂志出版由 790 种下降到 542 种，报纸由 343 种下降到 182 种，三者分别减少了 36.3%、31.4%、46.1%；每千人拥有医生数由 1.05 人下降到 1 人，下降了 5%。①

3. 企业管理受到严重破坏，经济体制弊病更趋严重。"文化大革命"时期，企业管理规章制度遭到严重破坏。基础工作完全搞乱，基础资料散失，班组生产不记录，消耗不计量，不进行核算。专业管理人员大批遣散、改行，加上自然减员，所剩不多，专业管理工作难以开展。这期间经济体制过于集中和僵死的弊病不但没有克服，反而更加厉害。物质利益原则破坏无遗，平均主义极度泛滥；价格、信贷、税收等经济部门的监督职能也大大削弱。这期间农业、手工业和商业中的集体所有制又一次遭到很大破坏。

4. 奇特的"逆城市化"运动达到了空前的、世界绝无仅有的惊人规模。我国在从 20 世纪 50 年代中期就开始了城镇知识青年上山下乡活动，到"文化大革命"以前，10 年累计上山下乡青年突破了 100 万人。这在当时既定的计划经济体制下，为了缓解城镇的就业矛盾，也许有某种必要性。但在"文化大革命"开始以后，这项活动就被纳入了"左"倾路线的轨道，其规模和作用就发生了巨大的和根本的变化。"文化大革命"的 10 年中，城镇上山下乡知识青年达到了 1400 万人。这期间，这项活动就成为推行"文化大革命"的重要手段，并在经济和社会等方面造成了诸多严重问题。1962~1979 年，国家财政为上山下乡知识青年给予的拨款达到 75.43 亿元。②其他相关的费用比这个数字还要大得多。上山下乡知识青年大约波及了 1/3 的城镇家庭，给他们造成了巨大的精神创伤。知识青年上山下乡遗留的回城就业问题直到 1982 年才算基本解决。

应该肯定，广大上山下乡知识青年是怀着满腔的响应党的号召的热情参与这项活动的，并在经受劳动锻炼、推进农村生产建设等方面发挥了一定的积极作用。但这种"逆城市化"运动，是根本违反工业化和城

---

① 《中国统计年鉴》（1986），第 726~728、780~782、792 页。
② 刘小萌：《中国知识青年史》，中国社会科学出版社 1998 年版，第 842、863 页。

市化要求的。按照工业化的一般规律，伴随工业化的发展，农村人口占全国人口的比重会下降，城市人口比重会上升。但我国在1965~1976年期间，乡村人口的比重由82%上升到82.6%，城镇人口的比重由18%下降到17.4%。①从社会发展规律的视角看，这是一种大倒退。②

5. 人民的思想道德和文化素质明显下降。"文化大革命"一开始，就在全国范围内开展了猛烈的"批四旧"运动，在批判旧文化糟粕的同时，把其中的精华也一概否定了。而旧文化的精华部分蕴藏着优秀的中华民族传统美德。这种美德是培育人民高尚道德情操的重要思想源泉。而对那些一时还难以接受马克思主义的人们来说，其道德规范的作用，不仅具有独特的、马克思主义不能替代的作用，甚至在一定时期内可以比马克思主义更有效。这种批判必然带来人们思想道德水平的下降。还要提到，"文化大革命"期间，无政府主义得到了极度的泛滥；而按照马克思主义的观点，无政府主义的本质就是个人主义，因而这同时意味着个人主义的极度泛滥。林彪、江青两个反革命集团为了实现其篡党夺权的反革命阴谋，一方面对毛泽东搞造神运动，普遍开展早请示、晚汇报以及跳忠字舞等具有浓厚封建主义色彩的活动；另一方面又大力营造任意践踏人权、民主和法制的社会氛围，培植"打、砸、抢英雄"，致使数以千万计的各级党政干部和科教文卫各界知识分子受到不同程度的迫害，甚至身为国家主席的刘少奇都被迫害致死。这一切，就把思想道德水平下降到难以想象的程度，并成为改革开放以后思想道路滑坡的一个重要历史因素。

与此同时，人民文化技术素质也大大下降。1976年平均每万人口中的大学生仅为6.1人，比1965年下降了3.2人，比1962年下降了6.2人，甚至比1957年还下降了30.7人。

1975年，工程技术人员和管理人员占全民所有制工业部门职工总数的比重分别从1965年的4.1%和8.5%下降到2.7%和8%。

6. 经济效益低下。在1965~1976年间，全民所有制独立核算工业企

---

① 《中国统计年鉴》（1986），第91页。

② 顺便说明：在20世纪下半期，在许多经济发达国家，伴随农业现代化的发展，部分农村收入甚至超过了城市居民。农村空气好。现代交通和通信工具的发展，使得城乡联系很方便。在这些情况下，也出现了部分城市居民迁往农村的"逆城市化"现象。这是一种顺应经济发展规律的进步现象。

业每百元资金实现的利润和税金由 29.3 元下降到 19.3 元；每百元固定资产原值实现的产值由 98 元下降到 96 元；每百元产值占用的流动资金由 125.5 元增加到 136.9 元；基本建设的经济效益也大幅下降。1976 年工业固定资产交付使用率和大中型项目建成投产率，分别由 1965 年的 94.9% 下降到 55.8%，由 22.9% 下降到 5.7%。1965~1975 年，每万元社会总产值消耗能源由 7.3 吨增加到 7.9 吨，增长了 8.2%；每吨能源生产的国民收入由 747 元下降到 605 元，下降了 19.1%。

7. 人民物质生活趋于停滞甚至下降，民主生活受到严重摧残，精神生活陷入贫困。"文化大革命"期间经济能够实现一定的增长，是在更大的程度上靠提高积累、压低人民生活消费实现的。1966~1976 年平均积累率高达 30.3%，这远高于"一五"时期和调整时期。居民平均消费水平由 1965 年的 133 元提高到 171 元，农村居民由 104 元提高到 131 元，城镇居民由 259 元提高到 365 元，三者分别提高了 25.1%、21%、40.8%；但三者年均只有 2.0%、1.7%、3.2% 的增幅，大约只有经济调整时期的一半（详见附表 7）。

就这期间职工的平均实际工资来看，情况更差，呈下降趋势。

"文化大革命"10 年中，只在 1971 年调整过一次低收入职工的工资，调级面为 28% 左右，一年约增加工资基金 11 亿元。除此以外，再没有调整过工资。"文化大革命"以前的奖励制度，也宣布取消，再加上新就业职工工资水平较低，因而工业企业职工的年平均货币工资，由 1965 年的 633 元下降到 1976 年的 585 元；年平均实际工资下降了 8.3%。[①]

1966~1976 年间，比以前更加片面强调"先生产、后生活"的原则，降低非生产性积累的比重，压缩住宅建设的投资，使"骨头"和"肉"的比例关系严重失调。1965 年，在积累总额中，非生产性积累占 29.3%。除了 1966 年提高到 31.1% 以外，其他年份均低于 1965 年，到 1976 年又降到 20.7%。[②]这样，职工居住条件恶化。1952 年时，城镇居民每人平均的居住面积为 4.5 平方米，1977 年降为 3.6 平方米。城市和工矿区的自来水、民用电、公共交通、医疗保健、文化教育、生活服务等公用设施的

---

① 《中国劳动工资统计资料（1949~1985）》，第 153、157、179 页。
② 《中国统计年鉴》(1984)，中国统计出版社，第 34 页。

供给，都十分紧张，给职工的生活带来许多困难。

在"文化大革命"中的那些最激烈动荡的年份，人民的民主权利备遭践踏，法制被摧残得荡然无存。在许多干部和知识分子的家里，出现了人人自危、朝不保夕的恐怖气氛。1957年"反右派"是我国知识界遭到的第一次严重摧残，1959年"反右倾"是第二次严重摧残，十年"文化大革命"又是一次更为猛烈的摧残。

在这期间，唯有红宝书（毛主席语录）红极一时，其他许多书籍都被冠以"封、资、修"横加批判。在文艺生活方面，出现了百花凋零、只有几株"样板戏"独存的凄惨情景。人民的精神生活陷入贫困。

8. 集中起来说，"文化大革命"的十年破坏，使得经济增速大幅下降，结构失衡，物价上升，效益下降，人民生活下降，宏观经济形势恶化到临近崩溃的边缘。这是其一。其二，这十年破坏加上"大跃进"的三年破坏以及由此带来的五年调整，共计18年。这表明在实现社会主义现代化时间上，损失了近一代人的时间，在很大程度上可以说失去了一次振兴中华的良机。

"文化大革命"造成的严重破坏性，真是到了罄竹难书的地步！以上仅是从产业经济史的角度揭露了其中的某些重要方面（远不是全部）。提及这一点完全是为了提醒世人牢记这段历史，吸取教训（详见后述），绝不能让其重演！

第三节　"文化大革命"的主要教训

1966~1976年，产业发展受到严重破坏，主要是由于遭到"文化大革命"，同急于求成的"左"的错误，以及基于对战争形势过于严重估计而导致的"三线"建设规模过大和速度过快，也有重要的联系。就形成这三个因素的根源来说，从共同意义上讲，我们在第三篇第四章对形成"大跃进"根源所做的分析，在这里也是适用的。因为就"左"的指导思想来说，"文化大革命"的错误不过是"大跃进"错误在更长时间、更大范围、极端严重程度上的重演。但就形成"文化大革命"的根源来说，还需要着重强调其中的三点。

1. "左"的阶级斗争理论发展到了顶点。其集中表现就是"无产阶级专政下继续革命理论"。"文化大革命"就是在这个理论指导下展开的。

2. 毛泽东的个人专断作风发展到登峰造极的地步，把作为党和国家的基本组织原则的民主集中制破坏得荡然无存，个人权力至高无上，全面凌驾在党的全国代表大会、中央全会和全国人民代表大会之上，党章和宪法彻底变成了一纸空文。从这方面来说，毛泽东对"文化大革命"的错误不是负有一般的主要责任，而是特别严重的主要责任。这不仅因为他是党中央主席，也不仅是他亲自发动和领导了"文化大革命"，更严重的是他把民主集中制这项根本原则破坏殆尽，并通过极其错误的手段，在长达十年的时间内顽固推行其"左"倾路线。当然，党中央的集体领导也有一份责任。

3. 从根本上说来，就是中央高度集权的经济、政治、文化和社会的管理体制。这样说，不是说毛泽东个人没有责任，而是说领导制度、组织制度问题更带有根本性、全局性、稳定性和长期性；更不是否定林彪和江青两个反革命集团在"文化大革命"期间所进行的极为严重的破坏，而是说由这种中央高度集权的管理体制造成的"文化大革命"，为这两个反革命集团的形成和施展阴谋造成了有利的社会环境。邓小平曾经尖锐地揭露了权力过分集中的严重危害。他指出："对这个问题（指权力过分集中的危害——引者）长期没有足够的认识，成为发生'文化大革命'的一个重要原因，使我们付出了沉重的代价。现在再也不能不解决了。"[1]这就明白揭示了中央高度集权的管理体制与"文化大革命"的内在联系，据此提出了根本改革这种管理体制的任务。这就是总结"文化大革命"得出的最主要教训。

---

[1]《邓小平文选》第2卷，人民出版社1993年版，第329页。

第六篇

实行计划经济体制时期的产业经济（四）
——经济恢复与"洋跃进"阶段的产业经济
（1976 年 10 月~1978 年）

导　言

从 1976 年 10 月"文化大革命"结束到 1978 年 12 月党的十一届三中全会召开，有两年多的时间。但这期间，一方面在政治、经济等许多方面（如"四人帮"已被打倒，生产迅速恢复和发展）同此前时期有重大区别；另一方面也在政治、经济等许多方面（如继续执行毛泽东的"左"的路线和实行计划经济体制）同此后时期有原则区别。因而仍有必要将这两年作为一个颇有特点的阶段独立成篇。

这两年多经济发展过程的主要内容，一是恢复经济，二是"洋跃进"。本篇就是叙述这些历史过程。

第一章 "文化大革命"的结束与恢复经济

"文化大革命"使我国的国民经济遭受了极大损失。"四人帮"的疯狂破坏在这方面起了最恶劣的作用，从而激起了全国人民的极大愤恨。1976年10月上旬，中共中央政治局顺应党和人民的意志，毅然粉碎了以江青为首的"四人帮"反革命集团，结束了"文化大革命"这场灾难。在这个过程中，党和国家主要领导人华国锋、叶剑英和李先念等起了至关重要的作用。

"四人帮"被粉碎，为国民经济的发展清除了最大的政治障碍。但是，由于林彪、"四人帮"的破坏所造成的恶果并不可能立即消除，粉碎"四人帮"以后，我国经济仍然面临着一系列亟待解决的严重问题。主要是：政治思想是非根本颠倒；一些部门和企业的领导权被"四人帮"的帮派分子所篡夺或者是在领导班子中混进了"四人帮"的帮派分子；企业管理规章制度和正常的生产秩序和工作秩序受到了严重破坏；传统的管理体制的弊病更趋严重；国民经济内部的比例关系严重失调。上述情况表明，在粉碎"四人帮"以后，我国经济战线面临着十分艰巨的恢复任务。

粉碎"四人帮"，从政治上为生产的恢复和发展清除了障碍，全国开始出现了安定团结的局面，广大群众的心情舒畅，建设社会主义的积极性高涨。这是迅速恢复经济有利的基本条件。

但也存在许多困难，为了医治"十年动乱"所造成的创伤，恢复正常的生产秩序和工作秩序，从1976年底开始，对企业和事业单位进行了恢复性的整顿。

就工业来说，包括两方面：

1. 在整顿方面，主要包括：

（1）围绕揭批林彪、"四人帮"，着重解决了领导班子中当时存在的组织不纯、思想不纯、作风不纯的问题。组织上清查了林彪、"四人帮"的帮派势力，夺回了被他们篡夺的那一部分领导权，使一大批受到林彪、"四人帮"打击、迫害的各级领导干部回到领导岗位，思想上、作风上肃清林彪、"四人帮"的流毒，特别是消除资产阶级派性，解决"软、散、懒"的问题，从而使大多数企业有了一个比较好的领导班子。

（2）通过揭批"四人帮"，初步澄清了被"四人帮"颠倒的思想是非，使广大职工明确地认识到，企业必须以生产为中心，全面完成和超额完成国家计划；企业的党政、工、团的工作也必须为这个中心任务服务；生产任务完成得好不好，是衡量企业中一切工作搞得好坏的主要标准。[①]

（3）在工业学大庆的活动中，恢复和建立了必要的规章制度，使企业的生产秩序逐步走向正常。1977年4月，在北京召开了工业学大庆会议，提出要建设大庆式企业、普及大庆式企业，推动了当时的企业整顿工作。当时由于还没有从根本上摆脱"左"的思想影响，在许多方面仍然把大庆的经验同阶级斗争、路线斗争联系起来，继续提出了一些"左"的口号。但是，大庆的许多好经验（见第四篇第二章第二节），对当时我国工业企业的整顿，仍然起了积极的作用。

（4）通过揭批林彪、"四人帮"，恢复"文化大革命"以前的工业企业领导制度。为此，1978年4月中共中央颁发的《关于加快工业发展若干问题的决定（草案）》，[②]就企业的领导制度问题做了如下的规定：①实行党委领导下的厂长分工负责制。企业的一切重大问题，都必须经党委集体讨论决定。企业的生产、技术、财务、生活各重大问题，党委做出决定后，由厂长负责组织执行。企业党委要积极支持以厂长为首的全厂统一的生产行政指挥系统行使职权，并监督和检查他们的工作。②实行总工程师、总会计师的责任制，工程技术人员要有职有权，让他们在技术上

[①] 在工业方面进行的组织整顿和思想整顿，在农业以及科学教育和文化方面进行了类似的工作，后面不再重复。

[②]《中国经济年鉴》（1981），经济管理杂志社，第Ⅱ-1页。

真正负起责任来。③实行党委领导下的职工代表大会或职工大会制。企业定期举行职工代表大会或职工大会，听取企业领导报告工作，讨论企业有关重大问题。④实行工人参加管理、干部参加劳动和领导干部、工人、技术人员三结合制度。

上述的规定，实际上是恢复"文化大革命"前工业企业领导制度的基本做法。根据这些规定，1978年以后工业企业彻底否定了革命委员会的领导形式，重新任命了厂长或经理，同时取消了"文化大革命"期间产生的工代会，恢复了职工代表大会和工会的组织与活动。

上述决定还提出了整顿好企业的六条标准。其主要内容是：①揭批"四人帮"的斗争搞得好不好。②好的领导班子是不是建立起来了。③工人、技术人员和干部的社会主义积极性是否调动起来了。④资产阶级歪风邪气刹住了没有。⑤以责任制为核心的各项规章是不是建立和严格执行了，企业机构是否精简了。⑥产量、品种、质量、消耗、劳动生产率、成本、利润、流动资金占用八项经济技术指标和各种设备的完好情况，是否有显著进步。这六条标准是针对当时企业管理的实际情况提出来的。该决定指出，这六条标准是对社会主义企业的起码要求。按照这六条标准，结合工业学大庆的活动，进一步整顿了企业领导班子，抓了职工队伍的建设，继续恢复和完善企业管理规章制度，并分期分批地对初步整顿的企业进行了验收。经过整顿，企业的面貌发生了较大的变化。

2. 粉碎"四人帮"以后，为了克服工业管理中的混乱现象，消除无政府主义状态，贯彻各尽所能、按劳分配的原则，从1977年开始，对工业管理体制进行了一些恢复性的调整。

（1）按照统一领导、分级管理的原则，调整了一部分工业企业的隶属关系。把在"文化大革命"中下放的一批大型骨干企业陆续上收，由中央有关工业部门直接管理；未上收的一部分大中型企业，由地方管理，或实行中央和地方双重领导、以地方管理为主，即这些企业的生产建设计划、供产销平衡、劳动分配主要由地方负责，但要服从国家统一计划，保证产品配套和调出任务的完成。

（2）工业生产建设所需要的物资，原则上按企业的隶属关系进行分配，同时扩大了国家统一分配的产品范围，各个工业部门的产品销售机构实行由部和国家物资总局双重领导，以国家物资总局领导为主。企业和各级主管生产的部门，都不得动用产品和国家分配的物资去搞协作。

（3）改变基本折旧基金全部留给企业和主管部门的做法，由国家财政集中一部分企业折旧基金，纳入预算管理，即50%上缴国家财政，50%留给企业。

（4）恢复企业基金制度。从1978年起，国营工业企业凡是全面完成国家下达的产量、品种、质量、（原材料、燃料、动力）消耗、劳动生产率、成本、利润、流动资金占用八项年度计划指标以及供货合同的，可按职工全年工资总额的5%提取企业基金。企业基金主要用于举办职工福利设施以及职工奖励。

（5）恢复奖励和计件工资制度。国务院于1978年5月决定，经过整顿，领导班子强，供产销正常，各种管理制度健全，定额和统计工作搞得比较好的企业，可以试行奖励制度和有限制的计件工资制。奖金总额的提取比例，一般不超过该企业职工标准工资总额的10%。

上述五项措施的前三项目的，在于加强中央的集中统一领导，克服"文化大革命"所造成的工业管理中的混乱、分散现象；后两项措施基本上是恢复"文化大革命"前的一些做法。这些措施，对粉碎"四人帮"以后我国工业的恢复和发展起了积极的作用。

在农业方面，恢复性的整顿措施主要包括：

1. 针对"文化大革命"对《农业六十条》规定的农业基本制度的破坏，重申了有关规定。主要是：要以生产队为基本核算单位；贯彻实行按劳分配原则；反对"一平二调"，实行等价交换政策；允许社员经营少量自留地和家庭副业；允许正当的集市贸易；坚持民主办社、勤俭办社的方针。重大问题由社员大会或社员代表大会决定，坚决反对强迫命令，反对瞎指挥。社队的财务要公开，定期公布账目，接受群众监督，杜绝干部多吃多占、超支挪用和铺张浪费。[①]

2. 为了促进农业的恢复和发展，政府还采取了多项措施。一是召开了多次包括种植业、畜牧业和林业等在内的专题性会议，还召开了第二次全国农业学大寨的会议。第二次全国农业学大寨会议仍然有第一次会

---

① 参见《中华人民共和国第五届全国人民代表大会第一次会议文件》，人民出版社1978年版，第30~31、125~126页。

议所包含的"左"的错误（见第四篇第一章第四节），但在当时对恢复农业仍然起了一定的积极作用。二是增加对农业的资金和物质投入。1976~1978年，农业基本建设投资由44.5亿元增加到56.5亿元，财政支持农业的资金由110.5亿元增加到150.7亿元，国家银行对农业贷款年度余额由90.4亿元增加到115.6亿元；用于农业和农业机械的钢材由248万吨增加到289万吨，农机总动力由863亿瓦特增加到1175亿瓦特，农村用电量由204.8亿千瓦小时增加到253.1亿千瓦小时；化肥施用量由582.8万吨增加到884万吨。① 三是提高了棉花收购价格和奖售化肥标准。四是减轻农民的不合理负担。五是实行农业增产技术措施。主要包括推广和开展农田基本建设等。

以上各项措施促进了工农业的恢复和发展。

在科学、教育和文化等方面，恢复性的整顿主要包括以下三个方面：

1. 在这方面，根本问题仍然是对知识分子阶级属性的正确估计。1977年7月党的十届三中全会决定恢复邓小平的职务（包括中共中央副主席、中央军委副主席、国务院副总理、中国人民解放军总参谋长）。之后，他在整顿科学和教育等方面做了大量的工作。他在1978年3月中共中央召开的全国科学大会上重申，包括科技人员在内的知识分子，"已经是工人阶级自己的一部分，他们与体力劳动者的区别，只是社会分工的不同"。② 这同以周恩来为代表的党对知识分子的正确政策（见第四篇第一章）是一脉相承的。接着在同年4月，中共中央决定，对1957年"反右派"斗争中被错划为"右派分子"的人，予以平反改正，摘掉"右派分子"帽子。同年9月17日，中共中央又批发了《关于摘掉右派分子帽子决定的实施方案》。到同年11月，全国各地摘掉"右派分子"帽子的工作已全部完成。③

2. 1978年2月召开的五届人大一次会议重申："'百花齐放，百家争鸣'，是繁荣我国社会主义科学文化事业的基本方针。"④

3. 中共中央决定，"科学研究机构要建立技术责任制，实行党委领导

①《当代中国的农业》，当代中国出版社1993年版，第303页。
②《邓小平文选》第2卷，人民出版社1994年版，第89页。
③《当代中国教育》（上），当代中国出版社1996年版，第115~116页。
④《中华人民共和国第五届全国人民代表大会第一次会议文件》，人民出版社1978年版，第48页。

下的所长负责制"。强调"这是重要的组织措施。它既有利于加强党委的领导，又有利于充分发挥专家的作用"。⑤这个规定精神对教育、文化领域也是适用的。总体说来，在科学、教育和文化领域是要恢复在经济调整时期制定的《科学十四条》、《高教六十条》和《文艺十条》的规定，继续贯彻这些规定精神。

以上各项恢复性整顿虽然没有从根本上摆脱20世纪50年代下半期以来形成的"左"的路线，但在治理"文化大革命"所造成的严重创伤方面，在恢复和发展各次产业经济方面还是起了重要的促进作用。与1976年相比，1978年国内生产总值增长了20.1%，其中，第一产业增长了1.8%，第二产业增长了30.2%（其中工业增长了33.1%，建筑业增长了1.1%），第三产业增长了24.5%（其中交通、运输、仓储和邮电通信业增长了22.6%，批发零售贸易和餐饮业增长了39.5%）；人均国内生产总值增长了17%（详见附表3）。当然，这是一种恢复性增长。

在生产迅速恢复的基础上，人民的物质生活也有一定的改善。1976~1978年，全国居民消费水平由171元提高到184元，农村居民由131元提高到138元，城镇居民由365元提高到405元；三者分别提高5.4%、4%、7.1%（详见附表7）。"四人帮"被打倒以后，由他们制造的恐怖气氛也随之扫荡一尽，人民的民主生活和精神生活有很大改观。

---

⑤《邓小平文选》第2卷，人民出版社1994年版，第97页。

第二章　"左"的政策的继续与"洋跃进"

如前所述，在"文化大革命"结束以后的两年中，我国经济获得了较快的恢复。但由于 10 年"文化大革命"的破坏所造成的诸多严重问题不可能在这样短的时间根本解决，更为严重的是经济工作中长期存在的"左"的指导思想和"左"的政策还在继续推行。从客观上说，是由于任务重、时间短，还来不及对 20 世纪 50 年代下半期以来长期形成的"左"的路线进行清理和总结，而主要是由于当时担任党中央主席和国务院总理的华国锋在指导思想上继续犯了"左"的错误。①他在思想路线方面，推行和迟迟不改正"两个凡是"（即"凡是毛主席做出的决策，我们都坚决拥护；凡是毛主席的指示，我们都始终不渝地遵循"）的错误方针。在政治路线方面，他继续坚持"以阶级斗争为纲"的方针和"无产阶级专政下继续革命"的理论。在经济路线方面，他继续坚持社会主义建设总路线。

正是在这种"左"的思想指导下，他对经济形势做了错误估计，并据此提出了"跃进"目标。他在 1977 年 8 月召开的党的十一大上提出："一个国民经济新跃进的局面正在出现。""到 1980 年，要建立我国独立的比较完整的工业体系和国民经济体系。"② 在 1978 年 2 月召开的五届人大一次会议上，他又进一步提出："一个新的跃进形势已经到来了。"到1985 年，要"建成全国独立的、比较完整的工业体系和国民经济体系"；

---

① 当然，当时中共中央其他领导人也有一定的责任。

② 《中国共产党第十一次全国人民代表大会文件汇编》，人民出版社 1977 年版，第 49、59、60 页。

"粮食产量达到 8000 亿斤，钢产量 6000 万吨".[①]这固然是"跃进"的计划，但像 1958 年"大跃进"一样，是一个不可能实现的空想。

所不同的是，这次"跃进"计划的实现，在很大程度上，是寄希望于放手利用外资，大量引进先进技术设备。企图在较短的时间内，通过大规模地引进技术来实现工业现代化。仅 1978 年，就和国外签订了 22 个大型的引进项目，共需外汇 130 亿美元，折合人民币 390 亿元，加上国内配套工程投资 200 多亿元，共需 600 多亿元。在 22 个成套引进项目中，其中约占成交额的一半是在 1978 年 12 月 20 日到年底的 10 天内抢签的。不少项目属于计划外工程，既没有经过认真的调查研究，进行必要的技术经济论证，做各种方案的比较，也没有经过计划部门综合平衡，甚至连最简单的计划任务书也没有。因此，带有很大盲目性。史称的"洋跃进"，即由此而来。

由于"文化大革命"的破坏和"左"倾错误所造成的失误，到 1976 年，我国国民经济比例失调的问题已经十分严重。此后继续推行"左"的政策，实行"洋跃进"，更加剧了国民经济比例失调。

1. 农业落后，工业发展的基础不稳。1977~1978 年农业增长速度落后于工业 12.3 个百分点（详见附表 3）。这样，农业所提供的粮食及其他农副产品远远满足不了工业迅速发展的需要。1978 年，粮食净进口达 69.55 亿公斤，棉花 950.6 万担，动植物油 2.91 亿公斤。

2. 基本建设规模过大，超过了国家财力、物力的可能。1978 年，全国国营单位固定资产投资为 668.72 亿元，比上年增长 21.9%。其中基本建设投资为 500.99 亿元，比上年增长 31.1%。这一年用于工业的基本建设投资达 273.16 亿元，比上年增长 55.8%。[②]1978 年底，以工业为主的全民所有制在建项目为 65000 个，总投资需 3700 亿元。1978 年，国家从国外进口钢材 830.5 万吨，比 1977 年钢材进口增长 65%，进口钢材已相当于当年国内产量的 37.6%，但是仍然供不应求。

3. 重工业增长过快，工业内部比例严重失调。

（1）由于长期片面推行优先发展重工业和"以钢为纲"方针，重工业

---

①《中华人民共和国第五届全国人民代表大会第一次会议文件》，人民出版社 1978 年版，第 12~25 页。
②《中国固定资产投资统计资料（1950~1985）》，中国统计出版社，第 943 页。

的发展不仅挤了农业，而且挤了轻工业。1978 年基本建设规模的急剧扩大，更加剧了轻重工业比例的失调。1978 年重工业增长了 15.6%，轻工业只增长了 10.9%，轻、重工业之间的产值比例为 43.1：56.9（详见附表14）。由于轻重工业比例失调，必然出现消费品供应紧张的局面。市场商品可供量与购买力的差额，1978 年竟高达 100 多亿元。

（2）由于重工业的发展速度和规模超出了国民经济可能提供的物力和财力，不仅挤了农业和轻工业，也造成了重工业内部比例失调，特别是原材料工业与加工工业的发展不协调。1978 年，我国机床拥有量达 267万台，机床的加工能力大于钢材供应能力 3~4 倍。全国金属切割机床的利用率，1977 年为 54.6%，1978 年为 55.6%。

（3）能源供应紧张，能源工业内部的比例失调。从总体看，我国的能源工业发展是很迅速的。1978 年，我国一次能源总产量，折合标准煤达到 6.2 亿吨。但是，由于耗能多的重工业的突击发展，以及能源使用过程中的浪费，我国的能源供应仍然严重不足。1977 年和 1978 年，全国约有1/4 的企业因缺能源而开工不足，一年约损失 750 亿元的工业产值。

在能源工业内部，采掘、采储比例失调。东北、华北、华东等地区老的煤炭基地生产任务过重，开采强度过大，造成不少欠账和采掘比例失调。石油产量虽然在 1978 年突破 1 亿吨，但由于产量的增长超过了储量的增长，后备的探明资源不足，1978 年采储比降到了 16：1，储量和开采量的比例严重失调。

4. 人民物质生活水平提高速度与经济迅速恢复的速度很不相称。1977~1978 年，前者为 6%，后者为 20.1%，前者还不到后者的 1/3（详见附表 3、附表 7）。这主要是由于积累率过高。这两年积累率分别高达32.3% 和 36.5%。同时，由于农业和轻工业发展滞后，商品供需矛盾扩大。1978 年末结余购买力总额 480.7 亿元，比 1976 年增长了 56.9 亿元。由此引起物价的上扬。与 1976 年相比，1978 年全国商品零售物价总指数和职工生活费用价格总指数分别上升了 2.7% 和 3.4%（详见附表 4）。这些都抑制了人民物质生活水平的提高。而且，由于"左"的路线没有得到根本纠正，人民的民主生活和精神生活还远没有恢复到解放初期的水平。

同时，由于"左"的思想束缚，从粉碎"四人帮"到党的十一届三中全会召开的两年里，对我国经济管理体制上的种种弊病还不可能触动。

在国家同企业的关系上，统得太多，管得太死，企业缺乏应有的自主权；企业经营好坏一个样，同职工的物质利益不结合，使企业和职工的积极性受到很大的束缚。同时，企业的整顿工作还远远没有完成，在企业内部，"吃大锅饭"盛行，许多企业经营管理不善，物资消耗大，浪费严重，品种不对路，质量差，成本高，甚至长期亏损。

　　总之，由于重大比例失调的状况没有改变过来，再加上企业整顿工作还没有搞好，经济管理体制上存在许多问题，所以整个社会再生产的过程难以顺利进行，生产建设的经济效益差。到1978年底，全国还有1/3的企业管理比较混乱，生产秩序不正常。全国重点企业主要工业产品中的30项主要质量指标还有13项低于历史最好水平，38项主要消耗指标还有21项没有恢复到历史最好水平。国营工业企业每年工业产值提供的利润还不及历史最好水平的1/3。独立核算的国营工业企业亏损面还有24.3%，亏损额达37.5亿元。[①]上述情况表明，如果再不下决心对国民经济进行调整、改革和整顿，我国的经济建设将会陷入更大的困难，造成更加严重的损失。
